新时代大学生
体育与健康教育指南

黄 伟 张茂松 朱 玲 范卫清 主编

北京体育大学出版社

策划编辑：李志诚　潘　帅
责任编辑：李志诚　仝杨杨
责任校对：原子茜
版式设计：华泰联合

图书在版编目 (CIP) 数据

新时代大学生体育与健康教育指南 / 黄伟等主编 .
— 北京：北京体育大学出版社，2021.9（2023.8 重印）
ISBN 978-7-5644-3454-0

Ⅰ . ①新… Ⅱ . ①黄… Ⅲ . ①体育—高等学校—教学参考资料 ②健康教育—高等学校—教学参考资料
Ⅳ . ① G807.4 ② G647.9

中国版本图书馆 CIP 数据核字 (2021) 第 152014 号

新时代大学生体育与健康教育指南
XINSHIDAI DAXUESHENG TIYU YU JIANKANG JIAOYU ZHINAN
黄　伟　等主编

出版发行：北京体育大学出版社
地　　址：北京市海淀区农大南路 1 号院 2 号楼 2 层办公 B-212
邮　　编：100084
网　　址：http：//cbs.bsu.edu.cn
发 行 部：010-62989320
邮 购 部：北京体育大学出版社读者服务部 010-62989432
印　　刷：北京昌联印刷有限公司
开　　本：787 mm × 1092 mm　　1/16
成品尺寸：185mm × 260 mm
印　　张：22.25
字　　数：432 千字
版　　次：2021 年 9 月第 1 版
印　　次：2023 年 8 月第 4 次印刷
定　　价：49.00 元

编委会

主　编：黄　伟　张茂松　朱　玲　范卫清

副主编：杨金锯　许　诺　夏有浸　徐文峰

编　委：付　姣　俞　婧　夏　天

编者的话

党的二十大报告提出："教育是国之大计、党之大计。培养什么人、怎样培养人、为谁培养人是教育的根本问题。育人的根本在于立德。全面贯彻党的教育方针，落实立德树人根本任务，培养德智体美劳全面发展的社会主义建设者和接班人。"高等院校体育作为高等院校教育的重要组成部分，是培养新时期全面发展的高素质人才的重要手段，是大学生树立终身锻炼思想和形成良好锻炼习惯的重要途径。高等院校体育工作如何抓住机遇，促进其快速、高质量的发展，已成为我国高等院校体育工作者面临的重大课题。

本教材以党的二十大精神为指引，以《高等学校体育工作基本标准》《国家学生体质健康标准》等为指导，牢固树立"立德树人""健康第一""素质教育"的指导思想，帮助大学生理解体育与健康，在体育锻炼中享受乐趣、增强体质、健全人格、磨炼意志。

教材建设历来都是高等院校体育工作的重点之一，是进行体育基本理论教育和体育技能指导的重要依据。本教材以本校体育教师组成编写组，立足"知识是学习得来的，能力是练习得来的，素质是培养出来的"理念为认知基础，从教学生体育技能向激发学生自主锻炼的动机和提高学生的综合体育素养转变。本教材吸收了新时代大学生体育与健康教育研究的新成果、新理念，力求教材编写在科学性、系统性、先进性、实用性等方面有较大提高。

本教材设两篇、十二章，第一章至第六章为理论篇，介绍了健康概述、体育概述、体育锻炼与健康、大学生的健康管理、大学生体质健康测试、体育运动欣赏等内容，第七章至第十二章为实践篇，主要从游泳运动、大球运动、小球运动、形体运动、新兴体育运动、武术与技击等项目进行介绍。

在编写过程中，我们参考和借鉴了大量的文献资料，并得到有关专家的指导和大力支持，在此表示衷心的感谢。

由于时间紧、水平有限，书中若有不妥之处，希望广大师生批评指正，以便今后修订、完善。

目录
CONTENTS

理论篇

实践篇

理论篇

第一章　健康概述

学习目标：

1. 了解健康的概念与标准。

2. 了解亚健康的状态及产生原因。

3. 了解影响健康的因素。

第一节　健康的概念及标准

一、健康的概念

“健康”的英文“health”一词源于公元1000年英国盎格鲁—撒克逊族的词汇，其主要的含义是安全的、完美的、结实的。人类对健康的认识随着历史的发展而不断演进和深化。

1948年，世界卫生组织（WHO）给健康下了一个定义：“健康不仅仅是没有疾病和衰弱的状态，而且是一种在身体上、精神上和社会上的完好状态。”1968年，世界卫生组织进一步明确健康即是“身体精神良好,具有社会幸福感”,这更加强调了人的社会属性。1978年，国际初级卫生保健大会发表的《阿拉木图宣言》强调指出：“健康是基本人权，达到尽可能高的健康水平是世界范围内一项重要的社会性指标。”1989年，世界卫生组织提出健康即“躯体健康、心理健康、道德健康、社会适应良好”4个方面。这一健康新概念，将人的自然属性和社会属性相结合阐明了健康的含义，形成了四维健康观，具有划时代意义。

躯体健康：指人体各器官组织结构完整，发育正常，功能良好，生理生化指标正常，没有检查出疾病或身体不处于虚弱状态。躯体健康是人整体健康的基础。

心理健康：指在身体上、智能上、情感上与他人的心理健康不相矛盾的范围内，将个人心境发展成最佳状态。世界卫生组织指出，心理健康的具体标志为：有幸福感；在工作和职业中，能充分发挥自己的能力，过着有效率的生活。可见，心理健康不仅是指没有心理疾病，更重要的是指一种积极的、适应良好的、能充分发展其身心潜能的丰富状态。

道德健康：指既为自己的健康也为他人的健康负责，把个人行为置于社会规范之内，能辨别真伪、善恶、荣辱、美丑等是非观念，能按善恶观和荣辱观评价和约束他人和自己的行为，为人们的幸福做贡献。

社会适应良好：指一个人的心理活动和各种行为能适应当时复杂的环境变化，为他人所理解，为社会所接受。社会适应良好包括以下 5 个方面。

（1）与家庭及亲属的关系：与家庭成员的接触，参与家庭活动的数量和热情，与家庭成员及亲属的亲密程度等。

（2）工作与学习：工作学习的积极性和主动性，完成的能力和水平，从工作学习中获得的满足感，与同事、同学相互关照的程度。

（3）亲密的朋友和熟人：朋友之间活动、交往的程度。

（4）社团活动：参加体育、娱乐俱乐部、协会、社会组织、宗教团体、政治和公民组织等情况。

（5）其他社会活动：参加体育活动、舞蹈、游戏、戏剧仪式、礼仪活动及音乐演奏，到动物园、美术馆、博物馆一类地方去的情况。

二、健康的标准

健康既有科学的含义，也有科学的标准。

衡量一个人是否健康，世界卫生组织给出了 10 条标准，体现了健康所包含的生理、心理、道德和社会方面的内容。

（1）有充沛的精力，能从容不迫地担负日常生活和繁重的工作，而且不感到过分紧张疲劳；

（2）处事乐观，态度积极，乐于承担责任，事无大小，不挑剔；

（3）善于休息，睡眠好；

（4）应变能力强，能适应外界环境的各种变化；

（5）能够抵抗一般性感冒和传染病；

（6）体重适当，身体匀称，站立时头、肩、臂的位置协调；

（7）眼睛明亮，反应敏捷，眼睑不易发炎；

（8）牙齿清洁，无龋齿，不疼痛，牙龈颜色正常，无出血现象；

（9）头发有光泽，无头屑；

（10）肌肉丰满，皮肤有弹性。

第二节　亚健康

亚健康是一种生理功能低下的次等健康状态，故又有“次健康”“第三状态”“中间状态”“游移状态”“灰色状态”等称谓。世界卫生组织将机体无器质性病变，但是有一些功能改变的状态称为“第三状态”，我国称之为“亚健康状态”。

亚健康

一、亚健康状态的表现

目前认为，亚健康状态的表现多而复杂，具体包括躯体、心理、道德和社会适应性等方面。

（一）躯体方面

躯体方面的亚健康状态表现为全身疲乏无力，不愿多干活，不愿多走路，自感体质虚弱，步伐沉重；浑身酸痛、头昏、头痛、腰酸背痛、四肢肌肉酸痛，常诊断为“风湿”“痛风”“腰肌劳损”等；睡眠障碍，每天昏昏沉沉，头脑不清醒，想睡睡不着，睡着睡不深，睡深睡不久，睡久睡不安，经常做一些怪诞的噩梦；机能低下，免疫功能下降；性功能低下，男性常表现为阳痿、早泄等，女性表现为性冷漠、性恐惧、性厌恶等；功能紊乱，常见的有自主神经功能紊乱，表现为感觉忽冷忽热，爱出汗，皮肤经常出现烧灼、针刺不定位的疼痛、麻木、蚁走样等异常感觉；胃肠功能紊乱，食欲不振、厌食、恶心、腹胀、便秘等。

（二）心理方面

心理方面的亚健康状态主要表现为精神不愉快、情绪不稳定、烦躁、易怒、紧张、恐惧、妒忌、焦虑、抑郁、记忆力下降、注意力不集中及反应迟钝。

（三）道德方面

道德方面的亚健康状态主要表现为世界观、人生观和价值观上存在着明显的损人利己的偏差。

（四）社会适应性方面

社会适应性方面的亚健康状态突出表现为对工作、生活、学习等环境难以适应，对人际关系难以协调；对社会看不惯，牢骚满腹，固执己见，看问题主观片面，偏激，爱吵架，脱离实际，脱离社会，脱离群众；与同学、朋友及家庭成员关系紧张，自己感到很烦恼、很孤独，工作学习效率低下。美国著名心血管专家威廉斯博士 1958—1982 年追踪观察 225 名医科大学学生发现，性格孤僻、对他人怀有敌视情绪者，25 年内死亡率高达 14%；而性格随和、广交朋友者死亡率仅为 2.5%，两者相差 5.6 倍。

总之，亚健康的临床表现存在“三低”“四多”“八高”。“三低”指免疫功能低，工作效率低，适应（环境、社会、角色）能力低；“四多”指疲劳症状多，器官功能紊乱多，精神负担和体力透支多，超重、肥胖多；“八高”指医院血液检查发现的高血压、高血脂、高胆固醇、高血黏度、高低密度脂蛋白、高血糖、高血酶及脂肪肝。

二、亚健康状态产生的原因

（一）过度紧张和压力

研究表明，长时期的紧张和压力对健康有“四害”：一是引发急、慢性应激，直接损害心血管系统和胃肠系统，造成应激性溃疡和血压升高、心率增快、加速血管硬化进程和心血管事件发生；二是引发脑应激疲劳和认知功能下降；三是破坏生物钟，影响睡眠质量；四是免疫功能下降，导致恶性肿瘤和病毒感染机会增加。

（二）不良生活方式和习惯

不良生活方式和习惯可导致肿瘤、心脑血管疾病等。不良生活方式和习惯主要体现为饮食结构不合理、长期偏食、暴饮暴食、嗜烟酗酒。

（三）环境污染

水源和空气污染、噪声、微波、电磁波及其化学、物理因素污染是防不胜防的健康隐性杀手。

三、预防或摆脱亚健康状态

亚健康状态属于非疾病状态，要摆脱亚健康状态，主要靠自己主动自觉地预防，从均衡营养、保障睡眠、善待压力、培养兴趣、参加户外活动等方面进行自身生活规律调节，有助于预防或摆脱亚健康状态。

第三节 影响健康的因素和现代社会的健康危机

一、影响健康的因素

影响健康的因素非常多，归纳起来主要有行为和生活方式、环境因素、生物遗传因素、医疗卫生服务和体育锻炼 5 个方面。据报道，美国前十位死因疾病中，不良行为和生活方式占 70%（中国占 44%），其次是环境因素（包括自然环境和社会因素），而生物遗传因素和医疗卫生服务因素排在两者之后。

（一）行为和生活方式

行为是人类在其主观因素影响下产生的外部活动，而生活方式是指人们在长期的民族习俗、规范和家庭影响下所形成的一系列生活意识及习惯。不良行为和生活方式会直接或间接给健康带来不利影响。

随着社会的发展、人们健康观的转变以及人类疾病谱的改变，不良行为和生活方式将成为影响健康的首要因素。合理、卫生的行为和生活方式将促进、维护人类的健康，而不良的行为和生活方式将严重威胁人类的健康。例如，吸烟、酗酒、吸毒、纵欲、赌博、滥用药物等不良行为和生活方式会导致一系列身心疾病。调查表明，许多疾病如糖尿病、高血压、冠心病、肥胖症、癌症、性传播疾病、精神性疾病等均与不良行为和生活方式有关。

（二）环境因素

环境因素是指围绕人类空间及直接或间接影响人类生活的各种自然因素和社会因素的总和。健康不仅立足于个人身体和精神的健康，而且更应强调人体与自然环境和社会环境的和谐统一，强调健康、环境与人类发展不可分割。

1. 自然环境

自然环境又称物质环境，指围绕人类周围的客观物质世界，如水、空气、土壤及其他生物等。自然环境是人类赖以生存的基础，为人类提供了生活的必需物质。良好的自然环境可以陶冶情操、放松精神、愉悦心情，有利于人的身心健康。恶劣的自然环境则会损害身心健康，如酷暑、严寒、飓风、雪灾、空气中的有害气体、河流中的有毒微生物等会引起人体的种种不适，甚至引发疾病。

2. 社会环境

社会环境又称非物质环境，是人类在自然环境的基础上，在生产、生活和社会交往活动中有目的、有计划地创造的人工环境，是人类物质文明和精神文明发展的标志。在社会环境中，有诸多因素与人类健康有关。安定的社会、良好的教育、发达的科学技术等，均对健康起到了良好的促进作用。和谐的人际关系、美好的家庭环境、融洽的工作和学习氛围等均会促进健康。然而，现代社会中，快节奏的生活、高强度的工作、激烈的竞争、巨大的压力，无一不侵蚀着人类的健康。社会的快速发展也在一定程度上牺牲了人类的健康。

（三）生物遗传因素

生物遗传因素是指人类在长期生物进化过程中所形成的遗传、成熟、老化及机体内部的复合因素。生物遗传因素直接影响人类健康，它对人类诸多疾病的发生、发展及分布具有决定性影响。除了明确的遗传疾病外，许多疾病，如高血压、糖尿病等，也包含一定的遗传因素。

（四）医疗卫生服务

医疗卫生服务是指促进及维护人类健康的各类医疗、卫生活动。它既包括医疗机构所提供的诊断、治疗服务，也包括卫生保健机构提供的各种预防保健服务。一个国家医疗卫生服务资源的拥有、分布及利用对人民的健康状况起着重要的作用。

（五）体育锻炼

科技的进步和社会的发展提高了人类整体健康水平，但是新的健康问题（涉及人的机体功能状态、人与自然的关系和人与社会的关系等领域）不断涌现，严重威胁着人类的未来生存。体育的真谛和健康的内涵使两者在现代社会紧密地联系在一起，体育成为健康发展的核心主题之一，其对健康的特殊意义越来越得到肯定和重视。

体育锻炼是健康的需要。经常运动能预防并减少许多疾病，如心脏病、癌症、糖尿病等，也有利于维持健康的体重，增加抗压能力，改善睡眠质量等。有研究表明，身体缺乏运动的人容易超重、肥胖、患慢性疾病和出现心理不健康等问题。世界卫生组织统计，全球每年有 200 多万人因缺乏运动而死亡。对此，有专家建议，坚持每天活动半小时是保持健康的最低要求。

二、现代社会的健康危机

现代社会随着科技的进步、人们生活节奏的加快、工作压力的加大、生活水平的提高，人类的整体健康状况却开始令人担忧起来。人类依然备受各种疾病的困扰，而且疾病的种类越来越多，范围越来越广。肿瘤、心脑血管疾病、糖尿病号称现代人类健康的三大杀手，目前这三类疾病的患有人数已呈上升势态。胃肠疾病、顽固便秘、骨质疏松、未老先衰，几乎随处可见。免疫力低下引发的易感染、易感冒时刻困扰着人类的生活，尤其是大范围的传染性疾病给人类的心理带来极大的恐慌，造成了巨大的生命财产损失。

复杂生活引发“健康危机”，英国伦敦帝国学院、美国哈佛大学和世界卫生组织联合组成的研究团队在英国医学期刊《柳叶刀》上公布了他们对2008年世界人口健康状况的统计分析，结果表明，自1980年以来，世界肥胖和超重人数增加了近2倍。1980年，全球有4.8%的男性肥胖，7.9%的女性肥胖。而到2008年，全球有9.8%的男性肥胖，13.8%的女性肥胖。全球性的肥胖危机当然是由不健康的生活习惯所引起的。

健康生活的定义很简单。保持粗茶淡饭，远离肥甘味美；保持适量运动和步行，不依赖舟车宝马；亲近果蔬，远离烟酒；食品宜原汁原味，不宜过度烹调和精加工。这就是“健康生活”，反之则是“不健康生活”。研究人员发现，高脂肪高蛋白食物摄入过多、运动过少的生活方式已引起全球心血管疾病“海啸”式的增多。而只要选择健康生活方式，就能减少肥胖以及肥胖引起的各种疾病。

如何过健康生活呢？世界卫生组织认为，健康生活的第一个要素便是运动，它适宜于每个年龄段的人，可以预防多种癌症和其他传染性疾病，同时增强体质。然而，现在全球有31%的人不做运动，而缺少运动已成为世界人口死亡的重要因素。世界卫生组织对于运动的推荐是，每个成年人每周至少应进行150分钟的适度运动。换算成最简单的做法就是，每周至少有5次步行30分钟，或者每天骑自行车上下班。这是一个几乎人人可以做到的运动。健康生活方式还应包括戒烟、避免吸二手烟、避免过度晒太阳和预防可诱发癌症的感染。此外，健康生活方式也体现在饮食上。

我们应该认识到，人类的健康面临极大的挑战，关注健康问题已刻不容缓。

思政课堂

党的二十大报告提出：“人民健康是民族昌盛和国家强盛的重要标志。把保障人民健康放在优先发展的战略位置，完善人民健康促进政策。”

在面向新时代历史征程上，大学生应充分发挥主观能动性，将健康知识、健康理念、健康方式、健康行为积极传播给各个群体，发挥大学生的力量。

第二章　体育概述

学习目标：

1. 了解体育的产生与发展。
2. 了解体育的概念及组成。
3. 了解体育的功能。

第一节　体育的产生与发展

体育作为人类文化的重要组成部分，是随着人类社会的发展而逐渐形成和发展起来的。作为人类文化的重要组成部分，体育产生与发展的根本动力是人类生存和社会发展的需要。在原始社会，原始人迫于谋生需要，要为寻找食物而跋山涉水，为杀伤猎物而掷石投棍，为追捕野兽而奔跑，为抗御自然侵袭而跋涉迁徙，为防备狩猎时被野兽伤害而进行格斗。显然，像走、跑、跳、投、攀、爬、格斗和游泳等身体运动，都是原始人求生存所必需的基本活动技能。到了原始社会后期，随着生产力的发展，为掠夺财产和奴隶而发生的冲突日益频繁，人们需要改善生产工具和狩猎技术，使之成为谋生手段且世代相传，同时人们还意识到必须提高谋生和防卫能力本身所需的智力和体力，于是成年人就把最基本的生产劳动和日常生活的技能和本领传授给下一代。这是人类教学的萌芽，也是体育活动的萌芽——原始体育。

在原始时代，人们往往想通过预演劳动过程而使后来实际的劳动取得成功，如狩猎前演示狩猎活动，希望通过杀死或制服假扮的野兽而使其以后在实际的狩猎过程中取得成功。这种演示，既是舞蹈的萌芽，又是体育的萌芽。此外，原始人在祭祀活动中，要做各种困难、复杂的姿势，如以虎为图腾的民族要做出虎跑腾跃的姿态。这些演示，同样也是艺术、体育的萌芽。在这种原始崇拜的活动中，其佼佼者受到众人的拥护而成为活动的带领者并有尊贵的社会地位，他们为了保护其地位，在活动中不断做出一般人难以做出的舞姿和动作，或者能以惊人的体力长时间连续舞蹈、跳跃。人们在原始活动中展开了体力和体能的竞赛，为了在竞赛中获胜，人们努力锻炼、提高自己的体力和体能。

随着社会生产力的发展，到奴隶制社会初期，战争开始频繁发生。生存还是死亡，做征服者还是奴隶，就看谁在一场竞争中是强者。要想成为强者，就必须在竞争中取胜。因此，培养造就强壮机敏的身体，甚至超常的体力，就成为战争和社会的需要。人类自此首次提出了自觉造就身体的要求，并有组织地加以实施。例如，古希腊的斯巴达人，为了使男子有健壮、敏捷的体质，他们从7岁开始集中起来专门训练跑、跳、拳击、击剑、摔跤、投标枪、游泳、骑马、狩猎、行军和球戏。这些活动的直接目的就是造就健壮的身体，培养合格的武士。为了使母亲生出健壮的婴儿，斯巴达人要求青年女子参加各种身体锻炼，他们相信，健壮的母亲能生出健壮的婴儿。可见，斯巴达人已经自觉地来造就战争和社会所需要的体质，这鲜明地体现了古代体育的精神。

对于“体育”一词，据世界体育资料记载，最早是法国人于1760年在法国的报刊上论述儿童身体教育问题时首先使用的“Education Physique”，现在国际上普遍用“Physical Education”泛指“体育”。它的本意是指以身体活动为手段的教育，直译为身体的教育。“Sport”一词一般认为源于拉丁语“Disport”，它的本意是指离开工作去游戏、玩耍、进行娱乐活动等，后来逐渐形成具有新含义的一个概念，即竞技运动（竞技体育）。

体育的发展与教育、军事、科学技术以及人们的宗教活动、休闲娱乐活动有着密切的关系。必须指出的是，体育在其整个历史发展过程中，受一定的政治经济所制约，并为一定的政治经济服务。体育的发展大致经过了以下3个时期：原始的体育萌芽时期、自觉从事体育时期、形成与完善体育制度时期。经过这3个时期，逐步形成了现代的体育体系，其中竞技体育的发展更是推动现代体育发展的主要动力。

第二节　体育理论的形成与发展

早在两千多年前，古希腊哲学家柏拉图的“和谐发展”教育思想中就明确提出了“以体操锻炼身体，以音乐陶冶心灵”的观点。尽管古希腊已经存在“体操”“竞技”“健康”等基本概念的语汇，当时的一些人也重视把体育方法运用到日常生活之中，但是，没有形成以理论研究为基础的体育原理。

文艺复兴时期，一批著名的人文主义思想家、教育家、体育家对体育的一些基本原理进行了研究，古茨茅斯在1818年出版了《德国体育概论》，法国体育创始人阿莫洛斯在1838年出版了《体育概论》，开始了独立论述体育的形式。20世纪初，威廉姆斯把杜威的学说运用于体育教育，形成了一套自然主义体育思想，于1927年出版了《体育原理》；德国体育理论家迪姆于1949年出版了《体育的本质和教学》；奥地利体育理论家格罗尔于1957年出版了《现代体育的概念及形成》；自20世纪初以来，日本高岛平三郎、石津城、佐佐木久吉、丹下保夫等分别出版了《体育原理》，阿部忍出版了《体育概论》。现代奥林匹克运动的复兴，促进了体育价值、功能、组织管理等体育基本原理的研究，顾拜旦的《体育颂》就是一篇具有代表性的佳作。正是这些先哲总结了历史长河中积累起来的体育的思想智慧，才有日本、美国、德国、奥地利等国家现代的《体育原理》《体育概论》这类著作的诞生。

我国古代养生思想中关于体育原理的论述颇为丰富，《黄帝内经》全面地论述了人与自然、社会、自身、病理、病因等有关身心健康的原理。华佗从医学角度论述了体育的生理功能；明末清初教育家颜元从教育、社会的角度提出了“一身动则一身强，一国动则一国强，天下动则天下强”的思想，对当时的社会风气影响很深。

鸦片战争后，我国一些进步的知识分子在“强国强种”的思潮影响下，开始引进西方国家的体育术语、概念，促进了我国近代体育理论的发展。改良派的代表人物康有为、梁启超、谭嗣同、严复都提倡德、智、体三者全面发展。梁启超认为“德育、智育、体育三者，为教育上不可缺少之物”；严复根据进化论的原理，以及“体”“用”统一的思想，主张运动强身，强调力、智、德三者为强国之本。这是近代中国早期对体育价值的论述。

五四运动前夕，青年时期的毛泽东在《新青年》发表的《体育之研究》一文，系统地论述了体育的本质、功能、地位和运动方法，是一篇十分珍贵的体育历史文献。五四运动时期，在欧美新教育思潮的影响下，竞技运动影响日益扩大，人们对体育的认识开始向“多元化”转变，体育概念也逐步发生变化。20 世纪 30 年代，体育基本原理的研究有了较快的发展，取得了较大的成果。

著名体育家吴蕴瑞和袁敦礼的《体育原理》、宋君复的《体育原理》、陈泳声的《体育概论》和王学政的《体育概论》等，对当时体育实践中的一些重大问题进行了较深入的探讨，如“土洋”体育的关系问题、体育是否走军事化道路问题、选手体育与普及体育的关系问题、民众体育问题等。然而，这些研究最终流于空泛的议论，对实践未产生多大的影响。20 世纪 30—40 年代，中国共产党领导下的革命根据地提出广泛开展群众体育的方针，在这一方针基础上形成的理论极大地促进了根据地体育的发展，“锻炼体魄，好打日本”鼓舞着广大军民参加体育运动，形成了体育为革命事业服务的理论，是中华人民共和国体育概论体系的重要组成部分。中华人民共和国成立后，为适应社会主义建设需要，党和政府提出了一系列发展群众体育运动的理论和方针、政策，这些都成为我国体育理论建设的指导思想和理论基础。《苏联体育教育理论》也成为 20 世纪 50 年代我国体育院系的体育理论教材。

20 世纪 50 年代末，我国组织力量编写体育理论教材，经过几年的努力，于 1961 年正式出版了我国第一部《体育理论》著作，作为体育院系的正式教材。20 世纪 80 年代初，心理学、社会学、伦理学、美学等学科的发展，现代管理学、行为科学、文化学、经济学及生物学、人文科学等学科理论和研究方法的引进，为体育科学理论的发展开拓了广阔的领域，提供了丰富的研究成果。正是在这种背景下，体育理论出现了高一层次上的分化。20 世纪 80 年代中期以来，体育概论、学校体育学、运动训练学、群众体育学先后从体育理论中分化出来，成为独立的学科，体育概论从此走上了独立发展的道路。1985 年，北京体育学院（现北京体育大学）出版了我国第一本《体育概论》专著。1986 年，由 8 所体院联合编写的《中国体育概论》问世。1989 年，体育学院通用教材《体育概论》出版。全国师范院校系统也出版了《体育概论》教材。

第三节　体育的概念与组成

一、体育的概念

体育是人类社会发展中，根据生产和生活的需要，遵循人体身心发展的规律，以身体练习为基本手段，为增强体质、提高运动技术水平、进行思想品德教育、丰富社会文化生活而进行的一种有目的、有意识、有组织的社会活动，是伴随人类社会的发展而逐步建立和发展起来的一个专门的科学领域。

我国对体育的解释有广义和狭义 2 种。广义的体育是指以身体练习为基本手段，以增强人的体质、促进人的全面发展、丰富社会文化生活和促进精神文明为目的的一种有意识、有组织的社会活动；是体育教育、竞技运动、身体锻炼 3 者的总称；是社会文化的一部分，其发展受一定社会的政治和经济的制约，并为一定社会的政治和经济服务。狭义的体育是指发展身体，增强体质，传授锻炼身体的知识、技能，培养道德和意志品质的教育过程；是对人体进行培育和塑造的过程；是教育的重要组成部分；是培养全面发展的人的一个重要方面。

二、体育的组成

（一）学校体育

学校体育是随着教育的发展而逐步形成体系的，是体育、学校教育的重要组成部分，是实施全民健身的基础。

在欧洲，古希腊已将体育列为教育内容。特别是在封建领主割据的时代，军事体育是统治阶级的特殊需要，因而“骑士七艺”（骑马、游泳、投枪、击剑、打猎、下棋、吟诗）成为骑士教育的主要内容；18 世纪后期，普鲁士教育家 J. B. 巴泽多把卢梭的教育观点运用于德国，在其开办的泛爱学校中，比较突出体育与劳动的结合，学生每天读书 2 小时，体育和音乐 3 小时，在此基础上，形成了较早的学校体育体系。

中国的学校体育，起源于周代的“六艺”（礼、乐、射、御、书、数）。射、御中包含身体训练，礼、乐中的舞蹈也有锻炼身体的功效。学校体育形成主要在近代。1903 年仿照外国兴办学堂，在课程中开设“体操课”，每周 2 ~ 3 课时；1923 年的学校课程纲要开始把“体操课”改为体育课，每周 2 ~ 3 学时。而学校体育体系的建立完善在 1949 年以后，1952 年体育处在教育部设立，管理全国的体育教学与大纲的修订；1956 年开始使用统一教学大纲、教材，明确了目的、任务；1979 年教育部制定了全国普通全日制高等学校《体育教学大纲》。

（二）竞技体育

竞技体育亦称竞技运动，源于拉丁语 Pesportare，本意是“离开工作”，即通过一些愉快轻松的身体活动使人转移对日常生活的艰辛和压力的注意力。而后其传入法国，在古代法语中被标记为 Desporter，含义是“情绪转移”“高兴”“愉快”“玩”“忍耐”等。15 世纪其又由法国传入英国，并经过 Disport 以及 Sport 的演变，17 世纪以 Sport 固定下来。英语中竞技体育概念主要的含义是从劳动、义务和拘束中脱离出去，转移自己的情绪，游玩开心，并不伴有激烈的身体活动的胜负因素。18 世纪以后，竞技体育中出现了以强调胜负为目的、竞争激烈的身体活动。19 世纪末，以奥运会为代表的竞技体育提出了“更快、更高、更强”的口号，使现代竞技运动有着前所未有的竞争性、组织性，并与政治、经济、军事、文化、教育等领域密切结合，发挥着巨大的社会功效。

（三）社会体育

社会体育亦称大众体育，是以健身、娱乐、休闲、养生、医疗康复为目的的体育活动。社会体育开展的广泛性和社会化程度，取决于一个国家经济的繁荣，人们生活水平的提高、余暇的增多以及社会环境安定等因素。从发展趋势看，社会体育作为现代体育发展的重要标志，无论是普及程度还是开展规模，都不亚于竞技体育，已成为现代体育运动的重要组成部分。

第四节　体育的功能

一、体育的健身功能

强身健体是体育本质的功能。体育以身体运动为基本表现形式，通过科学组合的身体锻炼给予各器官、系统以一定量和强度的刺激，促进身体

体育的功能

在形态结构、生理机能等方面发生一系列适应性反应和变化，从而达到增强体质、增进健康的目的。

（一）体质与健康的概念

体质是有机体在遗传、变异和后天获得性的基础上所表现出来的形态结构、生理功能、身体素质、适应能力、心理因素等综合的、不断发展的、相对稳定的特征。

健康应是在身体上、精神上以及社会上保持健全的状态，不仅包括没有疾病和伤害，而且包括身体、精神方面能迅速、完全地适应社会的需要。

体质与健康的关系：健康是评价体质状况的基本条件，体质则是健康的物质基础。

（二）体育对促进健康的作用

1. 体育对身体健康的作用

身体健康包括正常的生长发育、生理机能和适应能力（对自然环境、社会环境）。实践证明，科学、长期地坚持进行体育锻炼对中枢神经系统和内分泌系统能产生良好的刺激，能够促进新陈代谢，改善血液循环和呼吸功能，有利于青少年的生长发育和提高机体的抗病能力；可以延缓有机体适应能力的降低，推迟生物体各组织器官结构和功能所发生的退化性变化，使中老年人保持旺盛的精力。

2. 体育对精神健康的作用

1977 年，科学家提出了生物—心理—社会的三维健康观，强调在健康诊断中应包括社会环境引起的心理因素，并把良好的心理调节活动和精神卫生作为判断精神健康的基础。体育锻炼可以磨炼意志、催人奋进、协调人际关系、加强合作，从而排除个人性格和心理状态中不健康的因素，使人体在健康的和谐统一中变得欢乐、轻松、愉快。首先，体育运动能促进大脑的发育，改善机能，为人们从事智力活动打下良好的物质基础。其次，体育运动可以促进观察力、记忆力、想象力和思维能力等智力因素的发展。体育运动具有不同形式的对抗性，不论是个人还是集体项目，因其有不确定性特点，都可把表现为肢体对抗的外在形式引申为内在人脑间的智慧较量。例如，在体育教学中，通过观察法、对比法和示范法的运用，能有效地发展学生的观察能力；通过技术动作的练习，有利于促进学生记忆力、想象力的发展；通过教学比赛和各种体育游戏，可以潜移默化地发展学生思维的灵敏性与应变能力。

（三）体育对增强体质的作用

体质是健康的物质基础，科学的体育锻炼能改善人体器官系统机能；提高人体对外界的适应能力；发展速度、力量、耐力、灵敏、协调等素质；增强体质。

二、体育的教育功能

教育功能是体育最基本的社会功能，就其作用的广泛性而言，它对人类社会产生的影响，是体育的其他社会功能无法比拟的，所以，人们高度重视体育在教育中的作用。

（一）体育在学校教育中的作用

马克思主义关于教育的经典论述，从来都把体育视为学校教育不可缺少的组成部分。因此，培养学生将来担任社会角色所必备的素质，以适应未来社会生活和工作的需要，是体育在学校发挥教育作用的主要使命。为达此目的，学校通过完整的体育教育过程对受教育者进行政治思想、意志品质、道德情操和发展身体的教育，使他们获得基本的体育理论知识，掌握必要的运动技能，学会科学锻炼身体的方法，提高运动实践能力并养成锻炼身体的习惯。在教学中，学校始终把培养什么样的人作为课程的首要内容。

学校体育对增强学生体质的作用是不言而喻的。随着《全民健身计划纲要》的深入开展，学校体育还需引进终身体育教育的思想，运用终身体育教育理论和方法，激发每个学生的体育兴趣，培养学生终身体育意识、习惯和能力，使学生走向社会后，不仅有一个强健的体魄，而且具有一定的体育素养，以适应现代生产方式和生活方式，提高生活质量，也使学校体育的功能最大限度地向全社会延伸。

现代教学论提出的三大任务：教育性、教养性、发展性。教育性是通过教学培养学生优良的品质、行为；教养性是使学生掌握体育文化、科学知识、技能，提高对体育的欣赏能力和文化素养；发展性是增强体质，发展体育能力以及观察、分析、思维、适应能力等。

学校体育以其丰富多彩的内容和形式，为培养学生的竞争意识和进取精神创造了良好的条件。例如，田径、体操、球类等项目，在集体注视下完成个人练习、整体练习；各种体育竞赛和体育表演或技评等，都是在同等条件下进行的。竞赛是体育运动的突出特点，运动者有尽快实现目标的心理动机，学校通过开展各种不同形式的体育竞赛能较好地动员学生全身心地投入竞赛或练习，有利于培养学生的竞争意识和进取精神。

（二）体育在社会教育中的作用

就社会教育体系而言，体育所独具的活动性、技艺性、竞技性、群聚性、国际性、礼仪性等特点，成为一种传播体育价值观的理想载体，在激发爱国热情、振奋民族精神、培养社会公德方面和教育人们要与社会保持一致性等方面都有积极的教育作用。因为竞赛的礼仪形式、激烈的竞争气氛、高超的表演技巧和比赛的胜负结果等因素，在同伴与同伴之间、同伴与对手之间、观众与运动员之间产生极其复杂的情感交流，并激起人们的荣誉感、责任心、集体观念、民主意识和奋发向上的进取精神。这种通过体育实践诱发的社会教育因素，使体育的社会影响变得更加深刻，并产生不可低估的社会教育作用。

如中国女排取得五连冠时，全国人民欢欣鼓舞，激励不少人在坎坷与逆境中奋起，女排精神影响了几代人。在北京奥运会上，我国运动员顽强拼搏，获得金牌总数世界第一位，使全国人民乃至海外中华儿女无不为之感到自豪。

三、体育的娱乐功能

体育从产生开始就带有游戏、娱乐的成分。古代音乐与舞蹈等身体活动紧密联系，体育和竞技的萌芽本身就蕴含娱乐的因素。原始人在狩猎之余，为宣泄情感而进行嬉戏活动，在后来的各种节日庆典、宗教仪式和表演中，都对人们起到娱乐作用。随着科学技术的进步和生产的现代化、办公自动化，劳动者工作时精神高度紧张，需要通过各种丰富多彩的体育娱乐与休闲运动来消除疲劳、愉悦身心、陶冶情操、满足精神享受，同时，劳动时间缩短，余暇增多，又为人们的体育娱乐与休闲运动提供了机会。随着现代传媒技术的发展与普及，观赏各类运动竞赛与体育活动已成为人们休闲娱乐的主要内容。另外，人们在余暇参加各种体育活动，更增添了无穷的生活情趣，成为现代都市人娱乐的新时尚：跑步使人感到节奏鲜明，勇往直前；篮球使人配合默契，分享取胜的欢乐；游泳者搏击于碧水清波之中，其乐无穷；举步登高，万物尽收眼底，令人心旷神怡；远足旅行，空气新鲜，享受绿色的神韵。由于体育有诸多的娱乐功能，顾拜旦在他的《体育颂》中对体育的娱乐功能予以了高度概括：“啊，体育，你就是乐趣！想起你，内心充满欢喜，血液循环加剧，思路更加开阔，条理更加清晰。你可使忧伤的人散心解闷，你可使快乐的人生活更加甜蜜。”

四、体育的军事功能

体育与军事是相互联系的，在其发展过程中两者更是相互促进。

（一）军事对体育的历史性促进

在为应付战争而进行的军事训练中，创造出若干流传至今的丰富的体育内容。公元前2000多年的埃及，出现了培养军官的专门学校，其训练的主要内容是赛跑、划船、游泳、摔跤、器械对打等。

在我国，奴隶制社会就有了田猎等军事训练制度，其主要课程内容是射、御等；在近代，北洋水师学堂也开设了击剑、拳击、哑铃、跳高、跳远、足球、游泳等项目。

（二）体育在军事训练中的作用

战争需要身体强健、勇猛顽强、技艺不凡而又吃苦耐劳的士兵，由于体育训练能有效增强人的体质、磨炼意志，因此体育便成为军事训练的重要手段。

五、体育的经济功能

体育对于人的体力发展具有直接的强化作用。体育虽不直接参加物质生产，不产出社会物质产品，但间接作用于物质生产过程所产生的经济效益是客观存在的、不可低估的。体育与经济之间的联系可以表现为体育的进步对经济发展水平的依赖与促进。随着劳动生产力水平的不断提高和科学化、机械自动化生产方式的运用，减少了劳动时间与强度，使人们的余暇不断增多。因此，余暇体育、户外运动、娱乐体育、健身活动不断发展，从而推动了体育消费，促进了体育产业和带动了经济的发展。第一，推动了运动器材、服装、饮料、医药等行业的发展。第二，在新的经济时期，健康的体育作为人类生存的机会进入市场，花钱买健康的观念使健康成为一种有限的资源，促使人们投入体育的市场。第三，体育的发展尤其是不同级别的体育比赛，需要建设不同标准的体育设施；带动交通、邮电、旅游、商业、饮食娱乐等服务业的发展；电视转播权、门票、体育彩票、邮票、纪念币、印刷宣传品以及广告等都为经济的发展起到推动的作用，从而开辟了广阔的体育市场。伴随着商品经济浪潮的冲击，奥林匹克运动会也表现出鲜明的商业化倾向，奥运会对经济的促进作用更加明显。

六、体育的政治功能

体育与政治的相互联系始终客观存在。任何时候、任何国家在带有方向性问题上，都要求体育服从政治的需要，同时充分利用体育对政治所具有的影响。

（1）古代社会，竞技与政治关系非常密切，竞技往往成为达到政治目的的一种手段。古希腊人利用恢复奥林匹克竞技会的机会，在伊利斯大国王依菲斯特的政治周旋下，终于确定了奥林匹克“神圣休战”公约，由此开始了体育为和平政治服务的先驱。

（2）体育在维护国家主权和民族尊严方面表现出鲜明的政治立场。政治的需要推动着体育的发展，体育竞赛可以改善和促进国家之间的关系，提高国家地位和威望，显示政治制度的优越性，振奋民族精神，创造安全的社会环境。

（3）体育为外交服务。利用体育为本国外交政策服务，如唐朝与吐蕃的“马球”交往；中国的“乒乓外交”，促使中美关系正常化，为世界各国所称道。

（4）政治也影响和制约体育的发展。第 11 届奥运会在德国柏林举行，希特勒为了炫耀武力，不惜耗费巨资兴建了被称为“冠绝一时”的运动场地；为了标榜日耳曼人种的所谓“优秀”，竟蛮横地拒绝为夺得 4 枚金牌的著名黑人运动员杰西・欧文斯颁奖。这种行为影响体育的公平公正，制约了体育的发展。

第五节　现代社会与体育

一、现代社会需要体育

（一）现代社会与健康

世界卫生组织对人的健康所下的定义是：健康不仅指身体无疾病，还要有完整的心理、生理状态以及社会适应能力。《现代汉语词典（第 7 版）》将健康定义为：（人体）发育良好，机理正常，有健全的心理和社会适应能力。从这两个权威性定义来看，健康不仅是躯体的健康，更重要的是心理健康。可以说，人的健康的一半是心理健康，即人在自然和社会环境中，遇到困难、挫折、突变等情况时，也能做到心理和谐、情绪稳定、精神饱满，从而正确地对待、处理和排除不利因素的影响。

（二）现代社会对人才的基本要求

世界经济的全球化和科学技术的迅猛发展，正日益深刻地改变着当今人类的生产方式和生活方式，以信息转移为特征的知识经济时代已经到来，知识、人才、民族的素质和国家的创新能力等要素已成为经济增长和社会发展的关键因素。当今世界各国的竞争，实际上是知识、人才的竞争。要想在竞争中抢占制高点，赢得主动权，最根本的就是要依靠高素质的劳动者和创新的人才。从现代社会的发展来看，对现代合格人才的基本要求可以归纳为以下 3 个方面：①体质良好，体格健壮，适应能力强；②体能全面；③心理健康。

二、体育培养现代人的作用

在人类社会文明程度较低时，人类为基本生存和安全需要而发展自身身体能力；工业时代的到来，使综合性体力劳动过渡到片面性体力劳动，这一方面创造了近代体育，另一方面也使人类体质开始相对于动物身体逐渐弱化；信息时代的到来，开始由片面的体力劳动向脑力劳动转化，尽管人类医疗、卫生、环境、体育手段都得到了较好的发展，但是人们也逐渐意识到人身体功能的弱化在加速。今天，人类已经进入信息化的知识经济时代，脑力劳动不可避免地占据了主导地位，人类比任何时候都需要体育，现代社会更需要体育。其作用主要表现在以下几个方面。

（一）体育能促进身心健康

新技术革命的浪潮席卷全球，新信息、新观念、新学科、新技术、新理论层出不穷，人类进入一个知识纵横交叉、一体化的科学时代，特别是信息技术、生物工程、微电子等技术的高速发展，带来了高层次、多系列和高度综合化的发展，信息量不断增长，更新周期加快，人类不断地适应变化和挑战。在这个过程中，人类要面临精神压力，而参与体育运动能缓解这种压力。体育既是对过去生活的连续和弥补，又是对未来生活的准备和承接。体育是人类缓慢的生物进程与急速社会发展进程间的润滑剂，体育是追寻心理健康最有益的方式，体育是追寻健康最积极的方式，体育是增强健康最有趣的方法。

（二）体育能促进智力发展

现代社会知识的更新越来越快，这就要求人们具有较强的学习能力。体育能提高大脑皮质反应的灵活性，具有激活脑细胞的功能，可以发展积极思维、良好记忆和集中注意力，而这些都是学习知识所必备的条件。随着科技的发展，从事脑力劳动的人不断增多已是现代社会不可避免的现象。脑力劳动者机能特点是呼吸表浅、血液循环慢、新陈代谢低下、肌体肌肉活动量大大降低，但大脑神经系统却处于高强度状态，疲劳的产生会使工作、学习能力下降。根据高级神经活动的负诱导规律，运动中枢的兴奋可以使思维、记忆中枢得到更完全的休息。运动生理学研究表明，科学的体育运动，能对大脑中枢神经系统和内分泌系统产生良好的刺激，促进人体新陈代谢，加速血液循环，提高心脏功能，改善大脑的供氧，从而消除大脑的疲劳，恢复和提高大脑的工作能力。

（三）体育能培养人高尚的道德情操

体育运动是一种有一定约束力的社会活动，各种竞赛都有严格的规则，又是在裁判员、教练员的直接监督、教育下有组织地进行的，参与运动和比赛的人必须遵守这些准则，这也是对培养人们遵守社会生活准则和职业道德的强化。体育运动，特别是集体项目的运动，要求个人之间相互配合才能进行。例如，排球运动，通过一传、二传和攻手的密切配合才能在比赛中取得胜利；足球从守门员到前锋队员形成一个整体，团结协作才能赢得比赛。体育运动的这些特性，对培养人们团结协作精神起到了一种强化作用。

思政课堂

体育思政是课程思政的重要组成部分。高校体育课程是寓思想品德教育、文化科学教育、生活与体育技能教育于身体活动并有机结合的教育过程，也是实施素质教育和培养全面发展人才的重要途径。开展体育思政教育可不断丰富高校体育教育的内涵，提高高校体育课程的育人效果。

第三章　体育锻炼与健康

学习目标：

1. 了解大学生的身心特点。
2. 了解体育锻炼的原则及对健康的作用。
3. 掌握运动损伤的预防与处理。

第一节　大学生的身心特点

大学生的年龄多为 18 ~ 23 岁，各方面的生理变化不像中学生那样明显，但仍处于发展和趋于成熟的阶段。这给其心理的发展带来微妙的影响，“生理—心理”的联动反应表现得特别明显。大学生由于在同龄青年中的地位相对优越，知识水平高，他们更关注生理变化给心理发展或强或弱或正或负的影响作用。特别是性成熟促使大学生的心理变化特别急剧，心理活动特别活跃，心理现象丰富多彩。同时，大学生由于自我意识的发展，内心充满各种矛盾，处于不稳定状态，给心理健康发展带来了不利影响。

一、心理特点

大学生的生理发育逐渐成熟，随着社会地位和责任感的变化、学习和活动方式的变化，其智力发展达到较高水平，成为朝气蓬勃的青年，形成了他们自己的特征。大学生在不同的年级有着不同的特点。大一学生主要面临如何适应大学生活、学习问题；大二、大三学生主要面对学习压力、情感问题与人际关系问题；大四学生主要面临就业问题以及对前途认识的迷茫。

（一）自豪感与自卑感的矛盾

大学生经过高考的竞争，在一片赞美声中跨入大学校门。但是，在强手如林的新的环境面前，其优越感、自豪感受到挑战，以前的优势不复存在，加上学习、生活中遇到的种种冲突与挫折，就容易走到另一个极端，产生自卑心理。

（二）新鲜感与恋旧感的矛盾

繁华的城市、美丽的校园，教师、同学及教室、宿舍、饭堂、漂亮的体育场，一切对大学生来说都有说不出的新鲜感。随着时间的推移，新鲜感慢慢褪去，紧张的学习、激烈的竞争、单调的生活，会使大学生产生强烈的恋旧情绪，其思乡心切，怀念过去的生活与朋友，想念师长和亲人，甚至沉溺于回忆的情感中不能自拔而荒废了学业。

（三）独立感与依赖感的矛盾

大学生告别中学时代，摆脱了父母的监督和教师的约束，进入更宽松、开放的环境，其独立意识大大增强。但是，由于缺乏社会经验，加之难以摆脱长期形成的依赖感，面对复杂的环境、自主的空间与时间，大学生常常是一片茫然，不知所措。

（四）轻松感与被动感的矛盾

面对多年的高考压力，大学生常认为进入大学是一种解放，有一种发自内心的喜悦和轻松，歇口气、轻松一下的想法油然而生。思想上的放松导致学习上的懒惰与被动，加上大学的学习从内容到方法以及管理都不同于中小学教育，常使一些大学生遇到许多困难，难以适应。

（五）人际交往需求与孤独感的矛盾

在陌生的环境中寻找良师益友以及被人理解和接纳是大学生强烈的内心需求，但是，由于缺乏主动性，加上心理上的封闭等特点，大学生往往难以如愿以偿，新同学之间又不容易吐露真实思想，容易产生一种难以排遣的孤独感。

（六）理想自我与现实自我的矛盾

理想自我，是将来要实现的“我”，是现实中“我”的努力方向；现实自我，是生活中实实在在的“我”。两者是有区别的，当两者混淆时，就可能产生矛盾。大学生理想自我与现实自我之间往往反差较大，由于社会的期望很高，加上自身的优越感，大学生理想自我相对其他同龄人较为高大完美，容易导致自我认识理想化或非客观化。当周围的人对自己评价不像想象的那么高时，就容易产生矛盾，使大学生对自我认识摇摆，把握不住。特别是当实现理想自我的过程中遇到困难、挫折时，大学生往往会产生苦闷、抑郁等消极的心理体验。

二、生理特点

大学生正值青春发育后期，是以脑力劳动为主的青年群体。在校期间其生理机能处于发育、定型的关键阶段，也是奠定一个人身体素质的关键时期。

（一）运动系统

运动系统由骨骼、关节、肌肉 3 部分组成。随着年龄的增长，大学生骨骼的坚固性增强，关节的柔韧性降低，骨骼软骨逐渐骨化，到大学高年级时，骨化基本完成，身高基本不再增长。在这一时期，骨骼软骨柔软且可塑性较大，应注意保持正确的身体姿势和身体的全面发展，避免一侧肢体或局部用力过多，造成肢体特别是脊柱出现病理性弯曲。同时，大学生还要注意适宜的运动负荷，防止负荷过大造成的骨化提前，影响身体继续生长。由于这一时期的关节软骨较厚、关节囊韧带伸展性大、关节周围的肌肉细长，所以大学生关节活动的范围较大，但牢固性较差，在外力的作用下易造成脱位。因此，大学生要提高柔韧素质，重视发展关节的坚固性，以防关节脱位。

随着大学生年龄的增长，其肌肉中水分明显减少，有机物增多，肌纤维增粗，横向发展较快，肌肉重量不断增加，肌力增强。因此，大学生可以进行较多的力量练习，以促进肌肉继续生长。

（二）心血管和呼吸系统

大学生心脏的结构和机能正在逐步完善，心脏的重量已达到成人水平。该时期其心率减慢，心脏收缩压增加，每搏输出量增多。同时，大学生肺的机能也逐渐提高，肺活量接近成人水平，但是最大摄氧量和负氧债能力比成人低，女生又比男生低。这个时期大学生的体育锻炼可适当增加静力练习和耐力练习，以有效提高心肺功能。

（三）神经系统

人体神经系统发育得最早、最快，其功能在少年时期已日趋完善，但大学生大脑皮层中兴奋和抑制两个过程发展得不够均衡，兴奋过程占优势，而抑制过程相对较弱。到大学阶段，第二信号系统得到发展，抽象思维能力不断提高。

条件反射是高级神经活动的具体表现，引起条件反射的刺激为信号刺激。由信号刺激所引起的一系列高级神经活动过程，巴甫洛夫称为信号活动。信号活动是大脑皮层的最基本、最一般性的活动。巴甫洛夫将信号分为两大类：一类是现实的具体信号，如以铃声作为食物的信号，称为第一信号；另一类是现实的抽象信号，即语言、文字，称为第二信号。

根据上述特点，大学生应注意运动实践的多样化，尽量避免单调的训练内容，可多安排些竞争性的游戏和小型比赛，以提高兴趣。在活动安排上，应适当提高活动密度，相应缩短活动时间，可增加一些技术分析，以培养思维能力。

（四）身体素质

在生长发育过程中，身体素质的发展存在着自然增长的现象。到大学阶段，男生的腰腹力量增长最快，其次是下肢的爆发力，臂肌静力性力量增长最慢。而女生腰腹肌的增长比其他部位要慢。

第二节　体育锻炼对健康的积极影响

一、体育锻炼对新陈代谢的影响

体育锻炼时体内物质的新陈代谢增加，能量消耗增加。如 10 分钟 1 公里速度的快步走，每分钟能量消耗比坐着工作、学习时多 3 倍。参加一场篮球比赛时能量消耗比安静时增加了 20 倍以上。能量消耗增加，促进了体内消化吸收过程，也补充了体内需要。根据“超量恢复”规律，在正常范围内，体育锻炼时能量消耗要在锻炼后加以恢复，并且超过原来消耗的水平。由于锻炼后恢复过程加强，需从外界吸取更多营养物质，因此必然会促进消化吸收功能的加强。体育锻炼时，由于呼吸运动加强，膈肌活动范围加大（等于在对腹壁胃肠做按摩活动），对促进消化道工作、加强消化功能也非常有利。同时，体育锻炼能促进腹肌力量，有利于维持正常腹部压力，促进消化吸收。体育锻炼还可以使人心情愉快，精神饱满，对消化吸收功能也有良好的作用，适当的体育锻炼对消化不良、便秘、胃下垂等有积极辅助治疗的作用。体育锻炼不仅能增加热能的消耗，而且可以增强机体代谢，提高体内某些酶，尤其是脂蛋白酶的活性，有利于三酸甘油酯的运输和分解，从而降低血中的脂质。动脉硬化是随着人年龄增长而出现的血管疾病，其通常是在青年时期发生，至中老年时期加重、发病，男性较女性多，近年来该病在我国逐渐增多，成为老年人死亡的主要原因之一。体育锻炼可以增加高密度脂蛋白，减少低密度脂蛋白，把多余胆固醇从胆管与肠道排出体外，避免过剩胆固醇沉积在血管内壁。此外，体育锻炼可以促进血液循环，增加血管弹性，降低血压，消耗过剩热量，使身体脂肪比重减少，肌肉比重增加，从而减轻体重。缺乏体育锻炼的人很容易得动脉粥样硬化疾病。

二、体育锻炼对运动系统的影响

（一）对骨、关节的良好影响

（1）合理的体育锻炼能促进骨的血液循环，增加对骨的血液供应，使正处于旺盛造骨时期的骨组织能获得更多造骨原料，加速造骨过程，加快骨的生长。

（2）合理的体育锻炼能增强骨的抗折、抗弯、抗压、抗扭曲等能力，使骨更坚固。

（3）合理的体育锻炼能预防关节的变形。

（4）合理的体育锻炼能保持骨的弹性，延缓骨的老年性、退行性变化。

（5）合理的体育锻炼有助于增强韧带的弹性，增加关节的稳固性，提高关节的灵活性。

（二）对肌肉的良好影响

（1）肌肉体积增大。通过体育锻炼，可以明显地看到肌肉体积的增大。不同运动项目肌肉增大部位和程度不同。力量性练习，如举重和投掷项目可使肌纤维得到最大限度的增粗，这些项目可使快缩肌纤维和慢缩肌纤维都增粗，但往往快缩肌纤维增粗较大。耐力性练习，如长跑和自行车运动员的肌纤维增粗不明显。

（2）肌肉的重量增加。经常锻炼的人肌肉重量可占体重的 50%，某些受过长期训练的专项运动员甚至可达 60%。

（3）肌肉中脂肪含量减少。

（4）肌肉内结缔组织增多。

（5）肌肉内化学成分发生变化。

（6）肌肉毛细血管增多。肌肉内有丰富的毛细血管，在 1 平方毫米肌肉中，约有 4 000 根毛细血管。但在平时仅开放很少一部分，开放 30 ~ 270 根。体育锻炼时，由于肌肉的活动，促使肌肉内毛细血管大量开放，其开放数量可达安静时的 20 ~ 50 倍，这样，肌肉可获得比平时多得多的氧气及养料，大大促进了肌肉的生长。

（7）参加活动的肌纤维数量增加。

综上，体育锻炼对肌肉的影响是很大的，可促使肌肉更强壮，收缩更有力，弹性也得到很好的改善。

三、体育锻炼对心血管系统的影响

适当的体育锻炼是心脏健康的必由之路。有规律的体育锻炼，可以减慢安静时和锻炼时的心率，这就大大减少了心脏的工作时间，增强了心脏功能，保持了冠状动脉血流畅通，可更好地供给心肌所需要的营养，可使心脏病的危险率降低。

（1）经常参加体育锻炼可使心肌细胞内的蛋白质合成增加，心肌纤维增粗，使心肌收缩力量增加，这样可使心脏在每次收缩时将更多的血液射入血管，导致心脏的每搏输出量增加，长时间的体育锻炼可使心室容量增大。

（2）体育锻炼可以增加血管壁的弹性，这对人健康的远期效果来说是十分有益的。人随着年龄的增加，血管壁的弹性逐渐下降，因而可诱发高血压等疾病，通过体育锻炼，可增加血管壁的弹性，预防或缓解高血压症状。

（3）体育锻炼可以促使大量毛细血管开放，加快血液与组织液的交换，加快新陈代谢的水平，增强机体能量物质的供应和代谢物质的排出能力。

（4）体育锻炼可以显著降低血脂含量，改变血脂质量，有效地防治冠心病、高血压和动脉粥样硬化等疾病。

（5）体育锻炼可以使安静时脉搏徐缓和血压降低。

四、体育锻炼对呼吸系统的影响

（1）经常参加体育锻炼，特别是做一些伸展扩胸运动，可以使呼吸肌力量加强，胸廓扩大，有利于肺组织的生长发育和肺的扩张，使肺活量增加。经常性的深呼吸运动，也可以促使肺活量的增长。大量实验表明，经常参加体育锻炼的人，肺活量值高于一般人。

（2）体育锻炼由于加强了呼吸力量，可使呼吸深度增加，有效地增加肺的通气效率。研究表明，一般人在运动时肺通气量能增加到 60 升 / 分左右，有体育锻炼习惯的人运动时肺通气量可达 100 升 / 分以上。

（3）一般人在进行体育锻炼时只能利用其最大摄氧量的 60% 左右，而经过体育锻炼后可以使这种能力大大提高。体育锻炼时，即使氧气的需要量增加，也能满足机体的需要，而不至于使机体缺氧。

五、体育锻炼对神经系统的影响

体育锻炼能改善神经系统的调节功能，提高神经系统对人体活动时错综复杂变化的判断能力，并及时做出协调、准确、迅速的反应。

此外，体育锻炼对神经系统的良好影响，主要在于它是一种积极的休息。当经过较长时间的脑力劳动，感到疲劳时，参加短时间的体育锻炼，可以转移大脑皮层的兴奋中心，使原来高度兴奋的神经细胞得到良好的休息，同时又补充了氧气和营养物质。而脑组织所需氧气和营养物质的供给又完全依赖于血液循环、呼吸和消化系统，体育锻炼在很大程度上改善了这些系统的功能，提高了它们的工作效率，从而促进了脑血液循环，改善了脑组织的氧气和营养物质供应，使脑组织的工作效率有了显著提高。

神经系统在机体其他系统的配合下，构成了神经—体液调节系统，它是人体全自动控制系统的中枢，主要负责维持人体的稳定状态。经常参加体育锻炼，可以使这一系统得到锻炼和加强，使中枢神经系统对兴奋和抑制的调节能力更趋完善，从而进一步活跃全身各个系统和器官的功能，使其活动更加协调，提高工作效率，对外界刺激的反应迅速、灵敏，适应外界环境的变化并增强抵抗各种疾病的能力。

六、体育锻炼对免疫功能的影响

体育锻炼对免疫功能的影响受许多因素的制约，人体的非特异性免疫、细胞免疫、体液免疫及神经内分泌的调节，体育锻炼的强度、频率及项目的选择对免疫反应也有十分重要的作用，适度、有计划的体育锻炼对人体免疫会产生良好的影响。

七、体育锻炼延缓衰老

随着年龄的增长，身体的生理机能由旺盛期开始走下坡路，肌肉萎缩，关节不灵活，皮肤松弛……这些衰老表现虽然是自然生理现象，不可避免，但我们总是可以让衰老的脚步放慢些，再慢些。体育锻炼就是延缓衰老的重要手段之一。体育锻炼延缓衰老是有科学依据的，如体育锻炼能使体内各器官功能保持相对年轻，坚持体育锻炼的中老年人的心肺功能可能比他们的实际年龄年轻 20 ~ 30 岁。此外，体育锻炼还可以促进人体内新陈代谢，提高人的免疫功能，使人开朗愉快，有助于心理上推迟衰老等。

八、体育锻炼对心理方面的影响

体育锻炼对心理的发展（如增强信心、建立良好的环境、培养稳定的情绪、培养独立和处事果断的能力、提高智力发展等）有巨大的推动作用。相反，不积极地从事体育锻炼，不良情绪得不到彻底宣泄，对心理健康有负面影响。

第三节　体育锻炼的原则

按照人体发展的基本规律，合理地进行体育锻炼，可以促进身体的生长发育，改善和提高各器官系统的功能，提高身体素质，增强体质，推迟衰老，延年益寿。因此，进行体育锻炼时，应遵循以下基本原则。

一、自觉积极性原则

自觉积极性原则指体育锻炼者有明确的健身目标，充分认识体育锻炼的价值，自觉积极地从事体育锻炼活动。体育锻炼是一个自我锻炼、自我完善，并需要克服自身的惰性、战胜各种困难的过程。同时，还要有一定的作息制度作保证，把体育锻炼当作生活中不可缺少的一部分，才能奏效。

二、讲求实效原则

讲求实效原则指选择锻炼内容、方法和安排运动负荷时，应根据个人的性别，年龄，职业，健康状况，对锻炼的爱好、要求和原有的基础，以及生活条件等实际情况来确定，按科学方法进行锻炼，以取得最佳的锻炼效果。

三、持之以恒原则

持之以恒原则指体育锻炼必须经常性进行，使之成为日常生活中的重要内容。体育锻炼给予机体刺激，每次刺激都产生一定的作用痕迹，连续不断的刺激作用则产生痕迹的积累。这种积累使机体结构和机能产生新的适应，体质就会不断增强，动作技能形成的条件反射也会不断得到强化。因此，体育锻炼贵在坚持，不能设想在短时间内取得显著效果，必须长久地积累。

四、安全性原则

从事任何形式的体育锻炼都要注意安全,如果体育锻炼安排得不合理,违背科学规律，就可能出现伤害事故。为了保证体育锻炼的安全，大学生应做到以下几点。

（1）体育锻炼前做好充分的准备活动，各器官系统的机能进入活动状态后，再进行较剧烈的运动。

（2）体育锻炼要全身心投入，体育锻炼过程中不要三心二意，这对于大学生尤为重要，有时稍不注意，就可能出现运动损伤。

（3）在进行跑步、健美操等体育锻炼时，最好不要在沥青马路和水泥地面上进行，以防出现关节劳损症状。

（4）有心血管疾病的大学生，在体育锻炼时应注意控制运动量，有时虽然自我感觉较好，但身体并不一定能承受较大的运动量，如果盲目增加运动量，特别是运动强度，就很容易出现意外事故。

五、循序渐进原则

循序渐进原则指体育锻炼必须遵循人体自然发展、机体适应的基本规律，从不同的主客观实际出发，合理安排运动负荷，在渐进的基础上提高锻炼水平。在体育锻炼过程中，运动负荷大小直接影响人体机能的变化，负荷是否适宜，对锻炼效果的好坏起很大的作用。运动负荷的大小因人、因时而异，即便是同一个人，在不同的机能状态、不同的时间，人体对负荷的承受能力也不尽相同。因此，进行体育锻炼时，大学生应循序渐进，随时调整运动负荷，逐步提高锻炼水平。

六、全面性原则

全面性原则指体育锻炼必须追求身心全面和谐发展，使身体形态、机能、身体素质及心理素质等方面得到全面协调的发展。人体是由各局部构成的一个整体，各局部均按“用进废退”的规律发展，体育锻炼能促进新陈代谢的普遍旺盛，使身体各系统、组织、器官和谐发展，达到身体相对的完善和完美。

第四节　运动处方

运动处方是20世纪50年代由美国生理学家卡波维奇提出的，到1969年这一术语被世界卫生组织使用，逐渐在国际上得到普遍认可。

一、运动处方的概念

运动处方指针对个人的身体状况而制订的一种科学的、定量化的周期性锻炼计划。根据对锻炼者所测试的实验数据，按其身体健康状况、体力情况及运动目的，用处方的形式制订适当的运动类型、强度、时间及运动频度，使大学生进行有计划的周期性运动的指导方案。

二、运动处方的分类

（1）根据锻炼者的需求，运动处方可分为2类：一类是治疗性运动处方，主要用于某些疾病和创伤康复期的患者，使医疗体育更加定量化、个别化；另一类是预防性运动处方，主要用于健康人尤其是长期从事脑力劳动并希望参加体育锻炼者，目的是预防某些疾病（冠心病、肥胖症等），防止过早衰老。

（2）根据具体锻炼部位，运动处方也可分为2类：一类是针对内脏器官的锻炼和体疗的运动处方，以提高内脏器官功能为主，兼预防各种内脏器官疾病；另一类是以提高肢体运动能力和畸形矫治为目的的运动处方。

三、运动处方的基本要素

运动处方的基本要素包括运动目的、运动类型、运动强度、运动时间、运动频度和注意事项。

（一）运动目的

运动处方的目的是通过有目的的体育锻炼达到预期的效果。由于各人的情况千差万别，运动处方的目的也不尽相同。

（1）促进人体生长发育。

（2）保持健康，延缓衰老。

（3）增强体质，提高工作效率。

（4）调节心理状态，丰富业余文化生活。

（5）掌握运动技能，提高竞技水平。

（二）运动类型

在运动处方中，为大学生提供最合适的运动项目关系到锻炼的有效性和持久性。选择运动项目类型，要考虑运动的目的，如是健身的还是治疗的；也要考虑运动条件，如场地器材、余暇、气候等；还要结合体育兴趣爱好等。

（三）运动强度

人体运动中，运动强度指单位时间内移动的距离或速度，或肌肉单位时间内所做的功。运动强度是否恰当，直接影响到练习的效果与锻炼者的安全。所以，应按照个人的特点，规定锻炼时应达到的适应强度。确定靶心率的方法有 2 种：取最大心率的 70%~85%，或取负荷强度相当于 50%~70% 最大摄氧量时的心率。一般认为大学生心率 120 次 / 分以下为小强度，120~150 次 / 分为中强度，150~180 次 / 分或 180 次 / 分以上为大强度。测量运动强度的简单办法是：测量运动后 10 秒脉搏 ×6，就是 1 分钟的心率。适宜运动强度范围，可用靶心率来控制：以本人最高心率的 70%~85% 的强度作为标准。靶心率 =（220 – 年龄）×（70%~85%），如 20 岁的靶心率是 140~170 次 / 分。最适宜运动心率的计算公式如下。

最大心率 =220 – 年龄

心率储备 = 最大心率 – 安静心率

最适宜运动心率 = 心率储备 ×75%+ 安静心率

人体最适宜运动心率是随年龄增大而减小的。

（四）运动时间

运动时间就是持续参与体育锻炼的时间。每次运动所需要的运动时间应根据运动强度、运动量的大小、运动目的、运动项目以及自身身体健康状况等多因素而定。运动强度与运动时间的长短成反比关系，运动强度大，则运动时间相对短；运动强度小，则运动时间相对长。一般参与体育运动要坚持 20 分钟以上才能达到相应的运动效果。参与体育运动的时间，应根据个人健康状况而定。

（五）运动频度

运动频度指每周的锻炼次数。关于运动频度，有研究表明，1 周运动 1 次，肌肉酸痛和疲劳每次发生，运动后 1~3 天身体不适，效果不蓄积；1 周运动 2 次，酸痛和疲劳减轻，效果有点蓄积，不明显；1 周运动 3 次，无酸痛和疲劳，效果蓄积明显；1 周运动 4~5 次，效果更加明显。由此可见，1 周运动 3 次以上，效果才明显。

因为人体存在个体差异性，受性别、年龄、身体健康状况等因素的影响，所以在参与体育锻炼的次数安排上要因人而异、因时而定、量力而行。

（六）注意事项

以治疗和康复为目的的运动处方应指出禁忌参加的运动项目，健身运动中自我观察指征和停止运动的指征，重视准备活动和整理活动等。同时，要让参加健身运动的大学生掌握和了解一些必要的体育卫生知识，如运动后不要立即坐下或者躺下，应该积极性地休息，如走步或做一些身体活动，避免引起重力休克或其他身体不适感觉，不能立即吃生冷食物，不能马上冷水浴或游泳等，同时应该了解和掌握一些健康运动的体育卫生知识，做到科学健身。

第五节　常见运动损伤与应急处置

一、出血

出血是运动损伤中较常见的一种，可分为外出血和内出血 2 类。其中，外出血分为动脉出血、静脉出血和毛细血管出血 3 种，可从出血的颜色和出血的情形做出判断。动脉出血呈喷射状，血色鲜红；静脉出血漫涌而出，血色暗红；毛细血管出血为缓慢渗出。

一般成人的血液总量为 4 000~5 000 毫升。若急性大出血达到全身总血量的 20%，即可出现面色苍白、头晕乏力、口渴等急性贫血的症状；若出血量超过全身总血量的 30%，将危及生命。因此，对外出血的伤员，尤其是大动脉的出血，必须立即止血；对疑有内脏或颅内出血的伤员，应尽快送医院处理。

止血的方法一般有以下 3 种。

（1）冷敷法：常用于急性闭合性软组织损伤。最简便的方法是用冷水冲洗或用冷毛巾敷于伤处，有条件的可使用氯化烷喷射。

（2）抬高伤肢法：用于四肢出血。抬高伤肢，使伤处血压降低，血流量减少，以达到减少出血的目的。

（3）压迫法：包括指压法、绷带加压包扎法和止血带法。

①指压法：用手指指腹压在出血动脉近心端相应的骨面上，以阻断血液的流动来达到止血的效果。这种止血方法常用于动脉出血，操作简便，止血迅速，是一种临时性止血的好方法。

现将身体不同部位出血的动脉管压迫方法介绍如下。

额部、颞部出血：一手扶住伤员的头并将其固定，用另一手的拇指在耳屏前上方一指宽处摸到颞浅动脉搏动后，将该动脉压迫在颞骨上，可止同侧额部、颞部出血。

眼以下面部出血：在下颌角前约 1.5 厘米处摸到颌外动脉搏动后，用拇指将该动脉压迫在下颌骨上，可止同侧面部出血。

肩部和上臂部出血：在锁骨上窝内 1/3 处摸到锁骨下动脉搏动后，用拇指把该动脉压迫在第一肋骨上，可止同侧肩、腋部及上臂出血。

前臂和手出血：将伤臂稍外展、外旋，在肱二头肌内缘中点处摸到肱动脉搏动后，用拇指或食指、中指、无名指三指将该动脉压迫在肱骨上，可止同侧前臂和手部出血。

大腿和小腿出血：使伤员仰卧，患腿稍外展、外旋，在腹股沟中点稍下方摸到股动脉搏动后，用双手拇指重叠（或掌根）把该动脉压迫在耻骨上，可止同侧下肢出血。

足部出血：在踝关节背侧，于胫骨远端摸到胫前动脉搏动后，把该动脉压迫在胫骨上；在内踝后方，将胫后动脉压迫在胫骨上，可止足部出血。

②绷带加压包扎法：用数层无菌敷料覆盖伤口，再用绷带加压包扎，以压住出血的血管而达到止血的效果，同时抬高伤肢。适用于小动脉、小静脉和毛细血管的止血。

③止血带法：用胶管或用绳子之类（宽布条、三角巾和毛巾均可）绑扎在伤口的近心端。较大的肢体动脉出血，且为运送伤员方便起见，应上止血带。若上肢出血，止血带应扎在上臂的上 1/3 处，禁止扎在中段，避免损伤桡神经；若下肢出血，止血带扎在大腿的中部。

需要注意的是：上止血带前，先要将伤肢抬高，尽量使静脉血回流，并用软织敷料垫好局部，然后再扎止血带，以止血带远端肢体动脉刚刚摸不到为度。扎上止血带后，每隔 0.5~1 小时必须放松一次，放松 3~5 分钟后再扎上，以防组织长时间缺氧而坏死，放松止血带时可暂用指压法止血。

二、软组织损伤

软组织指人体的皮肤、皮下组织、肌肉、肌腱、韧带、关节囊、滑膜囊、神经和血管等。

这些组织在受到外力的作用下，发生机能或结构的异常，称软组织损伤。软组织损伤分为开放性损伤和闭合性损伤 2 类。前者有擦伤和撕裂伤等，后者有挫伤和肌肉拉伤等。

（一）擦伤

擦伤是运动中最常发生的一种损伤，多发生于对抗性项目活动及摔倒等意外情况下。

主要症状：皮肤被擦破出血或有组织液渗出，有一定的伤口。

处理方法：小面积轻度擦伤，伤口干净者，只需涂抹一些红药水即可；大面积重度擦伤，先用生理盐水清洗伤口后，涂抹红药水，再覆盖消毒布，然后用纱布包扎。

（二）撕裂伤

在剧烈运动或受到突然强烈撞击时，会造成肌肉撕裂，常见有眉际撕裂等。

主要症状：伤口周围多不整齐，常常伴有周围软组织的损伤。

处理方法：轻度伤用红药水涂抹即可；裂口大时则需止血和缝合伤口，必要时注射破伤风抗毒血清，以防感染。

（三）挫伤

挫伤又称撞伤，是由于皮肤受钝器打击或直接与硬物碰撞而引起的损伤。它分为单纯性挫伤和混合性挫伤。前者是指皮肤和皮下组织的挫伤，后者是指在皮肤和皮下组织挫伤的同时，还合并其他组织器官的损伤（如腹部挫伤可能会伴有内脏器官的破裂）。挫伤多发生在大腿、小腿、腹部及头部等部位。

主要症状：单纯性挫伤表现为局部疼痛、肿胀、淤血、压痛和运动功能障碍。内脏器官损伤时，则出现头昏、脸色苍白、心慌气短、出虚汗、四肢发凉、烦躁不安，甚至休克。

处理方法：单纯性挫伤在 24 小时内冷敷或加压包扎，抬高患肢或外敷中药。24 小时后可进行热敷、按摩和理疗。进入恢复期可进行一些功能性锻炼。混合性挫伤并出现休克的伤员，经急救处理后，应尽快送医院检查和治疗。

（四）肌肉拉伤

肌肉主动强烈的收缩或被动过度的拉长所造成的肌肉微细损伤、肌肉部分撕裂或完全断裂，称为肌肉拉伤。这是最常见的运动损伤之一，在引体向上和仰卧起坐练习时容易发生。

主要症状：肌肉拉伤后，伤处疼痛、肿胀、压痛，肌肉紧张或痉挛，触之发硬。肌肉严重拉伤时，患者可感到或听到断裂声，疼痛和肿胀明显，皮下淤血显著，运动功能出现严重阻碍，肌肉出现收缩畸形。肌纤维部分断裂时，伤处可摸到凹陷；肌腹中间完全断裂时，出现“双驼峰”畸形；一端完全断裂时，肌肉收缩成“球状”畸形。

处理方法：轻者可即刻冷敷，局部加压包扎，抬高患肢。24 小时后可实施按摩或理疗。肌肉部分或完全断裂时，加压包扎后，立即送医院做手术缝合。

三、关节韧带损伤

关节韧带损伤指关节受外力异常扭转而造成的韧带损伤及关节附近其他软组织结构的损伤。在体育运动中以腰部关节、肩关节、髌骨和踝关节的损伤最为常见。例如，跳水时因两腿后摆过大，造成腰部关节扭伤；投掷、排球扣球和大力发球时，常出现肩关节扭伤；跳高、跳远时由于踏跳不合理或摔倒受到撞击，会导致髌骨损伤；由高处跳下时，失去平衡，踝关节过度内翻或外翻致使踝关节扭伤。

主要症状：一般表现为压痛、疼痛，急性期有肿胀和皮下淤血，关节功能发生障碍等。

处理方法：一般性扭伤在 24 小时内可采用冷敷，必要时加压包扎。24 小时后采用理疗、按摩和针灸治疗。待疼痛减轻后可增加功能性练习。对急性腰部损伤，如果出现剧烈疼痛，则不可轻易移动，应让患者平卧，并用担架送医院诊治。处理后，患者应卧硬板床（或在腰部下面垫一枕头），使肌肉韧带处于放松状态。

四、关节脱位

在体育运动中，因受外力作用，关节失去正常的连接关系，叫关节脱位，又称脱臼。关节脱位可分为完全性脱位和半脱位（又称移位）两种，以肩、肘关节脱位较为常见。严重的关节脱位，伴有关节囊损伤。

主要症状：常出现畸形，即刻发生剧烈疼痛和明显压痛，关节周围显著肿胀，关节功能丧失，有时发生肌肉痉挛，严重时出现休克。

处理办法：用夹板或三角巾固定伤肢，并尽快护送医院治疗。如没有整复技术和经验，切不可随意做复位动作，以免加重伤情。

五、骨折

骨折指骨的完整性和连续性在外力的作用下遭到破坏的一种损伤。常见的骨折有肱骨骨折、尺（桡）骨骨折、手指骨折、小腿骨折和肋骨骨折等。体育运动中身体某部位受到直接或间接的暴力打击时，可造成骨折。例如，摔倒时，手臂直接撑地，引起尺骨或桡骨骨折等。

主要症状：患处出现肿胀，疼痛难忍，肢体失去正常功能，肌肉产生痉挛，骨折部位可见到畸形。严重骨折伴有出血、神经损伤和发烧，乃至发生休克等症状。

处理办法：一旦出现骨折，暂勿随意移动伤肢，应先用夹板或其他代用品固定伤肢。如出现休克，应先施行人工呼吸。若伴有伤口出血，应同时施行止血，并及时护送医院治疗。

六、脑震荡

脑震荡指头部受到外力打击后，脑神经细胞和神经纤维普遍受到震荡后所引起的意识和功能的一般性障碍。脑震荡的常见原因是摔倒时头部着地、头部受到外力打击等。

主要症状：伤后即刻发生意识丧失、呼吸表浅、脉搏缓慢、肌肉松弛、瞳孔稍放大但左右对称等；清醒后，常伴有头晕、头痛、恶心或呕吐、失眠、耳鸣和记忆力减退等。

处理方法：立即让患者平卧，不可坐起或立起，头部冷敷，注意保暖。对昏迷者可用手指掐点人中、内关等穴或给嗅闻氨水。呼吸障碍者，可施行人工呼吸，并立即送医院诊治。在恢复期，要保持环境安静，患者卧床休息，直至头痛、头晕症状消失。切忌过早地参加体育运动和脑力劳动。

七、溺水

溺水指被水淹的人由于呼吸道遇水刺激发生痉挛，收缩梗阻，造成窒息和缺氧。如果时间稍长，则会因缺氧而危及生命。

主要症状：窒息后，脸色苍白、眼睛充血、口鼻充满泡沫、四肢冰冷、意识昏迷、胃腹满水鼓起，直至呼吸、心跳停止。

处理方法：将溺水者救上岸后，应立即清除其口腔内的异物，并进行倒水；及时进行人工呼吸；清醒后立即送医院进一步治疗。在运送途中密切观察溺水者情况，必要时继续进行人工呼吸。人工呼吸法有多种，其中以口对口人工呼吸法和胸外心脏按压法最有效。必要时口对口呼吸法和胸外心脏按压法同时进行。急救者之间应密切配合，两者以 1:4 的频率进行。

（1）口对口人工呼吸法：松开溺水者衣领、裤带和胸腹部衣服，将溺水者仰卧，头部后仰，急救者一手捏住鼻孔，一手托起下颌，并压住环状软骨（压迫食管）以防空气进入胃内。然后深吸一口气，缓缓吹入溺水者口中，吹气后将捏鼻子的手松开。如此反复并有节律地（每分钟 16~20 次）进行，直至溺水者恢复自主呼吸。

（2）胸外心脏按压法：将溺水者仰卧在木板或平地上，急救者两手上下重叠，用掌根置于溺水者胸骨下段，肘关节伸直，借助自身体重和肩臂部力量，适度用力下压（不能用力太猛，以防骨折），将胸骨下压 3~4 厘米为度，随即松手（手不离开胸骨）使胸骨复原，如此反复并有节律地（每分钟 60~80 次）进行，直至溺水者心跳恢复。

第六节 大学生生活卫生与运动卫生

健康是人生最宝贵的财富，是人类美好的愿望。常言道："生命在于运动。"这说明了体育锻炼在人生命活动中的重要作用，在运动时必须遵循人体生理活动规律和一定卫生要求，才能达到提高健康水平、增强体质的目的。

一、生活卫生

（一）生活制度卫生

生活制度指对一天内的睡眠、饮食、学习、休息和运动等各项内容做出基本固定的时间安排。它有利于机体内的各种生理活动，有利于身体健康。每天养成有规律的生活习惯，有助于大学生学习任务的完成，提高学习效率，也有助于大学生的身心健康。人的一切活动都是在大脑皮层支配下完成的。每天在相对固定的时间起床、吃饭、休息、睡眠和运动，养成有规律的学习、生活习惯，大脑皮层有关区域的兴奋和抑制的转换也建立起相应的顺序，形成大脑皮层活动的"动力定型"。神经系统和组织器官的活动有一定的规律，就可以使机体在一定时间内对某种活动有所准备。如果生活制度不合理，经常打乱作息制度，会使大脑皮层中建立起来的"动力定型"遭到破坏。神经系统的机能减弱时，各器官系统的机能也相应受到影响，这样就会降低机体的机能，影响学习和工作效率，有损身体健康。但是，大脑皮层中的"动力定型"的建立不是一成不变的，由于大脑皮层功能的可塑性，对于新的环境，只要逐步适应，还是可以改变的。

（二）饮食卫生

1. 合理营养

食物中有效的营养成分叫营养素。根据化学性和生理作用可将营养素分为七大类，即蛋白质、脂类、碳水化合物、矿物质、膳食纤维、维生素和水。在校大学生脑力劳动紧张，体育锻炼、文化娱乐、社交活动形式较多，能量消耗较大，这些都需要食物营养来补充。同时，为了有助于营养素被人体消化吸收和利用，大学生还要注意保持各种营养之间数量的平衡。

2. 合理的饮食制度

饮食制度应包括每日进餐时间和食物量的分配等内容。一般认为，早餐热量占全日热量的 30%左右，午餐占 40%左右，晚餐占 30%左右较为适宜。每日三餐的时间应基本稳定，并力求做到与运动有一定的时间间隔。

（1）饮食习惯。

①运动后不宜立即进餐。人在剧烈运动之后，往往会产生饥饿感。为了补充失去的能量，很多人进食的量会比平时多，他们以为这样就会将运动时消耗的能量全部补回来。据研究，人们在运动中消耗的主要是矿物质、水和脂类。运动后产生的饥饿感，不一定是真正的饥饿，而常常是口渴，这时正确的做法应该是先补充液体，如喝些水或果汁，这样即补充了失去的矿物质和水，半小时以后再进食，可以吃些平时爱吃的低热量食品，以不感到饱胀为原则。这样，既能补充运动中消耗的能量，又不会使失去的多余脂肪很快回到体内，从而保持健美的身材。

②饭后不宜立即进行剧烈运动。运动前 1 小时进食，这是为了避免因为体育活动而导致消化功能紊乱。同时，要避免食用难以消化的食物，如油炸食品等，可能会引起腹痛、恶心等症状，也可能会导致胃下垂。

③合理安排一日三餐。一日三餐是人类古已有之的饮食制度，然而从目前的实际情况来看，大学生不吃早餐的现象有增无减。他们常把早餐时间用来睡觉，并不重视早餐，起床后即匆忙赶去教室上课，致使上课时血糖浓度降低，疲劳很快出现，使学习效率降低，身体也受到损害。不吃早餐的大学生自以为可以利用第二节课后去补充食品，殊不知这样正好打乱了自己生物钟的节奏，其结果是午餐没有食欲，不能好好地进食，导致下午不是饥饿就是腹胀，肠胃功能出现紊乱。有的大学生在夜间临睡前还饱餐一顿，这些都是十分不好的饮食习惯。医学科学告诉我们，无规则的进食很容易引起胃病，其中以胃溃疡最为普遍，这就是许多大学生肠胃功能不好、胃病发病率高的重要原因。因此，注重正常的饮食制度，吃好三餐，对保持身体健康有良好的功效。

（2）饮食量。

饮食量不单指饮食的数量，更重要的是指饮食中所含身体必需的能量。大学生一天的学习、体育锻炼和日常生活需消耗较大的能量，一般而言，平均一天需从食物中摄取 11 715 ~ 12 552 千焦热量来补充身体的需要。由于个体差异较大，每个人的饮食量都可能不同，所以饮食量以主观感受为前提，以主食为基础，副食不宜过饱。常言说：“一日三餐七分饱，身体健康精神好。”

（3）饮食成分。

饮食成分是指饮食中所含的营养成分。由现代医学、营养学可知：蛋白质、脂类、碳水化合物、矿物质、膳食纤维、维生素和水是人类保持健康必需的营养成分。

（三）睡眠卫生

每天的睡眠时间应占一天的 1/3 左右。一般来说，青少年应睡 8 ~ 9 小时，成人每天一般应保持约 8 小时的睡眠。因为睡眠时，中枢神经系统，特别是大脑皮质的抑制过程占优势，能量物质的合成过程也占优势，体内的一些代谢产物被利用或排除，疲劳得以消除。为此，必须有足够的睡眠时间解除一天的疲劳。又由于人的 24 小时节奏是比较固定的，因此，要注意每天尽可能按时睡觉。保持充足的睡眠时间，这不仅有利于工作与学习，而且还能使身体健康成长。为了保证良好的睡眠，睡前 1 小时不宜进行剧烈运动，以免引起神经细胞的过度兴奋，影响睡眠。但是睡前进行适度的身体锻炼，能对人体起到良好的调节作用，降低大脑的兴奋性，有助于睡眠。

睡前不宜吃得过饱，以免增加肠胃负担，刺激消化液增加，这样就会打乱消化液的正常分泌。胃不停地蠕动，管胃肠的神经也会受到刺激，人就会感到胃不舒服，“撑”得难受，而睡不踏实。临睡前也不宜过多喝水，这除了会导致胃液稀释和夜间多尿外，还会诱发眼睑水肿和眼袋。睡前用温水洗脚，漱口刷牙，保持室内通风和卧具的清洁卫生，都对睡眠有益。

（四）戒除不良嗜好

世界卫生组织决定每年 5 月 31 日为“世界无烟日”，促使全球人行动起来，减少烟草对健康的危害。吸烟可诱发和形成某些严重疾病，导致劳动能力的丧失及许多不良后果。长期大量吸烟引发的常见病有肺癌、呼吸道疾病、心血管疾病、中枢神经系统疾病、消化系统疾病等，吸烟同时也污染环境，造成被动吸烟者致病促发因素增加。长期大量饮酒，会损害人体健康。吸烟、酗酒等不良嗜好，对人体健康有很大危害，如果已经染上了这些不良嗜好，一定要坚决戒除。

二、运动卫生

（一）运动前卫生

1. 准备活动

准备活动指运动前进行的有目的和指向性的身体练习，包括一般性准备活动和专项性准备活动。运动前做好充分的准备活动，目的是通过各种练习提高中枢神经系统的兴奋性，使兴奋达到适宜的水平；预先加强各器官系统的活动，克服各器官机能活动的惰性；加强心血管和呼吸器官的活动能力，使人体从相对静止的状态过渡到紧张活动的状态，预防心血管意外的发生，减少肌肉、关节和韧带的损伤。

准备活动的内容和时间的长短，应根据锻炼的项目、内容、季节变化和身体条件来安排。一般使身体稍微发热、心率上升到 130 ~ 160 次 / 分为宜，使内脏器官、肢体的活动幅度和肌肉力量等方面达到适宜的工作状态。

2. 运动前饮水

在运动前应适当补充水，但不宜一次性大量饮水。饮水过多，会使胃膨胀，影响膈肌运动和呼吸而影响运动能力。

（二）运动中卫生

1. 选择好运动着装

衣着以轻松为好，大小适宜，有一定的透气性和吸水性，并经常保持清洁卫生。鞋子大小要合适，应尽可能穿运动鞋。夏季以浅色薄运动衣裤为好，冬季应注意保暖，但不能妨碍运动。运动时身上不能佩戴尖利物件。

2. 选择良好的运动环境

选择在空气清新、流通性较好、温度较适宜、场地整洁的运动场所进行运动，这样有利于体育活动的开展，也有利于大学生的身体健康。

3. 合理安排运动量

合理安排运动量指在进行体育运动时应根据大学生年龄、性别、体质、健康水平和技术的熟练程度合理安排练习的强度、密度、时间和数量。一般大学生在一堂课上平均心率达 130 ~ 170 次 / 分为宜，运动量适宜时睡眠良好、食欲增加、精力充沛。如果超过了大学生的生理负荷量，反而会伤害其身体健康，影响正常的学习生活。

4. 运动中饮水

人体体重的 65%是水，而水在血液中含量高达 90%。在运动时，机体需要保持充分的血容量，一是为了加强肌肉组织的血液供应，以保证肌肉中物质代谢过程的进行；二是运动中体内产生大量的热，需要血液将其带到体表，以维持正常体温。在进行体育锻炼时，身体会大量出汗，体内缺少水分，必须及时补充水分，否则会影响人体正常生理机能的活动，导致全身无力、口唇发干、精神不振和疲劳等现象，使机体机能下降，因此及时补充水分十分重要。但在运动中不能大量饮水，大量饮水会使胃部膨胀，妨碍膈肌的活动，影响呼吸，使运动能力下降。同时，大量饮水会使水进入血液，使血液量增多，从而加重心脏、肾脏的负担，有碍健康。运动中口渴时应少量多次地饮水，同时，宜饮用淡盐开水或运动饮料，以保持体内水盐的平衡，起到润喉、止渴和预防肌肉抽筋的作用。

（三）运动后卫生

1. 整理活动

整理活动是指在正式运动后，做一些加速机体机能恢复的较轻松的身体练习，目的在于使人体由紧张激烈的肌肉运动阶段逐渐过渡到相对安静的阶段，是加速消除疲劳、促进体力恢复的良好措施。整理活动应着重于全身性放松，尽量采用轻松、柔和的练习，活动量减少，节奏逐步减慢，以促使呼吸频率和心率逐步下降。

2. 注意保暖

运动后应注意身体的保暖，有些人运动后马上洗冷水澡、吹电扇，冬天运动后到室外吹风凉快等，这些都会对关节造成伤害。因为运动后全身的毛细血管都是张开的，热量大量散发，如用冷水刺激，容易引起感冒。经常受冷刺激，还会导致关节炎的发生。

3. 不宜立即洗热水澡

运动后也不宜立即洗热水澡，因为运动时流向肌肉的血液增加，心肌供血也增加以应运动所需，运动后，加快了的心跳和血液流动仍会持续一段时间才会冷却下来，如果在心脏和血液没有冷却以前立刻洗热水澡，会使血液往肌肉和皮肤的流量继续大量增加，结果可能使剩余的血液不足以供应身体其他器官的需要，尤其是心脏和脑部的需要，导致心脏病突发或脑部缺氧。

4. 运动服装

运动后汗湿的衣物要及时换掉，洗干净，鞋要放在通风的地方，去味，保持干净。

5. 运动后饮水

运动后应适当补充水分，但不宜一次性大量饮水，否则会使尿量和汗水增加，加重体内电解质的进一步丢失，还会增加人体心肾的负担，大量饮水还会造成胃液稀释，影响食欲和消化，易导致胃病。

（四）女子运动卫生

女子经常参加体育锻炼，不仅可以促进身体发育、增进健康、提高身体各器官系统的功能水平，从而能更好地胜任对身体要求较高的工作任务，而且还可以使身体各部位的肌肉得到协调均匀地发展，特别是通过体育锻炼使腹肌、腰背肌和盆底肌的肌肉力量得到增强，这对于女子妊娠期的身体健康和顺利完成分娩都有好处。

1. 女子运动卫生的一般要求

女子在青春期骨盆尚未发育完全，不宜过多地进行负担量过大的练习或做过量的负重练习，最好避免采用剧烈震动和引起腹内压升高的身体练习，如从高处跳下、举重或憋气的练习。青春期后期可多从事一些增强腹肌、腰背肌、盆底肌的练习和增强上肢力量的练习，由于女子呼吸和循环机能较差，在体育锻炼中，要掌握适宜的运动量。倘若运动量过大，不利于女子身心健康的发展，而运动量过小则达不到锻炼效果，因此，要因人制宜，从个人的身体实际情况出发，制订适合自己的锻炼计划和选择科学的锻炼方法。一般来说，多采用一些运动量适中、针对性强、能体现女性美的练习项目为宜，如有氧健身操、健美操、舞蹈、形体训练、艺术体操等。

2. 女子月经期的运动卫生

月经是女子正常的生理现象，在月经期间，人体一般不会有明显的生理机能变化。所以，身体健康的女子在月经期间不必完全停止体育锻炼。进行适度的体育锻炼不仅可以改善盆腔的血液循环，减轻盆腔充血现象，而且由于腹肌和盆底肌的收缩与放松活动，能对子宫起到柔和的按摩作用，有助于经血的排出。但女子在月经期间参加体育锻炼应注意以下几点。

（1）运动量要适宜。在月经期间参加体育锻炼，运动量应小些，锻炼时间也不宜太长。可在早晨和课外活动时间，做做体操、散步、慢跑等运动量较小的活动，应避免做强度大或震动大的跑跳动作，如速度跑、跨跳等。也不要做使腹内明显增压的憋气和静力性动作，如推铅球、倒立、收腹等，以免子宫受压、受挤而引起经血过多或子宫位置改变。

（2）月经期间不宜游泳，因为经期子宫口开放，子宫内膜破裂出血，这时如果参加游泳活动，病菌容易侵入内生殖器官，引起炎症性病变。

（3）月经期间要避免寒冷刺激，如冷水浴锻炼，以免发生痛经、闭经或月经淋漓不净等。月经期间也不宜进行日光浴锻炼。

（4）如遇有月经紊乱、痛经等现象发生时，则应暂时停止运动。

思政课堂

党的二十大报告提出：“广泛开展全民健身活动，加强青少年体育工作，促进群众体育和竞技体育全面发展，加快建设体育强国。”这描绘了新时代我国体育事业发展蓝图。体育是国家综合实力和社会文明程度的重要体现，大学生是我国体育强国建设的重要人才资源保障。通过高质量的体育教育，促进大学生养成良好的健康行为和生活方式，进而为群众体育繁荣发展奠定基础。

第四章 大学生的健康管理

学习目标：

1. 了解健康行为的含义。
2. 了解危害大学生健康的行为。
3. 掌握膳食营养。

第一节 大学生健康行为的培养

一、健康行为概述

（一）健康行为的概念

健康行为指人们为了增强体质和维持身心健康而进行的各种活动。健康的四大基石是“合理膳食、适量运动、戒烟限酒、心理平衡”。健康行为不仅在于能不断增强体质、维持良好的身心健康和预防各种行为、心理因素引起的疾病，而且还在于它能帮助人们养成健康习惯。因为多发病、常见病的发生多与行为因素和心理因素有关，而且各种疾病的发生、发展最终都可找到行为、心理因素的相关性，所以可通过改变人的不良行为、不良生活习惯来预防疾病的发生。可见，健康行为是保证身心健康、预防疾病的关键。

（二）健康行为的分类

（1）基本健康行为：日常生活中有益于健康的基本行为，如合理营养、平衡膳食、适当锻炼、积极休息等。

（2）预警行为：预防事故发生和事故发生后的正确处置，包括自救和他救。

（3）保健行为：正确合理地利用卫生保健服务，如定期体格检查、预防接种、发病后及时就诊或咨询、遵从医嘱、配合治疗、积极康复锻炼等。

（4）避开环境危害：包括生活、工作的自然环境和心理社会环境中对健康有害的各种因素。

（5）戒除不良嗜好：指日常生活中对健康有害的个人偏好，如吸烟、酗酒、滥用药物等。

（6）积极的内在健康行为调适：保持情绪愉快、人际关系和谐、人格统一、有自知力、适应环境、重视健康投资等。

二、健康行为形成的模式

行为学的研究表明，知识与行为之间有着重要的联系，但不完全是因果关系。一个人的行为与知识有关，也与其价值观和信念有关，更与长期的生活环境有关。故知信行理论认为，信息→知→信→行→增进健康。

知：知识和学习，是基础；信：信念和态度，是动力；行：促进健康行为，是目标。知识是基础，但知识转变成行为尚需要外界条件，而健康教育就是把知识转变成行为的重要外界条件。例如，关于戒烟，对吸烟者而言，吸烟是一种社会行为，是通过学习得来的，要改变它、否定它，也得学习教育者或社会给予的知识。健康教育者必须通过多种方法将有关烟草的有害性、有害成分、戒烟的益处以及如何戒烟的知识传授给吸烟者。具备了知识，还要采取积极的态度，对知识进行有根据的独立思考，对自己的职责有强烈的责任感，逐步形成信念，知识上升为信念，就可以支配人的行动。当吸烟者采取积极的戒烟态度，相信吸烟有害健康，并相信自己有能力戒烟时，戒烟就可以成功。但是，人们从接受转化到改变行为是一个非常复杂的过程：信息传播→觉察信息→引起兴趣→感到需要→认真思考→相信信息→产生动机→尝试行为态度坚决→动力定型→行为确立。其中关键的步骤主要有两个：信念的确立和态度的改变。知、信、行三者间不存在因果关系，但必须有必然性。在信念确立之后，如果没有坚决转变态度的前提，实现行为转变的目标也会招致失败。所以，在实践中如果要使40%的人发生行为转变，就要有60%的人持积极的态度参与改变行为实践，这样就要有80%的人相信这种实践对其健康是有益的，要达到这个目标就要使90%以上的人具有改变这种行为所必须具备的知识。

第二节　危害大学生健康的行为

目前，大学生的行为健康状况非常令人担忧。大学生的问题行为分为两大类：一类是品行方面的问题行为，另一类是人格方面的问题行为。前者指那些直接向环境和他人的不良行为，如攻击行为、破坏行为等，因其较为外显，容易被学校或者外界发现而引起关注。后者则表现以“退缩”为总特征的行为，如莫名的恐惧、焦虑等，因为这类行为给外界的感觉往往是没有问题或者一切正常的，其爆发的表现也是指向自身，如自杀、神经衰弱等，所以常常内隐、不易被察觉，而被社会和学校忽视。

一、迟到、旷课

现在大学生迟到、旷课的现象非常严重，究其原因有以下几个方面。

（一）心理健康状况

正如美国教育心理学家富兰德森所推断的：心理健康是有效学习的基础。低水平的心理健康状况是导致大学生讨厌学习，甚至产生迟到、旷课行为的一个重要原因。不健康的心理状态（特别是情绪、情感）会在一定程度上破坏大脑神经系统的正常功能，从而影响思维的速度和敏捷性、精确性和灵活性，影响大学生智力水平的正常发展，致使大学生在课堂上不能积极思考，作业、考试错误百出，学习成绩不良。

（二）人格特征

与一般的大学生相比较，那些内向、情绪不稳定、强神经质型个性的大学生更易产生厌学情绪和迟到、旷课行为。这是由于其不良的人格特征会影响其高级神经活动的强度、灵活度和平衡度，从而使他们的知觉、记忆、思维的功能受到阻碍，智力活动的积极性受到压抑，最后导致他们从事紧张的智力活动时极易疲劳，注意力极易分散，反应迟钝，学习效率下降，进而丧失学习兴趣，产生讨厌学习、害怕上学的迟到、旷课行为。

（三）价值观念

大学生正处于人生观、价值观、世界观的形成期，但还不成熟。随着年龄的增长、体力的增强、知识面的扩大，在感受到成长喜悦的同时，一些学业基础好、成绩好的大学生，在学习中获得成功的体验，并产生良性循环，他们就会愿意上学。相反，如果大学生感到学校生活很无聊、乏味，甚至是痛苦，他们就不愿意上学，更愿意躲在家里或校外娱乐场所寻找乐趣，获得精神寄托。

针对这些问题，大学生应端正学习态度，明确学习目的，提高对学习意义的认识，培养求知欲，使学习有明确的努力方向，加强自制力，努力抵御外部的干预，增强学习的自觉性和主动性。

二、入学人际适应问题

生活方式、习惯的不同是大学生人际适应的一个障碍。而个人的生活方式与习惯不同导致有相当一部分大学生因生活习惯相差太大而要求调整宿舍等，严重者可能会产生神经衰弱、抑郁症，有的甚至休学、退学。导致这些状况的原因主要是一个班、一个宿舍的大学生分别来自不同的地方、不同的家庭，他们在许多方面都存在明显的差异。首先是思想观念、价值标准的不同：有的人看重能力，有的人看重品行；有的人追求学业上的成就，有的人追求人际关系的和谐；等等。所以，在遇到实际问题时，观点常常发生冲突，行为的倾向性也有所不同，争论甚至争吵在大学校园里屡见不鲜，因为大学生的自我意识很强，都想证实自己的观点并坚持自己的立场。其次，能够跨进大学校门的学生都是优秀的人才。这样，大学生之间谁都不服谁，或者害怕落后于别人而有一种紧张感，于是，明里暗里的竞争绷紧了每个人的神经。但是，机会并不给予每个人，所以，嫉妒、不公平感就造成更多人际关系的紧张。

差异是客观存在的，每名大学生都必须面对它、接受它，对待新的环境要以一种积极的态度去适应。首先要承认的是各人有各人的生活习惯和价值体系，如果你与别人生活在一起，你就得连同他的生活方式一起接受。但仅仅如此是消极的适应。进一步来说，如果别人的生活方式有碍于你的生活，如夜里看电视影响你休息、随便动你的东西等，那么你就不能听之任之，除非你很高兴他的行为。如果不高兴，你就需要委婉地提出意见，适当地进行自我调整，如调整作息时间、调整宿舍等。良好的人际关系包括两方面：一方面是适应对方，宽容对方；另一方面又要维护自己的权利。所以，要想处理好同学关系，必须动脑筋，讲究方法、技巧。

三、网瘾行为

随着网络的普及，在大学生中出现了网络成瘾行为。有部分厌学或者是情感受挫的大学生，为了逃避现实社会，躲避在网络中寻找虚拟的现实世界，寻求精神寄托，他们旷课、逃学，不分昼夜地上网，浪费了大好的青春，不仅影响自己的身心健康，甚至还会发生意外事件。

（一）网络成瘾的诊断

网络成瘾是一种心理疾病。由于导致网络成瘾的原因是多方面的，因此临床诊断时也应该从多角度、多侧面进行综合分析。下面介绍美国心理学家金伯利·杨（Kimberly Young）的网络成瘾 8 条标准，在每天上网超过 4 小时的前提下，如果下面 8 个问题的回答是肯定回答，即诊断为网络成瘾症。

（1）你是否沉溺于互联网?

（2）你是否需要通过逐次增加上网时间以获得满足感?

（3）你是否经常不能抵制上网的诱惑和很难下网?

（4）停止使用互联网时你是否会产生消极的情绪体验和不良的生理反应?

（5）每次上网实际所花的时间是否都比原定时间要长?

（6）上网是否已经对你的人际关系、工作、教育和职业造成负面影响?

（7）你是否对家人、朋友和心理咨询人员隐瞒了上网的真实时间和费用?

（8）你是否将上网作为逃避问题和排遣消极情绪的一种方式？

（二）解决网络成瘾的根本之道

1.认知疗法

要改变大学生对网络的依赖，关键还是要让他们改变原来对网络不正确的认识，认识到过于沉溺网络会对他们的前途造成什么样的影响；认识到这种行为对他们的父母和亲人造成了什么样的心理伤害；认识到为网络所付出的时间、精力和金钱会有什么样的回报，是否值得继续下去；认识到自己没有沉溺于网络之前的人格特征和学习成绩与目前的状况对比，是不断进步还是退步。这种认知疗法最好是由有处理网瘾经验的学校心理辅导教师来完成。

2.增加其他有乐趣的活动来转移注意力

治疗手段多种多样。一是艺术疗法，如绘画、舞台剧、合唱等；二是运动疗法，如游泳、骑马、跑步等；三是自然疗法，如种花、种菜、接触大自然。医疗师通过帮助大学生远离“旧环境”，引导他们改变自己的生活。

3.给予正面鼓励

除了监督大学生减少上网的时间外，对于他们参加集体活动或户外活动，都应给予支持和鼓励，这样能够打破原来的上网习惯。对减少上网的进步行为要给予一定的物质和精神奖励，这叫作正强化。

四、自杀行为

自杀是一种医学现象，又是一个严重的社会问题，更是心理不健康的特殊表现，被视为心理急症。大学生自杀的原因是多方面的，竞争（学习）失败、人际关系紧张、恋爱受挫、心灵空虚、压力太大、个人生活遭受不幸、重大不可意料性疾病等都是导致大学生自杀的原因。

防范自杀

大学生自杀多是一时冲动，因此，比起成年人的自杀来说有更大的可逆转性。不少自杀者被挽救回来后都追悔莫及。那么，如何帮助有自杀倾向的大学生呢？

（1）倾听。保持冷静和耐心倾听，任何一个处于危机中的人最需要的就是能有人倾听他传达的信息，指责只会阻碍有效的交流。

（2）共情反应。认可对方表露出的情感，不要批判，也不要试图说服他们改变自己的感受，适当地承认自杀念头的“合理性”。当有人谈到自杀时，决不能把这个问题看作是“操纵性的”，或认为当事人并不是真的想自杀。如果这样做，处于危机中的人会真切感受到自己被排斥或被指责。

（3）进行讨论。询问为什么想自杀，不要担心直接问及自杀，一般在交谈进展顺利的时候询问，处于危机中的人一般也比较喜欢被直接问及自杀的问题，并能公开对此进行讨论。

（4）循序渐进、晓之以理。公开与欲自杀者讨论，劝告他停止自杀。当人决心要自杀的时候，是不会轻易放弃自己的决定的。不要指望试图“大喝一声”就能让试图自杀者恍然大悟。要循序渐进、晓之以理，让当事人明白，一旦死亡就意味着放弃了解决问题的机会；反之，只要生命尚存，就一定有机会。

（5）鼓励或陪同他们寻求帮助。

（6）告知当事人周围的亲戚、朋友，帮助他解决面临的困难和问题。

五、吸烟行为

烟草危害

从吸烟的原因来看，绝大部分非烟草依赖者吸烟是由交际应酬引起的，在从众心理驱使下发生吸烟行为者较多；他人递烟使部分非烟草依赖者吸烟带有被强迫的色彩，而烟草依赖者吸烟机会也因此而增加；少数初次吸烟者是出于好奇心。也有一部分人是因为受了挫折而吸烟，结果都嗜烟成瘾。诸多原因，最终还要从吸烟人自身找原因，因为其吸烟最根本的原因是自制力不强，所以，大学生应该加强自身修养，增强自制能力。

吸烟行为不仅是个人行为，更是一种社会群体行为。针对在校大学生吸烟状况及影响因素，应在大学校园积极开展控烟健康教育。可采取如下措施。

（一）父母关注

作为吸烟大学生的父母，应当加大对子女在生活上的关注程度：多与子女交流有关吸烟危害的知识；当发现子女嗜烟成瘾时，要及时给予帮助，和子女一同克服烟瘾。吸烟的父母为了孩子的健康应该在子女面前尽量少吸烟，或者不吸烟，为子女做一个好的榜样。

（二）学校教育和管理

作为高校应加强对大学生在吸烟方面的教育和管理：制定相应的校规、校纪，建立约束机制。教育部曾规定校园内禁止吸烟，学校可结合实际明令在电教室、计算机房、语音室、图书馆、教室、体育馆等公共场所禁止学生吸烟，对举报者进行奖励，对违反者予以经济处罚和纪律处分；把学生吸烟与评先进结合起来，吸烟学生不能被评为三好学生、不能获得奖学金、不能向学校申请贷款；等等。

（三）自我克制

作为吸烟大学生本人，应当学会辨别事物的好坏，学会克制自己，为健康着想，拒绝吸烟。

六、酗酒行为

酗酒包括两种情况：第一种情况，由于对自己的饮酒行为失去控制，一次性摄入大量的酒精，可导致急性酒精中毒。患者不一定形成对酒精的依赖，有些人经常酩酊大醉，有些人是偶然为之。患者不一定因饮酒而出现严重疾病，但是通常会遭遇一些社交、法律和经济问题。第二种情况，由于经常饮酒，逐渐发展为对酒精的依赖，成为慢性酒精成瘾。慢性酒精成瘾是一种对酒精成瘾的依赖情况，患者对自己的饮酒行为失去控制，导致对酒的不择手段、不分场合、不计后果，因此带来一系列的健康、社会、法律和经济问题。酗酒的危害很大。首先，酒精可以抑制蛋白质合成，慢性酒精中毒病人进食越少，蛋白质摄入就越少，蛋白质缺乏就越明显，大脑组织得不到必需的营养补充，脑功能和脑萎缩的程度就越重。其次，酒精对精子和卵子也有毒副作用，不管父亲还是母亲酗酒，都可能会造成下一代发育畸形、智力低下等不良后果。孕妇饮酒，酒精能通过胎盘进入胎儿体内直接毒害胎儿，影响其正常生长发育。最后，酗酒对社会也具有极大危害，因为酗酒是一种病态或异常行为，可构成严重的社会问题。大学生行为具有可塑性，所以可以通过行为干预来改变大学生的酗酒行为。

第三节　健康营养膳食

一、健身运动的营养消耗

（一）热能

常进行运动的人热能代谢快，特别是运动时，运动者的热能消耗比一般劳动强度者高很多，这主要是因为运动量的骤然增大和常伴有的缺氧运动造成的。

（二）蛋白质

运动状态下，运动者体内蛋白质的分解和合成代谢增加，蛋白质的消耗自然大增。这是运动使器官肥大、酶活性提高、激素调节活跃造成的。由于蛋白质食物的特别动力作用强，蛋白质过多可使机体代谢率增高，并增加水分的需要量，所以运动前蛋白质摄入不宜过多。

（三）脂肪

脂肪是运动中热能的主要来源之一。在运动状态下，机体对脂肪的利用显著增加，特别是在寒冷条件下的健身运动项目更是如此。

（四）碳水化合物

这里的碳水化合物主要是指糖类。糖类是运动时热能的主要来源之一，它在健身运动中的利用程度决定了运动者是否具备良好的耐久力，从而顺利完成规定的运动强度，达到一个很好的运动效果。糖类易消化、耗氧少，代谢的产物主要是水和二氧化碳，在运动时会随时被排出，补充不及时，就会形成供需脱节，在没有及时补充而又继续运动的情况下，对糖类的大量需要只能来自体内贮备的糖原，从而造成糖原枯竭，对于运动者来说这可能是致命的。

（五）维生素

运动时体内物质代谢过程加强，对维生素的需要量也会增加。维生素的需要量与运动量、机能状态和营养水平有关。剧烈的运动可使维生素缺乏症提前发生或症状加重，并且由于运动者对维生素缺乏的耐受力比正常人差，所以运动后应补充维生素。

（六）矿物质

运动中，体内矿物质和微量元素的代谢均可能发生变化。运动量大时，尿中钾、磷和氯化钠排出量减少，而钙的排出量增加。如果运动者对负荷的运动量适应，体内矿物质的变动幅度将降低。

（七）水

出汗有调节体热平衡的功效，而水的耗费是通过大量出汗实现的。运动时出汗的多少与运动项目以及气温、热辐射强度、气压、温度、单位时间运动量及饮食中的含盐量有关。

二、膳食平衡

（一）平衡膳食

随着生活水平的提高，人们的食品结构发生了变化，食物中肉类、禽、蛋、鱼类有所增加，五谷杂粮的摄取减少，这个趋势是肯定的，但仍然需要讲究营养平衡。所谓营养平衡，主要指机体摄取蛋白质、脂肪和碳水化合物三者能量的平衡。人们每天摄入的总热量大约是 2 500 千卡，据有关资料分析，摄取三种能量物质较理想的比例为：蛋白质占总热量的 12%~15%，脂肪占 20%~25%，碳水化合物占 60%~70%。在我们日常的食谱中，宜适当降低脂肪的摄入量。

（二）合理营养

现实生活中食物的种类很多，有的含营养素较多，有的含量较少，有的所含营养素比较全面，有的不完全。我们日常的膳食是由多种食物混合而成的混合型膳食，食物中各种营养成分可以相互补充，取长补短，提高营养价值。理想的膳食必须含有人体所需的全部营养素，其数量能够满足人体需要，并以一定的比例摄入，保证机体正常的生长发育和健康。如果摄入的营养素过剩或不足，都会影响机体的生长发育和健康。在正常情况下，成年人的体重应该保持稳定，如果体重增加常提示热量的摄入超过热量的消耗，是营养过剩的表现。在青少年阶段，体重随年龄、身高而增加是正常生长发育的表现，但不应该超过正常范围，否则，同样是营养过剩的表现。由于营养增加，运动减少，青少年超重和肥胖的发生率有增加的趋势，这对他们的身心发育不利。

三、膳食安排

一天的膳食安排会对人整天的工作、学习和健康产生影响。俗话说“早吃好、午吃饱、晚吃少”是很有道理的。一般情况下，早餐的热量应占全天食物热量的30%。不少人早餐都比较随便，甚至不吃早餐，这会影响整个上午的工作和学习效率。适当地选择体积小、合口味而又富含蛋白质的食物作为早餐较为适宜。这种食物可使体内血糖保持较高水平且较为稳定，不会出现高糖饮食后的“思睡”现象，而且蛋白类食物较耐饥，从而使人整个上午精神饱满，精力充沛。午餐应占全天食物热量的40%，适当增加含蛋白质和脂肪的食物，保证下午的工作和学习效率，同时也是机体一天中营养的最主要来源。晚餐不宜超过全天食物热量的30%，且以少而精为好。晚餐吃得过多，过于油腻，容易使人兴奋和失眠；同时会使血液的黏滞度增高，流动缓慢，如果此时入睡，对心脑血管不利；也容易使人发胖。对有晚睡习惯的人，晚餐可以适当增加热量，也可在晚餐后加用夜宵，但应注意全天食物的总热量不应超过机体正常的热量需求。进行体育锻炼要注意饮食规律。进餐时间与体育锻炼的时间应有一定间隔，特别是早、中、晚3个正餐，食物较多且复杂，胃肠道负担较重。因此，一般是运动后半小时以上再进食。餐后应休息半小时后才可运动。

思政课堂

习近平总书记在党的二十大报告中提出“以人民为中心”的教育思想。从学校教育层面看，其体现两个方面：第一，学校教育要以“以学生发展为中心”，贯彻“健康第一”的教育理念，切实把学生健康发展放在整个学校教育工作的首要位置；第二，“以学生发展为中心”的思想体现在学校体育教育中，应强调体育教育要从重视教师的“教”转向注重学生的“学”，关注学生个体差异，为每一位学生创造公平学习的机会，保证每一位学生健康全面发展。

第五章 大学生体质健康测试

学习目标：

1. 了解《国家学生体质健康标准》。
2. 了解大学生体质健康标准的评价指标与分值。
3. 了解大学生体质健康测试项目评分标准。

第一节 《国家学生体质健康标准》测试简介

一、实施说明

《国家学生体质健康标准》（以下简称《标准》）是国家学校教育工作的基础性指导文件和教育质量基本标准，是评价学生综合素质、评估学校工作和衡量各地教育发展的重要依据，是《国家体育锻炼标准》在学校的具体实施，适用于全日制普通小学、初中、普通高中、中等职业学校、普通高等学校的学生。

《标准》从身体形态、身体机能和身体素质等方面综合评定学生的体质健康水平，是促进学生体质健康发展、激励学生积极进行身体锻炼的教育手段，是国家学生发展核心素养体系和学业质量标准的重要组成部分，是学生体质健康的个体评价标准。

《标准》将适用对象中高校部分分为：大学一、二年级为一组，三、四年级为一组。

大学各组别的测试指标均为必测指标。其中，身体形态类的身高、体重，身体机能类的肺活量，以及身体素质类的 50 米跑、坐位体前屈为各年级大学生共性指标。

《标准》的学年总分由标准分与附加分构成，满分为 120 分。标准分为各单项指标得分与权重乘积之和，满分为 100 分。附加分根据实测成绩确定，即对成绩超过 100 分的加分指标进行加分，满分为 20 分；大学的加分指标为男生引体向上和 1 000 米跑，女生 1 分钟仰卧起坐和 800 米跑，各指标加分幅度均为 10 分。

根据大学生学年总分评定等级：90.0 分及以上为优秀，80.0~89.9 分为良好，60.0~79.9 分为及格，59.9 分及以下为不及格。

二、评价指标与权重

评价指标与权重见表 5–1。

表 5–1　评价指标与权重

测试对象	单项指标	权重 / %
大学各年级	体重指数（BMI）	15
	肺活量	15
	50 米跑	20
	坐位体前屈	10
	立定跳远	10
	引体向上（男）/1 分钟仰卧起坐（女）	10
	1 000 米跑（男）/800 米跑（女）	20

注：体重指数（BMI）= 体重（千克）/ 身高 ^{2}（米 ^{2}）。

第二节　《国家学生体质健康标准》评分标准

使用评分表对学生的测试结果进行评价，可分为两个部分：第一部分是对各项测试结果分别评分，得出相应评价指标的得分和等级；第二部分是对每一个学生给出总的得分和等级。大学生体重指数（BMI）单项评分表见表 5–2。大学男生、女生体质测试项目评分标准见表 5–3、表 5–4。表 5–5 为 800 米、1 000 米跑加分表。表 5–6 为男生引体向上加分表。表 5–7 为女生 1 分钟仰卧起坐加分表。表 5–8 为《国家学生体质健康标准》登记卡。表 5–9 为免予执行《国家学生体质健康标准》申请表。

表 5–2　大学生体重指数（BMI）单项评分表（单位：千克 / 米 ^{2}）

等级	单项得分	男生	女生
		体重指数	体重指数
正常	100	17.9 ~ 23.9	17.2 ~ 23.9
低体重	80	≤ 17.8	≤ 17.1
超重	80	24.0 ~ 27.9	24.0 ~ 27.9
肥胖	60	≥ 28.0	≥ 28.0

表 5–3　大学男生体质测试项目评分标准

项目		肺活量		50 米跑		坐位体前屈		立定跳远		引体向上		1 000 米跑	
单位		毫升		秒		厘米		厘米		次		分·秒	
等级	得分	大一大二	大三大四	大一大二	大三大四	大一大二	大三大四	大一大二	大三大四	大一大二	大三大四	大一大二	大三大四
优秀	100	5 040	5 140	6.7	6.6	24.9	25.1	273	275	19	20	3'17"	3'15"
	95	4 920	5 020	6.8	6.7	23.1	23.3	268	270	18	19	3'22"	3'20"
	90	4 800	4 900	6.9	6.8	21.3	21.5	263	265	17	18	3'27"	3'25"
良好	85	4 550	4 650	7	6.9	19.5	19.9	256	258	16	17	3'34"	3'32"
	80	4 300	4 400	7.1	7	17.7	18.2	248	250	15	16	3'42"	3'40"
及格	78	4 180	4 280	7.3	7.2	16.3	16.8	244	246			3'47"	3'45"
	76	4 060	4 160	7.5	7.4	14.9	15.4	240	242	14	15	3'52"	3'50"
	74	3 940	4 040	7.7	7.6	13.5	14	236	238			3'57"	3'55"
	72	3 820	3 920	7.9	7.8	12.1	12.6	232	234	13	14	4'02"	4'00"
	70	3 700	3 800	8.1	8	10.7	11.2	228	230			4'07"	4'05"
	68	3 580	3 680	8.3	8.2	9.3	9.8	224	226	12	13	4'12"	4'10"
	66	3 460	3 560	8.5	8.4	7.9	8.4	220	222			4'17"	4'15"
	64	3 340	3 440	8.7	8.6	6.5	7	216	218	11	12	4'22"	4'20"
	62	3 220	3 320	8.9	8.8	5.1	5.6	212	214			4'27"	4'25"
	60	3 100	3 200	9.1	9	3.7	4.2	208	210	10	11	4'32"	4'30"
不及格	50	2 940	3 030	9.3	9.2	2.7	3.2	203	205	9	10	4'52"	4'50"
	40	2 780	2 860	9.5	9.4	1.7	2.2	198	200	8	9	5'12"	5'10"
	30	2 620	2 690	9.7	9.6	0.7	1.2	193	195	7	8	5'32"	5'30"
	20	2 460	2 520	9.9	9.8	–0.3	0.2	188	190	6	7	5'52"	5'50"
	10	2 300	2 350	10.1	10	–1.3	–0.8	183	185	5	6	6'12"	6'10"

表 5–4　大学女生体质测试项目评分标准

项目		肺活量		50 米跑		坐位体前屈		立定跳远		1 分钟仰卧起坐		800 米跑	
单位		毫升		秒		厘米		厘米		次		分·秒	
等级	得分	大一大二	大三大四	大一大二	大三大四	大一大二	大三大四	大一大二	大三大四	大一大二	大三大四	大一大二	大三大四
优秀	100	3 400	3 450	7.5	7.4	25.8	26.3	207	208	56	57	3'18"	3'16"
	95	3 350	3 400	7.6	7.5	24	24.4	201	202	54	55	3'24"	3'22"
	90	3 300	3 350	7.7	7.6	22.2	22.4	195	196	52	53	3'30"	3'28"
良好	85	3 150	3 200	8	7.9	20.6	21	188	189	49	50	3'37"	3'35"
	80	3 000	3 050	8.3	8.2	19	19.5	181	182	46	47	3'44"	3'42"
及格	78	2 900	2 950	8.5	8.4	17.7	18.2	178	179	44	45	3'49"	3'47"
	76	2 800	2 850	8.7	8.6	16.4	16.9	175	176	42	43	3'54"	3'52"
	74	2 700	2 750	8.9	8.8	15.1	15.6	172	173	40	41	3'59"	3'57"
	72	2 600	2 650	9.1	9	13.8	14.3	169	170	38	39	4'04"	4'02"
	70	2 500	2 550	9.3	9.2	12.5	13	166	167	36	37	4'09"	4'07"
	68	2 400	2 450	9.5	9.4	11.2	11.7	163	164	34	35	4'14"	4'12"
	66	2 300	2 350	9.7	9.6	9.9	10.4	160	161	32	33	4'19"	4'17"
	64	2 200	2 250	9.9	9.8	8.6	9.1	157	158	30	31	4'24"	4'22"
	62	2 100	2 150	10.1	10	7.3	7.8	154	155	28	29	4'29"	4'27"
	60	2 000	2 050	10.3	10.2	6	6.5	151	152	26	27	4'34"	4'32"
不及格	50	1 960	2 010	10.5	10.4	5.2	5.7	146	147	24	25	4'44"	4'42"
	40	1 920	1 970	10.7	10.6	4.4	4.9	141	142	22	23	4'54"	4'52"
	30	1 880	1 930	10.9	10.8	3.6	4.1	136	137	20	21	5'04"	5'02"
	20	1 840	1 890	11.1	11	2.8	3.3	131	132	18	19	5'14"	5'12"
	10	1 800	1 850	11.3	11.2	2	2.5	126	127	16	17	5'24"	5'22"

表 5–5　800 米、1 000 米跑加分表（单位：分·秒）

加分	男生 1 000 米跑		女生 800 米跑	
	大一、大二	大三、大四	大一、大二	大三、大四
10	–35"	–35"	–50"	–50"
9	–32"	–32"	–45"	–45"
8	–29"	–29"	–40"	–40"
7	–26"	–26"	–35"	–35"
6	–23"	–23"	–30"	–30"
5	–20"	–20"	–25"	–25"
4	–16"	–16"	–20"	–20"
3	–12"	–12"	–15"	–15"
2	–8"	–8"	–10"	–10"
1	–4"	–4"	–5"	–5"

表 5–6　男生引体向上加分表（单位：次）

加分	大一、大二	大三、大四
10	10	10
9	9	9
8	8	8
7	7	7
6	6	6
5	5	5
4	4	4
3	3	3
2	2	2
1	1	1

表 5–7　女生 1 分钟仰卧起坐加分表（单位：次）

加分	大一、大二	大三、大四
10	13	13
9	12	12
8	11	11
7	10	10
6	9	9
5	8	8
4	7	7
3	6	6
2	4	4
1	2	2

表 5–8 《国家学生体质健康标准》登记卡（样表）

<table>
<tr><td>姓 名</td><td colspan="3"></td><td colspan="2">性 别</td><td colspan="2"></td><td colspan="2">学 号</td><td colspan="4"></td></tr>
<tr><td>院（系）</td><td colspan="3"></td><td colspan="2">民 族</td><td colspan="2"></td><td colspan="2">出生日期</td><td colspan="4"></td></tr>
<tr><td rowspan="2">单项指标</td><td colspan="3">大一</td><td colspan="3">大二</td><td colspan="3">大三</td><td colspan="3">大四</td><td colspan="2">毕业成绩</td></tr>
<tr><td>成绩</td><td>得分</td><td>等级</td><td>成绩</td><td>得分</td><td>等级</td><td>成绩</td><td>得分</td><td>等级</td><td>成绩</td><td>得分</td><td>等级</td><td>得分</td><td>等级</td></tr>
<tr><td>体重指数（BMI）
（千克 / 米 ^{2}）</td><td></td><td></td><td></td><td></td><td></td><td></td><td></td><td></td><td></td><td></td><td></td><td></td><td rowspan="13"></td><td rowspan="13"></td></tr>
<tr><td>肺活量（毫升）</td><td></td><td></td><td></td><td></td><td></td><td></td><td></td><td></td><td></td><td></td><td></td><td></td></tr>
<tr><td>50 米跑（秒）</td><td></td><td></td><td></td><td></td><td></td><td></td><td></td><td></td><td></td><td></td><td></td><td></td></tr>
<tr><td>坐位体前屈（厘米）</td><td></td><td></td><td></td><td></td><td></td><td></td><td></td><td></td><td></td><td></td><td></td><td></td></tr>
<tr><td>立定跳远（厘米）</td><td></td><td></td><td></td><td></td><td></td><td></td><td></td><td></td><td></td><td></td><td></td><td></td></tr>
<tr><td>引体向上（男）/1 分钟仰卧起坐（女）（次）</td><td></td><td></td><td></td><td></td><td></td><td></td><td></td><td></td><td></td><td></td><td></td><td></td></tr>
<tr><td>1 000 米跑（男）/800 米跑（女）（分·秒）</td><td></td><td></td><td></td><td></td><td></td><td></td><td></td><td></td><td></td><td></td><td></td><td></td></tr>
<tr><td>标准分</td><td colspan="3"></td><td colspan="3"></td><td colspan="3"></td><td colspan="3"></td></tr>
<tr><td>加分指标</td><td>成绩</td><td colspan="2">附加分</td><td>成绩</td><td colspan="2">附加分</td><td>成绩</td><td colspan="2">附加分</td><td>成绩</td><td colspan="2">附加分</td></tr>
<tr><td>引体向上（男）/1 分钟仰卧起坐（女）（次）</td><td></td><td></td><td></td><td></td><td></td><td></td><td></td><td></td><td></td><td></td><td></td><td></td></tr>
<tr><td>1 000 米跑（男）/800 米跑（女）（分·秒）</td><td></td><td></td><td></td><td></td><td></td><td></td><td></td><td></td><td></td><td></td><td></td><td></td></tr>
<tr><td>学年总分</td><td colspan="3"></td><td colspan="3"></td><td colspan="3"></td><td colspan="3"></td></tr>
<tr><td>等级评定</td><td colspan="3"></td><td colspan="3"></td><td colspan="3"></td><td colspan="3"></td></tr>
<tr><td>体育教师签字</td><td colspan="3"></td><td colspan="3"></td><td colspan="3"></td><td colspan="3"></td><td colspan="2"></td></tr>
<tr><td>班主任签字</td><td colspan="3"></td><td colspan="3"></td><td colspan="3"></td><td colspan="3"></td><td colspan="2"></td></tr>
</table>

表 5-9 免予执行《国家学生体质健康标准》申请表（样表）

姓 名		性 别		学 号	
学院班级		民 族		出生日期	
原因	申请人： 年 月 日				
体育教师签字			班主任签字		
学院意见	学院签章： 年 月 日				
学校体育部门意见	学校签章： 年 月 日				

第六章　体育运动欣赏

学习目标：

1. 了解体育运动的本质。
2. 了解体育欣赏的含义。
3. 掌握欣赏竞技比赛的形式。

第一节　体育运动本质

人体动作是生命的本质所在，动作是人生命和生存最活跃的表现。当原始人在极其险恶的环境里以野兽为主要食物时，为了追捕善于跑跳的羚羊、野鹿，他们必须要有快速奔跑、跳跃的能力；而当他们遇到凶猛巨大的野兽时，就要有灵巧的躲避、有力的刺杀、准确的投掷，以及攀爬、爬越的能力；当他们去水里捕捉水生物时，又必须具有游水、划船等本领。总之，随着劳动的需要，人类的祖先已经发展了走、跑、跳跃、攀登、爬越、游泳、投掷等各种基本的活动能力，也就是说，他们使用了可以更好生存的能力。为了习得这种能力，于是出现了游戏，从游戏中获得这种为了更好生存的能力，也就出现了体育的雏形。因而，这种体育中的动作不同于生活中那些习以为常的劳作动作，习以为常的劳作动作集中在劳动的类别里，包括取食、劈柴、涉水、保持清洁、躲避风雨等，这些动作是维持生命的常规。而上述体育中的动作，虽然与劳作动作不可完全脱离干系，但也不是其简单的延伸和变形，而是作为生命个体的一种更高要求来呈现，是生命律动的一种表现。

体育，是以人的完善为最终目的，作为人生命的完美律动。体育运动以增进人的健康、增强人的体质为本质功能。人的各个大肌肉群在中枢神经系统的有意识、有目的的控制、指挥、协调下做各种生物力学的运动，使得人体产生各种生理运动，与此同时，内脏器官也产生相应的生物运动，从而使得人体得到健全完善的发育。不仅如此，在这些生理生化运动的同时，人的心理也在运动，如人的感觉、知觉、记忆、思维等认识过程，同时个体的性格、意志、兴趣、爱好也随之发生变化，为塑造良好个性创造了条件。更进一步的是，人在体育运动中不断加深社会化过程，并和周围的人们发生更多的人际关系，使人能够更好地在社会上生存和发展。

第二节　体育欣赏

一、体育欣赏的意义

体育欣赏指通过亲身参加或者观看体育运动和体育比赛（包括现场观看，收看实况转播、录像和网上搜索等），从中领略体育运动的趣味，得到美的享受。随着人民生活水平的稳步提高，人们对文化休闲娱乐活动的需求越发强烈。体育欣赏作为一种社会文化现象，已经普遍为国民所接受。通过体育欣赏，我们可以欣赏运动员在比赛中的品德、技战术的运用和临场发挥、裁判员执法水准、体育场馆的建筑艺术风格、体育运动器材和服装、身体美、运动美、动作美。体育欣赏可以使人获得美的享受，满足人在情感上的需要，调节人的心理平衡和加强修养，促进人的心理健康。

二、如何欣赏体育比赛

随着人们对体育比赛的欣赏需求多元化，体育比赛欣赏的形式也逐渐多样化，主要有 3 种：现场欣赏、电子媒体欣赏、平面媒体欣赏。

（一）现场欣赏

众所周知，那种顶着烈日坐在山坡上的长椅、木板凳上看人踢足球或跑步的情景已难得一见，取而代之的是吹着空调坐在规模宏大的体育场馆里看着炫目的记分牌、听着激情的音乐（比赛时除外）欣赏着体育比赛。亲临现场，能让人最直接地感受运动原汁原味的激情和体育的魅力。

1. 主动欣赏

花时间和金钱亲临现场，与坐在电视机前欣赏体育比赛不同的是，我们可以主动欣赏。我们的视线可以不再被动地受电视转播镜头语言的单边覆盖，而是主动地把握比赛热点，合理分配注意力，将注意力放在最关键的比赛环节。例如，在现场欣赏田径比赛时，对于短跑比赛而言，从起跑至冲线是一个整体，起跑只是比赛的开始，终点冲刺跑才是比赛的热点；对于中长跑和竞走比赛而言，运动员的耐力、战术运用、毅力和拼搏精神决定着比赛结果，因此，欣赏角逐过程、战术变化和冲刺阶段的速度竞争才是比赛的热点。例如，对于跳高和撑杆跳高比赛而言，助跑只是比赛的开始，起跳也仅是助跑、过杆之间的衔接环节，而决定比赛结果的则是过杆环节，因此，观众应着重欣赏运动员的过杆之美；对于跳远和三级跳远比赛而言，观众应着重欣赏运动员的腾空飞翔之美；对于投掷比赛而言，滑步、旋转或持标枪助跑只是比赛的开始，决定比赛结果的是最后用力效果，因此，观众应着重欣赏运动员器械出手时爆发出的力量之美、器械飞翔之美和器械出手后运动员表现出的状态。

2. 欣赏运动员

欣赏体育比赛，首先映入眼帘的是运动员，我们可以从运动员的身体美、动作美和精神美三方面进行欣赏。

一般地，身体美包括形态美、体形美、健康美、姿势美、肤色美、强壮美、素质美、风度美等。体育比赛是最大限度地开发人体运动能力的活动。作为体育比赛的参加者，运动员在比赛时能充分展示人体自身的力与美，其修长匀称的体形、流畅的曲线、平坦的腹肌、红润有光泽的皮肤、清晰的关节连线，举手投足给人以阳光和力量感。

动作美就是指运动过程中，人的形体或部位的造型所展示的美。其优点在于准确、干净、协调、连贯、敏捷、舒展而富有节奏感，给人以完美无瑕的感觉。体育比赛通过各种人体动作展示多姿多彩的生动形象，各种运动项目依靠柔美、细腻、精巧、刚健、雄劲、明快的各种动作组合来塑造美、创造美、表现美，这种美可谓极致、登峰造极。观众可以感受到运动员的这种外在美，从而获得视觉上的美好感受而余味绵绵，如短跑运动员起跑时蓄势待发如箭在弦上，加速跑时如离弦之箭。

运动员的精神美主要表现为运动员在竞技较量中所表现出的勇于克服困难、奋发进取、顽强拼搏、尊重对手、恪守公平公正等精神品质，这些来自比赛真实的感受，会传递给观众，这是一种无形的内在美，往往让观者感动不已。

3. 欣赏竞赛技术

技术美是人们对体育活动的审美要求。对运动的科学性要求表现于技术，而对其艺术性的要求便表现为美。运动的美不仅在于创造美或提供美的体验，它的创造性因素必须从属于它的技术。技术美是人体美和动作美的综合表现，具有准确、协调、连贯、节奏感强以及平衡性、实效性高等特点。技术美充分展示了人的本质力量，它以特有的魅力使人们欣喜、愉悦、惊奇和赞叹。不同的运动项目有不同的技术，每一类技术又包括各种具体的动作，由此构成一幅幅多彩的画卷。运动员的技术动作是经过长期艰苦训练和多次临场比赛磨炼而成的，有的已达到了炉火纯青的程度。我们从这个角度欣赏要抓住不同项目的重点和难点。例如，撑杆跳高的空中过杆、投掷的最后用力、短跑的终点冲刺、体操的惊险动作、足球的进球、篮球的扣篮等精彩技术，都使人们在欣赏时得到一种美的享受。

4. 欣赏竞赛战术

战术美是在复杂多变的运动竞赛中，运筹帷幄，充分发挥运动员的素质和技术特点，以争取胜利的过程中所体现出来的一种美。战术分为集体战术和个人战术，是运动员在比赛过程中根据临场变化合理运用技术所采用的有组织、有目的的预见性行为。在运动竞赛的激烈对抗中，战术是发挥技术的先导、驾驭比赛的灵魂，是决定胜利成败的关键因素，是反映运动员和教练员知识、技术、心理及智力素质的综合指标。这一点对于集体比赛项目尤其重要。

在体育比赛中，协调一致的战术配合是运动员经过一定时间的共同训练和比赛逐渐形成的。在高水平的比赛中，有些战术配合已达到珠联璧合、天衣无缝的程度，欣赏后令人拍案叫绝，赞叹不已。另外，战术有灵活多变、扬长避短的特点，因而我们在欣赏运动竞赛的过程中，应该特别注意运动员如何根据各自的情况正确调配力量，扬己之长，克敌制胜，从而领略巧妙战术带给我们的美的感受。

5. 欣赏体育文化

体育是人类在几千年发展过程中所创造出来的宝贵的文化财富。随着人类社会的高度发展，社会体育已经成为一种影响极大的全球性文化活动。体育比赛的内涵更加明确，外延更加丰富、深刻，充满了时代精神和人生的哲理。从技术、战术角度来欣赏体育比赛可以得到美的享受，这主要是其形式的外在美。那么，我们从体育文化的角度来欣赏，就会感受到一种无形的内在美。运动员经历了千辛万苦获得成功时，他们发自内心的巨大快感、自豪感和自我价值与愿望完全实现的幸福感，我们旁观者也会有所感受。当我们的欣赏水平和审美能力进一步提高时，体育比赛中某些似乎不美甚至残酷的东西，如汗水、泪水、摔倒、受伤以及失败等，也会被我们所认可、理解和欣赏。

传媒大亨默多克曾经说过：“没有人会拒绝刺激与有趣的东西，上帝也不会。”诚然，我们可以通过体育比赛的欣赏获得一些精神或者感官上的刺激，但是，眼睛是用来发现的，我们不能局限于眼睛所看到的表象，还应该赋予眼睛透视的功能。“泡沫在上面，深流在下面，然而泡沫是本质的表现！”作为一名现代大学生，欣赏体育比赛，应该透过纷繁的体育赛事的“泡沫”，潜入“深流”，看到比赛外的价值，从而欣赏体育文化，超越功利，进行对生命的终极思考，完善自己的价值观，从而化解我们在现实生活中所遇到的得与失，这一点，尤为重要，这也是人作为“社会人”的意义所在。

（二）电子媒体欣赏

电视、网络等电子媒体的介入，给人们欣赏体育比赛带来极大的便利，人们可以足不出户，就欣赏到千里之外的足球赛，人们可以一按鼠标，就在任何地方同步感受篮球赛事的激情。以电子媒体作为平台欣赏体育，也可以对运动员、技术、战术、文化等进行欣赏。当然，这种欣赏形式具有被动性，镜头画面由转播平台所决定，你想看的不一定看得到，你不想看的有可能一直占据你的视线。但有一点是很有利的，那就是可以欣赏评论解说，主要有内容、风格两方面。

评论解说指在体育比赛中，体育解说专业人士在体育比赛场馆内，根据现场比赛情况，实时向电视观众进行赛事解说与评述的活动形式。一般地，评论解说内容包括比赛进程、比赛规则、比赛成绩、参赛选手技术特征等。担任此工作岗位的人一般是此项目的资深人士（如知名教练员、退役运动员、电视台体育项目解说员等），才能在体育比赛中为观众提供准确、及时的赛事评论。因而，通过欣赏这些内容，我们可以熟悉所观赏项目的相关项目知识，如历史、规则、最新态势、实力水平等，增强自身的参与感。

另外，欣赏评论解说员的风格，也是让人愉悦的事情。每一个成功的评论解说员都会有自己的风格，可能是庄严大气，可能是厚重老成，可能是活泼生动等。我们耳熟能详的体育评论解说员有宋世雄、段暄、刘建宏、徐济成、张斌、韩乔生、孙正平、宁辛、蔡猛等，如徐济成作为篮球的解说主持就非常好，他本身打过篮球，而且篮球水平很高，再加上又接受过新闻的专项训练，英语水平很好，声音条件也很好，让人听了很舒服。

（三）平面媒体欣赏

在平面媒体中与体育比赛关系最为密切的就是体育报刊。我国最早出现的体育刊物，是 1916 年由留日学生徐一冰主办的《体育杂志》。随后，1918 年长沙楚怡小学体操教练员黄醒创办了《体育周报》，出版 50 期。20 世纪 50 年代初，体育专业报刊有《新体育》和《体育报》。改革开放以来，体育报刊的数量剧增，全国体育科普专业报刊有 100 余种。现在的体育报刊不仅中央有，各省、自治区、直辖市有，而且还有以某一方面为重点的体育报刊，如《体育经济》《体育科技》《体育影视》等。体育报刊来势之凶猛，让人咂舌，仅足球报刊就有七八家，如广东的《足球报》、天津的《球报》、大连的《球迷报》、安徽的《足球文萃》以及中国体育报业总社的《足球世界》和《中国足球报》等，真可以说琳琅满目、洋洋大观。另外，各体育单项也有各自的杂志，如《篮球》《田径》《乒乓球》等。而且，各综合性报纸也辟出了“体育专版”“体育之窗”。有的报纸甚至每天两个体育版，晚报之间还进行“协作”。面对如此多的体育报刊，我们应如何欣赏呢?

1. 关注评论

在现在的体育报刊上，有不少优秀评论，我们可以从这些真知灼见的评论中认识和把握体育比赛，对体育比赛大势有一种客观、理性的准确判断，了解体育运动发展的自身规律与特性，以及体育运动各项目技战术的发展趋势与格局对比的演化方向。与之相反的，对于一些以宣泄个人情感为风格的过激的而且极其不负责任的“评论”，赢了就喜，输了就骂，尽管其慷慨陈词，但由于缺少起码的冷静与理性的基本元素，因而，我们需要以“透视”的眼光，用逆向的思维冷静地看待，从而做到胸有成竹。

2. 有全球的视野

体育无国界，当前体育报刊已打破过去那种狭隘的“以我为主”“以我国为主”的模式，而发展成全球性、全方位的报刊。我们阅读体育报刊时，不拘泥于国内那些如数家珍的体育明星和体育赛事，而是放眼全球，通过报刊了解更多的世界体育运动的风貌与新技术、著名运动员、各种国际体育组织、申办奥运会情况、各项目知识及规则，以及一些极富民族特色的民间体育项目等，这些都有利于丰富我们的体育知识，开拓我们的视野，并从中获得愉悦感。

3. 适度娱乐

现在的体育报刊，无论在形式上还是内容上，都有娱乐化倾向而成为一股潮流。从刊名、标题、图片到文字，不一而足，各种赛场花絮、明星逸事、新兴运动等层出不穷。以 2002 年足球世界杯为例，当时世界杯的刊名有“2002 C3 行动”“掺和世界杯”“越位”等，标题有“第一日，梦是这样破的”“光州没有奇迹”等，这些都是将体育向娱乐化方向引的符号。由于特定的历史时期，体育在我国一度被赋予了太多的内涵，承载了太多的责任，因而变得沉重和高深。事实上，体育最本质的特征应是娱乐与游戏。在赛场上，运动员奋力拼杀的场面振奋人心、扣人心弦、精彩激烈，胜败转瞬之间令人欲罢不能。因而，作为欣赏体育报刊的读者，可以将这些丰富的内容、精彩的图片、生动幽默的文字尽收眼底，适度追求享受欣赏体育比赛的娱乐价值，愉悦身心、激发活力，这一点是应该肯定的。

虽然欣赏体育比赛的娱乐性有其合理性，但是，不可矫枉过正，应避免一味地追求体育报刊的娱乐性，专注于那些趣味性和刺激性的“八卦新闻”。过度的娱乐化不适合体育。美国国家广播公司 NBC 耗资 7.5 亿美元购买了 2000 年悉尼奥运会转播权，派出 1 000 人的庞大报道与转播队伍，花费 1 亿美元转播费用作奥运报道，但只获得了 14.6% 的收视率，比该台 1996 年转播亚特兰大奥运会的收视率下降了 1/3。导致这一后果的主要原因就是过度娱乐化，因为 NBC 为了迎合大众对体育的娱乐需求，而在转播中加入了太多人为手段以烘托气氛，忽视了观众对比赛进程和结果的需求，以致破坏了奥运比赛本身的魅力。可见，欣赏体育，不能以娱乐化为终极目标，适度娱乐才是可取之道。

思政课堂

党的二十大报告提出：“全面贯彻党的教育方针，落实立德树人根本任务，培养德智体美劳全面发展的社会主义建设者和接班人。”立德树人，关系党的事业后继有人，关系国家前途命运。大学生应把爱国情、强国志、报国行融入坚持和发展中国特色社会主义事业的奋斗之中，在实现中华民族伟大复兴中国梦的生动实践中放飞青春梦想，书写人生华章。

实践篇

第七章 游泳运动

学习目标：

1. 激发大学生对游泳的兴趣，养成自觉参与游泳运动的习惯。

2. 学习蛙泳、爬泳技术。

3. 了解游泳运动卫生与救护的相关知识。

第一节 游泳运动概述

一、游泳运动简介

游泳运动的起源和发展经历了人类社会的各个历史阶段，与人类社会的生产劳动、生活娱乐以及战争等活动紧密联系，它是人类在征服自然、改造自然的生产劳动中产生的，是在满足人们的娱乐、竞争的需要中发展起来的。

近代游泳是19世纪中期和20世纪初期在英国和澳大利亚等国出现并逐渐发展起来的。1912年，我国首次参加由菲律宾发起组织的菲律宾、中国、日本三国参加的远东运动会游泳比赛，这是我国第一次参加在国外举行的国际游泳比赛。新中国成立后，游泳运动得到了很好的发展，1993年12月，首届世界短池游泳锦标赛我国夺得包括接力在内的10个项目的金牌，刷新了9项世界纪录，成绩辉煌，震动了世界泳坛。2004年雅典奥运会上罗雪娟赢得了100米蛙泳的冠军。2006年多哈亚运会上吴鹏夺得了200米蝶泳金牌。

纵观世界现代游泳运动的发展，可以说，我国在游泳运动项目上已具备世界级实力。2012年伦敦奥运会上叶诗文等中国优秀运动员的集体爆发，使我国游泳运动有了自己的优势项目；2013年巴塞罗那游泳世锦赛，我国男子中长距离自由泳获得3块金牌，刘子歌也捍卫了自己蝶后的美誉，50米仰泳世界保持者赵箐，成为继津巴布韦名将考文垂后新的世界女子仰泳霸主；等等。

二、游泳运动的健身功能

游泳运动是对人体十分有益的体育运动，它不仅是广大青少年喜爱的运动项目，而且是适合男女老幼进行锻炼、简单易行的一项体育活动。

（一）健美体形

近年来，一些研究人体形体和形态的专家指出，游泳能帮助人矫正某些不正常的体形。因为游泳时，人总是要尽量伸展脊椎，加长划水动作路线，这对矫正驼背、脊椎侧弯和预防驼背、脊椎弯曲大有好处。同时，游泳时人体靠水的浮力托起，身体各部位特别放松，非常舒展。在这种情况下活动，身体各部分机能得到均匀和全面的发展，所以经常参加游泳运动能够塑造健美的体形。

（二）滋润皮肤

游泳时身体在水中受到水流轻轻地摩擦，再加上水中含有一些矿物质，促进了皮肤毛细血管中的血液循环和表皮细胞的代谢。如果游泳后抹上一些防晒霜或护肤霜等护肤品，还可以使皮肤洁白柔嫩，光滑圆润，并富有一定的弹性。

（三）增强心肺功能

经常参加游泳运动，能使心脏得到很好的锻炼，使心肌发达，收缩能力增强，促进机体的新陈代谢。游泳运动是所有运动项目中对呼吸系统影响最大的一个项目。游泳运动中所需的大量氧气要通过增大呼吸深度的方法获得，经过长期的游泳运动，首先可使呼吸肌逐渐发达和强壮有力。由于呼吸肌的力量增加，在吸气时就能把胸腔扩张得更大，所以经常游泳的人，安静时的呼吸显得深而慢，每次呼吸后能有较长的休息时间，不易产生疲劳，又能满足机体的需氧量。

第二节　游泳运动基本技术和学练方法

一、蛙泳

（一）蛙泳阶段性技术动作

蛙泳，是模仿青蛙的游泳动作而形成的最古老的一种泳姿。游蛙泳时，身体俯卧水中，两臂在胸前对称向两侧做弧形外划、内划、前伸动作。两腿同时对称地做收、翻、蹬夹动作。蛙泳的身体姿势平稳，动作省力，呼

蛙泳

吸自然，特别适合于长时间、长距离的游泳。

1. 身体姿态

游蛙泳时，身体俯卧水中，身体随着手臂和呼吸动作而略有起伏。在完成一个动作周期后，有一个短暂的相对稳定的滑行阶段，此时两臂和两腿伸直并拢，头略微抬起，水平面齐发际，身体纵轴与水平面呈 5° ~ 10° 角。

2. 腿部动作

蛙泳的腿部动作是推动身体前进的主要力量之一。对于初学者来讲，游蛙泳时的推进力绝大部分来源于蹬腿动作。蛙泳腿部动作可分为收腿、翻脚、蹬腿、滑行紧密相连的 4 个阶段。

（1）收腿。

收腿是翻脚、蹬腿的准备动作。腿部肌肉略微放松，开始收腿的同时屈膝屈髋，两腿一边向前收一边慢慢地分开膝和踝，小腿和脚应跟在大腿的后面。收腿时两腿的动作要放松，力量要小；收腿结束后，大腿与躯干之间呈 130° ~ 140° 角，膝关节折紧，脚后跟靠近臀部，小腿基本上与水面垂直，两膝与肩同宽。

（2）翻脚。

翻脚时膝关节稍内扣、勾脚尖，膝关节和踝关节向外转动，使脚内侧和小腿内侧向后对准蹬水方向，翻脚动作结束后，两脚之间的距离略大于两膝之间的距离，脚趾指向侧面，脚底向上。

（3）蹬腿。

蹬腿动作是推动身体前进的重要动力来源，包括蹬水和夹腿，即在向后蹬水的同时向内夹水，使脚的运动路线呈弧线。蹬腿时正确的伸展顺序是先伸髋关节，后伸膝关节，最后是踝关节，直至两腿伸直并拢。动作应由慢到快地加速进行，形似鞭状蹬水动作。蹬腿结束后，两腿应伸直并拢。

（4）滑行。

蹬腿结束后，腿处于较低的位置，脚距离水面为 30 ~ 40 厘米。此时两腿伸直并拢，腰、腹、臀及腿部的肌肉保持适度的紧张，使身体成良好的流线型，利用蹬腿产生的推力向前滑行。

3. 手臂动作

蛙泳手臂的动作是推动身体前进的重要因素，现代蛙泳尤其重视发挥手臂划水的作用。蛙泳的划水路线从水下看，像一个“倒心形”。根据划水过程中用力方向的变化将划水分为外划、下划、内划、伸臂 4 个阶段。为了形象地描述划水技术，我们沿用传统的划分方法，分为以下 4 个部分。

（1）开始姿势。

蹬腿结束时，两臂前伸，与水面平行，掌心向下，身体保持流线型。

（2）抓水。

两肩和手臂前伸，手腕向前、向外、向下方勾手，应感觉到水对前臂和手掌的压力。抓水结束时，两臂分开到约呈 45° 角。

（3）划水。

划水是产生推进力的主要部分。划水开始时，两手继续外分，手臂向外旋转，同时屈肘、屈腕，保持高肘划水。划水的前一阶段两臂同时向外、向下和向后运动，而后一阶段两臂同时向内、向下、向后运动。

划水的整个过程应加速并始终保持高肘姿势完成，肘关节弯曲的角度随划水的进行不断减小，到划水即将结束时，肘关节弯曲约 90° 角，手位于肩的前下方。

（4）收手。

也有人认为收手是划水的后半段，因为它能产生一定的力量。划水结束后，手臂向外旋转，手同时向内、向上和向前快速运动，开始了收手过程。收手时，两掌心相对。收手结束时，肘的位置低于手，肘关节弯曲呈较小的锐角。

蛙泳移臂是 4 种姿势中唯一在水下完成的。在收手的基础上通过向前伸肩和伸肘，两臂前移至开始姿势，结束时掌心向下。

4. 呼吸与臂的配合

一般采用划臂 1 次呼吸 1 次的配合。蛙泳的呼吸是用口吸气，用口或鼻呼气。

5. 臂与腿的配合

一般采用 1:1 的配合，即划臂 1 次，打腿 1 次。蛙泳臂和腿的配合是一种交替进行，稍有重叠的技术。两臂外划和下划时，两腿保持稍紧张的伸直姿势；两臂内划时，两腿放松，两膝下沉，开始收腿；两臂开始前伸时，迅速完成收腿并做好翻脚动作；两臂接近伸直时，开始向后快速蹬腿；蹬腿结束后，全身伸直呈良好的流线型向前滑行。

6. 腿、臂、呼吸完整配合动作

蛙泳腿、臂、呼吸的配合多采用 1:1:1 的配合方式，即在一个完整的动作周期中，手臂划水 1 次、蹬腿 1 次、呼吸 1 次。

（二）蛙泳学练方法

1. 腿部动作

（1）动作要求。

两腿自然并拢，大腿带动小腿向前收，边收边分。当大腿与躯干呈 130° ～ 140° 角时，两膝与肩同宽。两脚紧靠臀部时，两脚勾脚外翻，脚和小腿内侧对准后方，大腿发力，小腿和脚向后做弧形蹬夹水，蹬夹动作同时结束，两脚并拢伸直呈流线型向前滑行。

（2）练习方法。

①陆上模仿。

仰坐模仿：坐在地上，上体稍后仰，两臂在身体侧后方撑地，双腿伸直并拢，先做收、翻、蹬夹的分解练习，然后做连贯完整的练习（图 7–1）。

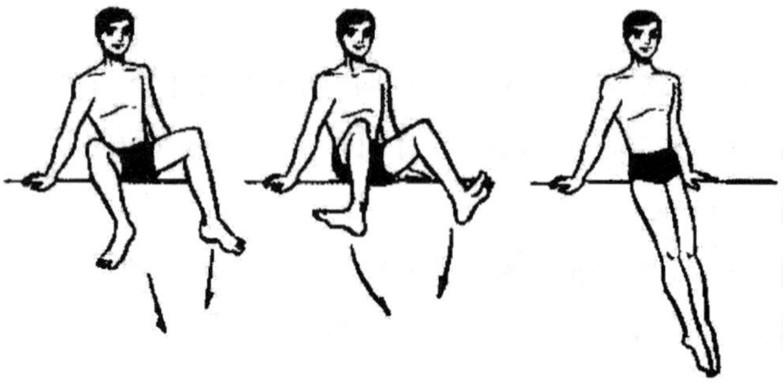

图 7–1

②水中练习。

a. 固定支撑蹬腿：手扶支撑物（池边或池槽），身体俯卧水中，髋关节展开，两腿放松伸直并拢，做收、翻、蹬夹、停的动作，先分解再连贯起来做。

b. 扶板蹬腿：俯卧水中，两臂前伸，两手扶在板的两侧，做蛙泳腿的动作向前游进（图 7–2）。

图 7–2

2. 手臂动作

（1）动作要求。

两臂从并拢前伸开始，两臂内旋，掌心向斜下后方，两手向外划，至约与肩宽后，边划边屈肘，保持高肘向外、后、下、内、上做加速划水，划至颌下，两手靠拢向前伸，掌心转向下方。

（2）练习方法。

①陆上模仿。

原地模仿：两脚开立，上体前屈，两臂前伸并拢，做手臂动作的模仿练习。先做分解练习，然后做完整练习。

②水中练习。

夹板划臂：以双腿夹板助浮，进行手臂划水动作练习（图 7–3）。

图 7–3

3. 手臂与呼吸配合动作

（1）动作要求。

早呼吸：手臂划水时，开始抬头准备吸气，外划时口露出水面并张口吸气，内划时闭气，前伸滑行时头还原呼气。晚呼吸：臂外划时吸气，内划时口露出水面并吸气，前伸滑行时闭气。

（2）练习方法。

夹板练习臂与呼吸配合：在夹板助浮情况下，做划水和呼吸的配合动作。

4. 臂、腿配合动作

（1）动作要求。

臂外划时腿不动，内划时收腿，手臂向前将伸直时蹬腿，蹬腿结束后手臂和腿伸直并拢，呈流线型姿势滑行。

（2）练习方法。

①陆上模仿。

原地双腿配合模仿：两脚左右开立，两手臂伸直并拢上举，做外划、内划下蹲（表示收腿）、向上伸臂站起（表示蹬腿）的练习。

②水中练习。

蹬边滑行分解动作：在水中蹬边滑行后，闭气做臂、腿分解动作练习（图 7–4）。

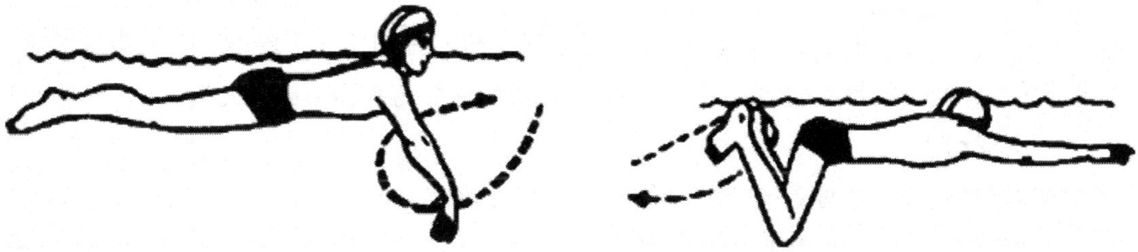

图 7–4

5. 完整配合动作

（1）动作要求。

一般采用划臂1次、蹬腿1次、呼吸1次的配合，即两臂外划时腿不动，抬头吸气（早吸气），内划时收腿、闭气；臂向前将伸直时蹬夹腿，臂腿伸直滑行时呼气。

（2）练习方法。

①陆上模仿。

原地模仿配合：原地站立，两臂上举并拢，掌心向前。先按4拍做两臂和单腿配合的蛙泳模仿动作。

1拍：两臂向侧下分开划动，腿不动。

2拍：两臂向内划至胸前，一腿屈膝上提做收腿和翻脚动作。

3拍：两臂向上伸直。

4拍：腿向下弧形蹬夹，还原成预备姿势。逐步过渡到连贯进行。

②水中练习。

完整配合：在臂、腿连贯配合蛙泳的基础上，加上抬头吸气的动作，形成完整配合技术。划水动作不能太快，抬头动作不能太猛。先练臂、腿配合2次，呼吸1次的动作，然后过渡到臂、腿配合1次，呼吸1次的正常蛙泳。在动作基本正确的基础上，逐渐增长游距。

二、爬泳

（一）爬泳阶段性技术动作

爬泳的名称来自其动作外观特征。游爬泳时，身体俯卧水中，两腿上下交替打水，两臂轮流向后划水，动作像爬行，故称爬泳。爬泳是速度最快的竞技泳姿，在可任选泳姿的自由泳比赛中为运动员广泛采用，又成为自由泳的代名词。

爬泳

1. 身体姿态

游爬泳时，身体俯卧水中，尽可能保持水平姿势，略抬头，水面齐发际。身体与水面保持3° ~ 5°的夹角。爬泳游进中，身体随划水和移臂动作而不停地、有节奏地沿身体纵轴转动，向每侧转动的角度为35° ~ 45°（两肩连线与水面形成的夹角）。

2. 腿部动作

爬泳腿的动作，主要是起维持身体平衡和配合两臂划水的作用，并能产生一定的推进力。爬泳腿打水时，两脚稍内扣，髋关节放松，由大腿发力，带动小腿和脚在水下做鞭状打水动作。游爬泳时，两腿轮流上下交替做打水动作。爬泳打腿分为向上打腿和向下打腿，其中向下打腿是产生推进力的主要力量。

向下打腿时，大腿开始向下发力，由于惯性作用，此时小腿和脚仍继续向上移动。当膝关节弯曲约呈 160° 角时（此时脚升至水面），腿和脚开始向下移动。当膝关节尚未完全伸直时，大腿开始向上打水而小腿和脚仍继续向下，直到膝关节完全伸直。此后，小腿和脚随大腿向上移动，当脚上移尚未升至水面时，大腿开始向下打水，进入下一次打水动作。

3. 手臂动作

游爬泳时，双臂轮流交替地向后划水，是推动身体前进的主要力量，为了描述方便，将手臂动作习惯性地分为入水、抱水、划水、出水和空中移臂 5 个部分。

（1）入水。入水是伸展手臂的水中定位动作，肘关节略屈并高于手，手指自然伸直并拢，掌心朝向侧下方，拇指领先入水，入水点在肩的延长线上或在身体中线与肩延长线之间，整个手臂入水的顺序为手、前臂、上臂。

（2）抱水（抓水）。抱水是手臂寻找发力点和支撑点的抱球动作。手臂入水后，积极插向前下方，手臂伸直，外旋，掌心转向正下方，紧接着勾手腕、屈肘、手向后下方移动，而上臂则几乎保持不动。当手移至头的前下方，手臂与水面约呈 40° 角时，抱水动作结束，此时肘关节弯曲呈 150° 角左右，肘高于手。

（3）划水。划水是获得推进力的主要阶段，分为拉水和推水两个部分。划水过程中，肘关节弯曲的程度逐渐加大，前臂和手的运动速度要快于上臂，手的运动方向主要是向后、向内，当手划到肩的下方时，拉水动作结束，此时手臂与水面垂直，肘高于手，肘关节弯曲呈 90° ~ 120° 角。同时，推水手臂向后移动，肘关节逐渐伸直。手的运动方向是向后、向上、向外，当手划至大腿旁边时，推水动作结束，此时，肘关节几乎伸直。游爬泳时，手在水下经历向外、向下、向内、向外、向上的三维动作，移动路线为“S”形，速度由慢到快，有明显的加速划水动作。

（4）出水。划水结束后，由肩的带动将手臂提出水面，肩、上臂、前臂、手依次出水，手臂出水动作必须自然连贯，前臂和手要放松。

（5）空中移臂。空中移臂是出水的继续，不能停顿，在移臂过程中，手和前臂放松。上臂以肩为轴向前移动，肘关节经历了逐渐屈肘再到逐渐伸肘的过程。在移臂的前半部分，肘领先于手前移，移至肩侧时，手和前臂开始超过肘向前移动，准备入水开始下一轮手臂动作。

4. 两臂的配合

两臂的正确配合是爬泳前进速度均匀性的重要条件之一。划水时，依照两臂所处的不同位置，可以分为 3 种配合形式，即前交叉、中交叉和后交叉。

5. 呼吸与臂的配合

爬泳时，正确的呼吸动作和恰当的呼吸时机，保证了机体对氧的需求，有助于充分发挥肌肉力量。呼吸动作是通过上体绕身体纵轴转动和头部的侧转动共同完成的。游爬泳时，呼吸动作应有节奏地进行，一般是两臂各划 1 次，做 1 次呼吸。以向右侧吸气为例，右手入水后，口鼻开始逐渐呼气，并随着划水的节奏进行加速呼气，拉水动作结束转入推水时，身体开始向右侧转动，同时在身体转动的基础上向右转头。当推水动作将要结束时，嘴露出水面并张口吸气，手出水时吸气结束，然后头随着移臂和身体的转动而转回正常位置。

6. 腿、臂、呼吸完整配合动作

爬泳完整配合动作即腿、臂、呼吸完整配合动作。爬泳手臂与腿的配合有多种形式，其中 6:2 配合是较常见的一种，即臂划水 2 次、腿配合打水 6 次（通常称为 6 次打腿配合）。此外还有 4:2、2:2 等配合方式。一般来说，短距离运动员几乎全部采用 6 次打腿配合方式，而长距离运动员则多采用 2 次或 4 次打腿配合方式。腿、臂、呼吸完整配合动作中短距离运动员多采用 6:2:1 配合，在一个完整的动作周期内，运动员两臂各划水 1 次，两腿各打 3 次，呼吸 1 次。

（二）爬泳学练方法

1. 腿部动作

（1）动作要求。

以髋关节为轴，大腿发力，膝关节和踝关节放松，大腿带动小腿做上、下鞭状动作，腿向上时膝关节伸直，两脚上、下活动幅度约 35 厘米。

（2）练习方法。

①陆上模仿。

仰坐模仿：仰坐池边、地上或凳上，两手后撑模仿打水动作，由直腿过渡到鞭状打水。

②水中练习。

a. 固定支撑打腿：俯卧水中，双臂伸直扶池边，做鞭状打水（图 7–5）。

b. 扶板打腿：俯卧水中，双臂前伸，两手扶在浮板两侧，做打腿动作。

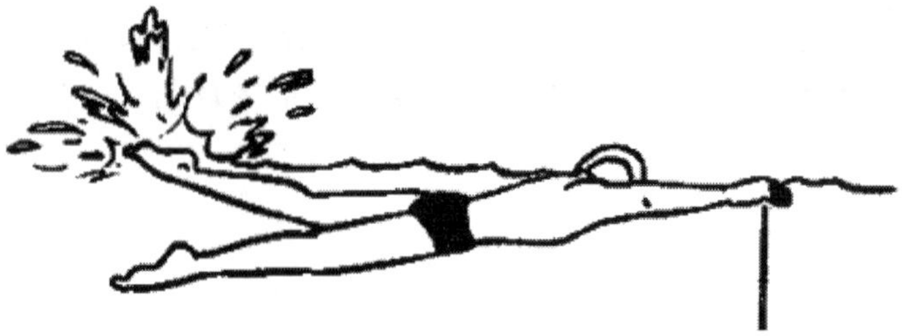

图 7–5

2. 手臂动作和手臂与呼吸配合动作

（1）动作要求。

高肘、屈臂沿身体中线向后做“S”形划水，两臂交替做中交叉配合，同侧臂划水时呼气，推水时转头吸气。

（2）练习方法。

①陆上模仿。

臂与呼吸配合：同侧臂开始划水时呼气，推手时转头吸气，吸气后头迅速转回，手再入水。

②水中练习。

扶板单臂划臂呼吸配合：在浮板助浮的情况下，做呼吸与臂的配合动作（图 7–6）。

图 7–6

3. 完整配合动作

（1）动作要求。

强调配合的节奏，动作协调自然，以臂、腿配合为基础，2:1 配合模式为主。

（2）练习方法。

①陆上模仿。

小踏步配合模仿：原地站立，上体略前倾，两腿原地小踏步，两臂做连贯交替的划水动作，模仿爬泳的臂、腿配合技术。

②水中练习。

a. 蹬边滑行臂、腿配合：蹬边滑行减速后，憋气打腿划臂。

b. 腿、臂、呼吸完整配合。

第三节　游泳运动卫生与救护

游泳是一项深受人们喜爱的体育活动，游泳具有调节人体机能和增强抵抗力等作用，是男女、老幼都适宜的健身运动。游泳时应自觉遵守游泳安全和卫生守则，防止发生意外事故和传染疾病。

（1）选择安全卫生的人工游泳场所，池水经常消毒、排污和过滤，清晰度较高。

（2）游泳前严格体检，患有心脏病、高血压、癫痫、活动性肺结核、传染性肝炎、红眼病、精神病、中耳炎、发烧、开放性创伤者，都不宜游泳。妇女月经期游泳要采用卫生措施，未采取措施不宜下水。

（3）饮酒、饱食后和饥饿、过度疲劳时不能游泳。

（4）游泳前要做准备活动，它能使身体更好地适应温差的刺激和游泳活动的需要，防止抽筋、拉伤。

（5）游泳时最好戴上泳镜，以免双眼氯气侵入或细菌感染。

（6）游泳时应掌握正确的呼吸方法，用嘴吸气，避免呛水。

（7）游泳时耳朵进水，应将头偏向进水一侧，并用同侧的脚连续震跳，使水流出；或者将头偏向进水一侧，用手掌紧压耳廓，屏住呼吸，然后迅速拿开手掌，反复几次后，可将水吸出。

（8）游泳时发生肌肉抽筋时，要保持镇静，不要紧张。在浅水或离岸较近时，应立即上岸进行处理；在深水或离岸较远时，应大声呼救，同时进行自救。

第八章　大球运动

学习目标：

1. 了解足球、篮球、排球运动的起源与发展。
2. 学习并掌握足球、篮球、排球运动的基本技战术。
3. 了解足球、篮球、排球运动比赛规则。

第一节　足球运动

一、足球运动概述

足球运动是一项激烈且富有魅力的运动。足球具有参加人数多、技术复杂、战术丰富、对抗性强等特点，是世界上开展最广泛、国际交往最频繁、影响力最大的运动项目之一。

足球运动的发展已有几千年的历史。我国是足球运动开展最早的国家，在春秋战国时期就有了“蹴鞠”的脚球游戏。经过唐宋时期，这种游戏有了新的发展，出现了气球，球门场地有了改进和完善，比赛位置有了明显分工，设立了奖罚制度。因此，古代足球起源于中国。

现代足球起源于英国。公元 16 世纪以后，足球游戏在欧洲一些国家盛行起来。19 世纪下半叶足球有了新的发展。1857 年英国成立了第一个足球俱乐部。

1863 年 10 月 26 日，在英国的伦敦成立了世界上第一个足球运动组织——英格兰足球协会，并制定和通过了第一部较为统一的足球竞赛规则，促进了现代足球运动的发展。

国际足球联合会，简称“国际足联”，是 1904 年 5 月 21 日在法国巴黎由法国、瑞士、比利时、西班牙、荷兰、丹麦、瑞典等七国联合发起成立的。至今国际足联已拥有 200 多个会员，是目前最大的国际单项组织，总部设在瑞士的苏黎世。

目前，国际足坛重大的比赛有世界杯、奥运会足球比赛、世界青年足球锦标赛、世界杯女子足球锦标赛等。

足球运动精神

经常参加足球活动和比赛，能增强人的自信心，改善人的心理素质。足球运动被称为勇敢者的运动，长期参加足球运动还可以培养人的勇敢顽强、不断进取、坚韧不拔、胜不骄、败不馁等意志品质，以及热爱集体、团结合作、遵守纪律、敢于竞争、光明磊落、文明礼貌等优良道德品质。现代人具有追求成功、敢于冒险、依靠努力和奋斗赢得胜利、超越现状的心理倾向，由于足球运动的特点迎合了人们的这种心理倾向，从而使世界上很多人对它抱有浓厚的兴趣。关心和参与足球运动，使人们远离工作中的烦恼和焦虑，建立起积极的人生观和世界观。

二、足球运动基本技术

（一）踢球

1. 脚内侧踢球技术

踢球

动作要领：直线助跑，最后一步要大，支撑脚向前跨步支撑时，脚掌要稍离地面快速积极落地支撑。落地时，以脚后跟先落地，滚动式向前过渡到全脚掌支撑。支撑腿膝关节要适当弯曲以保持身体重心的稳定。支撑脚与球的前后距离以支撑脚的脚尖与球的前沿保持平齐为准，左右距离以支撑脚的内侧沿与球的外侧沿保持在 10 ～ 15 厘米为适宜距离。在支撑脚落地支撑的同时，踢球腿大小腿折叠靠拢（在大腿后伸状态下），然后以大腿带动小腿由后向前摆动，在前摆过程中，大腿向外旋转带动膝关节向外侧移动，使踢球脚的脚内侧正对出球方向，小腿加速前摆，踝关节保持适当的紧张，使脚掌与地面保持平行并保持住这种脚形，用脚内侧（即脚弓上方）部位触球的正中后部，将球踢出。踢球后身体重心随踢球腿的前摆向前移动（图 8–1、图 8–2）。

图 8-1

图 8-2

2. 脚背内侧踢球技术

动作要领：斜线助跑，助跑方向与出球方向约呈 45° 角。助跑最后一步要大，一般应保持在本人跨一大步的距离较好。支撑脚落地时以脚跟及脚掌的外侧沿先着地，然后过渡到全脚掌。支撑脚脚尖指向出球方向，膝关节微屈支撑身体重心，上体略向支撑脚一侧倾斜并稍侧转体（支撑脚一侧的肩部稍向前，踢球脚一侧肩稍向后）。支撑脚与球的前后距离以支撑脚脚尖与球的前沿保持平齐较好，左右距离以支撑脚的内侧沿与球的外侧沿保持 15 ～ 20 厘米较好（不同骨盆宽度的人可以适当调整支撑脚与球的左右距离，但一般不要超过 25 厘米）。在支撑脚着地的同时踢球腿以髋关节为轴，大腿带动小腿由后向前摆动（大小腿折叠要紧），当踢球腿膝关节摆至球的内侧垂直上方时，小腿做爆发式前摆（大小腿突然打开），脚尖稍向外侧转，脚尖指向斜下方，脚背绷紧固定，以脚背内侧部位踢球的正中后部（踢高球时，可踢球的中下部）。踢球后身体重心随踢球腿的前摆向前移动（图 8–3）。

图 8–3

3. 脚背正面踢球技术

动作要领：直线助跑，最后一步要大，成跨步，支撑脚要积极跨步落地，以脚后跟先着地形成滚动式着地支撑。支撑脚与球的前后距离以支撑脚的脚尖与球的前沿保持平齐为好，过前或过后都会影响踢球的效果，左右距离为支撑脚的内侧沿与球的外侧沿距离在 10 ～ 15 厘米，一般不应超过 20 厘米。在支撑脚落地支撑的同时，踢球腿大腿带动小腿（大小腿折叠紧状态）由后向前摆，当膝关节摆到球的垂直上方前的瞬间，大腿制动减速而小腿爆发式突然加速前摆，以脚背正面部位触踢球的正中后部位。踢球后身体重心随踢球腿的前摆向前移动（图 8–4）。

图 8-4

4. 脚背外侧踢球技术

动作要领：踢平直球时，助跑、支撑位置与姿势、踢球腿的摆动基本与脚背正面踢球动作相同，只是用脚背外侧触踢球。在踢球腿的膝关节摆到球的垂直上方前的瞬间，小腿做爆发式前摆，小腿前摆时，脚尖向内转并向下指（踝关节内收并旋内），脚背绷紧，脚趾扣紧，以脚背外侧部位触击球的正中后部。踢球后身体重心随踢球腿的前摆向前移动（图 8–5）。

图 8–5

（二）接球

1. 脚内侧接地滚球、反弹球、空中球技术

脚内侧接地滚球动作要领：支撑脚正对来球，膝关节微屈稳固支撑身体重心，保证身体重心的平衡。接球腿屈膝外转并前迎，接球脚以脚内侧部位触球，在球与脚接触前的瞬间，开始向后回撤缓冲来球力量，在后撤过程中将球接在自己控制范围之内和下一个动作需要的位置上（图 8–6）。

接球

图 8–6

脚内侧接反弹球动作要领：支撑脚在球的落点的侧前方（根据接球的方向不同，可以调整支撑脚的位置），膝关节屈曲稳固支撑身体重心，保证身体重心的平衡。上体稍

向接球方向倾斜并稍前倾。接球脚提起，踝关节适当紧张（脚尖适当勾起，用脚内侧部位对准球的反弹路线）。当球落地反弹刚离地面时，用接球脚的脚内侧触压球的外侧中上部，将球接在支撑脚的附近位置以便连接下一个动作（图 8–7）。

图 8–7

脚内侧接空中球动作要领：支撑脚的位置一般在球的侧方适当距离，支撑腿屈膝稳固支撑身体重心，两臂自然张开以维持身体平衡。根据来球高度和位置，接球脚举起以脚内侧部位对准来球，接球脚踝关节保持适当紧张以控制脚形并适当前迎，在球与脚接触前的瞬间，接球脚向后回撤缓冲来球力量，在后撤过程中将球接在自己控制范围之内和下一个动作需要的位置上（图 8–8）。

图 8–8

2. 脚背正面接空中球技术

动作要领：支撑腿屈膝稳固支撑身体重心，支撑位置一般在球的侧后方适当位置。接球腿屈膝抬脚，踝关节保持适当紧张，以脚背正面正对来球，在球下落触到脚背前的瞬间接球，脚向下回撤将球在下撤过程中接在自己控制范围之内和下一个动作需要的位置上，并快速连接下一个动作（图 8–9）。

图 8-9

另一种方法是接球脚基本不向上抬起，而是脚背向上勾起，踝关节保持中度紧张，在接近地面高度 5 ～ 10 厘米处触球，通过球下落的冲击力将勾起的接球脚背砸下去从而缓冲了球的力量，将球接在自己控制范围之内和下一个动作需要的位置上，并快速连接下一个动作（图 8-10）。

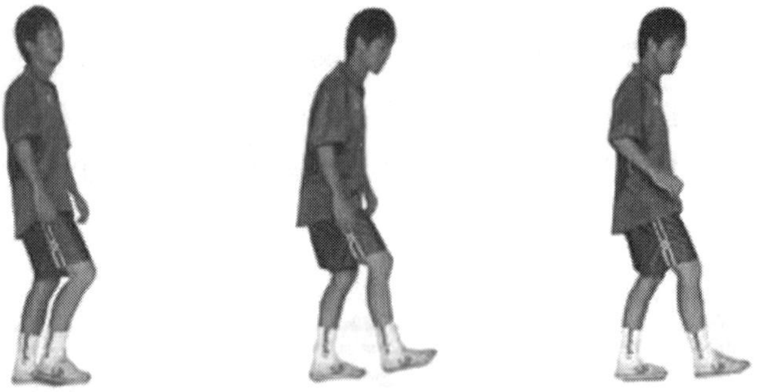

图 8-10

3. 脚背外侧接地滚球、反弹球技术

脚背外侧接地滚球动作要领：面对来球，支撑腿屈膝稳固支撑身体重心，支撑位置常常在球的侧面。接球脚稍提起，膝关节和脚尖稍内转（向支撑脚一侧靠近），以脚背外侧正对来球，在支撑脚的前侧方触球外侧部位（球体靠近支撑脚一侧的部位）。在脚触球时踝关节要适当紧张，并伴有一个向接球方向推送的拨球动作，将球控制在下一个动作需要的位置上，并快速连接下一个动作（图 8-11）。

脚背外侧接反弹球动作要领：面对来球，支撑腿屈膝稳固支撑身体重心，支撑位置常常在球的侧面。接球脚稍提起，膝关节和脚尖稍向支撑脚一侧靠近，脚尖稍向内上方勾起（脚内翻状态），以脚背外侧正对来球，并使接球腿小腿及接球脚与地面形成一个夹角，在球刚反弹离地时接球脚脚背外侧于支撑脚的前侧方触球外侧上部位（球体靠近支撑脚一侧的部位）。在脚触球时踝关节要适当紧张，并伴有身体重心向接球方向倾斜移动的动作，将球控制在下一个动作需要的位置上，并快速连接下一个动作。

图 8-11

4. 大腿接高球、平球技术

大腿接高球动作要领：面对来球，支撑脚稳固支撑身体重心，接球腿向前上方屈膝抬起，以大腿中部正对下落来球，肌肉适当紧张，在大腿与球接触前的瞬间大腿向下撤引，在撤引过程中接控球，将球控制在下一个动作需要的位置上（图 8–12）。

大腿接平球动作要领：面对来球，支撑脚稳固支撑身体重心，接球腿屈膝前迎，以大腿中部正对来球，肌肉适当紧张，在大腿与球接触前的瞬间小腿迅速向后下方撤引（接球腿的大小腿呈伸直状态），在撤引过程中接控球，将球控制在下一个动作需要的位置上。

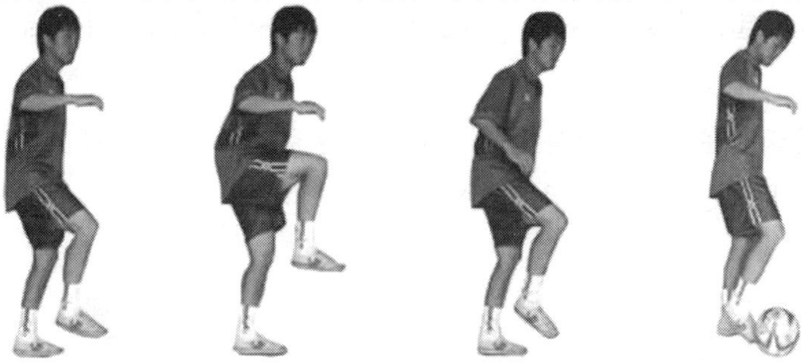

图 8-12

（三）运球

1. 脚内侧运球技术

动作要领：运球时，支撑脚稍向前跨，踏在球的前侧方，膝关节弯曲，上体前倾并向运球脚一侧转体（形成侧身运球的状态），运球脚提起，用脚内侧部位推拨球的后中部（图 8–13）。

运球

脚内侧运球是运球技术中最慢的一种。它常常是在边线附近或者一些死角区域内需要用身体做掩护球时运用，以侧身转体的姿势，挤靠住对方的防守队员，以保证球不易被对方队员抢去。另外，常常用脚内侧走“之”字形路线。

图 8-13

2. 脚背内侧运球技术

动作要领：跑动时，身体自然放松，上体前倾并稍向运球方向转动，步幅要小。运球脚提起时，膝关节稍弯曲，脚跟提起，脚尖稍外转，在向前迈步的过程中用脚背内侧推拨球向前。

脚背内侧运球常常是在变向时运用，运球时常常是走“之”字形路线。

3. 脚背外侧运球技术

动作要领：跑动时，身体自然放松，上体稍向前倾，步幅要小。运球脚提起时，膝关节弯曲，脚跟提起，脚尖稍内转，在向前迈步的过程中用脚背外侧部位推拨球的后中部向前。

脚背外侧运球多在前方纵深距离较大需要快速运球跑或突破时在快速跑动中运用，另外就是需要向外侧转身变向时运用（图 8-14）。

图 8-14

4. 脚背正面运球技术

动作要领：跑动时，身体自然放松，上体稍向前倾，步幅要小。运球脚提起时，膝关节弯曲，脚跟提起，脚尖稍下指，在向前迈步的过程中用脚背正面部位推拨球的后中部向前。

脚背正面运球多在前方纵深距离较大需要快速运球跑或突破时在快速跑动中运用。

三、足球运动基本战术

（一）集体进攻战术

集体性全队打法在比赛中注重进攻效率，在没有良好的突破机会时会耐心地寻找战机，不盲目地将球传到对方防守腹地以让前锋队员在乱中寻找机会。集体性全队打法突出简练，控球队员多通过传球突破对方防守，较少采用个人运球突破等复杂战术。

由于控球队员多采用传球，因此，集体性全队打法注重对球的安全控制，不轻易将控球权丢失，不轻易冒险。进攻中常常有组织、有计划地利用多名无球队员的统一行动，一部分无球队员利用跑位在对方防守阵线中制造空当，另一部分无球队员则抓住时机去利用这些空当从而在进攻中形成整体打法。

1. 边路进攻

利用球场两侧区域发起进攻的方法叫边路进攻。边路进攻是全队进攻战术的主要形式之一。边路进攻的发起、推进通常有 2 种渠道：一是进攻过程始终沿边路而行；二是通过中路转移至边路。边路进攻通常采用的配合方法如下。

如图 8–15 所示，边锋或跑到边路接应的队员运球突破下底传中：③传球给⑦或⑩，⑦或⑩运球突破防守队员传中。

如图 8–16 所示，边锋与中锋或前卫配合突破传中：⑦接⑧传球后与⑩进行“二过一”。

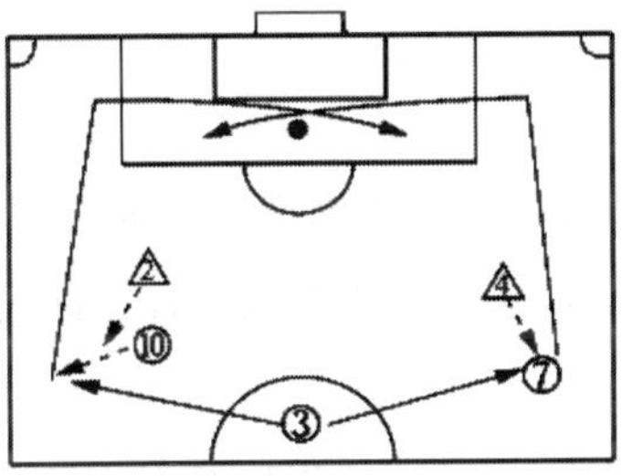

图 8–15

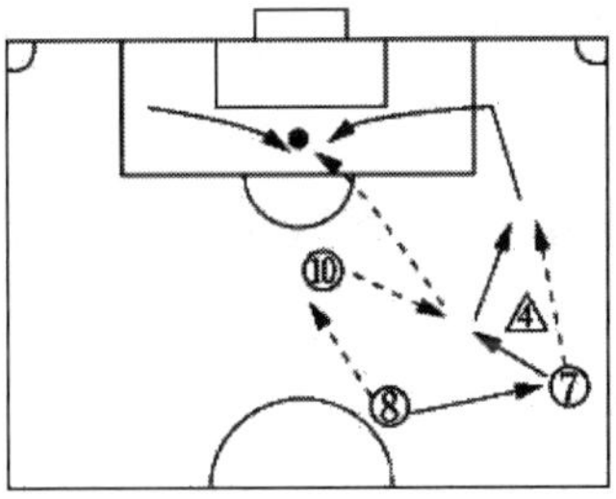

图 8–16

2. 中路进攻

中路进攻是利用球场中间区域组织的进攻，这种进攻虽能直接射门，但难度最大，因中路防守最为严密，前攻击手必须是反应极其敏锐、意识强、技术高、敢于冒险、速度快和善于跑位策应的队员。

3. 快速反击

比赛中当攻方进攻时，后卫线往往压至中场附近，防守人数也由于插上进攻和助攻而相对减少，此时如能抓住对方防区空隙较大和回防较慢的机会，乘其失球发动快速反击，往往能取得良好的效果。快速反击是最有威胁的进攻手段，有效的进攻在于突然快速地反击，但其难度较大，既要冒险，又要有准确、快速的传切配合技能。快速反击要有组织，配合得要极为默契，必须进行专门性的训练，否则很难在比赛中实施。

4. 学练方法

（1）边路传中与中路射门练习。

教师分别将球传给⑦和⑧，⑦和⑧接球后传给接应⑩和⑨做“图中⑦传给⑩二过一”配合，然后快速运球传中，⑨⑩抢点射门（图 8–17）。

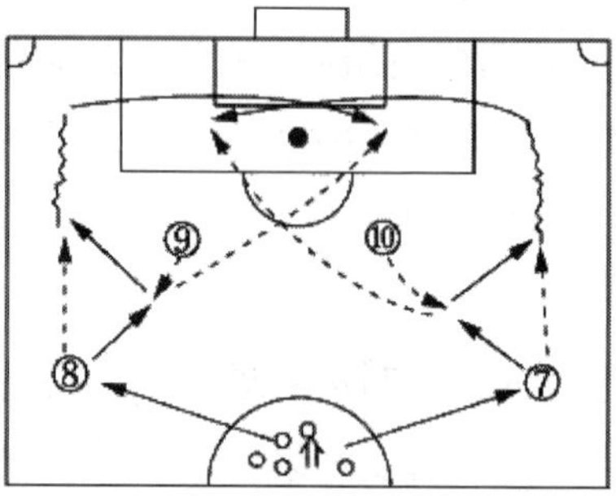

图 8–17

（2）边路进攻练习。

将队员分成 2 队，每队 5 ～ 7 人，可在 70 米 ×50 米的场地上进行，但在距边线处的场地两侧另加两个 6 ～ 7 米宽的小球门，进攻队员必须先将球传过两侧的任何一个球门后才能射正球门。

（3）快速反击练习。

将队员分成 2 队，每队 5 ～ 7 人，1 人为守门员，2 队在远离被把守球门的半场比赛，当听到教师的哨声后，控球队立刻向另一半场长传给本队插上的同伴，队员运球突破或快速配合突破射门。

要求：在球传至另一半场前，任何队员不能越过中线；如果球被对方抢断或射偏等，均应转换控球权。

（4）半场攻守练习。

4 名进攻队员，2 名供球队员，6 名防守队员。4 名进攻队员设法运用个人运球突破或传球配合摆脱防守射门，2 名供球队员在中场策应传球，4 名防守队员紧逼盯人，另 2 名防守队员保护补位。此练习也可不设供球队员，而增加进攻队员人数。

要求：每次进攻结束，进攻队员必须迅速回到中场，重新组织进攻；防守队员抢得球后长传给供球队员。

（5）全场攻守练习。

在标准场上，各队 8 ～ 11 人进行攻守练习。

要求：进攻时训练适合本队特点的各种配合打法，加强对各位置队员打法特点的了解和建立默契联系；防守时练习防守组织布局和各位置配合能力；应用攻守战术原则，培养整体攻守意识。

（二）常用阵型

1.“四三三”阵型

“四三三”阵型，后防稳固，攻防机动灵活，是世界足坛运用最广泛的阵型之一。很多球队根据不同的情况，将其改进为“四二一三”“四一二三”等阵型。

（1）“四二一三”（图 8–18）。

（2）“四一二三”（图 8–19）。

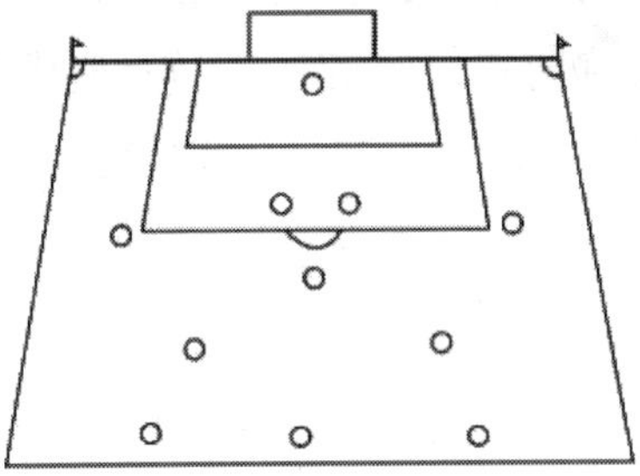

图 8–18

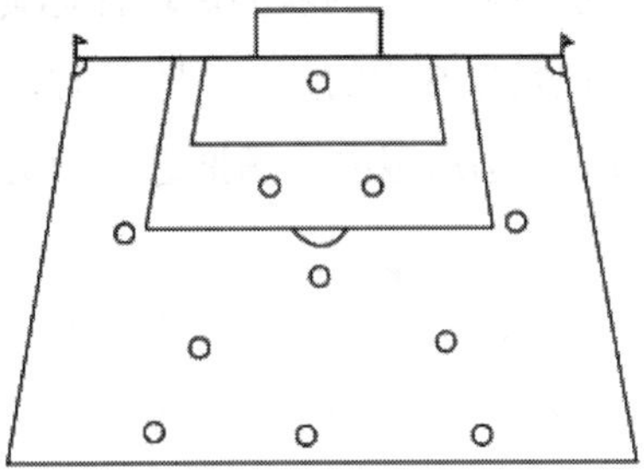

图 8–19

2.“四四二”阵型

“四四二”阵型也是常用的阵型之一，有平行站位和菱形站位 2 种。

（1）“四四二”阵型平行站位（图 8–20）。

（2）“四四二”阵型菱形站位（图 8–21）。

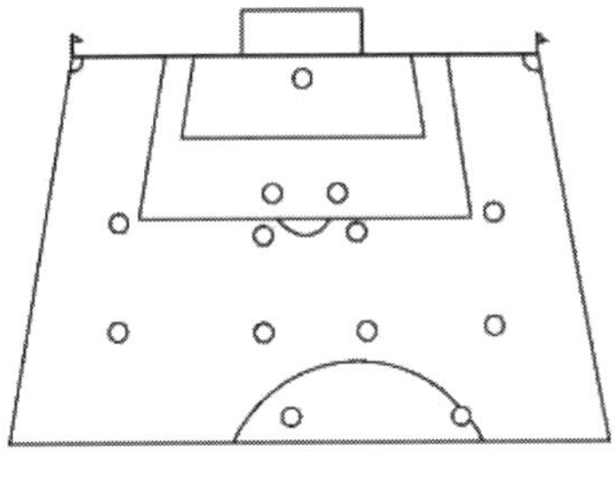

图 8–20

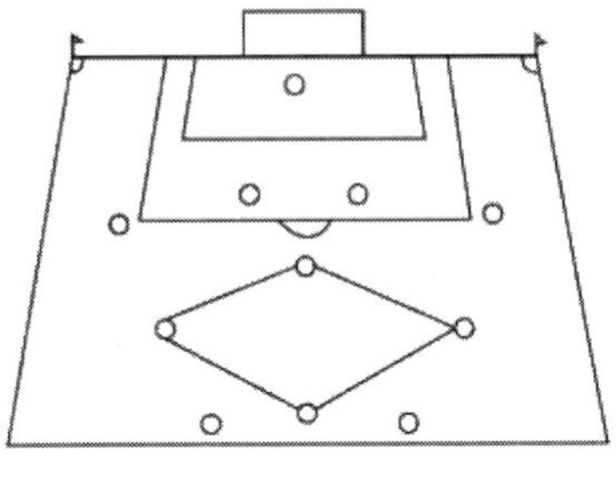

图 8–21

3.“一三三三”阵型

“一三三三”阵型要求运动员能攻善守，即运动员首先是本位置的专家，其次又是其他位置的能手，对运动员的个人技战术意识和身体素质提出了全面化的要求，对全队整体攻防的一体化也要求更高。“一三三三”阵型符合现代足球运动发展的内在规律，确立了全面型足球的比赛观，大大促进了世界足球竞技水平的提高（图 8–22）。

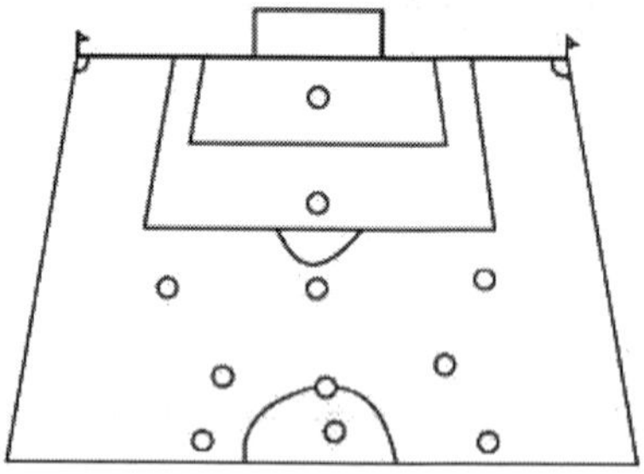

图 8–22

4.“三五二”“五三二”阵型

在 20 世纪 80 年代的欧洲足球锦标赛和第 13 届世界杯足球赛上就出现的“三五二”阵型也是现代足球常用的阵型。防守时，边后卫后撤防守，“三五二”阵型变成“五三二”阵型；进攻时，边后卫向中场推进并伺机插上进攻，此时“五三二”阵型变为“三五二”阵型。

（1）“三五二”阵型（图 8–23）。

（2）“五三二”阵型（图 8–24）。

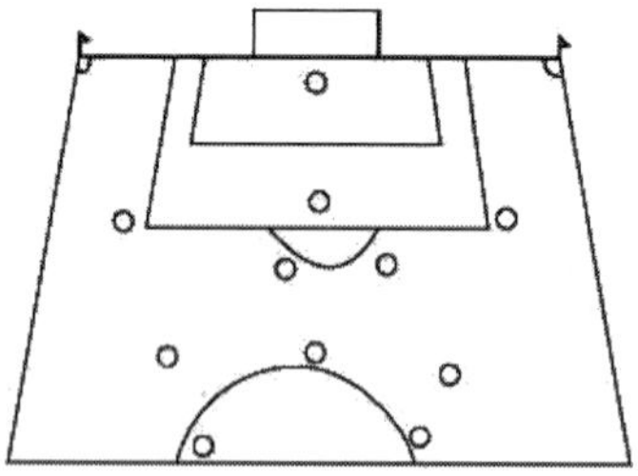

图 8–23

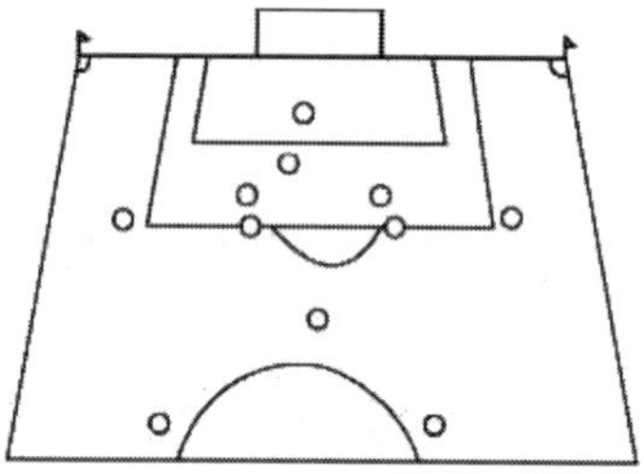

图 8–24

（三）局部进攻战术

1.“二过一”配合

所谓“二过一”配合，是在比赛中，通过局部区域的 2 个进攻队员传球与跑位的配合，突破防守队员的配合方法。

（1）斜传、直插“二过一”。

如图 8–25 所示，⑥运球前进并吸引对手上前逼防，⑥斜线将球传给⑨，⑥直线插入接⑨斜传球。

（2）直传、斜插“二过一”。

如图 8–26 所示，⑤将球斜传给⑦，⑦再直传球给斜线插入的⑤。

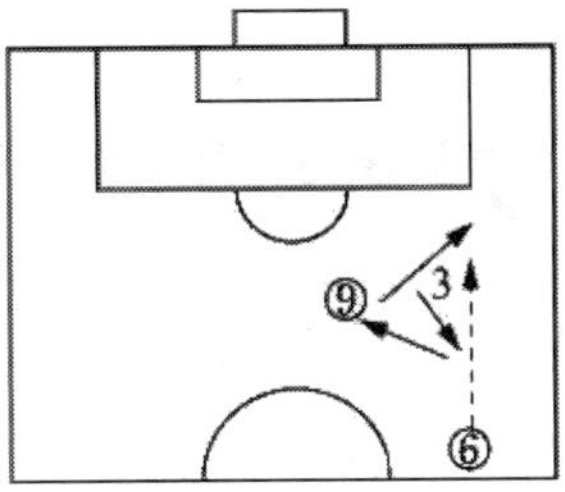

图 8-25

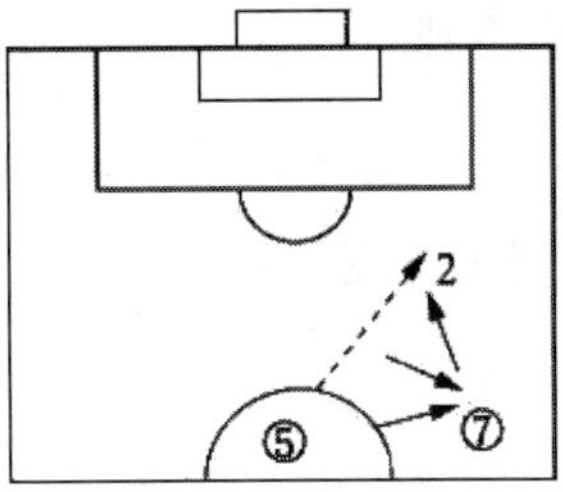

图 8-26

“二过一”配合注意要点：运用时必须准确抓住战机，不可迟缓；插入队员突然快速起动，才能摆脱防守人，完成“二过一”的配合，但要防止越位，跑位与传球人动作时间应准确，配合默契。

2.“三过二”配合

“三过二”是在比赛中局部地区3个进攻队员通过连续配合突破2个防守队员的防守。下面介绍两种“三过二”战术配合。

（1）如图 8-27 所示，⑨向后跑动接球，再将球传给⑥，⑦假动作并伺机从内线切入接⑥的传球，突破防守。

（2）如图 8-28 所示，⑦持球，⑥假接应，⑨斜插把防守支开，⑥插上至⑨制造的空当接⑦的传球，突破防守。

“三过二”配合注意要点：3 名进攻队员应呈三角形，1 名队员持球，另 2 名队员应一接一插或一拉一插，不要两人同时接或插，在接、插的时间上应稍有先后；持球者视野要广，要选择有威胁的进攻配合；配合要简练、默契、协作和紧凑。

图 8-27

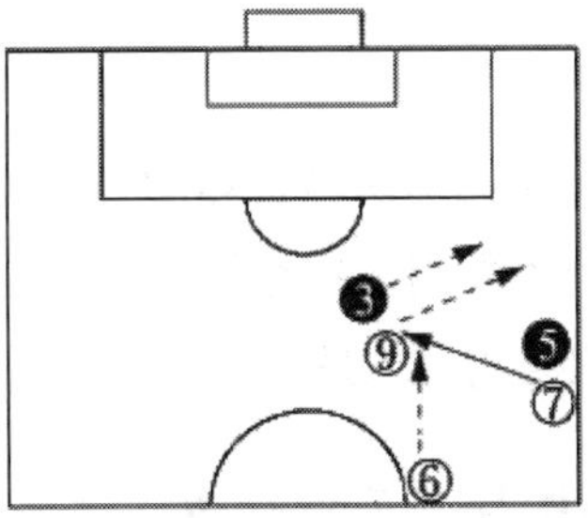

图 8-28

四、足球竞赛规则

（一）场　地

国际足联规定场地长 105 米，宽 68 米；球门宽 7.32 米，高 2.44 米（门柱内沿算起）；角旗高 1.5 米；角球区 1 米为半径画弧。

（二）比赛用球

球圆周为 68 ～ 71 厘米，重 396 ～ 453 克，充气后压力在海平面上等于 0.6 ～ 1.1 个大气压力（0.6 ～ 1.1 千克 / 厘米 ^{2}）。

（三）队　员

上场队员不得超过 11 人，必须设守门员 1 人，不足 7 人不得比赛。

替换队员必须经裁判员同意后方可入场参加比赛。

场上队员不得擅自离开比赛场地。

（四）服　装

比赛服装每队备齐两套，与对方有明显的颜色区别，守门员服装必须与双方的服装颜色有明显的区别。

（五）比赛时间

上、下半场各为 45 分钟，中间休息 10 分钟；加时赛上、下半场各为 15 分钟，中间不休息。如遇事故不能继续比赛，比赛结果全部无效。

（六）点　球

守门员须站在球门线上，球未罚双脚不得移动。点球由 1 名队员主罚，其他双方队员退到罚球区外（包括罚球弧外）；点球决胜负，由双方各先出 5 个主罚；如仍然分不出胜负，则由各队每轮派一人主罚决定胜负。

（七）越　位

进攻队员在接同队队员传球的一刹那，位于球的前边，而他与对方端线间防守队员不足 2 人时并有干扰对方或企图从越位位置获得利益，则应判越位（而队员仅仅处在越位位置，或直接接得球门球、角球、界外球掷球及在本方半场内，不应判越位）。

（八）犯规与不正当行为

凡是踢人、拉人、撞人、绊人、推人、故意冲撞（目的不是得到球）、打对方队员、用手臂触球者为犯规，由对方罚直接任意球（可直接射门得分）。

如果阻挡、冲撞守门员，或对无球队员进行合理冲撞、危险动作及罚球违例、越位，由对方发间接任意球。

凡是守方在本方罚球区内被判直接任意球的应判点球。

如守方在球门区被判间接任意球，罚球点应在犯规地点最近并平行于端线的球门区线上。

凡在踢任意球时，对方队员须退出距球 9.15 米外，踢球队员不得连踢。在球门区内的间接任意球，守方队员可站在球门线上。攻方在对方球门区内踢间接任意球时，应在距犯规地点最近的与球门线平行的球门区线上执行。

（九）掷界外球

罚球队员在球出界地点掷界外球，双手拿球举过头顶，脚不得踩在界内，不得离开地面。

（十）角　球

球不得摆放在罚球区域之外，踢角球时不能移动角球旗杆，角球可直接得分。

第二节　篮球运动

一、篮球运动概述

现代篮球运动是 1891 年由美国马萨诸塞州斯普林菲尔德市基督教青年会训练学校体育教师詹姆士·奈史密斯博士发明的。篮球运动是一项集体性、综合性，围绕高空展开的立体型攻守对抗的项目。现代篮球运动已经逐步发展完善成为一项融科技、教育和技艺于一体的受大众欢迎的国际性竞技体育运动项目，它可通过电视观赏达到愉悦心灵的目的，也可以通过实践锻炼身体、增强体能，还可以培养一些使青少年终身受益的品质。现代篮球运动是在统一的国际篮球组织指导下，以严格、规范的比赛规则和特定的竞赛方式展开的强者间的对抗、竞争与拼搏，其竞赛活动过程充分显示出人类生命所具有的活力，突出了为民族争荣、自强不息的奋斗精神。篮球运动起源于人类生存劳动过程，是社会进步的反映。

篮球运动精神

篮球运动不仅是技术与身体的对抗，也是意志力与智慧的较量，一场篮球比赛更是一场心理的交锋，篮球运动员的智慧、胆量、意志力与创造力，决定着比赛的结果和运动水平。篮球是一项把转换、结合、转移、持续融为一体的机体攻守对抗项目，要求运动员反应快速、判断正确、随机应变、机智善谋，从而促进大脑功能水平的提高与智力的发展。篮球运动对于培养集体主义精神有积极的作用，队员之间只有团结协作、默契配合，才能保证比赛的胜利。篮球运动有利于运动员良好心理品质的培养。

通过比赛，运动员的个性、自信心、情绪控制、意志力、进取心、自我约束力都能得到很好的发展。篮球运动还有利于提高道德品质，通过训练和比赛，培养运动员的拼搏进取、文明自律、尊重裁判、尊重观众的高尚体育道德。此外，篮球运动还具有其他诸如文化、艺术、观赏等方面的价值。

二、篮球运动基本技术

（一）移　动

1. 起动

起动是队员在球场上由静止状态变为运动状态的一种动作，是获得位移初速度的一种方法。

动作要领：起动时重心降低，上体前倾，两臂屈肘自然垂于体侧，后脚或异侧脚的前脚掌用力蹬地，快速摆臂起动。

易犯错误：重心移动不及时，后脚或异侧脚的前脚掌蹬地不充分，步幅太大。

纠正方法：快速用力蹬地，摆臂起动突然，上体稍前倾，前两三步小而快。

2. 跑

跑是为了完成攻守任务而争取时间的脚步动作。比赛中经常运用的跑有以下几种。

（1）变向跑。

变向跑是队员在跑动中利用方向的变化完成攻守任务的一种方法。从右向左变向时，最后一步用右脚前脚掌内侧用力蹬地，同时脚尖稍加内扣，迅速屈膝，腰部随之左转，上体向左前倾；移动重心，左脚向左前方跨一步，然后迅速前进（图 8–29）。

图 8–29

（2）变速跑。

变速跑是队员在跑动中利用速度的变化完成攻守任务的一种方法。由慢跑变快跑时，上体前倾，用前脚掌短促有力地向后蹬地，同时迅速摆臂，前两三步要小，加快跑的频率。由快跑变慢跑时，上体抬起，步幅加大，用前脚掌抵地，减缓冲力，从而降低跑速。

（3）后退跑。

后退跑时，用两脚的前脚掌交替蹬地向后跑动，同时上体放松挺直，两臂屈肘配合摆动，保持身体平衡，两眼平视，观察场上情况。

（4）侧身跑。

侧身跑时，脚尖对准跑动方向，头和上体转向球的方向，以便观察场上情况。

3. 滑步

滑步是防守移动中经常用到的步法。它易于保持身体平衡，可向任何方向移动。滑步可分为侧滑步（横滑步）、前滑步和后滑步。以侧滑步为例，其动作方法是在滑步前，两脚左右开立同肩宽，膝微屈，上体稍前倾，两臂侧伸，眼平视，盯住对手。向左滑步时，右脚前脚掌内侧蹬地，同时左脚向左跨一步，在落地的同时，右脚迅速随同滑行，然后依次继续重复上述动作。滑步时，身体不要上下起伏，要随时调整重心，保持身体平衡。动作结束时，恢复原来的身体姿势，并根据攻守情况，迅速转换到下一个动作（图 8–30）。前滑步、后滑步的动作结构和用力过程与侧滑步相同，只是滑行和用力方向不同。

图 8–30

4. 急停

急停是队员在运动中突然停止的一种脚步动作，分跳步急停和跨步急停两种。

（1）跳步急停。

队员在中速和慢速移动中急停时，用单脚或双脚起跳，上体稍后仰，两脚同时落地，落地时屈膝，两臂屈肘外张，保持身体平衡。

（2）跨步急停。

队员在快速移动中急停时，先向前跨一大步，上体后仰，重心后移，用脚跟先着地，然后过渡到全脚掌抵住地面，迅速屈膝。接着上第二步，脚着地时，脚尖稍向内转，用前脚掌内侧蹬地，两膝弯曲，上体稍向侧转并微前倾，重心落在两脚之间，两臂屈肘自然张开，保持身体平衡。

5. 转身

转身是以一只脚作中轴，另一只脚用力蹬地，使身体旋转，从而改变身体方向的一种脚步动作。

动作要领：转身前，两脚开立约肩宽，两膝微屈，上体稍前倾，重心落在两脚之间。转身时，重心移到中枢脚，提踵，以前脚为轴，用力蹍地，同时移动脚用力蹬地，上体随移动脚转动。身体重心要沿一个水平面转动，不要上下起伏。转身后，保持身体平衡，以便衔接下一个动作。

转身有前、后之分。移动脚向中枢脚前方跨步转动，从而改变身体方向的叫前转身。移动脚向中枢脚后面撤步转动，从而改变身体方向的叫后转身。

（二）传、接球

传、接球技术是篮球运动中重要的进攻基本技术之一。一次成功的进攻往往要经过多次准确、及时地传、接球，从而创造出攻击时机。

传球

1. 传球

（1）双手胸前传球。

双手胸前传球是比赛中最基本、最常用的传球方法，用这种方法传出的球快速有力，可在不同方向、不同距离中使用，而且便于和投篮、突破等动作结合运用。双手持球的方法是两手手指自然分开，拇指相对成“八”字形，用指根以上部位持球，手心空出（图 8–31）。两肘自然弯曲于体侧，将球置于胸腹之间的部位，身体成基本站立姿势。传球时，在后脚蹬地、身体重心前移的同时前臂迅速向传球方向伸出，拇指用力下压，手腕前屈，食指和中指用力拨球将球传出（图 8–32）。球出手后身体迅速调整成基本站立姿势。传球距离近，前臂前伸的幅度小。远距离的传球，则需加大蹬地、伸臂和腰腹的协调用力；传球距离越远，蹬地、伸臂的动作幅度越大。

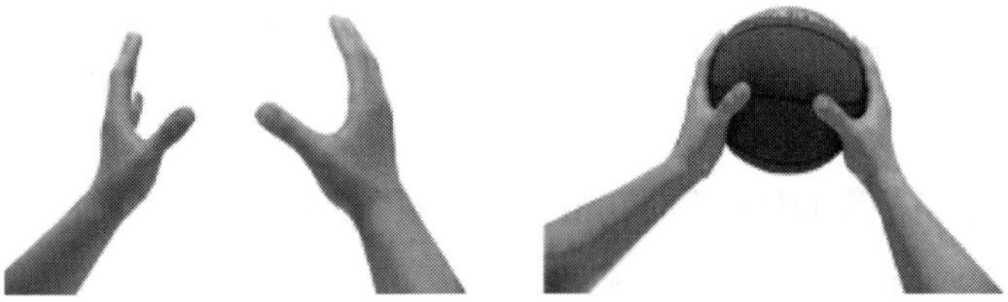

图 8–31

图 8–32

双手胸前传球可在原地和跑动中进行。跑动中双手胸前接球和传球是一个连贯动作。接球时手、脚动作必须协调配合。一般是左（右）脚上步接球后，右（左）脚上步，左（右）脚抬起，在落地前出球。传球的动作过程是双手接球后迅速收臂后引，接着迅速伸前臂，手腕前屈，手指拨球，将球传出。

动作要点：双手手腕前屈，食指和中指用力拨球和抖腕。

（2）单手肩上传球。

单手肩上传球是单手传球中一种最基本的方法。这种传球的力量大，速度快，常用于中、远距离传球。

传球时（以右手传球为例），左脚向传球方向迈出半步，右手托球，同时将球引到右肩上方，肘部外展，上臂与地面近似平行，手腕后仰。左肩对着传球方向，重心落在右脚上，右脚蹬地、转体，右前臂迅速向前挥摆，手腕前屈，通过食指、中指拨球将球传出（图 8–33）。球出手后，右脚随着身体重心前移而向前迈出半步，保持基本站立姿势。

图 8–33

传球动作方法很多，除双手胸前传球和单手肩上传球两种基本方法外，还有双手低手传球、双手头上传球、单手低手传球、单手胸前传球、单手背后传球、单手体侧传球和勾手传球等。

传球是将球从自己手中抛射向同伴手中的位移运动，不论是双手或单手，给予球作用力的大小和时间长短都决定球的飞行速度和距离。传球的方向取决于手对球作用力的作用点位置和腕、指动作（一般在球体后方，与传球方向相反）。出手角度应略高于水平方向，以克服飞行过程中重力对球的影响。出手速度取决于传球动作开始前动作的速度和作用力。传球应优先使用屈腕弹指和伸肘肌肉的力量，它们是能最快速发力的部位。长传球时，躯干和腿部肌肉参与工作，作用时间也较长。传球的屈腕弹指动作，会使球在飞行中产生一定的旋转。传球出手高度是由传球者的身体特征和选择的传球方式所决定的。在传球动作方法中，前臂的动作有伸、摆、绕等不同的用力方法。运用这些方法可以增加出球点，扩大出球面。由于传球目标的距离和方向的不同，传球用力的大小和用力方向也有所不同。传球目标距离远，用力大；目标距离近，用力小。传平直方向的球是向正前方用力，传高球是向前上方用力，传低球是向前下方用力。传球用力的方向不同，使球在空中呈直线、弧线或折线飞行。传球时，应根据接球队员的位置和移动速度，决定传球的用力大小和用力方向。一般将球传到接球队员的胸部位置，如将球传给移动中的队员，则应判断队员的移动速度，要做到人到球到，人球相遇。

2. 接球

接球是篮球运动中的主要技术之一，是获得球的动作，是抢篮板球和抢断球的基础。在激烈对抗的比赛中，采用正确的动作牢稳地接球，对减少传球失误、弥补传球不足，以及截获对方传球等都有非常重要的作用。接球有双手接球和单手接球两种。

接球

（1）双手接球。

双手接球是最基本的接球方法，也是在比赛中运用最多的动作之一。其优点是持球牢稳，易于转换其他动作。双手接球时，两眼注视来球，两臂伸出迎球，手指自然分开，两拇指成“八”字形，手指向前上方，两手成一个半圆形。当手指触球后，两臂随球后引缓冲来球的力量，两手持球于胸腹之间。保持身体的平衡，做好传球、投篮或突破的准备。来球的高度不同时，两臂伸出迎球的高低也有所不同(图 8-34)。

图 8-34

动作要点：伸臂迎球，在手接触球时，收臂后引缓冲，持球于胸腹之间。

（2）单手接球。

单手接球控制的范围大，能接不同方向的来球。但是单手接球不如双手接球牢稳，因此，在一般情况下应尽量用双手接球。如用右手接球，则右脚向来球方向迈出，两眼注视着来球。接球时，手掌成勺形，手指自然分开，右臂向来球的方向伸去。当手指触球时，手臂顺势将球向后下引，左手立即持球，双手持球于胸腹之间，保持基本持球姿势(图 8-35)。

动作要点：手指自然分开伸臂迎球，触球后引要快，另一手及时扶球。

图 8-35

接球是终止球在空中运行的方法。不论是双手或单手接球，都必须沿着球飞行的相反方向对球施加相应的阻力，使来球的速度减弱为零。球作用在手上的力与手的缓冲距离有一定的关系（功 = 力 × 距离），接球时减小这个力就要增大对这个力的作用距离。伸臂屈肘迎球和顺势向后引球，进一步屈肘缓冲，正是减弱来球力量至零的过程。如果来球力量较大，速度较快，则要加大迎球幅度，以便有更长距离来缓冲。

（三）投篮

投篮是进攻队员为将球投向球篮而采用的各种专门动作的总称。

投篮

1. 原地单手肩上投篮

原地单手肩上投篮是现代篮球比赛中应用比较广泛的一种投篮方法。

动作要领：以右手投篮为例。两脚开立，两膝微屈，身体重心在两脚之间，上体稍前倾，右手翻腕托球于右肩前上方，手指自然张开呈球状，手心不要贴球，球的重心要落在中指和食指之间，左手帮助扶在球的侧下部，右肘自然下垂，腕关节放松；下肢蹬地的同时右臂向前上方伸展，手腕向前扣动，手指拨球，将球柔和地送出；球出手后，手腕放松，手指自然向下（图 8-36）。

图 8-36

2. 行进间单手肩上投篮

行进间单手肩上投篮是在比赛中切入到篮下的一种投篮方法。

动作要领：以右手投篮为例。跑动接球时跨右脚，接着跨出第二步，这一步稍小并用力起跳，右腿屈膝抬高，在左脚蹬地起跳的同时，双手迅速将球举至右上方，右手五指自然分开，掌心空出，手腕后屈托球，左手扶球作保护，肘下垂；眼睛注视球篮，接着右手托球向上伸展，手指柔和地拨动，手腕下压，将球投出。

3. 行进间单手低手投篮

行进间单手低手投篮是在快速跑动中超越或在空中探身超越对手后的一种投篮方法。

动作要领：以右手投篮为例。在跑动中接球或运动突破上篮时，应先跨右脚接球或拿球，接着第二步跨左脚起跳，左脚跨的步子稍小一些，右腿屈膝上抬，身体上升至最高点时，右臂向上伸或向前方伸，掌心向上，用手指和手腕的力量，将球投出（图 8–37）。

图 8–37

4. 急停跳起单手肩上投篮

急停跳起单手肩上投篮是具有突然性的一种投篮方法。球的出手点高，不易被防守。

动作要领：以右手投篮为例。快速向篮下运动，突然利用跳步或跨步急停起跳，同时两手持球上举；当身体达到或接近最高点时，右臂向前上方伸直，手腕前屈，食指、中指拨球，通过指端将球投出。

（四）运球

运球是进攻技术中重要的基本技术，是组织全队进攻配合和突破防守的手段。

运球

1. 低运球

低运球时，两腿应迅速弯曲，重心下降，上体前倾，球的落点在体侧，用上体和腿保护球。同时，用手腕和手指短促地按拍球的后上方，使球控制在膝关节的高度。

2. 高运球

高运球时，两腿微屈，上体稍前倾，两眼平视，以肘关节为轴，前臂自然伸屈，用手腕、手指柔和而有力地按拍球的后上方。球的落点控制在运球的手臂的同侧脚的外侧前方，使球的反弹高度于胸腹之间。

3. 体前变向换手运球（以右手运球为例）

运球队员从对手右侧突破时，先向防守人左侧做变向运球假动作。当对手向左侧移动堵截运球时，运球队员突然按拍球的右后上方，使球经自己体前右侧反弹至左侧前方，同时，右脚向左前方跨出，上体向左转，侧肩挡住对手，同时换左手按拍球的后上部，左脚跨出并用力蹬地加速，从对手的右侧突破（图 8–38）。

图 8–38

4. 运球急停急起

在快速运球中突然急停时，采用两步急停，使身体重心降低，手按拍球的前上部，使球停止向前运行。运球急起时，两脚用力后蹬，上体急剧前倾，迅速起动，同时，按拍球的后上部，人、球同步快速前进。

（五）防守技术

防守对手是防守队员合理地运用脚步移动和手臂动作积极地抢占有利位置，阻挠和破坏对手的进攻动作，并以争夺控球权为目的的行动。要达到上述目的，防守时必须积极主动、认真负责，把防守姿势、位置站法、脚步移动、手臂动作，以及抢、打断球技术结合起来，加以合理运用，才能更好地完成防守任务。

防守对手有两种：防守无球队员和防守有球队员。

1. 防守无球队员

在比赛中防守无球队员时，往往由于注意球的推进、转移和威胁而放松了自己防守的对手，造成对手摆脱空切和轻易接球，因而使自己处于被动。应该知道在比赛的绝大部分时间里是防守无球队员，对此，必须给予充分的重视。

（1）位置的选择。

防守时，位置的选择非常重要，正确、合理地占据有利位置，会使防守主动。就一般情况来说，防守队员应站在对手与球篮之间的内侧位置上，保持与对手有适当的距离和角度，以便能按要求来行动。与对手的距离要根据对手与持球队员的距离而定，一般来讲，离球近则近，离球远则远，以能控制对手为原则。

（2）手臂的配合。

在积极移动的同时，必须借助手臂的动作，扩大防守面积。手臂要随着移动配合做伸出、挥摆、上举等动作，以便更有效地阻挠对手接球和争取断球。

（3）积极地移动。

防守时，要随时保持有利的防守位置，就必须有正确的准备姿势，以保证及时地移动。由于对手不断地向不同的方向移动，所以防守队员的准备姿势的站法也要随着变换，一般在离球较近防守时，经常采用面向人侧向球的站法，不让对手摆脱接球；在离球较远防守时，经常采用侧向人面向球的站法，以便断球或进行协防配合。不论哪种站法，都要积极运用撤步、滑步、交叉步、碎步和快跑等脚步移动跟住对手，堵截其移动路线。为了及时起动，防守队员应以短小的步幅，不停地滑动，以便更快地移动阻挠对手，使他向不利的位置上转移。

2. 防守有球队员

进攻队员有球时对防守队员来说是有威胁的，因此，必须尽可能地去阻挠和影响他的各种进攻技术的运用。

（1）位置、距离的选择。

当对手接球后，必须迅速调整位置和距离，在占据对手与球篮之间的有利位置基础上，还要与对手保持适当的距离。一般来讲，离篮远则远，离篮近则近，并根据对手的特点（善投、善突等）、战术的需要而有所调整。

（2）防守的动作。

由于有球队员的特点、意图以及与球篮的距离不同，所以防守有球队员时的动作也有所不同，一般防守有球队员有两种方法。

平步防守：两脚取平行站立的防守姿势，两臂侧伸和挥摆。这种方法防守的面积大，便于左右滑动，对防突破比较有利。

斜步防守：两脚取前后站立的防守姿势，一臂上伸，另一臂侧伸进行阻挠。这种防守方法便于前后移动，对防投篮比较有利。

不论采用哪种防守方法，都要积极移动，当对手运球或突破时，应阻截他的移动路线，迫使他运向边角；当对手做假动作时，不要受其引诱而失去身体平衡。

（3）合理地运用抢球、打球技术。

在防守有球队员的过程中，始终要伺机抢、打对手的球，但要判断准确，动作突然快速，注意保持身体平衡，避免犯规。

（六）抢篮板球

篮板球是攻守双方争夺的焦点、攻守转换的关键，抢篮板球是获得球权的主要手段。在所有的比赛中，往往抢得篮板球的次数比投篮命中率对比赛胜负的影响更大，所以现代篮球把争夺篮板球作为获得控制球权、争夺主动的基本依据，作为个人和全队实力的主要标志之一。抢进攻篮板球占优势，可以增加进攻次数和篮下得分，并增加队员的信心；抢防守篮板球，不仅能控制球权，创造更多的快攻反击机会，而且会对进攻队员的投篮产生巨大的心理压力。教练员一般都很重视抢篮板球能力的训练和提高。

1. 抢防守篮板球

（1）先挡后抢：近篮区用后转身挡人。要强调挡人的质量，不要过早地松开，给对方留下移动的空间。

（2）配合抢防守篮板球：始终保持两至三名队员抢占罚球线前和两侧的三角区域，形成控制权，或要求每名队员分别盯人并挡住对手的冲抢路线。

2. 抢前场篮板球

（1）每当出手时，要善于利用对手转身观察的瞬间，趁其不备运用上步或助跑起跳，突然冲向球反弹的方向，遇到对手阻截，要运用假动作摆脱和快速移动脚步，抢占有利位置。

（2）配合抢前场篮板球：锋线队员主要积极抢占篮下三角区域，外围队员要有组织地跟进冲抢，但必须保持攻守平衡。

3. 训练方法

（1）发展弹跳能力的训练。

（2）连续托球碰篮板练习：自己抛球后连续起跳碰篮板 10 次，做 3 轮。

（3）三人争抢篮板球练习：一人投篮，三人立于篮下，争抢篮板球，先抢到若干次者为胜方，此练习可在篮下连续抢球，抢到篮板球后立即投篮，其他人防守，先投中 5 个者可休息。

（4）攻守对抗中抢篮板球练习：两人一组对抗，进攻队员摆脱防守队员，接球后设法投篮，防守队员转身挡人，进攻队员冲抢，进攻队员抢到球可以连续投篮或再进攻，防守队员必须抢到 5 次以上才可以进攻。

三、篮球运动基本战术

（一）基本进攻配合

进攻配合是指两三个人之间有目的、有组织的协同作战的配合方法，它是运动员在场上制造、捕捉不同战机，相互协同、相互配合制造机会以达到进攻目的的方法。

1. 传切配合

传切配合是指进攻队员间利用传球和切入技术所组成的配合方法，主要包括一传一切和空切两种方式。

练习方法：学生分两组。A 组④传球给 B 组⑤后做向左切入的假动作，然后变向从右侧切入，⑤接球后回传给⑥，并做向底线切入的假动作，然后变向从内侧横切。④切入后至 B 组的队尾，⑤至 A 组的队尾。依次进行练习（图 8–39）。

要求：变向切入动作要快，切入过程中要侧身看球。

2. 突分配合

进攻者持球突破或运球突破对手后，遇到对方补防或“关门”时，及时将球传给空隙地带的同伴，这种在突破中区别情况及时传球给无人防守同伴的配合叫突分配合。突分配合的要点是同伴之间要有良好的默契，突破者在突破过程中要注意观察防守队员的位置变化，既要做好投篮准备，又能在遇到对方补防时巧妙地分球给同伴投篮。

练习方法：学生分两组。开始时 A 组④持球突破，在突破中跳起分球给向两侧移动的 B 组⑦，⑦在接球后示意投篮动作，然后传球给⑤，⑤接球后切入底线或内侧突破，跳起传球给接应的⑧。位置交换④到 B 组的队尾，⑦到 A 组的队尾。练习一定次数后，改换从左边突破分球练习（图 8–40）。

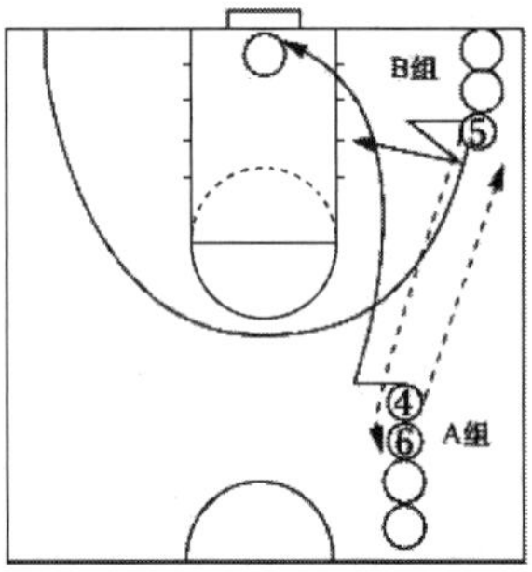

图 8–39

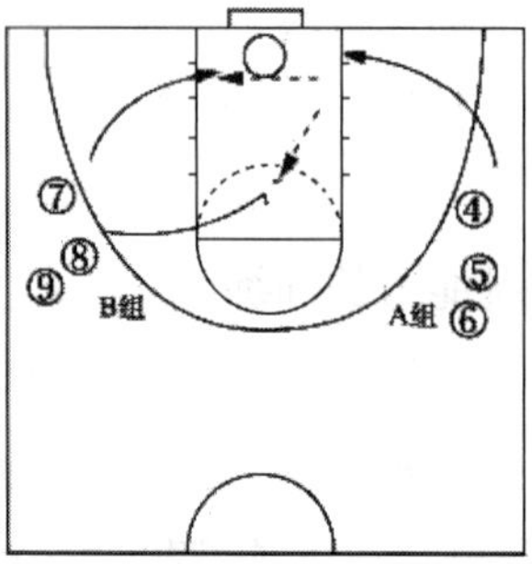

图 8–40

3. 掩护配合

掩护配合是指进攻者以合理的行动，用身体挡住防守者的通路，为同伴摆脱防守，创造接球和投篮机会的一种配合方法。

练习方法：学生分两组，教师站在④身前做防守，⑥跑到侧后方给④做掩护，④先做向左跨步切入假动作，待⑥做好掩护后，及时向另一侧切入，⑥适时地后转身跟进。然后两人互换位置，轮流进行练习（图 8–41）。

（二）基本防守配合

基本防守配合是指防守队员之间为了破坏对手的进攻配合，或当同伴出现防守困难时及时相互协作和帮助的配合方法，主要有关门配合、穿过配合、挤过配合、交换配合等。

1. 关门配合

“关门”是邻近的两个防守者协同防守持球突破的配合方法。当进攻者持球突破时，防守突破队员应向侧后方滑步，这时邻近突破一侧的防守者也应及时向进攻者突破方向滑动，与防守突破者靠拢，像两扇门一样“关闭”起来，迫使进攻者失误或造成撞人犯规。

练习方法：参加者三攻三防。①、②、③在外围相互传球，寻找机会从❶与❷或❷与❸之间突破。❶、❷、❸除了要防住自己的对手外，还要协助邻近同伴进行“关门”，不让对方突破到篮下。当进攻者突破不成把球传出时，“关门”的队员还应快速分开去防自己的对手（图 8–42）。

2. 穿过配合

当进攻队员进行掩护时，防守掩护者要及时提醒同伴，当两个掩护配合的进攻者交错时，防守掩护者的队员要主动后撤一步，让同伴能及时从中间穿过去，以便继续防守自己的对手，这种配合一般在对方无投篮威胁时采用。

3. 挤过配合

对方采用掩护进攻时，防守者为了破坏对方的掩护配合，当掩护者临近的一刹那，被掩护的防守者主动靠近自己的对手，并从两个进攻者之间侧身挤过去，继续防守自己的对手。

4. 交换配合

交换配合是指破坏对手掩护时，防守队员之间及时地互换防守对手的一种配合方法。

穿过、挤过、交换配合练习方法：三对三徒手练习。根据教师要求练习穿过、挤过和交换配合。①去给②做掩护，当①接近❷时，❷准备移动，❷要及时向前跨一步靠近②，并在②与①之间侧身挤过继续防守②。②去给③做掩护，③按②同样的动作挤过。依次进行循环练习，然后攻、守互换（图 8–43）。

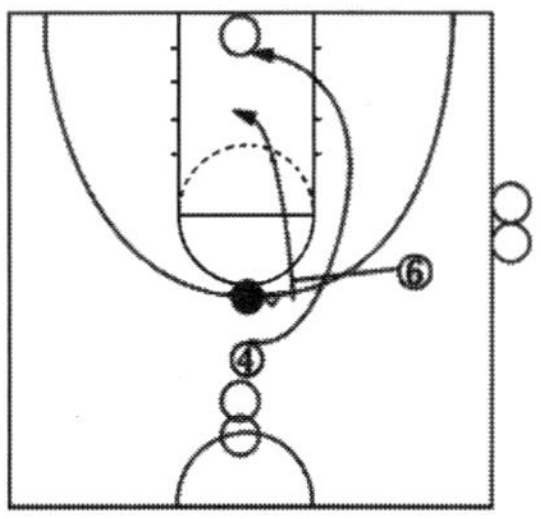

图 8−41

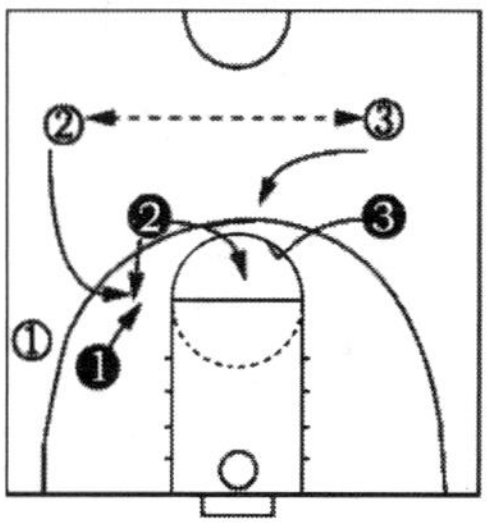

图 8−42

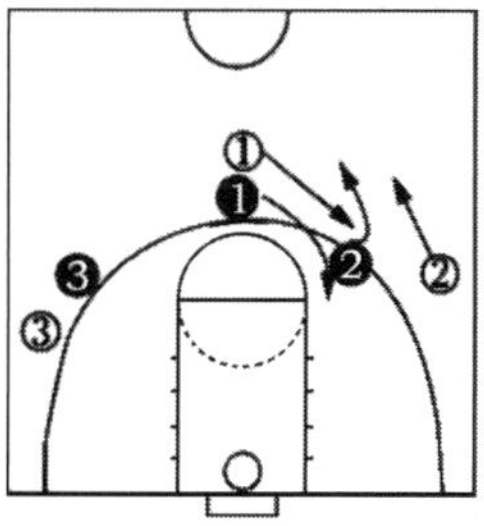

图 8−43

（三）半场人盯人防守

半场人盯人防守是现代篮球运动中最常见的一种防守方法，并且具有责任到人、分工明确的特点，队员可根据场上的情况灵活地进行补防、协防等配合，因此是现今世界高水平球队使用频率最高的一种防守方法。

1. 人盯人防守的要求

（1）防守队应根据进攻队员的身高、位置和技术水平合理地进行防守分工，尽量与对手的力量相当。

（2）由攻转守时，每名队员都要迅速退回后场，找到对手，组成集体防守。

（3）对持球队员的防守要紧，持球队员距球篮越近防守越紧，以便控制其投篮、传球和突破。

（4）对不持球队员的防守，应根据对手、球、球篮的情况选择有利位置，近球紧，远球松；近篮紧，远篮松。对手空切时，按“向球或向篮封堵其前，背球或背篮封堵其后”的原则进行堵截、跟防，积极移动，控制对手。

（5）在个人控制住对手的基础上，要随时观察场上其他队员的攻防情况，做到球、人、区兼顾，与同伴协防、补防，夹击和抢断球，破坏对手进攻配合，加强防守的集体性、攻击性、伸缩性和针对性。

2. 半场人盯人防守的方法

防守时，根据球的转移和以盯人为主的原则，要球、人、区兼顾，强侧与弱侧进行不同的防守。强侧防守的要求：球在正面时，要错位防守，防守人站在能够控制对手接球的路线上，阻止接球。球在45° 角一带时，防守强侧的防守队员要绕前防守对手接球，并且防守罚球线位置的队员要缩回罚球线以上协防。弱侧防守要求：球在正面罚球线时，罚球线位置的球员要回缩，注意关门配合，同时弱侧的防守队员要向强侧移动或注意协防篮下。

（1）防守以掩护为主的进攻：④利用⑥的后掩护运球突破，❻跟随防守⑥的同时提醒同伴❹，并迅速向突破方向移动，准备堵截④的运球，使其停球，如并未停球，则❹从身前挤过继续防守④，如果⑥转身且向篮下准备接④的球，那么❼和❺协防（图 8–44）。

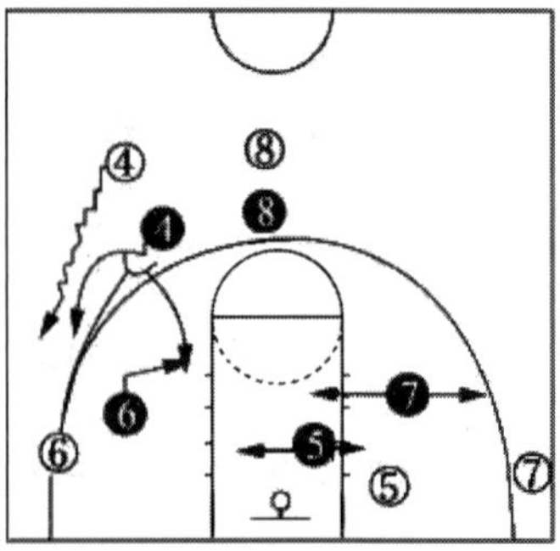

图 8–44

（2）防守中锋进攻：当中锋进攻威力很大时，对方的外围中投很准时，对持球队员应紧闭，在防投篮的同时积极干扰对方将球吊给中锋。❼上前防守④，❻侧前不让⑥接球，❺错位防守不让⑧接球，当球传给⑧时，❺防守其投篮，并干扰传球给⑥，❼缩回来防守⑥，④移动到高位防高吊球（图 8–45）。

（四）进攻半场人盯人

进攻半场人盯人战术是根据半场人盯人防守战术的特点，从每名队员的具体实际出发，综合运用传切、突分、掩护和策应等配合所组成的全队进攻战术。

1. 进攻半场人盯人的基本要求

（1）从本队实际出发，合理组织进攻队形，迅速落位，有目的地组织战术攻击。

（2）人、球都动，连续穿插掩护，调动防守，制造防守漏洞。扩大攻击面，增加攻击点，使战术具有连续性。

（3）主攻明确，内外结合，集体配合与个人进攻相结合，提高战术的灵活性和机动性。

（4）掌握好进攻节奏，快、慢、动、静相结合，控制进攻的主动权。同时注意保持攻守平衡，提高攻守转换速度。

（5）组织冲抢前场篮板球，把冲抢前场篮板球作为战术的组成部分，并明确个人职责。

2. 进攻半场人盯人的方法

（1）单中锋进攻方法：在进攻队员获得球后迅速进场，中锋站在罚球线后，背向球篮准备接球，队员按“2—1—2”站位。发动时传球给中锋，然后中锋在有利的位置上接到球果断投篮。示例：⑤传球给⑧，⑧运球突破，若遇到阻截传球给⑦投篮（图 8–45）。

（2）双中锋进攻法：这种方法主要是由掩护、策应组成。通过中锋掩护和外围队员的穿插跑动创造内线的得分机会。由于内线给对方的压力大，迫使对手缩小防区，为外围队员中远投创造了机会。示例：④持球，⑦摆脱防守接球，⑤摆脱防守向篮下接⑦的传球投篮，如果⑤在篮下未得到球，则立即为⑥掩护，⑥利用掩护接⑦的球投篮（图 8–46）。

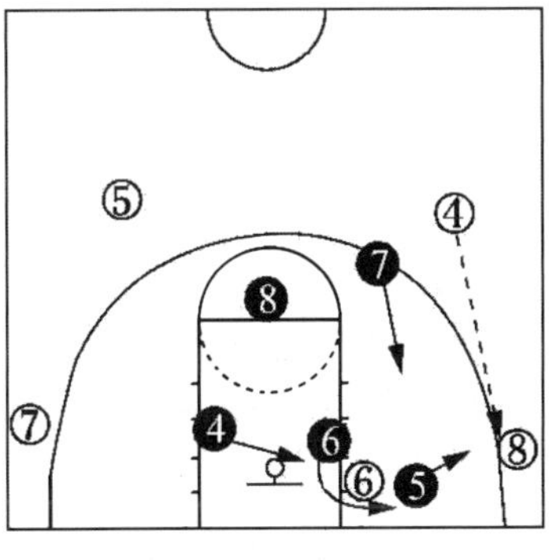

图 8–45

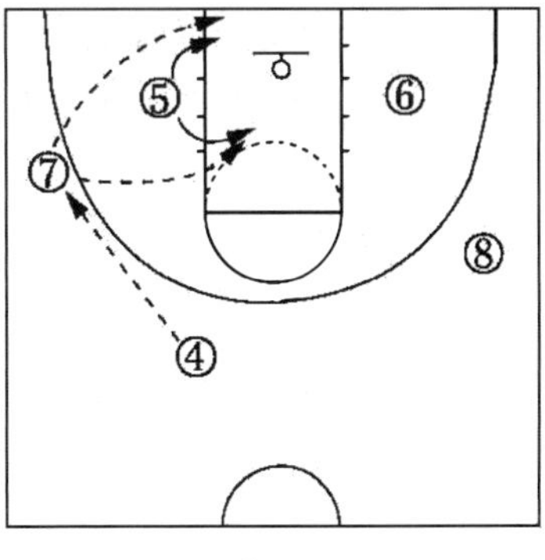

图 8–46

（3）无中锋进攻法：这种进攻方法把传切、策应、掩护等配合组合在一起，特点是机动灵活，连续性强，能保持攻守平衡，但这种战术要求队员战术素养和意识较高。示例：

④传球给⑥后，切入接⑥的回传球进攻，如果机会不好，④跑去为⑧掩护，⑧横切接球投篮（图 8–47）。

图 8–47

（五）区域联防

区域联防是指进攻转入防守时，全队队员迅速后退，按区分工各自负责防守一定区域的进攻队员，形成一定的防守阵式，把每个防守区域有机地联系起来，并随球进行协同防守的全队防守战术，也是篮球两大防守战术系统之一。区域联防根据防守队员所在的防守区域，组成不同的防守阵型，目前主要有“2–3”“3–2”“1–3–1”和“1–2–2”等阵型，这些阵型各有优缺点，在运用中必须加以重视。

区域联防的要求：按区分工各自负责，积极组织对手进入自己所防区域，并与同伴协同联合防守。防守的重点：随球的转移经常调整位置，做到人球兼顾，保持基本的防守姿势，挥臂进行阻挠；彼此呼应，及时换位、护送、相互帮助、协同防守。对有球的队员要靠近防守，阻挠其传球、运球和投篮，对无球队员应阻截移动，防范处在管区内接球。全队队员必须快速地退防组阵，严防进攻队员在篮下的活动，积极防止进攻队员向内线穿插渗透。对中锋要采取绕前和封堵传球路线的方法进行防守；当队员投篮时，一定要跳起封盖，并组织拼抢篮板球，力争获得球，由守转攻。

（六）进攻区域联防

进攻区域联防是针对区域联防的阵型和变化特点，结合本队的实际情况，组织相应的站位阵型，有目的地通过传球及队员的穿插，破坏对方整体防御部署，创造良好的内外线进攻机会的进攻战术。针对区域联防的阵型，而采用相应的进攻阵型。确定阵型的原则是根据进攻的点、面，合理部署队员占据联防的薄弱地区，避免与防守队员形成一对一的站位，在局部区域形成以多打少的优势，并始终保持攻守平衡。常用的落位阵型有“1–2–2”阵型、“1–3–1”阵型、“2–1–2”阵型、“2–3”阵型等。

进攻区域联防最行之有效的方法是组织快速反击，在对方立足未稳之前实施攻击。

如果对方已部署好联防阵型，进攻要及时采取相应阵型，组织阵型进攻。

组织中锋策应进攻：外围队员将球传给中锋⑥，⑥接球后，除个人攻击外还有三个攻击点，第一点传给横切队员⑧，第二点传给空切篮下队员⑦，第三点传给后卫队员④，在策应过程中也可个人进攻（图 8–48）。

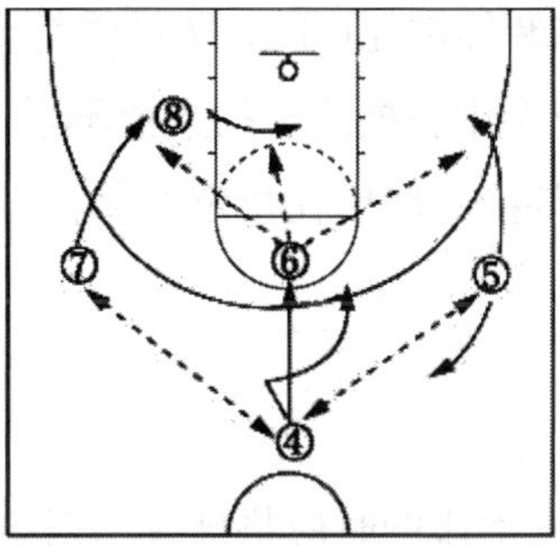

图 8–48

四、篮球竞赛规则

（一）比赛时间

国际篮联规定比赛应由 4 节组成，每节 10 分钟。在第 1 节和第 2 节（第一半时）之间，第 3 节和第 4 节（第二半时）之间以及每一次决胜期之间应有 2 分钟的比赛休息时间。半场比赛休息时间为 10 分钟。如果在第 4 节时间终了时比分相同，需要一个或多个 5 分钟的决胜期延续比赛，直至决出胜负。

（二）场地和器材

国际篮联的主要正式比赛所规定的篮球场是长 28 米，宽 15 米，球场的丈量是从界线的内沿量起，场地总面积为 420 平方米。

篮板的尺寸是：横宽 1.80 米，竖高 1.05 米，下沿距地面 2.90 米。

篮圈 : 圈条的直径最小为 0.017 米（17 毫米），最大为 0.020 米（20 毫米），篮圈顶面要成水平，离地板 3.05 米。

根据国际篮联规定，2010 年 10 月 1 日后篮球场在此基础上的变化有：

（1）扩大三分线至 6.75 米（比以前的远 0.5 米）。

（2）篮下设立合理冲撞区（以篮圈中心的投影为圆心、半径为 1.25 米画一个半圆形区域，在这个区域内没有进攻犯规）。

（3）限制区变长方形（可以使运动员更加自如地移动，在进攻方面更多地展示能力，更多地减少运动员在进攻中被吹犯规的情况），场地其他尺寸不变。

（三）暂停

每队在 4 节比赛中共可请求 5 次暂停。其中第一半时的任何时间可准予 2 次暂停；

第二半时的任何时间每队可准予 3 次暂停。每一决胜期的任何时间可准予 1 次暂停，未使用的暂停不得用在下一个决胜期。

（四）替换队员

在宣判争球、犯规时，请求暂停被允许时，队员受伤或其他原因裁判员中断比赛时，双方可替换队员，在一次替换机会中替换队员的人数不限。一位替补队员有权要求替换，他应亲自到记录台用手势请求替换，然后在指定的替换位置上等待替换机会，替换应以最快的速度完成。

（五）违例

违例是违反规则的行为。发生违例时应将球判给对方在就近的线外掷界外球。下列情况应判违例：

（1）两次运球、带球跑、脚踢球、拳击球。

（2）控制球队的队员在对方限制区内停留超过 3 秒。

（3）持球队员被严密防守，持球后在 5 秒内没有传球、运球或投篮。

（4）进攻队从后场控球开始，在 8 秒内没有将球带入前场。

（5）控球球队的队员在前场使球回后场。

（6）进攻队在场上从控球开始，在 24 秒内没有出手投篮。

（7）跳球时，球未到最高点，跳球队员触球或离开自己的位置，球未拍击前，非跳球队员进去跳球圈。

（8）掷界外球时，掷球的队员跑进场地或球离手前消耗时间超过 5 秒，在球触及另一队员前掷界外球的队员在场内与球接触。

（9）罚球时罚球队员踩踏罚球线；罚球队员在 5 秒内未出手投篮，最后一次罚球未成功时球未触及篮圈；非罚球队员触及罚球区或干扰罚球队员。

（六）犯规

犯规是违反规则含有非法身体接触和不道德行为的举止。队员每次犯规都应进行登记，并按相关规则进行处罚。

（1）侵人犯规：在球成活球后，与对方队员发生非法的身体接触，是侵人犯规。队员伸展臂、肩、髋或过分弯曲身体，用不正当的姿势来阻挡、阻挠、推人、绊人或用粗野的动作发生的身体接触都属于侵人犯规。

罚则：如果在发生侵人犯规时被侵犯队员未做投篮动作，判被侵犯队掷界外球。如果有投篮动作，投中得分有效，再判给 1 次罚球；投 2 分球未中，判给 2 次罚球；投 3 分球未中，判给 3 次罚球。

（2）双方犯规：是指两名非同队的队员同时互相发生犯规的情况。

罚则：双方犯规后球权属于犯规前持球的一方。如果双方犯规的同时有投篮，投中得分有效，对方在端线掷界外球。

（3）技术犯规：对场上或球队席上的球队成员的没有体育道德的行为或违例的处罚，是技术犯规。在球成活球前，与对方队员发生非法的接触，也可判为技术犯规。

罚则：被侵犯方罚球之后在记录台对面的中线延长线部分掷界外球。

（4）违反体育道德犯规：一名队员不是在规则的精神和意图的范围内试图去直接抢球，发生的身体接触犯规属于违反体育道德犯规。

罚则：被侵犯方罚球之后在记录台对面的中线延长线部分掷界外球。

（5）取消比赛资格的犯规：凡属十分恶劣的不道德行为（包括队员、替补队员、教练员或随从人员任何恶劣的违反体育道德的行为）以及两次违反体育道德犯规属于取消比赛资格的犯规。

罚则：犯规者被取消比赛资格，并不能停留在队伍的替补席和场地内，被侵犯方罚球之后在记录台对面的中线延长线部分掷界外球。

（6）队员全场犯规累计达 6 次，必须自动退出比赛。

（7）在一节比赛中某队全队累计犯规达到 4 次时，第 5 次发生的对未做投篮动作的队员的侵人犯规应被判罚 2 次罚球，在决胜期内犯规次数应在第 4 节结束时犯规总次数的基础上进行累计。

第三节　排球运动

一、排球运动概述

排球运动始于 1895 年，由美国马萨诸塞州的霍利沃克城基督教青年会干事威廉·摩根发明。排球最初作为一种消遣游戏，称为“空中飞球”，后来由美国的传教士和驻外军官与士兵带到了世界各地。1905 年传入中国，先后经历了 16 人制、12 人制和 9 人制。新中国成立后，为了适应国际交往的需要，才改为 6 人制，一直沿用至今。1964 年第 18 届奥运会把排球列为正式比赛项目。

国际排球联合会自 1947 年成立至今，已有 200 多个会员，排球运动已发展成为世界上最大的运动项目之一。排球运动的形式多种多样，除了室内 6 人制排球外，世界性的竞技排球运动还有沙滩排球和残疾人坐式排球，另外还有软式排球、小排球、气排球、墙排球、妈妈排球、公园排球等娱乐排球运动形式。

排球运动世界大赛主要有世界锦标赛、世界杯、奥运会排球赛、世界沙滩排球锦标赛巡回赛、残疾人奥运会排球赛等。中国女排在20世纪80年代夺得“五连冠”，极大地鼓舞了全国人民的民族精神，对促进“四化建设”起了巨大作用；也极大地激发了全民学排球的热情，在全国形成了轰轰烈烈的排球热潮。然而，此后中国女排陷入了低谷，17年后陈忠和带领中国女排再次获得三连冠，并取得了2004年雅典奥运会的冠军。2019年女排世界杯，中国女排以全胜战绩，收获第五个世界杯冠军，重新激发了人们对排球运动的热情。

排球运动发展至今，各国的水平不断提高，一支队伍独霸排坛的历史已经不存在了，古巴、巴西、意大利、中国、美国、德国等世界强队水平已没有绝对的优势可言，只有不断创新技战术，才能有更大的进步。

排球运动精神

排球运动可以培养勇敢、顽强、积极果断、机敏、守纪、团结友爱等品质和集体主义精神；参加排球运动可以放松心情、愉悦身心，缓解工作、生活中的压力，增强社交能力。其中，中国女排从1981年首次斩获世界冠军后，至今共10度成为世界冠军，中国女排是中国各体育团队中成绩突出的体育团队之一。中国女排之所以越来越受关注，不仅是因为夺冠的壮举，更是因为拼到最后一刻，永不放弃的精神。就像郎平曾说过：“女排精神不是赢得冠军，而是有时候明知道不会赢，也竭尽全力，一路即使走得摇摇晃晃，依然坚持站起来抖抖身上的尘土，眼中充满坚定。”

二、排球运动基本技术

（一）准备姿势和移动

准备姿势和移动是排球基本技术之一，属于无球技术，是完成发球、垫球、传球、扣球和拦网等各项有球技术的前提和基础，并对各项有球技术的运动起串联和纽带作用。准备姿势和移动是相辅相成的，准备姿势主要是为了移动，而要快速移动，又必须先做好准备姿势。

1. 半蹲准备姿势

半蹲准备姿势是准备姿势中最基本的一种。

动作要领：两脚左右开立，比肩宽，一脚在前，两膝弯曲。脚尖朝前并稍内收，脚跟稍提起，身体重心放在脚掌上，膝关节保持一定的弯曲程度。上体前倾，重心靠前，以利于向前及前斜方移动和接起较低的来球。两臂放松，两肘自然弯曲并下垂，双手置于腹前。全身适当放松，处于灵活状态，并根据球场变化随时调整身体的位置、方向和重心（图8–49）。

图 8-49

2. 移动

移动的目的是及时接好球，保持好人与球的位置关系，以便于击球。移动的常用步法有以下几种。

（1）交叉步。

当来球在体侧 3 米左右时，可采用交叉步移动。交叉步的特点是动作快，步子大。

采用向右侧交叉步时，上体稍右倾，左脚从右脚前面交叉迈出一步，然后右脚向右跨出一大步，同时身体转向来球方向，保持击球前的姿势。

（2）并步与滑步。

当球距身体一步左右时采用并步移动。移动时，如向前移动，前脚向来球方向跨出一大步，后脚蹬地跟上。当来球稍远，并步不能接近球时，可用快速的连续并步。连续并步称为滑步。

另外，移动还有跑步、跨步、跨跳步等步法。

3. 学练方法

（1）全体学生分成两列或四列横队，以半蹲准备姿势站立，看教师的信号（手势或持球）做向前、后、左、右移动，包括一步或两步。

（2）方法同上，看教师信号做相反方向的移动。

（3）两人一组，一人持球向前、后、左、右抛球，另一人不停地快速移动接球。

（4）两人一组做“影子”游戏，一人前、后、左、右移动，另一人像影子一样跟随。

（二）发球

发球指的是队员在发球区用一只手将自己抛起的球直接击入对方场区的技术动作。发球是排球基本技术之一，也是排球比赛一项重要的进攻技术。随着排球运动的发展，发球技术也在不断地提高与创新。

发球

1. 正面下手发球

动作要领：面对球网两脚前后开立，左脚在前，两膝微屈，上体稍前倾，重心偏于右脚，左手持球于腹前。发球时将球抛起在体前右侧，离手约20厘米高。抛球前，右臂伸直，以肩为轴向后摆动。击球时，右脚蹬地，身体重心随着右手向前摆动击球移至前脚上，在腹前以手掌击球的后下方。手触球时，手指手腕紧张，手呈勺形。击球后，迅速进入场地（图8–50）。

图 8–50

2. 侧面下手发球

动作要领：左肩朝向球网，两脚左右开立，与肩同宽，两膝微屈，上体前倾，重心落在两脚之间，左手持球于腹前。发球时，左手把球平稳地抛送于胸前，距身体约一臂远，离手约30厘米高。抛球的同时，右臂摆至右侧后下方，接着利用右脚蹬地向左转体的力量带动右臂向前上方摆动，在腹前用全掌击球的右下方（图8–51）。

图 8–51

3. 正面上手发球

动作要领：面向球网两脚自然开立，左脚在前，左手托球于身前，用抬臂和手掌平托上送，将球平稳地垂直抛于右肩的前上方，高度适中。在抛球的同时，右臂抬起，屈肘后弓，肘与肩平，抬头、挺胸、收腹，上体稍向右侧转动，身体重心移至右脚上。击球时，利用蹬地上体向左转动，同时收腹带动手臂挥动，在右肩上方伸到手臂的最高点，用全掌击球中下部。击球时，手腕主动做推压动作，使击出的球呈上旋飞行。

4. 正面上手发飘球

动作要领：击球前的动作与正面上手发球相同，只是抛球稍低、不旋转。挥臂时由后向前做直线加速挥摆，用掌根或半握拳击球的后下部，用力要突然、短促，使作用力通过球体中心，球在飞行中不旋转而产生飘晃（图 8–52）。击球后手臂突停、下拖、突停回收或平砍等动作，可以发出不同性能的飘球。

图 8–52

5. 勾手大力发球

动作要领：发球前，左肩对网，两腿稍屈，自然开立，双手持球于腹前。抛球时，将球垂直、平稳地抛至头的左前上方1米左右，同时身体重心下降，挺胸抬头看球。击球时，右脚用力蹬地，利用向左移重心和转体动作，带动手臂协调、自然地向上做弧形摆动，用手掌击球的后下部。

6. 勾手发飘球

同上手发飘球一样，发出的球飘晃不定，同样具有较强的攻击性。

动作要领：击球前的动作基本同勾手大力发球，但抛球时用单手将球稳、准、不旋转地抛至头的前上方稍低的位置。击球时，手臂要伸直，在右肩前上方用掌击球的中下部。击球瞬间，手腕要紧张固定，击球的作用力要通过球体重心，使球不旋转地飞行而产生不规则的飘晃。

7. 学练方法

（1）模仿练习：做徒手模仿练习或击固定球练习，以体会协调用力和挥臂动作的要领。

（2）抛球练习：左手持球，反复做抛球动作，要求掌心向上，平稳地向上抛球，使球不旋转。

（3）近距离对墙或挡网练习，距离由近及远，体会抛球与击球时的手臂挥动配合。

（4）隔网发球。两人一组隔网发球，距离逐渐加大。

（5）发球区发球。

（三）传球

传球是排球基本技术之一，是利用手指、手腕的弹击动作将球传至一定目标的击球动作。传球是排球运动中的重要技术，是组织进攻战术的基础。

传球

1. 正面传球

正面传球时拇指、食指和中指承担球的压力，其余手指触球两侧协助控制球。球触手的瞬间手指和手腕应保持一定的紧张程度，利用其弹力和伸臂与脚蹬地的协调力量传球（图 8–53）。

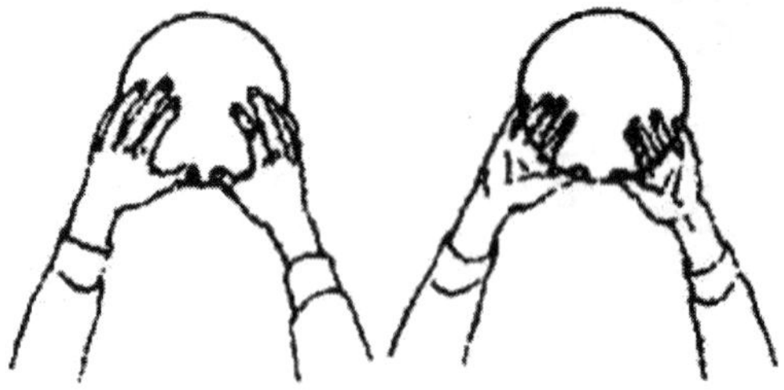

图 8–53

传球时手指、手腕要适当放松，并加上适当的伸肘来提高控制球的能力。传球时，要主动与扣球队员配合，当扣球队员做起跳动作的同时，传球人手触球，肘关节微屈，手腕后仰，手形较大，击球点高。扣球人跳到空中最高点时，传球人将球传到网上沿高约一个半球的位置上（图 8–54）。

图 8–54

2. 背向传球

背向传球是指向后上方传球，简称背传。背向传球时上体比正面传球时稍直立，身体重心稳定在两脚之间，双臂自然抬起，放松置于脸前，双手上举，挺胸，掌心向上，手腕稍后仰。利用蹬地、上体后仰、挺胸、展腹、抬臂及手腕、手指的弹力，将球向身体后上方送出。

3. 侧向传球

侧向传球是指身体不转动，主要靠双臂向侧方伸展的传球动作，简称侧传。侧传有一定的隐蔽性。准备姿势和迎球动作与正面传球相同，击球点保持在脸前或稍偏于出球方向一侧。一侧手臂要低一些，另一侧手臂要高一些。用力时，蹬地后上体要向出球方向倾斜。双臂向传出一侧用力伸展，异侧手臂动作幅度较大，伸展较快（图 8–55）。

图 8–55

4. 跳传

跳起在空中传球叫跳传。跳传在当前的排球比赛中已被大量运用，有的优秀运动员甚至把跳传作为主要的传球方式，这是因为跳传的击球点较高，能有效地缩短传扣的时间间隔，保证快速进攻战术的实施。同时跳传还能够与两次球进攻战术联系在一起，因此具有较大的迷惑性。

跳传的起跳动作无论是原地起跳还是助跑起跳，最好都要向上垂直起跳，保持好身体的平衡。当身体上升到最高点时，靠迅速伸臂以及加大指腕力量将球传出。跳传可以正传、背传和侧传，其传球手形、击球点与正传、背传、侧传的手形和击球点基本相同。

5. 学练方法

（1）徒手模仿传球的蹬地、伸膝、伸臂，在额前上方用正确手形做推送动作。

（2）两人一组，一人持球保持正确的击球点和手形，向前上方做推送动作；另一人用单手压住球，给球一定的力量。

（3）自抛球至额前上方，用正确的手形将球接住，然后将球放掉，检查手形和击球点正确与否。自抛球后传球给对面同学。

（4）两人一抛一传练习。

（5）两人对传球。

（四）垫球

垫球

垫球是排球基本技术之一，指的是通过手臂或身体其他部位的迎击动作使来球从垫击面上反弹出去的击球动作。

1. 挡球

用双手或单手在胸部以上挡击来球的击球动作，称为挡球。双手挡球多用于挡击胸部以上力量大、速度快的来球。单手挡球多用于来球较高、力量较轻、在头部上方或侧上方的来球。善于挡球的队员防守时可前压，提高前区的防守效果（图 8–56）。

2. 背向垫球

背对出球方向的垫球方法叫背向垫球，简称背垫。大多用于接应同伴垫飞的球或将球处理过网。其特点是垫击点较高。其缺点在于由于背对垫球方向，不便于观察目标和控制击球的方向和落点。

图 8–56

背垫要求背对出球方向，两臂夹紧伸直、插到球下，蹬地、抬头挺胸、展腹，直臂向后上方摆动击球（图 8–57）。

图 8–57

3. 滚翻垫球

当来球距身体远且低时可采用滚翻垫球。滚翻垫球的特点是能够充分发挥移动的速度接近球，控制范围较大，能够保护身体不受伤，并可迅速起立转入下一个动作。动作关键是：跨出一大步，重心下降并完全落在跨出腿上，击球后顺势转体，同时低头、含胸、收腹、团身、滚翻并顺势迅速起立。

4. 跨步垫球

队员向前或向侧跨出一步的垫球方法称为跨步垫球，适合于来球距身体 1 米左右、来球较低或速度较快来不及移动正对来球时采用。在判断来球落点的同时应及时向前或向侧跨出一大步，屈膝制动，身体重心落在跨出腿上，两臂插入球下垫击球的后下部（图 8–58）。

图 8–58

5. 学练方法

（1）徒手练习：徒手两臂插夹练习；徒手模仿垫球练习。

（2）两人一组击固定球练习：一人双手持球于对方的正确击球点；另一人用垫球动作击球（不把球击出）；持球者将球自上向下运动，垫球者用正确动作击球后中下部，持球者可以稍加压。

（3）自垫：每人一球，自己抛球后，连续向上自垫。

（4）两人一组，相距 3 ～ 5 米，一抛一垫。

（5）两人一组，相距 3 ～ 5 米，对垫。

（五）扣球

扣球指队员跳起在空中用一只手或手臂将本方场区上空高于球网上沿的球击入对方场区的一种击球方法。扣球是排球比赛中最积极、最有效的进攻手段，是得分和得发球权的主要方法，扣球的成败，是能否完成全队战术配合、决定胜负的关键技术。

扣球

1. 正面扣球

在排球运动中，最基本的扣球技术是正面扣球，只有掌握正面扣球的基础动作，才能学习和掌握其他难度大的扣球技术。

动作要领：助跑时，根据人与球距离的远近，一般采用两步或三步助跑。以右手扣球两步助跑为例，左脚先向前迈出一步确定方向，然后右脚跨出一大步，脚跟先着地，迅速过渡到全脚掌着地。同时两臂向体后摆动，左脚迅速并于右脚的稍前面，两脚尖稍内旋，膝关节弯曲内扣。起跳时，两脚用力蹬地，两臂由体后经体侧迅速向前上方摆动，帮助起跳，同时展腹，带动全身跳起。空中击球时，挺胸抬头，右臂屈肘后引肘高于肩，左手自然置于体前，紧接着利用转体收腹动作带动手臂鞭打式挥摆，当手臂挥至最高点时，用全手掌击球后中上部，手腕快速下甩。落地时，应由双脚的前脚掌过渡到全脚掌缓冲着地，同时顺势屈膝、收腹，避免前冲触网和过中线犯规。整个正面扣球动作过程如图8-59、图8-60所示。

图 8-59

图 8-60

2. 勾手扣球

勾手扣球是在起跳后，左肩对网，通过转体动作，带动右臂向左上方挥动击球的一种扣球方法。这种扣球适合于远网扣球或由后排调整过来的球。它可以扩大击球范围，并能弥补起跳过早或冲在球前起跳的缺陷。

动作要领：勾手扣球助跑的最后一步，两脚平行于中线，左肩对网完成起跳动作或起跳后在空中使左肩转向球网。跳起后，上体稍后仰或稍向右转，右肩下沉，当右臂随着起跳动作摆至脸前，迅速引至体侧，手臂伸直，掌心向上，五指微张，手呈勺形，同时，挺胸展腹。击球时，利用向左转体及收腹动作带动伸直的手臂，由下经体侧向上画弧挥动，在头的前上方最高点，用全手掌击球的后中部。整个动作与勾手大力发球相似。

3. 单脚起跳扣球

单脚起跳扣球是指助跑的最后一步以单脚着地，另一只脚直向前上方摆动帮助起跳的一种扣球方法。这种扣球在现代排球中由于各种冲跳扣球的大量采用，使其有了新的发展。

动作要领：单脚起跳由于另一只脚不再落地面直接上摆，且起跳腿下蹲较浅，因而它比双脚起跳动作快 0.2 秒左右；还由于它能充分利用助跑速度，加上右腿积极上摆的协调动作，因而比双脚起跳冲得更远，跳得更高。所以它既能高跳扣定点高球，又能追球起跳扣低弧度球，有利于控制时间和空间，兼有位置差和空间差的特点，这对突破和避开拦网有较大作用。单脚起跳扣球，可采用一步、两步或多步助跑。助跑的路线与球网的夹角宜小，以免造成前冲力过大而碰网或过中线犯规。助跑到最后，以左脚向扣球点位置跨出一大步，身体重心稍后倾，在右脚向上摆动时，左脚用力蹬地起跳，两臂积极配合上摆，起跳后的扣球动作与正面扣球基本相似。

（六）拦网

拦网是指在球网附近的队员，将手伸向高于球网上沿，阻挡对方击过来的球并触及球，是排球基本技术之一。

1. 单人拦网

（1）准备姿势。

面对球网，两脚左右开立，约与肩同宽，距球网 30～40 厘米。两膝稍屈，屈肘置于胸前。

（2）移动。

为了及时对准扣球点，一般情况下采用与网平行的移动，常用的移动步法有并步、滑步、交叉步、跑步。

（3）起跳。

原地起跳时重心降低，两膝弯曲用力，同时两臂在体侧屈肘弧线摆动，使身体垂直起跳。起跳的时机应根据对方的扣球变化而有所不同，一般应比扣球队员起跳晚半拍，但拦快球时应与扣球者同时起跳。

（4）空中击球。

拦网时，两臂贴耳垂直，两肩上提，两手距离不能超过球的半径，并要尽量接近球的上空。拦网时手指自然张开，手腕略后仰，手指微屈，分开呈勺形，以便包住球。当手触球时，两肩上送，两手要突然紧张，手腕用力下压，盖住球的前上方，将球拦在对方场内。

（5）落地。

拦网后要正面对网屈膝，缓冲落地。若未拦到或拦起球在本方时，则应在身体下落时向落球方向转体，便于后撤接应或反攻（图 8–61）。

图 8–61

2. 集体拦网

集体拦网有双人拦网和三人拦网 2 种，集体拦网技术动作除要求具备单人拦网技术外，还应注意互相配合。

（1）集体拦网要确立以谁为主，密切协调配合。

（2）起跳时应避免互相冲撞或干扰。

（3）起跳后，手臂在空中既不要互相重叠，也不要间隔太大，以免造成拦击面小而漏球。

（4）身材高矮不同的队员要加强配合。

（5）身材高、弹跳力强或拦网好的队员，应排到拦网重要的 3 号区域，或对准对方的主攻者。

3. 学练方法

学练方法以徒手动作为主。

（1）徒手原地模仿拦网动作，体会拦网的伸臂和拦击球动作。

（2）网前做原地起跳徒手拦网动作。

（3）网前 2 人 1 组，隔网相对，做并步、交叉步等徒手移动拦网。要求移动迅速，两人密切配合。

（4）2 人一组，徒手移动配合拦网。

（5）网前 3 人站在本方高台上，分别持球在本区上空网上沿，多人在对方网前轮流移动拦网。要求起跳后在空中压腕"盖帽"并触球。

三、排球运动基本战术

排球战术是场上队员在比赛中根据排球规则、排球运动的规律及敌我双方的具体情况和临场的发展变化，有意识地运用技术配合，所采用的有目的、有预见性的行动。

（一）阵容配备

1."三、三"配备

"三、三"配备即安排 3 个进攻队员和 3 个二传队员，站位时，一个进攻队员隔一个二传队员。在任何轮次上前后排都保持 1 ～ 2 名二传队员和进攻队员，便于采用"中、边一二"进攻战术，同时便于传、扣队员相互间的默契配合（图 8–62）。

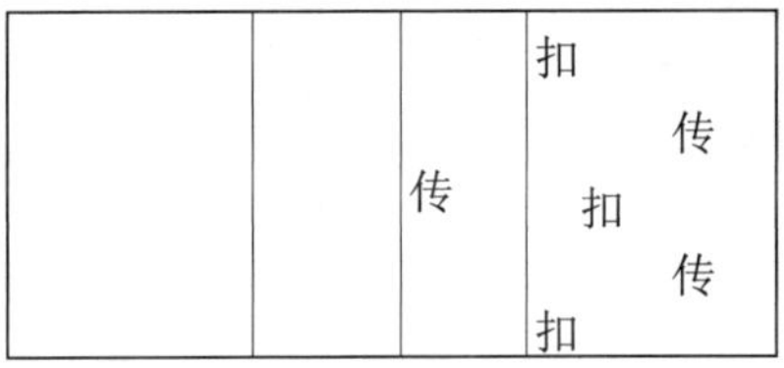

图 8–62

2."四、二"配备

"四、二"配备是安排 4 个进攻队员和 2 个二传队员的配备方法，适合有一定训练水平的排球队使用。4 个进攻队员又分成 2 个主攻和 2 个副攻队员，他们和 2 个二传队员分别站在对角位置上（图 8–63）。场上二传、主攻和副攻队员的站位方法有 2 种，视采用何种攻防战术而定。

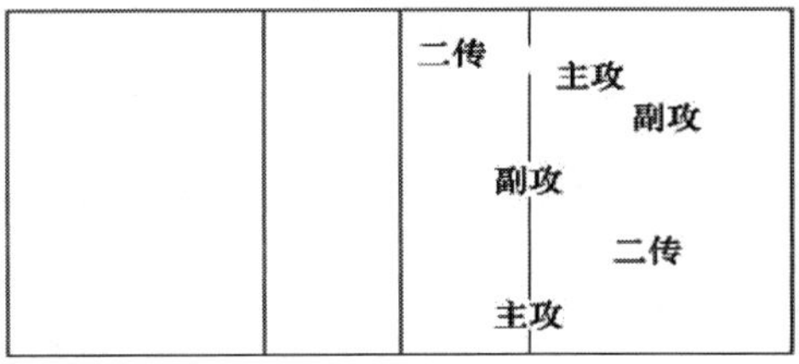

图 8–63

"四、二"配备的特点是每一轮次前排都有 1 个二传手和 2 个攻手，容易组织本队的攻击力量，便于组织“中、边一二”进攻战术，故适合基层使用。如2名二传队员都有进攻力量，每一轮都可以采用“插上”进攻战术，前排可保持三点进攻，使进攻战术丰富多彩。

3.“五、一”配备

“五、一”配备即安排5个进攻队员和1个二传队员，这是当前优秀排球队普遍采用的阵容配备方法（图8–64）。

（二）进攻实用战术

1.“边一二”进攻战术

“边一二”进攻战术是一种比较简单的进攻战术形式。它与“中一二”进攻战术相同之处，都是前排只有2个进攻队员。其不同点是二传队员不是站在③号位，而是站在②号和③号位之间，将球传给③号或④号位队员进攻，这种进攻战术称为“边一二”进攻战术（8–65）。

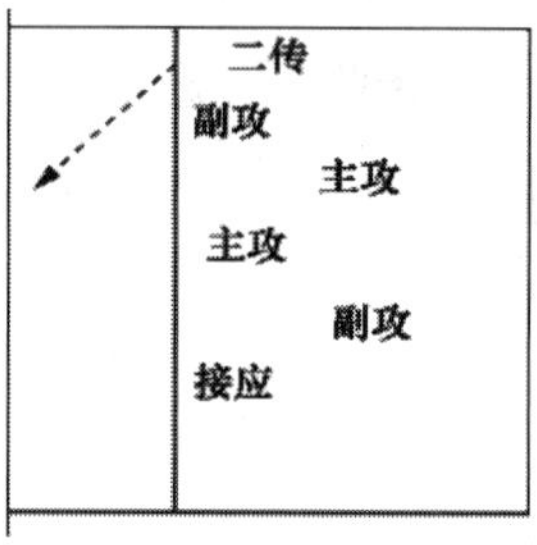

图8–64

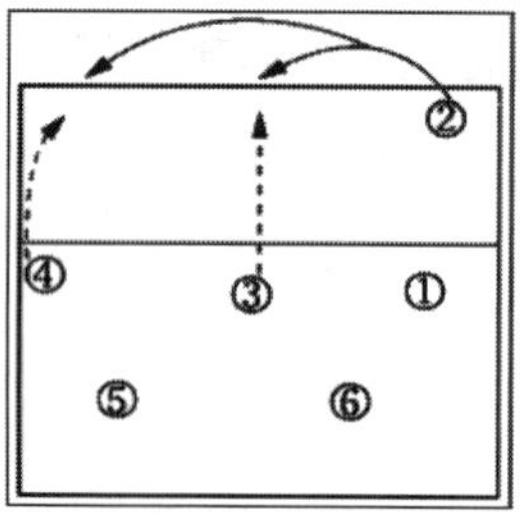

图8–65

2.“中一二”进攻战术

“中一二”进攻战术的基本配合方法是：由前排③号位队员担任二传，其他5名队员都将来球垫（传）给二传队员，再由二传队员将球传给④号位或②号位队员进攻，这种进攻战术称为“中一二”进攻战术（图8–66）。它是进攻战术中最基础、最简单的一种进攻战术形式。

3.“后排插上”进攻战术

“后排插上”进攻战术的基本配合方法是：由站在后排的二传队员在对方发球击球后，或由本队队员将对方进攻的球防起之后，或在对方的第三次击球，不可能进行强有力的进攻时，迅速插到网前担任二传，将球传给前排3个进攻队员中任何一个队员，扣球进攻，其他两名队员做伴攻掩护，这种进攻战术称为“后排插上”进攻战术。根据后排队员插上时起动的位置不同，可以分为①号位插上、⑥号位插上和⑤号位插上；根据场上战术的时机不同，又分为接发球时的插上和接扣球的行进插上（图8–67）。

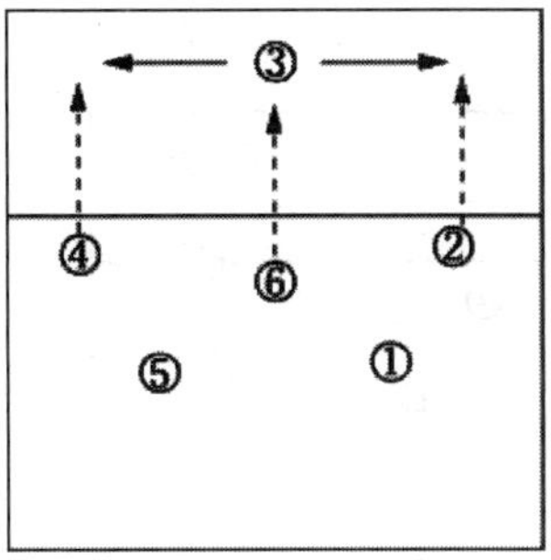

图 8-66

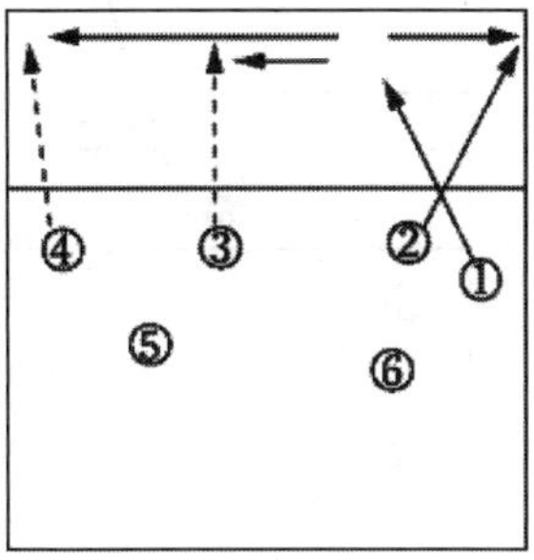

图 8-67

4. 学练方法

（1）熟悉位置和跑动路线的练习方法：4 人一组，本方⑥号位抛球给前排二传队员，二传组织“中一二”或“边一二”进攻。

（2）教师隔网抛球，4 人一组，定位垫球，组织“中一二”进攻。

（3）学生分组循环练习，第一组发球，第二组接发球，组织战术练习，第三组捡球。三组循环。

（4）教学比赛，在比赛中运用各种战术。

（三）单人拦网防守战术

在对方进攻威力不大、路线变化不多时，一般多采用单人拦网防守战术。另外，因受对方战术变化的迷惑，来不及组织集体拦网时，被迫采用单人拦网防守形式，在比赛中也不少见（图 8-68）。

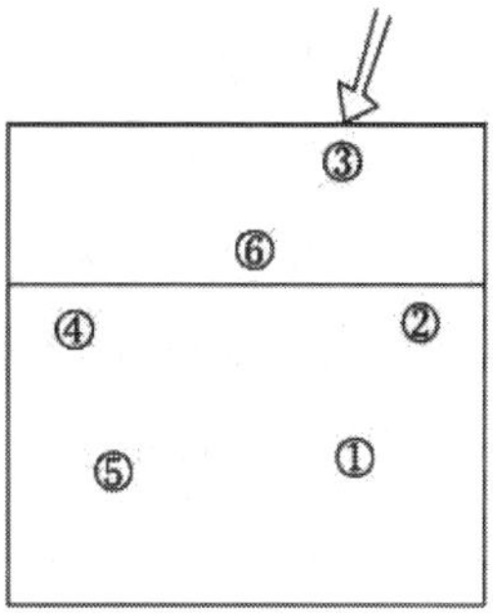

图 8-68

（四）双人拦网防守战术

1. 双人拦网“心跟进”防守战术

该战术是固定由⑥号位队员跟进保护、防吊球的防守形式，又称为“心跟进”防守。跟进队员应根据对方进攻点的不同，来选择跟进的最佳位置和时机；不参加拦网的队员，要及时后撤到进攻线以后准备防守；后排①号和⑤号位队员应随着对方进攻点的不同，适时、正确地取位（图 8-69）。

2. 双人拦网“边跟进”防守战术

该战术是由①号或⑤号位队员跟进作保护的防守形式。前排不拦网的队员后撤参加防守，与后排 3 名队员要形成面对进攻点的弧形防守区，明确各自的防守区域和范围。其具体站位方法是：如对方从④号位进攻，则由本方②号和③号位队员组成双人拦网；④号位队员撤至进攻线以后防守斜线进攻；①号位队员跟进到进攻线附近准备保护（图 8-70）。

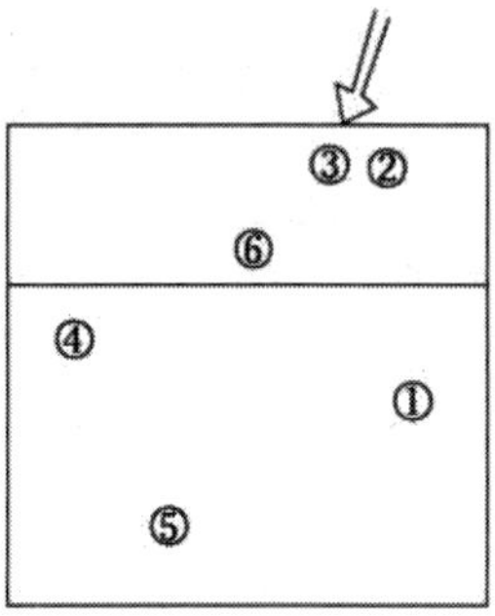

图 8-69

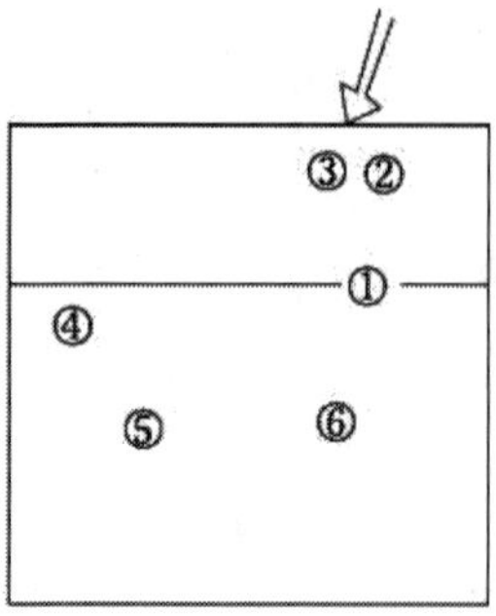

图 8-70

3. 学练方法

（1）运用挂图、沙盘或请 6 名学生现场实际演示等方法，使学生了解防守阵型的组成，每个防守位置的职责和防守队员之间的配合方法。

（2）教学比赛：在比赛中运用各种技战术，提高学生的灵活运用能力。

四、排球竞赛规则

（1）排球比赛场地呈长方形，长 18 米，宽 9 米，正中有一条中线把场地分为相等的两个场区。所有的线均宽5厘米，两侧的线称边线，两边的线称端线。场上空 7 米以内（奥运会和国际重大比赛要高 12.50 米）和四周至少 2 米（奥运会和国际重大比赛端线后要有 8 米，边线外要有 5 米）内不得有障碍物。

（2）在场地中线上空，架有球网。网宽 1 米，长 9.50 米，张挂在场外两根圆柱上。女子网高 2.24 米，男子网高 2.43 米。球网两端垂直于边线和中线的交界线各有 5 厘米宽的标志带，在其外侧各连接一根长 1.80 米的标志杆。

（3）排球外壳用柔软的熟皮或人造革制成，内装橡皮胆，圆周为 65 ～ 70 厘米，重量为 260 ～ 280 克，气压为 0.40 ～ 0.45 千克 / 厘米 ^{2}。

（4）排球比赛开始，每队上场 6 人，站两排（每排 3 人）。从左到右，前排为④、③、②号位，后排为⑤、⑥、①号位。每次均由轮转到①号位的队员发球。在发球击球时，双方队员都必须按规定位置站好，前后排和左右侧都不能站错，否则将被判失发球权或对方得 1 分（球发出后其位置不受此限制）。由一队后排右边的队员在发球区内发球。然后每队可接触球 3 次（接网触球不计算在内）。如果球落地、触墙、触天花板、触其他任何物体或某一队员犯规，则成死球，造成死球的一方失球。

（5）新规则采用每球得分制，即任何一队只要赢球就得分。每队赢 25 分并同时超过对方 2 分时才胜一局。正式比赛采用 5 局 3 胜制。前 4 局打成 2 比 2 平局时，第 5 局为决胜局。在决胜局比赛中，是 15 分制，任一队赢 15 分并同时超过对方 2 分时才胜这局。

不论是哪一队发球，胜一球即得 1 分，一队先得 8 分后，两队交换场区，按原位置顺序，继续比赛到结束。

（6）每队在一局比赛中，可要求两次暂停。除决胜局外，在其他各局中，每当领先队达到 8 分和 16 分时自动执行技术暂停。

（7）队员站在发球区里，在裁判员鸣哨后 8 秒内将球击出。球必须抛出明显离手。如触及发球队场上队员、球网、标志杆、其他障碍物或从网区以外越过，或发球不过网均为发球失误。

（8）排球比赛的各队可以在最后确认的 12 名队员中选择 1 名作为自由防守队员（Liber）。自由防守队员身着区别于其他队员颜色的服装。比赛前，自由防守队员必须登记在记分表上，并在旁边注明“L”字样，其号码必须登记在第一局上场阵容位置表上。自由防守队员仅作为特殊的后排队员参加比赛，在任何位置上（包括比赛场区和无障碍区）都不得将高于球网的球直接击入对方场区完成进攻性击球。自由防守队员不得发球、拦网或试图拦网。自由防守队员在前场区进行上手传球且所传球的整体高于球网上沿时，其同伴不得在高于球网处完成对该球的进攻性击球。

第九章　小球运动

学习目标：

1. 了解乒乓球、羽毛球、网球运动的起源与发展。
2. 学习乒乓球、羽毛球、网球运动的基本技战术。
3. 掌握乒乓球、羽毛球、网球运动的练习方法。
4. 了解乒乓球、羽毛球、网球运动的竞赛规则。

第一节　乒乓球运动

一、乒乓球运动概述

19 世纪末，乒乓球起源于英国，它是体育运动中唯一以声音命名的运动项目，也称为桌上网球，英文名字为“Table Tennis”。

乒乓球运动自诞生以来，经过一个多世纪的发展与演变，日益兴旺，走向繁荣，早已成为世界各国人民所喜爱的一项球类运动。

20 世纪初传入中国后，乒乓球运动已成为不同性别、年龄、职业人群喜爱和积极参与的运动项目之一，具有广泛的群众基础和较高的技术水平，在国际各种大赛上获得了多个冠军，为国人所骄傲，被称为“国球”。

乒乓球运动的特点是球体小、速度快、变化多、趣味性强、器材简单、便于开展。经常参加该项运动对提高身体素质，增进身心健康，特别对发展人的灵活性和协调性有着很好的作用，同时还有助于培养机智果断、沉着冷静、顽强拼搏、勇于进取等优良品质和作风。

对大学体育而言，乒乓球运动不仅成为大学生喜爱的运动项目之一，推动了乒乓球运动的发展，也活跃了大学校园文化生活，增进了大学生的身心健康。

乒乓精神

1981 年 5 月，在首都人民欢迎中国乒乓球队胜利归来的大会上，万里同志就代表党中央、国务院表彰了中国乒乓球队具有“胸怀祖国、放眼世界、为国争光的精神；发奋图强、自力更生、艰苦奋斗的实干精神；不屈不挠、勤学苦练、不断钻研、不断创新的精神；同心同德、团结战斗的集体主义精神；胜不骄、败不馁的革命乐观主义和革命英雄主义精神”。万里还把上述各点概括为“乒乓精神”。20 年来，正是这种“乒乓精神”一直激励着乒乓健儿刻苦训练、不断创新、勇攀高峰。

二、乒乓球运动基本技术

（一）握拍方法

握拍方法有两种：一种是直握球拍，另一种是横握球拍。

1. 直握球拍法

握拍

优缺点：直握球拍法击球出手快，手腕灵活，发球变化多，台内球容易处理，利于以速度和球路变化取得主动；但反手攻球时受身体所限不易发力，防守时照顾面积较小。

直握球拍的方法：用拇指和食指握住球拍拍柄与拍面的结合部位。拍前，以食指第二指关节和拇指第一指关节扣拍；拍后，三指弯曲贴于拍的 1/3 上端。这种握法又称中钳式（图 9–1）。

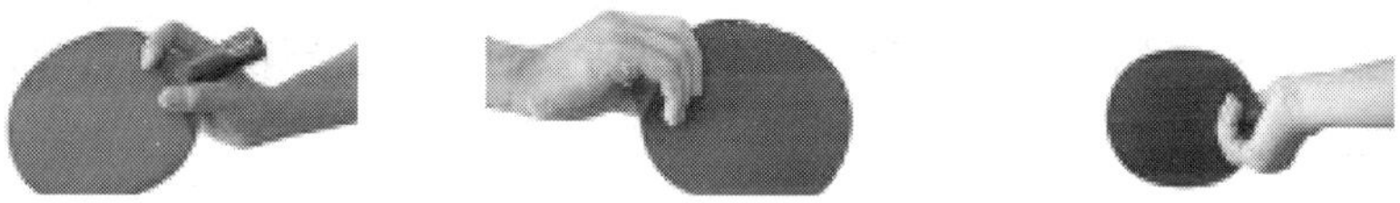

图 9–1

2. 横握球拍法

优缺点：横握球拍法照顾范围大，击球时便于发力，利于攻削结合；但手腕不太灵活，摆速较慢，台内球较难处理。

横握球拍的方法：虎口贴拍，拇指在球拍的正面，食指自然伸直放于球拍的反手面，其他三指自然地握住拍柄。这种握法又称为八字式。正手攻球时，食指稍向上移动；反手攻球时，拇指稍向上移动（图 9–2）。

图 9-2

（二）身体姿势和站位

1. 身体姿势

特点：动作自然、协调、放松，重心较低并稳定。

动作方法：两脚开立，稍宽于肩，前脚掌着地，脚跟稍提起，两膝微屈，上体略前倾，重心在两脚中间。下颌略内收，两眼注视来球。两臂自然弯曲置于身体略前两侧，执拍手手腕适当放松（图 9-3）。

图 9-3

2. 站位

特点：不同技术打法有不同站位方法，但总体动作要协调，位置要合理。

动作方法：

①快攻打法和弧圈球打法基本站在近台中间偏左处。

②两面攻打法基本站在近台中间。

③攻削结合打法基本站在中远台中间。

（三）基本步法

在基本技术中，没有灵活的步法，就不可能及时抢占击球位置，有效地还击来球。步法的训练必须与技术训练紧密结合。

1. 单步

特点：动作简单，在来球离身体较近时运用。

动作方法：以一只脚为轴，另一只脚向前、后、左、右不同方向移动，身体重心也随之落到移动脚上（图 9-4）。

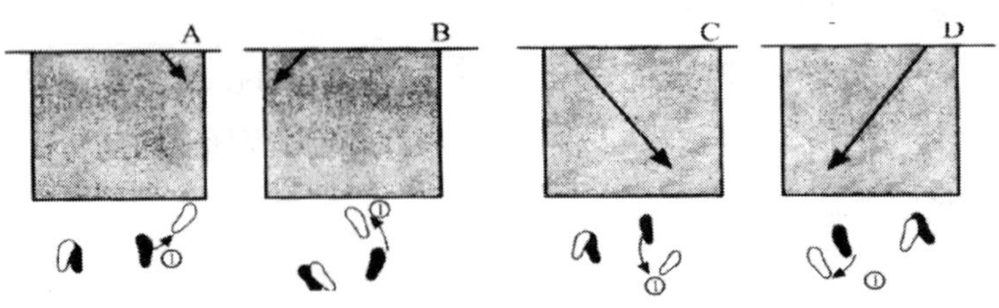

图 9-4

2. 跨步

特点：移动幅度大（常会因此降低身体重心，不易连续使用），移动速度快。跨步多在借力击球和来球离身体较远时运用。

动作方法：以一脚蹬地，另一脚向左、右的来球方向跨出一大步，身体重心随即移至该脚上，另一脚迅速跟上（图 9–5）。

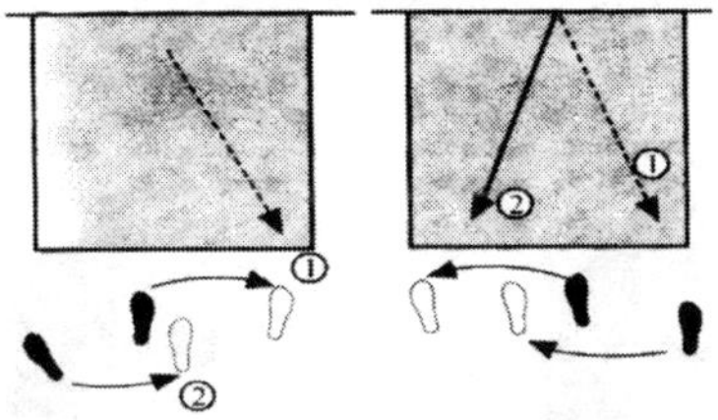

图 9–5

3. 并步

特点：一般在来球速度不算太快时运用，如削球的左右移动、快攻和弧圈球打法在攻削球时做小范围移动时，也常运用它。

动作方法：移动时，先以与来球异方向的脚向另一脚并一步，与来球同方向的脚再向来球的方向迈一步迎击来球。由于并步移动范围大，有利于保持重心稳定（图 9–6）。

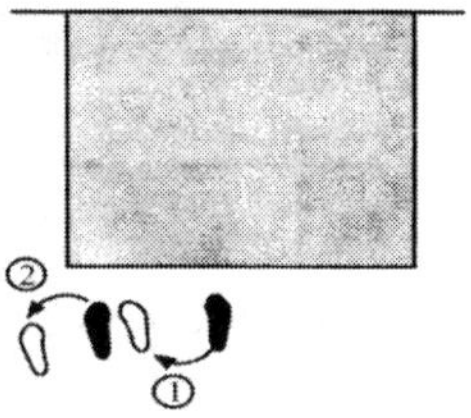

图 9–6

4. 跳步

特点：移动动作灵活，便于选择位置，适合来球离身体较远时运用。

动作方法：来球异侧的脚先蹬地，两脚几乎同时离地向左或向右移动，先离地的脚先落地，另一脚再跟着落地、跳步，若来球落点较远或较近，其移动方向可偏后或偏前（图 9–7）。

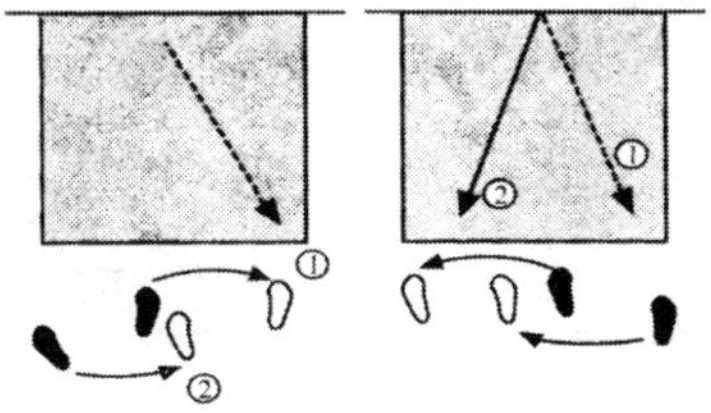

图 9–7

（四）发球技术

乒乓球比赛，每一分球的开始就是发球。发球可在不受对方任何影响的情况下进行，以取得比赛的主动权。

发球

发球的作用：造成对方接发球失误而直接得分，使对方接发球出机会球，进行抢攻或抢位。通过发球实现自己的战术意图，最低要求能压制对方接发球抢攻或抢位。

1. 正反手平击发球

特点：不带旋转，是初学者最基本的发球方法。

动作方法：左脚稍前，身体略向右转，左手掌心托球，置于身体右前方，将球向上抛起，当球下降到稍高于球网时击球中上部，向左前方发力，第一落点在球台中央（图 9-8）。

图 9-8

2. 正手发右侧上旋急球（奔球）

特点：球速快，冲力大，落点远。

动作方法：左脚稍前，身体略向右转，左手将球向上抛起，同时右臂内旋，使拍面稍前倾，当球下降到接近网高时，擦击球的右侧部，手腕向左上方发力，第一落点接近端线。

3. 正手发下旋加转球与不转球

特点：球速较慢，加转球与不转球发球手法近似，以旋转变化迷惑对方。

发加转球动作方法：左脚稍前，身体略向右转，左手将球向上抛起，同时右臂外旋，使拍面后仰，当球下降至稍高于球网时，快屈手腕配合前臂发力，触球中下部并向底部摩擦，第一落点接近球网（图 9-9）。

图 9-9

发不转球动作方法：发不转球的动作方法与发加转球方法大致相同，主要区别是手臂外旋幅度小，减少拍面后仰角度，击球中部或中下部，减少向下摩擦球的力量，稍加向前推送的力量，使其作用力接近球心。

4. 正手发左侧上、下旋球

特点：两种发球手法近似，以旋转变化迷惑对方。

动作方法：站位左半台，左脚稍前，身体略向右转，左手将球向上抛起，当球下降至接近网高时，前臂加速向左前方挥摆。若发左侧上旋球，触球时向左侧上方摩擦；若发左侧下旋球，触球时向左侧下方摩擦。

5. 反手发右侧上、下旋球

特点：两种发球手法近似，以旋转变化迷惑对方。

动作方法：站位左半台，右脚稍前，身体略向左转；左手掌心托球置于身体左前方，将球向上抛起，当球下降至接近球网高时，前臂加速向前方挥摆。若发右侧上旋球，触球时向右侧上方摩擦；若发右侧下旋球，触球时向右侧下方摩擦（图 9–10）。

图 9–10

6. 反手发轻球（短球）

特点：力量轻，落点近网。

动作方法：发球时，左手将球轻轻上抛，右手将球拍位置向后上方略提高。当球下降时，前臂迅速向前下方迎球。球拍将触球时，前臂突然内旋，不再往前发力，使球拍后仰，顺着前臂往前的余力，在球约与网同高时，摩擦球的中下部。轻球的第一落点在本方球台中段，第二落点在对方近网处。

（五）接发球技术

接发球技术通常由点、拨、带、拉、攻、推、搓、削等各种技术综合组成。

1. 接急球

急球的特点是发过来的球速度快，带上旋。左方急球一般用反手推挡回接，右方急球一般用正手快攻借力回接。如果用反手攻或弧圈球，削球回击，则必须移步后退，等来球力量减弱时回接。

2. 接下旋球

下旋球的特点是发过来的球速度较慢，触拍后向下反弹。用搓球回接时，注意拍面后仰，增加向前的发力。用快攻或弧圈球回接时，一定要增加向上提拉的力量。

3. 接侧上旋球

侧上旋球是侧旋与上旋相结合的旋转球，一般以推、攻回接为主，击球时拍面要稍前倾，并朝左方或右方偏斜，以抵消来球的上旋力和侧旋力。用弧圈球回接时，要加大拍面前倾角度，多向前发力，少向上提拉。

4. 接侧下旋球

侧下旋球是侧旋与下旋相结合的旋转球，一般以搓、削回接为主。回接时，拍面要稍后仰，并朝左方或右方偏斜，以抵消来球的下旋力和侧旋力。用推、攻回接，除要注意拍面角度外，还要加大向上摩擦球的力量；用弧圈球回接时，拍面不要过于前倾，要多向上提拉，少向前发力。

5. 接短球

由于对方发的是近网短球，回击时要注意及时上前，以取得最合适的击球位置。同时要控制好身体的前冲力。接发球后，要迅速还原准备下一板击球。回接短球时，受台面阻碍而影响引拍，这时要靠前臂和手腕发力为主，根据来球的旋转性能，注意调节拍面角度、击球部位、击球时间和用力方向。

（六）攻球技术

攻球力量大、速度快、攻击性强，是争取主动、克敌制胜的重要手段。

正手攻球

1. 正手攻球

（1）正手近台攻球。

特点：站位近，动作小，速度快，可为扣杀创造条件。

动作方法：左脚稍前，身体离球台 40 厘米左右。击球前，持拍手臂要右前伸迎球，前臂自然放松，球拍呈半横状。当球从台面弹起时，前臂和手腕向前上方挥动，并配合内旋转腕的动作，使拍形前倾，在上升期击球中上部。拍触球刹那，拇指压迫，同时加快手腕内旋速度，使拍面沿球体做弧形挥动。击球后，挥拍至头部高度（图 9-11）。

图 9-11

横拍击球时，手臂要自然弯曲，手腕与前臂几乎成直线并约与地面平行。前臂和手腕稍向前上方用力，击球时间、部位和拍型与直拍基本相同（图 9-12）。

图 9-12

（2）正手中远台攻球。

特点：站位远，动作大，力量重，主动发力击球，并在来球力量减弱时回击。

动作方法：左脚稍前，身体离球台 1 米左右。击球前，持拍手臂向右后方引拍，球拍呈半横状，拍形稍后仰。击球时，手臂由后向前挥动。球拍触球前，前臂在上臂带动下向前上方用力，手腕边挥边转使拍形逐渐前倾；在球下降前期，击球中部并向上摩擦，上臂带动前臂继续向左前上方挥动，腰、髋转动配合发力，同时上体左转，重心移至左脚（图 9-13）。

图 9-13

横拍击球时，手臂向后引拍，手腕稍下沉，球拍呈横状，然后手臂向前上方用力。击球时间、部位和拍形与直拍基本相同。

（3）杀高球。

特点：动作大，力量重，是还击高球的有效进攻技术。

动作方法：左脚在前，身体离台略远，手臂内旋使拍面前倾，向身体右后方引拍，增大球拍与来球的距离；当来球下降至头肩高度时，右脚蹬地腰随之向左转动。击球中上部，整个手臂加速向左前下方挥动，腰、髋配合发力。

2. 推挡球

推挡球是直拍快攻打法的基本技术之一，具有站位近、动作小、变化多等特点。

反手推挡

（1）挡球。

特点：球速慢，力量轻，动作简单容易掌握，是初学者的入门技术。

动作方法：两脚平行站立，身体离球台约 50 厘米。击球前，前臂与台面平行伸向来球。拍触球时，前臂和手腕稍向前移动，主要是借助对方来球的反弹力将球挡回。在上升期，击球的中部，拍形与台面接近垂直。击球后，迅速收回球拍，还原成击球前的准备姿势（图 9–14）。

图 9–14

（2）直拍快推。

特点：借力还击，回球速度快，力量较轻。

动作方法：右脚稍前或两脚平行，自然开立，身体离球台约 50 厘米。持拍手上臂和肘关节内收，前臂略向外旋。击球时，前臂开始向前推击，同时手腕外旋。食指压拍，拇指放松使拍形前倾。在上升期，击球中上部，将球快推回去。击球后，手臂继续前送，手腕配合外旋使球拍下压（图 9–15）。

图 9–15

（3）加力推。

特点：回球力量重，球速快，击球点较高。

动作方法：右脚稍前，身体离球台约 50 厘米。手臂自然弯曲并做外旋，使拍面角度稍前倾，前臂提起。当来球跳至上升后期或高点期，击球中上部。上臂、前臂、手腕加速向前下方推压。击球后迅速还原成击球前的准备姿势。

（4）横拍快拨。

特点：回球速度快，落点远，力量大，击球点较低。

动作方法：两脚平行开立或左脚稍前，正对来球方向，身体离球台约 40 厘米。前臂回收，手腕略下垂，肘关节略抬起，将球拍引至腹部。当球从台面反弹时，前臂带动手腕向前方挥动，在球上升期击球的中上部，以击打为主结合摩擦球。击球后迅速还原成击球前的准备姿势（图 9–16）。

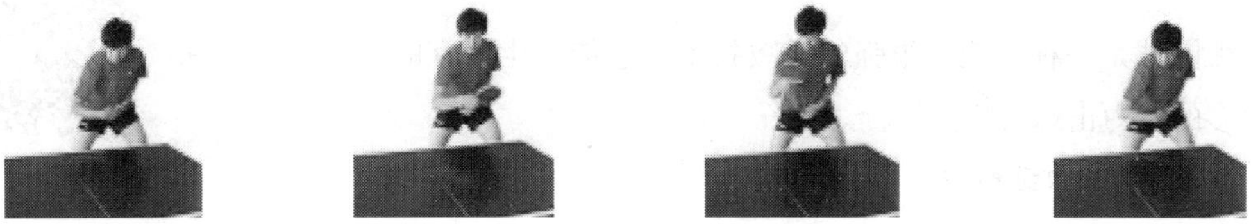

图 9-16

（七）搓球技术

搓球是近台还击下旋球的一种基本技术。比赛中用该技术不给对方攻球机会并为自己攻球和弧圈球创造条件，形成搓攻战术。搓球还可用于接发球，必要时可用它作为过渡。

搓球

1. 反手快搓

特点：动作幅度较小，速度较快，旋转强度一般，借助对方来球冲力进行回击。

动作方法：右脚稍前，身体离球台约 40 厘米，手臂自然弯曲，拍面稍后仰，前臂向左上方提起，在来球上升期时击球的中下部，前臂手腕向右前方用力（图 9-17）。

图 9-17

2. 反手慢搓

特点：动作幅度较大，回球速度稍慢，旋转变化较多。

动作方法：右脚稍前，身体离球台约 50 厘米，持拍手臂向左上引拍。击球时，前臂和手腕向前下方用力，拍形后仰，在球下降后期击球的中下部。击球后，前臂随势前送。

横拍搓球时，拍形略竖一些，击球后前臂向右下方挥摆。击球时间、部位和拍形与直拍基本相同（图 9-18）。

图 9-18

（八）弧圈球技术

弧圈球

弧圈球是一种上旋力很强的进攻技术。它能产生适宜的弧线，比攻球有更多的发力击球时机。

1. 正手前冲弧圈球

特点：弧线长，上旋力强，球速快，着台后前冲力大，向下滑落。

动作方法：左脚稍前，根据来球选择站位远近，手臂内旋，拍面前倾角度要大，腰髋右转，手臂接近伸直，将球拍引至身体右后下方。在来球高点期或下降前期，摩擦击球中上部，上臂带动前臂向前上方挥动，同时手腕伸展配合发力（图 9–19）。

图 9–19

2. 正手侧旋弧圈球

特点：有强烈上旋力及侧旋力，着台后下落快，还会出现拐弯现象，增加对方回击的困难。

动作方法：两脚开立，右脚稍后，身体略向右转，两膝微屈，重心放在右脚上。击球时，拍面呈半横立状并略向右侧，上臂带动前臂和手腕，结合腰部向左转动的力量，在球下降期用拍摩擦球的右中部或右中上部，使球带有强烈右侧上旋。击球后，重心移至左脚。

（九）削球技术

削球是一种积极性的防御技术。它以旋转、落点的变化制约和控制对方。

1. 中远台正手削球

特点：站位离球台较远，击球时间晚，有充分的击球准备时间，控制球的稳定性相对较好。

动作方法：左脚稍前，双膝微屈。向后上引拍至右肩上方并横立，身体向后转动。挥拍击球时，球拍向前下方挥动，在身体腰侧方摩擦下降前期球的中下部。触球时要用腰臂一同发力，身体重心同时向前下移动，击球后，球拍向前送出并还原（图 9–20）。

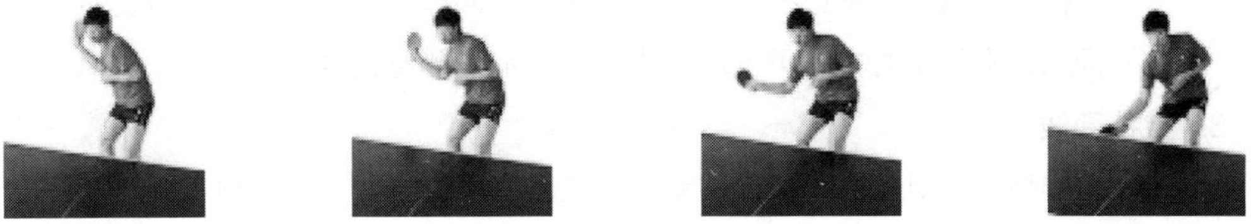

图 9-20

2. 中远台反手削球

特点：站位离球台较远，击球时间晚，有充分的击球准备时间，控制球的稳定性相对较好。

动作方法：选择好站位，右脚稍前，双膝微屈。向后上引拍至左肩上方并横立，身体向左后转动。挥拍击球时，球拍向右前下方挥动，在身体腰左侧摩擦下降前期球的中下部。触球时要用腰臂一同发力，身体重心同时向前下移动，击球后，球拍向前送出并还原（图 9-21）。

图 9-21

三、乒乓球运动基本战术

（一）快攻型打法的基本战术

1. 发球抢攻

（1）反手发右侧上、下旋球，发至对方中路靠右近网处，伺机攻对方左侧。

（2）发追身急球（球速越快越好），使对方不能发挥其正反手攻球的威力，然后侧身进攻对方中路或两角。这种战术对两面攻较有效。

（3）发急下旋长球至对方左角，配合近网短球，然后侧身抢攻。主要针对对方弱点进行攻击。这种战术对弧圈和快攻较有效。

（4）正手中高抛球发左（右）侧上、下旋至对方左角（角度越大越好），配合发右方急球进行抢攻。这种战术对接、发球善于采用搓球选手较有效。

2. 推挡侧身抢攻

（1）在对推中，以力量、速度、落点控制对方，伺机侧身抢攻。

（2）在对推中，用反手攻球配合寻找机会，伺机侧身抢攻。

（3）在对推中突然加力推或推下旋球，迫使对方回球较高，然后立即侧身抢攻。

（4）如推挡技术强于对方，可推压对方反手，伺机侧身抢攻。

3. 推挡变线

（1）先用推挡连压对方左角取得主动时，突然变推直线袭击其右角空当。

（2）遇连续打侧身抢攻的对手，以推变直线来加以牵制。

（3）当对方用反手进攻或侧身进攻时，用变直线来反击其空当。

（4）变线前，要加力推压住对手，或者推出大角度球，使对方身体向左移动或采用侧身时突然变线。切忌乱变，否则容易被对方反击。

4. 左推右攻

（1）当推挡略占上风时，或在侧身抢攻获得成功后，对方往往会主动变线到正手，此时采用有力的正手攻球回击对方。

（2）主动推变直线，引诱对手回斜线，用正手攻击直线，反袭对方空当。

（3）有时可佯做侧身，诱使对方变线，给自己创造正手回击的机会。

（二）弧圈球型打法的基本战术

1. 发球抢位

（1）正手（或侧身）发强烈下旋球至对方左侧近网短球，迫使对方以搓回击，然后拉加转弧圈球至对方反手或中路。

（2）反手发右侧上、下旋球至对方中路或偏右及偏左的地方，然后拉前冲弧圈球至对方两大角。

（3）反手发急下旋球至对方中路偏右或左方大角，当对方以搓球回击时，拉前冲弧圈至对方正手。

（4）对削球手一般用速度快、落点长的球，使对方退守，然后根据对方的站位和适应弧圈球的能力，决定用哪种弧圈球攻击对方。

2. 接发球抢拉

对方发侧上旋球和不太转的球时，用前冲弧圈球回击，对方发侧下旋或强烈下旋球时，用加转弧圈球回击。

3. 搓中拉弧圈球

（1）在对搓中看准时机，主动抢拉弧圈球。

（2）在对搓短球时，突然加力搓左角长球，然后侧身主动抢拉加转弧圈球。

（3）多搓对方正手，使其不能逼左大角，伺机抢拉弧圈球至对方反手或中路，再冲两角。

4. 弧圈球结合扣杀

（1）拉加转弧圈球结合扣杀。

（2）拉前冲弧圈球迫使对方远台回击，然后放短球，再扣杀。

（3）拉加转弧圈球与不转弧圈球相结合，伺机扣杀。

四、乒乓球竞赛规则

（一）规则术语

1. 定义

（1）回合：球处于比赛状态的一段时间。

（2）重发球：不予判分的回合。

（3）一分：判分的回合。

（4）执拍手：握着球拍的手。

（5）不执拍手：未握着球拍的手。

（6）击球：用握在手中的球拍拍面触球。

（7）阻挡：对方击球后，在比赛台面上方或向比赛台面方向运动的球，在没有触及本方台区、也未越过端线之前即触及本方运动员或其穿戴的任何物品。

（8）发球员：在一个回合中，首先击球的运动员。

（9）接发球员：在一个回合中，第二个击球的运动员。

（10）裁判员：被指定管理一场比赛的人。

2. 合法发球

（1）发球开始时，球自然地置于不持拍手的手掌上，手掌张开，保持静止。

（2）发球员须用手将球几乎竖直地向上抛起，不得使球旋转，并使球在离开不持拍手的手掌之后上升不少于 16 厘米，球下降到被击出前不能碰到任何物体。

（3）当球从抛起的最高点下降时，发球员方可击球。在双打中，球应先触及发球员和接发球员的右半区。

（4）从发球开始到球被击出，球要始终在比赛台面的水平面以上和发球员的端线以外，而且不能被发球员或其双打同伴的身体或衣服的任何部分挡住。

（5）运动员发球时，应让裁判员或助理裁判员看清他是否按照合法发球的规定发球。

（6）任何时候，只要发球员明显没有按照合法发球的规定发球，接发球方将被判得 1 分，无需警告。

3. 合法还击

对方发球或还击后，本方运动员必须击球，使球直接越过或绕过球网装置，或触及球网装置后，再触及对方台区。

4. **重发球（出现下列情况应判重发球）**

（1）发球擦网或擦网后被阻挡。

（2）接发球者未准备好。

（3）发生了无法控制的外界干扰。

（4）要纠正发球接发球次序或方位错误。

（5）要实行轮换发球法。

（6）要警告或处罚运动员。

（7）比赛环境受到干扰。

5. **比赛状态**

从球被抛起前静止状态的最后一瞬间起，球即处于比赛状态，到出现以下情况为止。

（1）当球触及比赛台面、球网装置、执拍手手中的球拍拍面以外的任何物体。

（2）当这个回合被判为重发球或得 1 分。

（二）胜负判定

1. **判失 1 分的情况（被判重发球的回合除外）**

（1）未能合法发球。

（2）未能合法还击、阻挡。

（3）连续两次击球、台面上出现两跳后击球。

（4）用不符合规定的拍面击球。

（5）运动员或其穿戴的任何物品触及球网装置。

（6）使台面移动、不执拍手触及比赛台面。

（7）没有击中对方比赛台面。

（8）双打未按正确次序击球。

（9）轮换发球法被接发球方合法回击 13 板。

2. **一局比赛**

在一局比赛中，先得 11 分的一方为胜方。10 平后，先多得 2 分的一方为胜方。

3. **一场比赛**

乒乓球比赛采用五局三胜（团体）或七局四胜制（单项）。

（三）双打方法

球台中线的右半区是双打的发球区。发球必须从本方的发球区发入对方的发球区，否则就算失误。

在双打中，每打到 2 分换发球时，前面的接发球员应成为发球员，前面的发球员的同伴应成为接发球员。打到 10 分平分时，次序不变，但一方每次只发一个球就换发球，直到这局比赛结束。

在双打的第一局比赛中，先发球方确定第一发球员，再由接发球方确定第一接发球员。在以后的各局比赛中，第一发球员确定后，第一接发球员应是前一局发球给他的运动员。

击球次序，每一方两名运动员应轮流还击，否则应判失分。

第二节　羽毛球运动

一、羽毛球运动概述

现代羽毛球运动起源于英国。1893 年，英国正式成立羽毛球协会；1899 年，第一届全英羽毛球锦标赛在伦敦举行，以后每年一次，沿袭至今；20 世纪 60 年代，我国羽毛球运动的技术水平已跨入了世界强队行列，我国羽毛球运动员多次在世界大赛中折桂。

羽毛球运动场地、器材简便，动作方法容易掌握，运动量可大可小，不同性别、年龄和身体状况的人都可从事这项运动，因此，深受广大群众的喜爱，羽毛球运动开展也十分普遍。

经常参加羽毛球运动，可以增强体质，发展人的灵敏和协调能力，提高动作速度和上、下肢活动能力，强化内脏器官的功能，使身体得到全面发展，而且还有助于培养人们勇敢顽强、机智灵活、沉着果断等优良品质。

二、羽毛球运动基本技术

（一）握拍

握拍是学习羽毛球的第一个动作，从开始到完成每一个击球动作，握拍的方式都会有所不同。以下以右手执拍为例，介绍 2 种握拍方法：正手握拍和反手握拍。

握拍

1. 正手握拍

左手握住拍杆，使拍框与地面垂直。右手张开，用近似握手的手形，虎口对准拍框，拇指与食指呈“V”字形，然后五指自然贴到拍柄上（图 9–22）。

2. 反手握拍

左手握住拍杆，使拍框与地面平行。右手拇指上提，顶贴拍柄的宽拍棱上，食指连同其余三指自然贴靠在拍柄上，留有一定的发力空间（图 9–23）。

图 9-22

图 9-23

（二）发球技术

发球不仅是羽毛球技术中一项很重要的基本技术，也是战术的重要组成部分。发球质量的好坏往往直接影响一个比赛回合的主动与被动。羽毛球的发球方法有 2 种：一种是正手发球，另一种是反手发球。在羽毛球发球中，按照发出球在空中飞行的弧度与落点，可以分为：后场高远球、后场平高球、后场平射球和网前球（图 9-24）。

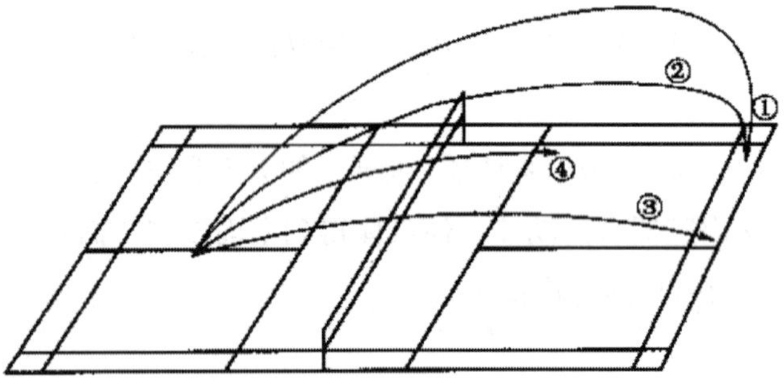

①后场高远球；②后场平高球；③后场平射球；④网前球

图 9-24

1. 正手发球

正手发球是以正手发高远球动作为基础的。正手发后场高远球是用正手握拍方法，以正拍面将球击得又高又远，使球飞行到对方端线上空后突然改变方向，呈直线下落至端线附近的一种发球。

正手发后场高远球的动作要领：

（1）准备发高远球的时候，站在离前发球线 1 米左右，发球场区中线附近，面对球网，左脚在前，右脚在后，两脚之间自然分开。

（2）身体重心放在右脚上，身体自然地微微向后仰，右手向右后侧举起，肘部稍弯曲，左手拿球（可拿球的球托部位）并自然地在胸前弯曲。

（3）发球的时候，左手把球举在身体的右前方并放下，使球自然落下；右手同时由上臂带动前臂，从右后方向左前上方挥动，上臂开始挥动时，身体重心由右脚慢慢地移到左脚。

（4）当球落到击球人手臂向下自然伸直能够触到球的瞬间，击球人握紧球拍，并利用甩手腕的力量，向前上方鞭打用力击球，当把球击出的同时，手臂向左上方挥动，击球之后，身体重心也由右脚移至左脚，身体微微前倾。（图 9–25）

图 9–25

2. 反手发球

上面谈到的发球法，是用正手握拍方法从右后方向左上方挥动手臂并发力击球的技术动作，这些称为正手发球。除了正手发球之外，还有一种反手发球。由于动作结构、解剖因素和力量等原因，一般只是通过反手来发网前球和平球。反手发球多见于双打比赛中。

反手发网前球的动作要领：

（1）站位靠近前发球线，左脚或右脚在前均可，身体重心在前脚掌上，上体前倾，后跟提起。右手反握在拍柄稍前部位，肘关节部位提起，手腕稍前屈，球拍低于腰部，斜放在小腹前。左手持球在球拍前方。

（2）左手放球的同时，以肘为轴，持拍手前臂内旋，带动展腕由后向前做半弧形回环挥动。

（3）击球时，球拍由后向前推送击球，使球的最高弧线略高于网顶，通过拍面的切削动作使球落到对方场区的前发球线附近。

（4）击球后，以制动动作结束发力，并迅速将握拍姿势调整为正手放松握拍。（图 9–26）

图 9-26

（三）后场击球技术

发球仅是击球的开始，而真正激烈的争夺是在发球后的接发球或发球抢攻以及这之后的对拉击球上。因此，合理、协调、有效的击球将是运动员夺取胜利的基本保证。后场击球技术可以打出多种线路，是羽毛球运动中非常重要的击球技术之一（图 9-27）。

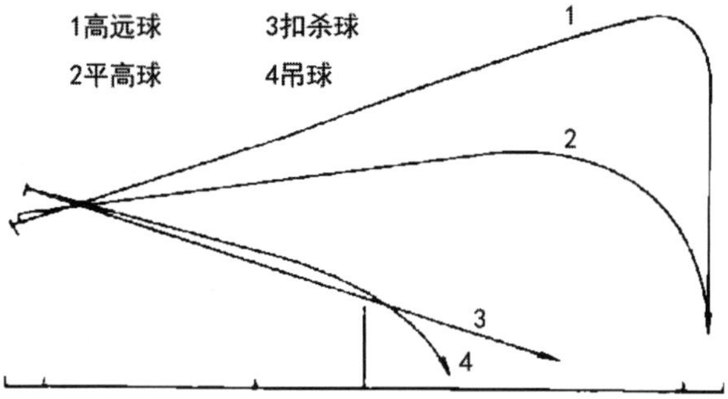

图 9-27

1. 后场正手击高远球

后场正手击高远球是用正手握拍以正拍面击出、击球点在右肩前上方的后场高远球。

后场正手击高远球

动作要领：

（1）准备姿势以左脚在前，右脚在后，侧身对网。右手正手握拍屈肘于体侧，上臂、前臂夹角为 45° 左右。左手自然上举，保持平衡，双眼注视来球方向。

（2）当球下落到一定的高度时，躯干转体，手肘上抬，手臂后倒引拍，以肩为轴做回环动作；前臂充分向后下方摆动外旋并充分伸展；左手随转体协调屈臂向身体左下方下降。

（3）击球时前臂急速内旋并带动手腕加速向前上方挥动，手腕收缩，手指屈指发力，用正拍面将球击出。击球点选在右肩的前上方，其高度以持拍手臂自然伸直击球为宜。

（4）击球后，右手随惯性向左前下方挥动，顺势收回至体前，呈接球前准备姿势。（图 9–28）

图 9–28

2. 后场反手击高远球

后场反手击高远球是用反手握拍，以反拍面在后场击高远球。

动作要领：

（1）由中心位置起动后，用后场反手后退步法向来球方向移动，移动到位后右脚在前，身体背向球网，球拍举在胸前，拍面朝上，两眼注视来球。

（2）击球时，下肢是一个由屈到伸的过程；上肢是当球下落至右肩前上方一定高度时，以上臂带动前臂作为初速度，在肘部上抬至与肩平行时，转为前臂带动腕部闪动，在右侧上方伸直手臂向后击球，伴随右腿的蹬力，使击出的球更有力量。

（3）击球后迅速转体面向球网，迈出跟进回位。（图 9–29）

图 9–29

3. 后场吊球

后场正手吊球

吊球是把对方击来的高球，从后场轻击或轻切、轻劈到对方的近网附近。吊球从其动作方法、球的飞行弧线的不同可分为劈吊、拦吊、轻吊（其中每一项都包括正手、头顶、反手等方法）。

（1）劈吊。

劈吊击球前动作和打高远球动作相似。击球时用力较轻，带有劈切动作（落点一般离网较远），当球落到右手臂向上自然伸直的高度时，手腕快速做切削动作，使拍面与球托的右侧或左侧接触，将球击出以完成劈吊动作（图 9–30）。

图 9–30

（2）拦吊。

拦吊通常是把对方击来的平高球拦截回去，击球时拍面正对来球，当拍面和球接触时，只要轻轻拦切或点击，球即以较平的弧线、较慢的速度越过球网垂直下落。

（3）轻吊。

轻吊击球前动作和打高远球相似。击球时，拍面正对来球，在接触球的一刹那，突然减速轻点或轻切来球，使球刚一过网就下落。

4. 扣杀球

扣杀球是把高球用力向前下方重击、重切或重“点”。这种球速度快、力量大。比赛中，扣杀球可以直接得分，也可以使对方处于被动防守地位。这一技术是羽毛球进攻中的主要技术之一（图 9–31）。

图 9–31

扣杀球以击球点距身体的位置可分为正手扣杀、头顶扣杀和反手扣杀；从击球力量的大小分为重杀、轻杀、劈杀、点杀、追身杀等。

（1）头顶扣杀直线球。

准备姿势同头顶击高球，不同之处是挥拍击球时，靠腰腹带动手臂、手腕的鞭打动作，全力向直线下方击球，拍面和击球方向水平面的夹角小于 90° 。

（2）头顶扣杀对角线球。

准备姿势同头顶击高球，不同之处是挥拍击球时，靠腰腹带动手臂、手腕的鞭打动作，全力向对角线下方击球，拍面和击球方向水平面的夹角小于 90° 。

（四）前场击球技术

前场击球技术包括网前的放、搓、推、勾、扑、挑球等。其中搓、推、勾、扑属进攻技术，要求击球前期动作具有一致性，击球刹那间产生突变，握拍要灵活，动作细腻，手腕、手指要灵巧，以控制好球的落点。网前球的各种球路如图 9–32 所示。

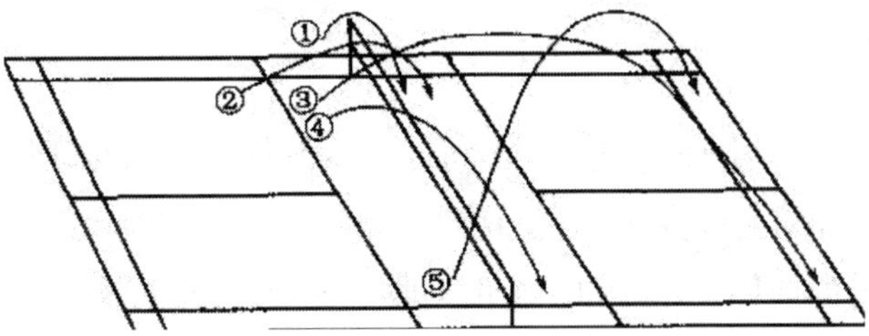

①前场搓球；②放小球；③前场推斜线球；④勾球；⑤挑斜线球

图 9–32

网前进攻威胁较大，因球飞行距离短、落地快，常使对方措手不及而直接得分。即使不能直接得分，也能迫使对方被动回球，创造下一拍进攻的机会。若网前进攻和中场进攻能紧密地配合起来，则能发挥前后场的连续进攻，掌握主动权。

1. 放网前球

放网前球是将网前区域低手位置的来球击至对方网前区域的前场击球技术。放网前球的来球一般处于低手位，击出的球没有旋转和翻滚，但落点可以比较贴近球网，这样可以创造有利的进攻形势，营造转机。放网前球可分为正手放网前球和反手放网前球。

（1）正手放网前球。

用正手握拍以正拍面将网前区域或低手位置的来球击至对方网前区域，称为正手放网前球（图 9–33）。

图 9-33

动作要领：

①准备姿势右脚在前、左脚在后，两脚开立与肩同宽，右手执拍自然置于胸前，左手自然置于体侧，身体向前倾斜。

②前臂随步法伸向前上方，手腕外旋后导引拍。击球时，握拍放松，拍面呈仰平面置于球托下，手指、手腕轻轻地向上抬击球托底部，使其越网而过。

③击球后，右脚迅速蹬地回动，同时击球手臂收回至胸前，呈接球准备姿势准备回击下一个来球。

（2）反手放网前球。

反手放网前球是用反手握拍以反拍面将网前区域低手位的来球击至对方网前区域位置的回球。击球前的动作要领同正手放网前球动作，只是方向相反。反手握拍，反面迎球，击球时，主要靠前臂的前伸、外旋和手腕由内收至外展的合力，轻托底部把球轻送过网。击球后，整个动作还原成下次击球的准备姿势（图 9-34）。

图 9-34

2. 网前搓球

（1）正手网前搓球。

正手网前搓球是用正手握拍以正拍面将网前位置的来球运用“搓”“切”等动作回击到对方网前区域附近的击球方式。

动作要领：击球前，前臂稍外旋，手腕由后伸至稍内收闪动；击球时在正手放网前球动作基础上，加快挥拍速度，搓、切来球的右下部，使球旋转滚过网（图 9–35）。

图 9–35

（2）反手网前搓球。

反手网前搓球是用反手握拍以反拍面将网前位置的来球运用“搓”“切”等动作回击到对方网前区域附近的击球方式。

动作要领：击球前，前臂前伸外旋，手腕由内收至外展，搓击球的右侧后底部，使球侧旋滚动过网。另外还可以前臂稍伸直，手腕由外展到内收，带动球拍向前切送，击球托的后底部，使球下旋滚动过网。

3. 网前勾球

（1）正手勾对角线。

勾球一般采用并步加蹬跨步上网的步法。在步法移动的同时，球拍随着前臂向右前上方举起。前臂前伸的同时，稍有外旋，手腕微后伸，这时将拍柄稍向外捻动，使拇指贴在拍柄的宽面上，食指的第二指节贴在与其相对的另一个宽面上，拍柄不触及掌心。击球时，靠前臂稍有内旋往左拉收，手腕由稍后伸至内收，球拍拨击球托的右侧下部，由手腕和手指控制拍面角度，击球后，球拍回收至胸前（图 9–36）。

图 9–36

（2）反手勾对角线。

随着步法移动，手臂向左侧前方平举（注意手臂不要伸直，稍弯即可）。击球时，随着肘部下沉、前臂回收外旋，食指和拇指协调用力捻动拍柄，使拍面拨击球托的左侧后部，使球沿对角线飞越过网，击球后，球拍回收至胸前，为下次的来球做积极的准备。

4. 挑球

（1）正手挑球。

准备动作同正手放网前球动作。击球前前臂充分外旋，手腕尽量后伸。击球时，从右下向右前方至左上方挥拍击球。在此基础上，若球拍向右前上方挥动，挑出的是直线高球；若球拍向左前方挥动，挑出的则是对角高球（图 9–37）。

图 9–37

（2）反手挑球。

准备动作同反手放网前球动作。击球前，右臂向后拉抬肘引拍。击球时前臂充分内旋，手腕由屈至后伸闪动挥拍击球。若球拍由左下向左前上方挥动，则球向直线方向飞行；若球拍由左下向右前上方挥动，则球向对角线方向飞行（图 9–38）。

图 9–38

（五）中场击球技术

羽毛球技术中，除了后场击球技术和前场击球技术之外，还有介于前后场之间的中场击球技术，其中常见的是中场平抽球和中场接杀球技术。由于中场区域是比赛双方攻守转换的主要地带，双方运动员之间的距离比较近，球在空中滞留的时间又比较短，因此，中场击球技术对挥拍击球时球拍的预摆幅度要求相对较小，突出体现“快”字。

中场正手平抽快挡球

1. 平抽球

平抽球是把位于身体左右两侧，高度在肩部以下、腰部以上位置的球用抽击的动作使球过网，球飞行的线路既平又快，是双打的主要技术之一。

正手平抽球动作要领：站在右场区的中部，两脚平行站立稍宽于肩，重心在两脚间，微屈膝收腹，正手握拍举于右肩前。击球前肘关节前摆，前臂稍往后带外旋，手腕稍外展至后方，引拍至体后。击球时前臂内旋，手腕伸直闪动，手指抓紧拍柄，球拍由右后向右前方高速平扫盖击来球。击球后手臂左摆，左脚往左前方迈一步，右脚跟一步回中心位置（图 9–39）。

图 9–39

2. 接杀球

接杀球技术是羽毛球实战中由守转攻的重要环节，掌握较好的接杀球技术，可以从防守反击中得到较好的进攻主动权或直接得分机会。积极有效的接杀球可以化解对手的进攻，达到化被动为主动的目的。接杀球技术可分为接杀放网前球、接杀挑后场高球和接杀勾对角球等。每项技术又可分为正手和反手两种击球方法。

接杀球的动作要领：两脚开立与肩同宽，自然分立于中场位置，膝关节微微弯曲，重心降低，眼视对方击球动作。判断来球落点，采用相应的步法与握拍，控制好拍面以切击或挑球的动作将球击出。击球后迅速回位，并将球拍置于胸前准备回击下一个来球。

（六）羽毛球步法

步法在羽毛球运动中占有十分重要的地位，步法可称为羽毛球运动技术之母。快速、灵活、合理的步法是打好羽毛球、全面提高羽毛球技术水平的重要环节。

步法

1. 步法的组成

羽毛球步法是由垫步、交叉步、小碎步、并步、蹬转步、蹬跨步、腾跳步等组成。通常情况下，每种步法的移动都是从球场中心开始的。

（1）垫步：当右（左）脚向前（后）迈出一步后，后脚跟进，紧接着以同一脚向同一方向再迈一步，为垫步。垫步一般作为调整步距用。

（2）交叉步：左右脚交替向前、向侧或向后移动为交叉步。经另一脚前面超越的为前交叉步，经另一脚后面超越的为后交叉步。交叉步一般在后退打后场球时运用较多。

（3）小碎步：以小的交叉步移动称为小碎步。由于步幅小、步频快，小碎步一般在起动或回动起始时运用。

（4）并步：右脚向前（向后）移动一步时，左脚即刻向右脚跟并一步，紧接着右脚再向前（向后）移动一步，称为并步。

（5）蹬转步：以一脚为轴，另一脚做向后或向前蹬转步。

（6）蹬跨步：在移动的最后一步，左脚用力向后蹬的同时，右脚向来球的方向跨出一大步，称为蹬跨步。其多用于上网击球，在后场底线两角移动抽球时也常采用。

（7）腾跳步：起跳腾空击球的步法为腾跳步，可分为两种：一种是上网扑球或向两侧移动突击杀球时，以领先的脚（或双脚）起跳，做扑球或突击杀球；另一种是对方击来高远球时，用右脚（或双脚）起跳到最高点时杀球。

2. 羽毛球步法的分类

（1）前场上网步法。

从中心位置移动到网前击球的步法，称为前场上网步法。前场上网步法可根据各人习惯采用交叉步、并步、垫步或蹬跨步。

①正手上网步法。

当来球位置在右侧距离身体较远时，采用正手三步上网步法。起动后右脚迅速向身体右侧前方迈出第一步，左脚紧接着向前垫第二步并至右脚跟处，同时左脚的前脚掌用力蹬地，右脚再向前跨出第三大步，准备击球（图 9-40）。

②反手上网步法。

当来球位置在左侧距离身体较远时，采用反手三步上网步法。起动后右脚迅速向身体左侧前方迈出第一小步，左脚向前交叉迈出第二小步，同时左前脚掌用力蹬地，右脚又向前跨出第三步击球。击球后右脚向中心位置撤回第一步，左脚紧跟退回第二步，两脚再向中心位置迈回最后一小跳步回位（图 9-41）。

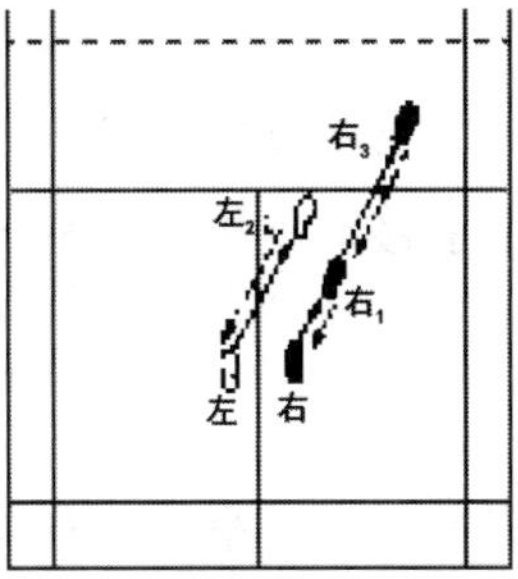

图 9-40

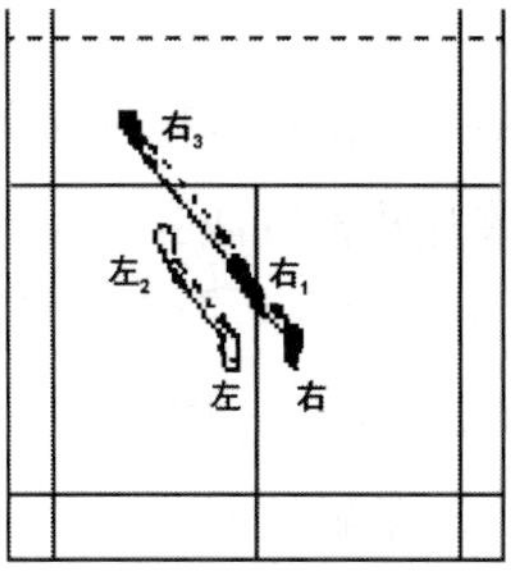

图 9-41

（2）后场后退步法。

后场后退步法是指从球场中心位置后退到端线的移动步法。后场后退步法是羽毛球步法中最常用的，也是难度较大的步法动作，因人的解剖、生理结构决定，向前较向后移动容易些。特别是向左场区底线后退，对灵活性和协调性的要求更高。后场后退步法可分为后场正手后退步法、后场头顶后退步法和后场反手后退步法。

①后场正手后退步法。

当来球位置在后场正手位距离身体较远时，采用后场正手后退步法。起动后右脚向来球落点方向后退第一小步，左脚经右脚往后交叉退第二步，右脚再交叉退第三步，身体重心放在右脚上，向右后方斜步起跳，准备击球（图 9–42）。

②后场头顶后退步法。

当来球位置在后场反手位距离身体较远时，可以采用后场头顶后退步法。起动后，右脚蹬地、转体，向身体左后侧区域的来球落点方向后退第一小步，左脚后交叉退第二步，右脚再向后交叉退第三步，身体重心在右脚上，交叉步起跳，准备击球（图 9–43）。

③后场反手后退步法。

当来球位置距离身体较远，不能采用后场头顶后退步法时，则采用后场反手后退步法。后场反手后退步法以左脚的前脚背为轴心，右脚蹬地向身体左后侧来球落点方向转体迈出第一小步，左脚紧接其后向左后侧迈出第二步，右脚再交叉向来球落点方向跨出第三步，准备击球。完成击球后，身体重心在右脚上，迅速蹬地转体向中心位置方向迈出第一小步，左脚随即交叉迈出第二步，右脚再向中心位置迈出第三步，迅速回位（图 9–44）。

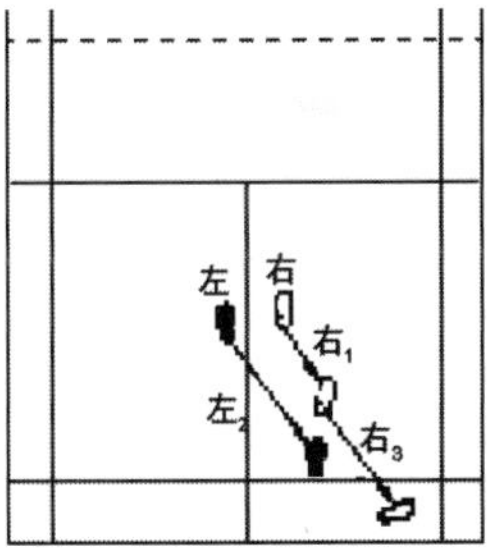

图 9–42

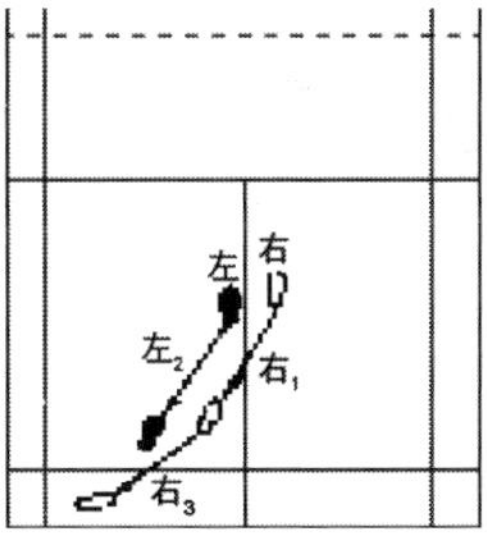

图 9–43

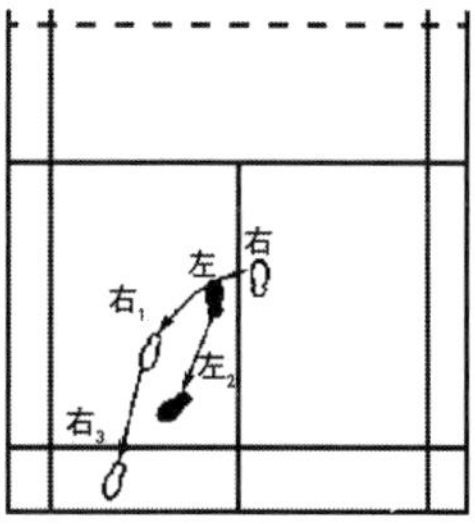

图 9–44

（3）中场步法。

左右移动主要是还击中场球时所使用的步法。中场两侧移动步法用于接杀球较多，故此左右移动大致有两种方法：一是向右移动的正手移动步法，二是向左移动的反手移动步法。

①中场正手蹬跨步接杀步法。

判断来球后，脚掌触地起动，左脚向身体右侧场区边线蹬地，右脚向来球方向转动的同时向前跨一步接球，右脚触地动作与前场交叉步上网步法相似，接球后右脚迅速向中心蹬跳回位（图 9–45）。

②中场反手蹬跨步接杀步法。

起动后右脚用力向来球方向蹬地，向左侧转髋的同时，左脚向来球方向跨步接球，左脚尖外展，脚跟触地，接球后左脚掌向中心迅速蹬地回位（图 9–46）。

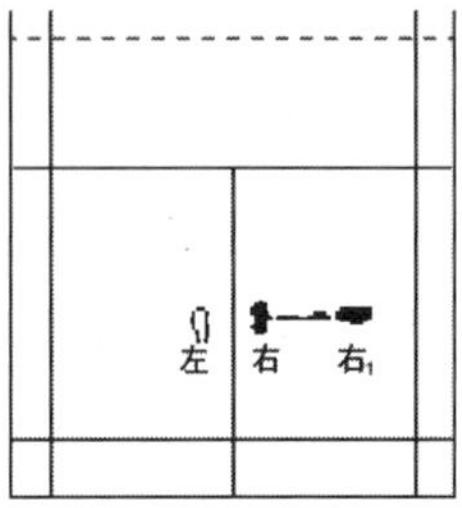

图 9–45

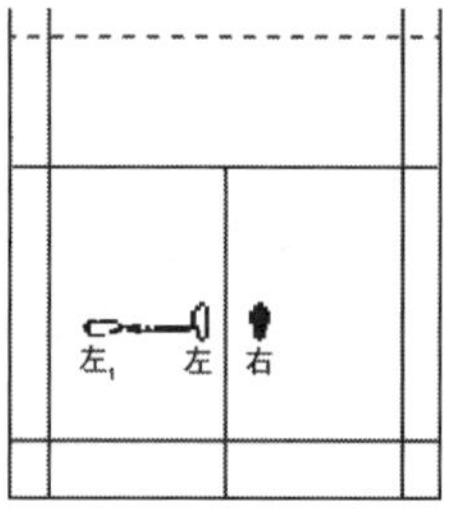

图 9–46

总之，羽毛球的步法是很多的，这里介绍的只是其中几种最常见、最主要的步法。根据运动员的技术打法特点和身体及身体素质的实际可灵活采用，也可以总结、创新一些适合自己特点的步法。

三、羽毛球运动基本战术

羽毛球战术是指运动员在比赛中为表现出高超的竞技水平和战胜对手，而采取的计谋和行动。在羽毛球比赛中，运动员要控制对手，力争主动。以己之长，克彼之短，抑彼之长，避己之短，根据不同对手的特点，采取相应变化的技术手段战而胜之，这便是战术的意义。

我国羽毛球运动战术的指导思想是“以我为主”“以快为主”“以攻为主”，同时也确定了我国运动员“快、狠、准、活”的技术风格。

（一）羽毛球战术的目的

1. 调动对方位置

对方一般站在场地中心位置，全面照顾各个角落，以便回击各种来球。如果把他调离中心位置，他的场区就会出现空当，这空当就是下一拍进攻的目标。

2. 迫使对方击出中后场高球

以平高球、劈杀、劈吊或网前搓球等技术造成对方还击的困难，迫使对方击来的高球不能到达自己场区的底线，从而增加自己大力扣杀和网前扑杀的威力，给对方以致命一击。

3. 使对方重心失控

利用重复球或假动作打乱对方的步法，使对方重心失去控制，来不及还击或延误击球时间导致回球质量差，造成被动。

4. 消耗对方体力

控制球的落点，最大限度地利用整个场地，把球击到场地的四个角上或离对方最远的地方，使对方在每一次回球时尽量消耗体力。在争夺一球的得失时，也应以多拍调动对方，让对方多跑动，多做无效的杀球，以此消耗对方体力，为后程比赛奠定体能基础。

（二）单打基本战术

1. 发球抢攻战术

发球不受对方干扰，发球者可以根据规则，随心所欲地以任何方式将球发到对方接球区的任意位置。善于利用多变的发球术，先发制人，取得主动。以发平快球和网前球配合，争取创造第三拍的主动进攻机会，这就是发球抢攻战术。

2. 攻后场战术

采用重复打高远球或平高球的技术，压对方后场两点，迫使对方处于被动状态，一旦其回球质量不高，便伺机杀球、吊球一击制敌。

3. 逼反手战术

一般来说，后场反手击球的进攻性不强，球路也较简单。对于后场反手较差的对手要毫不放松地加以攻击。先拉开对方位置，使对方反手区露出空当。然后把球打到反手区，迫使对方使用反拍击球。例如：先吊对方正手网前，对方挑高球，便以平高球攻击对方反手区。在重复攻击对方反手区迫使其远离中心位置时，突然吊对角网前。

4. 四方球突击战术

以快速的平高球、吊球准确地打到对方场区的四个角落，迫使对方前后、左右奔跑，当对方来不及回中心位置或失去重心时，抓住空当和弱点进行突击。

5. 吊、杀上网战术

先在后场以轻杀配合吊球把球下压，落点要选择在场地两边，使对方被动回球。若对方还击网前球时，便迅速上网搓球或勾对角快速平推球；若对方在网前挑高球，可在其后退途中把球直接杀到对方身上。

（三）双打基本战术

1. 攻人（二打一）战术

这是一种经常运用的行之有效的双打战术。当发现对方有一个人的防守能力或心理素质较差，失误率比较高或防守时球路单调，就可采用这种战术，把球攻到这个较弱者的一边。这种战术可集中优势兵力以多打少，以优势打劣势，造成主动或得分；有利于打乱对方防守站位，另一个不被攻的人，由于没有球可打，慢慢地站位会偏向同伴，形成站位上的空当，有利于我方突击另一线而成功；有利于造成对方思想上的矛盾而互相埋怨，影响其士气。

2. 攻中路战术

不论对方把球打到什么位置，攻球的落点都应集中在对方两人之间的位置，并靠近防守能力较差者一侧或在中线上。攻中路战术可以造成对方抢球或漏球，也可以限制对方挑出大角度的球路，有利于我方网前的封网。

3. 攻直线战术

攻直线战术即杀球路线和落点均为直线，没有固定的目标和对象，只依靠杀球的力量和落点来得分。当对方的来球靠边线时，攻球的落点在边线上；当对方的来球在中间区时，就朝中路进攻。这个战术在使用上较易记住和贯彻。杀直线球虽然难度高一些，但效果不错，便于网前同伴的封网。

4. 后攻前封战术

当本方取得主动攻势时，后场队员逢高球必杀，前场队员积极移动封网扑打。

5. 防守反击战术

防守时，对方攻直线球，我方挑对角平高球；对方攻对角球，我方挑直线平高球，以达到调动对方移动的目的。然后可采用挡或勾网前的精巧网前技术迫使对手起球，创造后场进攻机会，达到反守为攻的目的。

四、羽毛球竞赛规则

（一）羽毛球竞赛规则简介

1. 羽毛球场地与器材

羽毛球运动受天气影响比较大，所以羽毛球比赛一般在室内进行。

（1）羽毛球场地。羽毛球场地呈长方形，长度是 13.40 米，单打球场宽 5.18 米，双打球场宽 6.10 米（图 9–47）。

（2）网柱。从球场地面起，网柱高 1.55 米（球网中间高 1.524 米）。网柱必须稳固，并与地面垂直。网柱与球网保持拉紧状态。双打场地网柱应放置在双打边线的中点上，单打场地网柱应放置在单打边线的中点上。

（3）球网。场地中间张挂的球网应是深色的，用优质的细绳织成。网孔为方形，孔边长均在 15~20 毫米。网上下宽为 760 毫米。网的顶端用 75 毫米宽的白布对折而成。

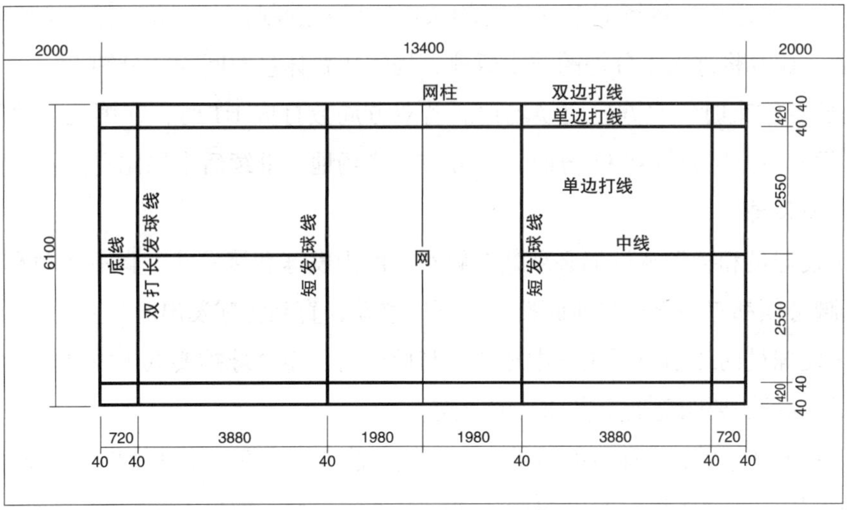

图 9–47

（4）羽毛球重 4.74~5.50 克，应有 16 根羽毛插在半球形的软木托上；羽毛球底部为圆形，球托直径 25~28 毫米；羽毛在顶部围成圆形，直径 58~68 毫米；羽毛应用线或其他适宜材料扎牢（图 9–48）。

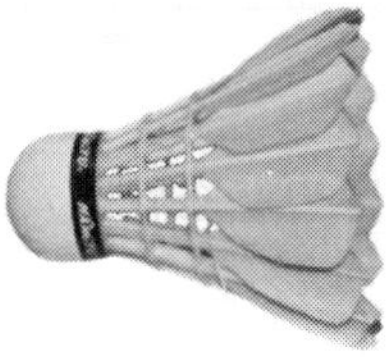

图 9–48

图 9–49

（5）羽毛球拍用木料、铝合金或碳素纤维等质地轻而坚实并富有弹性的材料制作而成。球拍由拍头、拍弦面、连结喉、拍杆、拍柄组成整个框架。拍框总长度不超过 680 毫米，宽不超过 230 毫米；拍弦面应是平的，用拍弦穿过拍头十字交叉或用其他形式编制而成，编制样式应保持一致；拍弦面长不超过 280 毫米，宽不超过 220 毫米（图 9–49）。

2. 羽毛球竞赛的计分方法

2006年5月，世界羽毛球联合会在日本东京举行的年度代表大会上决定实行21分的新比赛赛制。北京奥运会也采用了这一赛制。21分制对于调动运动员积极性、减少运动员受伤，以及改进电视转播效率等都比原来的15分制有更大的优势。

21分制实行每球得分制，得分最高不超过30分。每场比赛采取三局两胜制，先得21分的一方赢得当局比赛。如果双方比分为20平时，某一方需超过对方2分才算取胜。如果双方比分打成29平，则得分先上第30分的一方为胜者。首局获胜一方在接下来的一局比赛中有发球权。每场羽毛球比赛均采用三局两胜制，在每局，任一方在比赛中得到11分后，比赛将进入1分钟的技术暂停；局间比赛休息时间为2分钟。

每局比赛结束时，双方应交换场地。若双方局数打成1:1时，在第三局比赛进行的过程中，领先一方比分打到11分时，双方应交换场地，继续后半局比赛。

3. 合法发球

（1）发球员和接发球员都必须站在斜对场区内发球和接发球，脚不能触及发球区的界线；两脚必须都有一部分与地面接触，不得移动，直到将球发出。

（2）发球员的球拍必须先击中球托，与此同时，整个球拍要低于发球员的腰部；击球时，球拍的拍头要明显低于发球员的手腕。

（3）发球开始后，发球员的球拍必须连续向前挥动，直至将球发出。在发球过程中，不得出现停顿或假动作等。发出的球必须向上飞行过网，如果不受拦截，应落入接发球员的发球区内。

（4）发出球后，运动员只能用球拍进行合理的击球，球不得触及球拍两次；球不得触及运动员的身体及衣物。

4. 单打

（1）比赛开始后，运动员的场上即时分数为0或双数时，双方运动员均应在各自的右发球区发球或接发球。

（2）当运动员场上的即时分数为单数时，双方运动员均应在各自的左发球区发球或接发球。

（3）球发出后，由发球员和接发球员交替对击直至违例或死球。比赛为每球得分，不再争夺发球权。

5. 双打

（1）一局比赛开始和每次获得发球权的一方，都应从右发球区发球。

（2）只有接发球员才能接发球；如果他的同伴去接球或被球触及，发球方得1分。

（3）自发球被回击后，由发球方的任何一人击球，然后由接发球方的任何一人击球，如此往返直至死球。比赛为每球得分制，发球权随得分而更替。

（二）羽毛球竞赛方法

通常在举行一次羽毛球赛之前，主办者要考虑用什么样的方法来使运动员（队）之间进行比赛，以达到决出冠、亚军和排出其他名次的目的。鉴于羽毛球竞赛本身的特点，在长期实践中，大多采用循环制、淘汰制和混合制等竞赛方法。

1. 循环制

循环制就是使参加比赛的各方互相之间都直接比赛一次。这种竞赛制度，有利于通过比赛全面地互相交流经验，比赛结果的偶然性、机遇性较小，比较能反映出各个运动员（或队）之间的真正水平，所取得的名次比较符合客观实际。作为一种竞赛制度，循环制也有它自身的矛盾，它的最大的缺点是在竞赛人数、时间、场地方面有很大的限制。循环制比赛场数多，比赛时间长，使用场地数量也多，在一定的时间和场地设备情况下，允许参加比赛的人数要比单淘汰少得多，而且名次的计算方法也比较复杂。循环赛包括单循环赛和分组循环赛两种。

2. 淘汰制

淘汰制是竞赛中比较常见的一种方法，特别是在人数多、场地少、时间紧的情况下，这种方法更被广泛地采用。淘汰制包括双淘汰、单淘汰等。

单淘汰赛是羽毛球竞赛的一种基本方式；它是将所有参加比赛的运动员编排成一定的比赛秩序，由相邻的两名运动员进行比赛；败者淘汰，胜者进入下一轮比赛，直到淘汰出最后一个运动员，比赛也就全部结束。

单淘汰赛的比赛双方具有强烈的对抗性，非胜即败，败一次即失去继续比赛的权利。这种比赛办法，可以在很短的时间内，安排大量的运动员进行比赛，而且比赛是逐步推向高潮，并在最高潮的一场比赛后——冠、亚军决赛后结束竞赛。按体育竞赛的特点来说，淘汰赛是一种较好的比赛方法。但由于负一场就被淘汰，所以大部分运动员和球队（特别是实力较弱的）参加比赛的机会较少。

3. 混合制

混合制是在同一项目的分阶段比赛中，各阶段采用不同的竞赛方法。常见有第一阶段采用分组单循环赛，第二阶段各组同名次或一、二名循环的办法，赛出所有名次。也有第一阶段分组循环赛，第二阶段单淘汰赛决出前八名的方式。比较而言，后者羽毛球竞赛中采用较多。

分组、分段采用不同的竞赛方式也是解决羽毛球竞赛中人数多、场地少、时间紧等矛盾的好办法，它集淘汰制和循环制的长处，使比赛既能比较客观地反映运动员比赛的真实名次，又能在短时间内完成比赛任务。

第三节　网球运动

一、网球运动概述

网球运动的起源可以追溯到12—13世纪的法国，现代网球起源于19世纪的英国。1873年，英国人温菲尔德少校最先对草地网球的玩法做了几条简单的规定，成为网球运动最早的规则。1881年，英国草地网球协会宣告成立，并制定了一系列的规定，使网球成为一项正式的比赛项目。

网球运动狠、快、准、灵的全面技术风格，连续攻击、作风顽强、灵活多变的战术意识，快速的大力发球、优美的高空扣杀等球艺的发展趋势成为必然。随着世界经济的不断发展，网球发展具有以下特点：一是普及性广，即被世界各阶层的广大人民群众所接受；二是高水平，争夺激烈；三是随着器材的改革，尤其是球拍的研制，网球将向着力量型、速度型方面发展；四是随着网球赛事规模的不断提高，网球的职业化、商业化程度越来越高。

经常参加网球训练，可以使人的动作敏捷、判断准确、反应灵活，能提高速度、力量、耐力、灵敏等素质，对调节肌肉用力的紧张度与肌肉的感觉有良好的影响，对发展协调性有积极作用。

二、网球运动基本技术

（一）握拍方法

现代网球运动握拍方法有3种，即东方式、大陆式和西方式。

1. 东方式

（1）东方式正手握拍法。

左手先握住拍颈，使拍子与地面垂直，然后右手手掌也垂直于地面，在齐腰高的地方与拍子相握。手指朝下，拇指放在中指旁边，食指稍展开（图9–50）。

（2）东方式反手握拍法。

手掌移到拍柄上部，食指关节跨在右斜面上部，拇指放在拍柄左侧面，在击球时起到稳定作用（图9–51）。

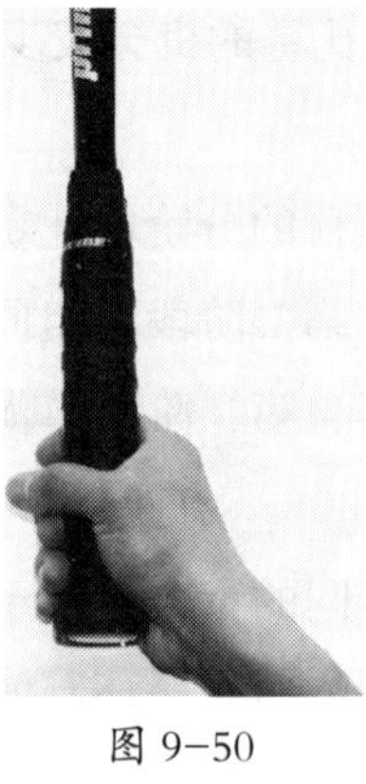

图9–50

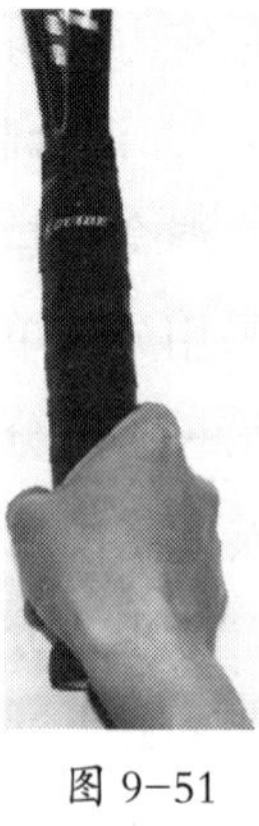

图9–51

2. 大陆式

与东方式不同之处是，大陆式握拍正反手击球都无须换握拍，手掌大部分放在拍柄顶部的小右斜面上（图 9–52）。

3. 西方式

这种握拍法俗称“大把抓”，把球拍平放在地面上，用手在拍柄顶端顺手一把抓起便是西方式。正反拍不换，而且击球在同一拍面上（图 9–53）。

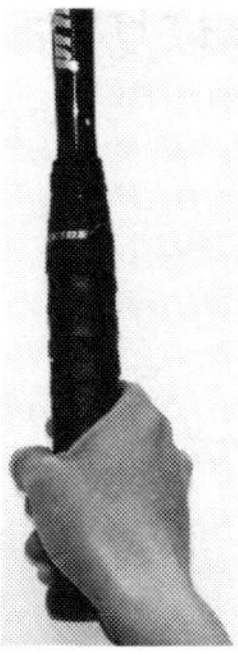
图 9–52

图 9–53

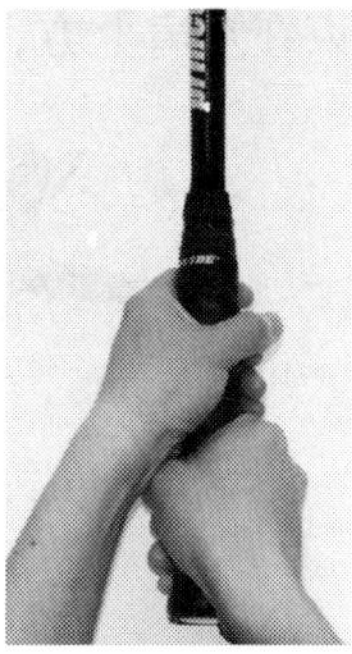
图 9–54

4. 反手双手握拍

打球手（右手）采用东方式正手握拍法。右手在下，左手在上（图 9–54）。

上面介绍的几种握拍法，各有长处，也各有特点，运动员要根据不同击球技术，采用不同的握拍方法；采用哪种握拍法，要根据各人不同情况，在实践中试验和应用，选择最适合自己的握拍法。

（二）正手击球

正手击球技术

1. 准备动作

面对对方场区站立，两脚开立略宽于肩。两膝微屈，上体略前倾，脚跟稍抬起，重心位于两脚掌间。右手握拍柄，左手扶着拍颈部位，持拍于体前。两眼注视来球（图 9–55）。

图 9–55

2. 击球动作

以左脚为轴开始转身并向后拉拍，拍头高于手腕，左臂自然前伸以保持身体平衡。在开始向前挥拍时，左脚应向要击球的方向迈步，以肩为轴向前挥拍，拍面在击球时与地面垂直，并尽量使拍面和球有较长时间接触。在击球后球拍应继续随球挥动，拍子结束在左肩上方，右腿摆动跟进，身体恢复至准备姿势（图 9-56 至图 9-58）。

图 9-56

图 9-57

图 9-58

3. 动作要领

（1）击球全过程眼睛要看球。

（2）击球点在身体右前方。

（3）击球时，紧绷手腕，握紧球拍。

（4）球拍随球送出，随挥动作结束在高处。

（三）反手击球

1. 单手反手击球

（1）准备动作。

同正手击球准备动作。

（2）击球动作。

向左侧转体、转肩并变换成东方式反手握拍，向后拉拍，右脚向左前方跨步，右肩对网，重心前移。球拍向前再向上挥拍击球，击球点在右腿前腰部高度，击球时拍面垂直于地面，挥拍轨迹朝目标方向由下至上。随挥动作结束在身体的右前方（图 9-59 至图 9-61）。

图 9-59

图 9-60

图 9-61

（3）动作要领。

①转体侧身对网，使用反手握拍。

②击球点在身体左前方。

③击球时紧绷手腕，握住球拍。

④眼睛紧盯来球。

⑤随挥动作使球拍结束在右肩上部。

2. 双手反手击球

（1）准备动作。

准备动作与单手反手击球相同，只是双手握在拍柄上。

（2）击球动作。

转肩、向后拉拍并变换握拍。身体重心转移到左脚上。球拍拉向后方并低于来球的高度，右脚向来球方向迈出。双手向前挥动并击球，击球点比单手略靠后，击球时右臂伸直，拍面垂直于地面。击球后球拍应沿目标方向继续挥出，动作完成时双手高于肩（图 9–62 至图 9–64）。

图 9–62

图 9–63

图 9–64

（3）动作要领。

①眼睛始终盯着来球。

②击球点在身体左前方。

③击球时右臂伸直。

④随挥动作结束时双手高于肩。

（四）截击球

截击球是指来球在空中飞行、还没有落地就加以还击的一种打法，通常在球网和中场之间拦击。

1. 正手截击球

打截击球应该采用大陆式握拍法，因为截击球速度快，没有足够的时间变换握拍，所以正反手截击球准备动作相同。

（1）击球动作。

肩部稍做转动，球拍与肩平行，后拉拍要稳固，不得过肩。在向前挥拍的同时，用左脚朝球飞行的方向迈步，保持手腕固定并在身体前方击球。随挥动作要短，以便快速回到准备接下一个球的位置（图 9-65 至图 9-67）。

图 9-65

图 9-66

图 9-67

（2）动作要领。

①眼睛盯球。

②紧握球拍，绷紧手腕。

③在身体前面击球。

④用较短的撞击动作击球。

2. 反手截击球

（1）击球动作。

肩部稍微转动，球拍与肩平行；后拉拍要稳固，在向前挥拍时右脚朝球飞行的方向迈出；保持手腕固定，并在身体前方击球；随挥动作要短，以便快速回到准备接下一个球的位置（图 9-68 至图 9-70）。

（2）动作要领。

①眼睛盯球。

②手腕绷紧，握紧球拍。

③球拍后引要小，跟进动作必须简短。

④在身体斜前方击球。

图 9–68

图 9–69

图 9–70

（五）发球

现代网球运动中，发球是最重要的技术之一，是唯一由自己掌握的击球法。一分的得失常取决于发球的好坏，好的发球既可以直接得分，又可以为进攻创造条件。以平击式发球为例进行介绍。

发球技术动作

1. 握拍

采用东方式正手握拍法。

2. 准备动作

双脚齐肩宽，在端线后侧身站立。右脚与底线基本平行，左脚正对右网柱。手腕和手臂放松握拍于身体前，左手在拍颈处握住拍。

3. 抛球

左臂放松，持球自然、平稳地向上抛球，抛球和挥拍几乎是同时开始的；手臂到达肩部高时，手指自然松开，球借助惯性自然上升。抛球的高度要适合，在最高点击球最好。

4. 击球动作

两手臂同时向下和向上运动，球从伸展的左手中向上竖直抛出，在身体前面和左脚上部，持拍臂弯时上举。抛球后，身体开始向前转动，球拍在身后做绕环动作，并最后向前挥动击球。尽量伸展身体，在最高点击球，击球的后部（拍面与球垂直）。击球时，身体重心向前转移。随挥动作结束在身体左侧下方（图 9–71 至图 9–76）。

图 9-71

图 9-72

图 9-73

图 9-74

图 9-75

图 9-76

5. 动作要领

（1）球抛到身体的右前上方。

（2）向上伸展击球时，身体像放开的弹簧。

（3）随挥动作结束在身体左侧下方。

（六）高压球

高压球是回击对方挑来的高球加以扣杀的一种技术。

1. 击球动作

用大陆式握拍法，抬头盯着球，侧身转体用短促的踮步调整位置，左手高举指向击球点，右手举起球拍向后拉拍，球拍后摆做搔背动作，拍子在右肩的前上方对准球心挥出，击球臂继续伸直跟进摆动。随挥动作结束在身体左侧下方。

2. 动作要领

（1）击球全过程眼睛看球。

（2）用简短的后摆及早做准备。

（3）随挥动作要充分。

（七）挑高球

挑高球可分为防守性挑高球和进攻性挑高球两种。防守性挑高球是为了赢得时间、摆脱困境。进攻性挑高球是在对方上网时，将球挑到对方后场较深处，使之被动或失误。

1. 击球动作

准备时将球拍做好充分的后摆。击球时是向上挥拍打球的下部，手腕绷紧，挥拍动作要尽可能地向前、向上送出。

2. 动作要领

（1）眼睛紧盯来球。

（2）击球时，手腕紧绷。

（3）击球的底部，并延长击球时间。

（4）随挥动作结束在高处。

（八）放小球

放小球采用大陆式握拍法。

1. 击球动作

放小球的准备动作和正反手击球一样。侧身对网，要求更多的手腕动作，利用前臂带动手腕的力量使球沿着球的下部急剧滑动，缓冲球的前冲作用，使球急剧随着球拍的下切动作向后旋转。正反手都可以放小球，动作要领是一样的。最重要的是突然性和隐蔽性，不能让对方看出自己的意图。

2. 动作要领

（1）眼睛看球。

（2）准备动作和抽击球动作相同。

（3）触球时，减慢挥拍，使球速降低。

（九）接发球

接发球是网球运动中较难掌握的一项技术。一次错误的回击常常会失去一分。相反，一个巧妙的接发球又能打掉发球者进攻的锐气，减少被动，甚至可以转化为主动。

动作要领：在接发球的全过程中，眼睛始终要注视来球，一直到完成回击动作。接发球时不要做大幅度的后摆动作，主要是要控制好拍面的角度，并紧握球拍以免被震而转动。选择好的落点，对控制对手发球后抢攻有重要意义。

三、网球运动基本战术

懂得战术并在比赛中聪明地运用，能在同等水平中占优势。学会分析将要遇到的对手，能使自己进步更快，获得更大的成功。

（一）单打战术

单打战术一般可以分为发球战术、接发球战术、上网战术和底线战术 4 种。

1. 发球战术

（1）发球站位。

在右区发球多是站在靠近中线的附近。一方面为了便于调整还击来球；另一方面是为了把球击向对方的反拍，即中线附近。在左区发球的站位多是离开中线向左边一些的地方，这个位置便于把球发向对方的反拍。尽量对于自己还击对方来球的位置偏左一些，放大一些正手的防守区域，还击时容易上步弥补，这样进攻的作用就增强了。

（2）第一次发球。

网球比赛规定有 2 次发球机会，第一次如失误，可以有第二次发球机会。从战术上讲，第一次发球比第二次发球重要得多，因为第一次发球可以充分运用大力发球，向对方展开猛烈的进攻，对方不得不退到稍后一点的位置接发球。发第一次球时，直线球比斜线球好，因为它可以打在对方的反拍区。打落点主要运用切削发球，把对方拉出场外去接，或者看对方站立接发球位置的破绽，发对方防守差的区域。

（3）第二次发球。

第二次发球是发球的最后机会，如果失误就要丢分了，所以，首先应把准确性作为前提。第二次发球相对慢些，运用切削或上旋发球，落到对方场区，产生向反拍方向高和远的跳动，给接发球者造成困难，同样也具备进攻的意义。其次向对方接发球的位置发落点，打对方防守差的地区。

（4）发球上网。

发球上网是获胜的必要手段，而得分才是最终目的。但也绝非发球就能上网，重要的是选择时机，即在条件成熟时上网。

①如果采用大力发球，即使没有发出“爱司”球，也具有相当威力。大力发球可迫使对方还击不利，勉强还击会打不正，这是上网的良好机会。

②采用急剧旋转发球，如果发的成功便可大胆上网。因为球的旋转强烈，落地后弹跳又高，球的运动时间较长，发球者有充裕的时间上到网前；而对方由于跑动还击会打

不出强烈的进攻性球。

2. 接发球战术

（1）占据有利的位置。

接发球时的站位必须从实际出发，根据临场的具体情况决定，多数站在底线前后半米处，其左右站位应在对方可能发球区的角平分线上。如果你的正拍有较强的进攻性，不妨把你的正拍防守范围放大一些，以便组织进攻。

（2）充分准备动作。

从准备接发球开始，就要集中注视对方的动作，包括对方的站位、拉拍、击球，做到这些才能及早地预测来球，起动，并侧身对网，适时引拍向前迎击球。准备接发球，应两手持拍置胸腹前，拍头要上翘些，采用东方式握拍法更灵活。这样引拍前挥动作都比较小，还击较快，从而缩短了对方的准备时间，迫使对方匆忙还击。

3. 上网战术

如果在单打中不上网，等于使自己处于“被动”的地位，对对方打来的短球处理起来也十分不利。若发球后不上网，如同让对方在毫无压力的情况下接发球。所以，上网战术成了网球比赛中重要的战术之一。上网一般在两种情况下进行：发球上网和抽击球上网（包括接发球在内）。

（1）发球上网。

发一个外角球，在对手回球来到之前，你就有足够的时间进入发球区。上网后站在尽可能靠近网的地方，离网2米左右。这不是绝对的。如果网前技术全面的话，近网则有利，因为离网近、封网角度小，便于向前截击；离网近，相对球网就低，也便于做由上向下的截击动作，使攻击性增强。所以无论进攻和防守都是近网有利。但是近网需要有强有力的高压球作为保证和后盾，否则，很容易被对方挑高球得分。所以，要具有全面的网前技术。

（2）抽击球上网。

上网前的一下抽击球非常重要，好比是上网的前奏，这下球打的位置好坏决定上网的胜负。第一，上网前的抽击球要准，要深，要有一定的角度将球打到对方底线附近，使对方跑动去救球，这样才具有攻击性；第二，可以打在对方中央地带，这样可形成反击的最小回击角度。

（3）上网的击球。

不论采用发球上网或抽击球上网，向网前冲去，在对方击球时，先在发球线后一两步的地方做分腿垫步，以便判断来球的方向，然后再对着球，向前去做网前第一次截击，并打低深球到对方的斜角，而第二次截击打浅斜线到另一边，就可使对方左右前后奔跑；如果对方预料到你的意图，提前向另一角跑去，第二次再打一个重复球，就会使他扑空。

当来球较高，可运用高压动作将球扣下时，力量和落点要适当结合，并看对方站位的防守位置而定。上网可能碰到被动情况，如由于准备不及而对方把球打到你的脚下，这时可运用反弹球过渡一下，以落点为主，把球打到对方难以回击的地方，在争取第二次主动截击的机会。

4. 底线战术

在运用底线战术时，要以进攻的打法为前提，以快速、力量、准确和凶狠取胜对方。

（1）主动进攻的击球。

底线抽击球主动进攻要打深，打出角度，才能使对方被动而出现防守上的漏洞；或攻击对方的弱点，使对方频频失误丧失信心而导致失败；或利用突击以及不同旋转的击球，出奇制胜。

（2）造成对方战术上的被动。

运动员都各自具有自己的战术特点，要针对对方的弱点进行攻击。对付上网好的运动员，就用落点深的球把它压制在底线，达到不让对方上网的目的。对于不善于上网的运动员，则要运用短球或小斜角球，引他上网或跑出中央基地，再用高球或打空隙地带的球胜他。总之，要打对方所不喜欢的球，在战术上压制对方长处，打乱对方阵脚。

（3）破网球。

破网技术的基础是底线技术，要熟练掌握底线正拍直线、正拍斜线和反拍直线、反拍斜线 4 条基本路线。破网球过网越低越好，最好是带旋转的。过网之后，弹跳不高，又朝两边斜出，给上网者造成回击位置和角度上的困难。另外，可运用挑高球破网。破网技术运用得当，同样可以化被动为主动。

（二）双打战术

双打和单打不同，双打要求两人配合默契、具有高度灵敏反应，并具有自己特定的战术。

1. 发球战术

如果得到选择权，先发球会是有利的。让发球好的运动员首先发球，并集中精力把球发好，而不要企图以发球直接得分；要使用稳健的旋转发球，将球发到接发球员的反拍区，以掌握发球上的主动权；发球员的同伴应把守好半边场区，等候对方接发球过来而进行截击或高压。

2. 接发球战术

双打接发球几乎是不变的和有计划地向发球员回击，绝不应打给网前的对手。如知道对手发球后上网，即应用短低球回击，使他把球从低处挑起。

如果网前的对手抢网扑杀，打去的斜线球可有 3 种选择。

（1）把对角球再打得凶狠些，但这样打的冒险性和困难较大。

（2）可打直线球，但若网前的对手不抢网，你就等于“自杀”。如果网前的对手移位不当，抢网未成，那么你的直线球肯定得分。

（3）挑一个快速球越过网前对手的头顶，在你接第二发球时，积极迎上前去，和你的伙伴同时上网。经常在接第一发球时也可以这样做，但为了取胜的话，宜在第二发球时抢网。

总之，双打与单打不同，需要强调“球感”（即球拍与球接触的体会），原因是双打比赛打落点比猛力击球得分多，单打战术要求猛抽两角深球，但这种打法在双打中极易被网前的对手阻击。双打中要运用“巧打”，多打落点较好的软球，两人要配合默契，争取在双上网情况下进攻。

四、网球竞赛规则

（一）选择权

比赛开始前用投币的方法来决定选择场地、发球权或接发球权。得胜者，有权选择或要求对方选择。

（二）发球员的站位

每局开始发球时，发球应先从右区端线后发球，不得踩线。得（失）一分后，应换到左区发球。这样每得（失）一分就换一次发球位置。如发球位置错误而未察觉，比分仍然有效；一旦察觉，应立即纠正。

发出的球，在对方还击前，应从网上越过落到对角的对方发球区或其周围的线上。

发球员有两次发球机会，如第一次发球失误后，应在原来位置进行第二次发球，第二次发球失误算失一分。

（三）失分

比赛过程中，发生下列任何一种情况，均判失分。

（1）击球不过网。

（2）在球第二次着地前未能还击过网。

（3）还击的球触及对方场区界线以外的地面、固定物或其他物体。

（4）还击空中球失败。

（5）故意用球拍拖带或接住球，或故意用球拍触球超过一次。

（6）“活球”期间运动员的身体、球拍或穿戴的其他衣物触及球网、网柱、单打支柱、绳或钢丝绳、中心带、网边白布或对方场区以内的地面。

（7）来球尚未过网即在空中还击。

（8）除握在手中的球拍外，以运动员的身体或穿戴物触球。

（9）抛拍击球。

（四）有效还击

下列情况都属有效还击。

（1）球触球网、网柱、单打支柱、绳或钢丝绳、中心带或网边白布后，从网上越过落入对方场区内。

（2）对方发出的或还击的球，落在本方有效场区内又反弹回去或被风吹回对方场区上空时，本方运动员挥拍过网击球，球落到对方场区内，其身体、衣服或球拍并未触及球网、网柱、单打支柱、绳或钢丝绳、中心带、网边白布或对方场区的地面。

（3）球从网柱或单打支柱以外还击至对方场区。

（4）合法击球后，球拍随球过网。

（5）对方发出或击出的球，碰到本方区内的另一个球，而还击的运动员仍能回到对方场区内。

（五）胜一局

运动员每胜一球得一分，胜第一分记分 15，胜第二分累计分 30，胜第三分累计分 40，先得四分者胜一局。但遇到双方各得 3 分时，则为“平分”。“平分”后，一方先得一分时，为“该运动员占先”，占先后再得一分，才能胜一局；如一方“占先”后，对方又得一分，则仍为“平分”。依次类推，直到一方在“平分”后两胜两分结束该局。

（六）胜一盘

（1）一方先胜六局为胜一盘，但遇到双方各得五局时，一方必须先净胜两局才算胜一盘，这种方法称为长盘。

（2）决胜局计分制。遇到双方各胜六局时，第十三局采用决胜局计分制，也叫平局决胜制，或叫“抢七局”，即先得 7 分为胜该局即该盘。若分数成六平时，比赛须延长到某方净胜 2 分为止。

（3）比赛方法。该轮的发球员在右区发第一分球后，即改由对方依次在左区和右区发第二、第三分球；此后轮流交替发球，并每人连发两分球，其中第一分球均应在左区发球。运动员应在每 6 分及决胜局结束时交换场地。

（七）最多盘数

一场比赛男子组最多盘数是五盘，女子组最多盘数是三盘。

第十章　形体运动

学习目标：

1. 了解健美操、街舞、体育舞蹈、瑜伽、啦啦操的相关知识。
2. 学习健美操、街舞、体育舞蹈、瑜伽、啦啦操基本技术和练习方法。

第一节　健美操

一、健美操概述

健美操源于英文 Aerobics，意为有氧运动。健美操最早由美国人 Kenneth Cooper 博士于 20 世纪 60 年代开始在美国推广。Aerobics 原来只强调有氧运动的重要性，并且以训练心肺功能为主要目的。随着有氧运动发展到 20 世纪 70 年代末，健美操作为一项独立的体育运动项目逐渐受到大众的欢迎。

20 世纪 80 年代初，健美操传入我国，当时北京、上海、广州等地相继举办了各种健美操培训班，健美操迅速地在高校和社会普及开来，受到青年学生的喜爱。

健美操是以健身为基础，为使人体健康健美地发展而编排的。长期进行健美操运动不仅有益于肌肉、骨骼、关节的匀称、和谐的发展，而且还能增强体质，培养健美的体形，塑造优美的体态，缓解人的精神压力。

二、健美操的概念和分类

健美操是一项以有氧运动为基础，以健、力、美为特征，融体操、舞蹈、音乐为一体的身体练习。它既是健身美体、陶冶情操的大众健身方式，又是竞技运动的一个项目。

健美操

根据不同的目的和任务，健美操可分为竞技健美操和健身健美操两大类（表 10–1）。

表 10-1　健美操分类表

分类		内容
竞技健美操	自选竞技健美操	男子、女子单人操 混合双人操 集体三人操、集体六人操
	规定动作健美操	国家规定的成套动作
健身健美操	徒手健美操	有氧健身操、拉丁健身操、搏击操、有氧舞蹈、健身街舞
	轻器械健美操	踏板操、哑铃操、健身球操、橡皮筋操
	特殊场地健美操	水中健美操、固定器械健美操、动感单车

竞技健美操是在健身健美操的基础上发展而来的，比赛项目有男子单人、女子单人、混合双人、集体三人（性别不限）、集体六人操。竞技健美操的主要目的是竞赛，因此，竞技健美操在参赛人数、比赛场地、成套动作的时间、动作的完成、难度动作的数量等方面都有严格规定。由于竞赛的主要目的是取胜，所以竞技健美操在动作的设计上更加多样化，并严格避免重复动作和对称性动作。

健身健美操练习的主要目的是锻炼身体、保持健康。健身健美操的动作简单，实用性强，为了保证一定的运动负荷和锻炼的全面性，动作多有重复，并均以对称的形式出现，主要包括有氧健身操、拉丁健身操、搏击操、有氧舞蹈、健身街舞、踏板操、哑铃操、健身球操、水中健美操、动感单车等。

三、健美操的基本动作

（一）健美操的基本步伐

基本步伐是健美操动作中的最小单位，是组成组合动作、成套动作的基础。健美操的基本步伐可以按照冲击力分为 3 种：无冲击类动作、低冲击类动作和高冲击类动作。许多低冲击类动作也可以做成高冲击类动作。而根据动作完成形式的不同，我们又将基本步伐分为 5 类，即交替类、迈步类、点地类、抬腿类、双腿类（表 10–2）。基本步伐的练习，可以提高练习者的协调性、节奏感和韵律感。

表 10-2　健美操基本步伐

类别	原始动作形式	无冲击力形式	低冲击力形式	高冲击力形式
交替类	踏步		踏步、走步、一字步、“V”字步、漫步	跑步
迈步类	侧并步		并步、迈步点地、迈步吸腿、迈步后屈腿、侧交叉步	并步跳、小马跳、迈步吸腿跳、迈步后屈腿跳、侧交叉步跳
点地类	点地		脚尖点地、脚跟点地	

续表

类别	原始动作形式	无冲击力形式	低冲击力形式	高冲击力形式
抬腿类	抬腿		吸腿、摆腿、踢腿、弹踢腿	吸腿跳、摆腿跳、踢腿跳、弹踢腿跳、后屈腿跳
双腿类		半蹲、弓步、提踵、弹动		并腿跳、分腿跳、开合跳、弓步跳

1. 交替类（图 10–1）

图 10–1

交替类动作是指两脚始终依次交替落地的动作。

（1）踏步（foot steps）。

动作要领：两腿依次抬起，依次落地。在下落时，踝、膝、髋关节依次有弹性地缓冲。在落地时，由前脚掌过渡到全脚掌，两臂屈肘前后自然摆动，身体保持正直，抬头挺胸。

（2）走步（traveling）。

动作要领：迈步向前走时，脚跟先落地，过渡到全脚掌，向后走时则相反，在落地时，膝、踝关节有弹性地缓冲。

（3）一字步（easywalk）。

动作要领：一脚向前一步，另一脚向前并步，然后依次还原。向前迈步时，先脚跟着地，过渡到全脚掌，前后均要有并腿过程，每一拍动作膝关节始终有弹性地缓冲。

（4）“V”字步（V step）。

动作要领：一脚向前侧方迈一步，另一脚随之向另一方迈一步，成两腿开立，屈膝，然后依次退回原位。两腿膝、踝关节始终保持弹动状态，分开后成分腿半蹲，重心在两脚之间。

（5）漫步（mambo）。

动作要领：一脚向前迈出，屈膝，重心随之前移，另一脚稍抬起，然后原地落下，或者向后撤一步，重心后移，另一脚稍抬起，然后原地落下。两脚始终交替落地，身体重心随动作前后移动，但始终保持在两脚之间。

2. 迈步类（图 10–2）

图 10–2

迈步类动作是指一条腿先迈出一步，重心移到这条腿上，另一腿用脚跟、脚尖点地或吸腿、屈腿、踢腿等，然后反向迈步重复上面动作的过程。

（1）并步（step touch）。

动作要领：一脚迈出，另一脚随之并拢，屈膝点地，再向反方向迈步。两膝始终保持弹动，动作幅度和力度可随风格而定。

（2）迈步点地（step tap）。

动作要领：一脚向侧迈一步，两腿经屈膝移重心，另一脚再向前、侧或后用脚尖或脚跟点地。两膝同时有弹性地屈、伸。

（3）迈步吸腿（step knee）。

动作要领：一脚迈出一步，另一腿屈膝抬起，然后向反方向迈步。动作要经过屈膝半蹲，抬膝时，支撑腿稍屈膝。

（4）迈步后屈腿（step curl）。

动作要领：一脚迈出一步，另一腿后屈，然后向反方向迈步。动作要经过屈膝半蹲，支撑腿稍屈膝，后屈腿的脚跟靠近臀部。

（5）侧交叉步（cross–step）。

动作要领：一脚向侧迈一步，另一脚在其后交叉，随之再向侧迈一步，另一脚并拢，屈膝点地。第一步要脚跟先落地，身体重心快速随着脚步而移动，保持膝、踝关节的弹动。

3. 点地类（图 10-3）

图 10-3

点地类动作是指一腿屈膝站立，另一腿伸出，用脚尖或脚跟点地后还原并腿姿势的动作。

（1）脚尖地点（touch tap）。

动作要领：一腿稍屈膝站立，另一腿伸出，脚尖地点，然后还原到并腿姿势。可做向前、侧、后的脚尖点地。

（2）脚跟点地（heel）。

动作要领：一腿稍屈膝站立，另一腿伸出，脚跟点地，然后还原到并腿姿势。支撑腿要始终保持屈膝站立，并且随动作有弹性地屈、伸。

4. 抬腿类（图 10-4）

图 10-4

抬腿类动作是指一脚站立，另一脚抬起的动作。

（1）吸腿（knee lift）。

动作要领：一腿屈膝抬起，落下还原。支撑腿要保持屈膝弹动，大腿上抬过水平，小腿垂直于地面，脚面绷直，落地时，由脚尖过渡到脚跟，两腿交替进行。跳起时，脚离地，上体保持正直。

（2）弹踢腿（kick the leg）。

动作要领：一脚站立（跳起），另一腿先向后屈，然后向前下方弹踢，还原。弹踢时要有控制，两膝之间要靠拢，前弹时不要过分用力，膝关节、髋关节运动伸展要有控制。

5. 双腿类（图 10-5）

双腿类动作是两腿站立、身体重心在两脚之间的动作。

图 10-5

（1）并腿跳（jump）。

动作要领：两腿并拢跳起，落地缓冲要有控制。

（2）弓步（lunge）。

动作要领：两腿前后分开，两脚平行站立，蹲下、起来。一腿后摆由脚尖过渡到前脚掌（脚后跟不需要着地），脚尖方向向前。半蹲时后腿膝关节向下，身体稍前倾，收腹立腰，重心始终在两脚之间。

（二）健美操上肢基本动作

1. 常用手形

健美操的手形分为并掌、开掌、花掌、立掌和拳（图 10-6）。

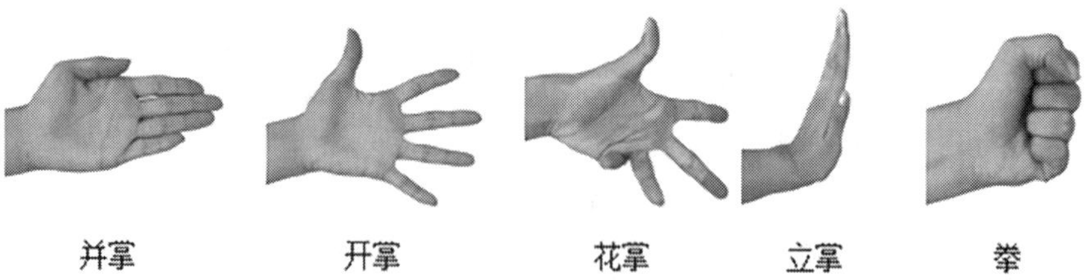

图 10-6

2. 上肢动作

· 自然摆动（图 10-7）。

· 举（图 10-8）。

· 冲拳（图 10-9）。

· 屈臂提拉（图 10-10）。

· 直臂上摆（图 10-11）。

· 交叉（图 10–12）。

图 10–7

图 10–8

图 10–9

图 10–10

图 10–11

图 10–12

四、大众健美操基础套路

本套操难易适中，增加了新颖、独特的手形和步伐，体现了整套操的活力、动感和激情。此套路适应于教学，供参考。

（一）动作组合一

预备姿势：直立。

第一个 8 拍（图 10–13）：

1–4 拍：右脚开始原地踏步 4 次，两臂前后自然摆动，双手握拳。

5 拍：右脚向前迈步，两腿微屈，左手胸前屈臂，握拳，右手位于体侧。

6 拍：左腿侧点地，左手臂变为侧平举，握拳，右手不变。

7–8 拍：动作同 5–6 拍，方向相反。

图 10–13

第二个 8 拍动作同第一个 8 拍，方向相反。

第三个 8 拍（图 10–14）：

1 拍：右脚向左前 45° 迈一步，重心前移，面向 7 点，右手臂前举，左手臂上举，双手开掌。

2 拍：左脚触地，重心后移。

3–4 拍：右腿向右侧做恰恰步，同时双手打开成侧平举，并掌。

5–8 拍：动作同 1–4 拍，方向相反。

图 10–14

第四个 8 拍（图 10–15）：

1 拍：右腿迈向 1 点，身体转向 7 点，双手前举出拳。

2 拍：后吸左腿，重心移至右腿，双臂回收腰间。

3 拍：左腿回落，重心移至两脚之间，双臂出拳。

4 拍：还原成直立姿势。

5–8 拍：动作同 1–4 拍，方向相反。

第五个 8 拍动作同第一个 8 拍，方向相反。

第六个 8 拍动作同第二个 8 拍，方向相反。

第七个 8 拍动作同第三个 8 拍，方向相反。

第八个 8 拍动作同第四个 8 拍，方向相反。

图 10–15

（二）动作组合二

第一个 8 拍（图 10–16）：

1 拍：右腿迈向 2 点，双臂上举，双手并掌。

2 拍：左腿并右腿，重心落在右腿上，身体面向 8 点，双臂向下压，右臂平举，左臂胸前屈臂。

3 拍：左腿向左后方 45° 迈步，双臂上举，双手并掌。

4 拍：右腿并左腿，面向 1 点，变为直立姿势。

5–8 拍：动作同 1–4 拍，方向相反。

图 10–16

第二个 8 拍（图 10–17）：

1–4 拍：右腿开始向右侧交叉步，同时手臂侧平举经胸前屈臂，然后打开成侧平举，4 拍还原成直立姿势。

5–8 拍：右腿开始做“V”字步，同时手臂依次侧上举，经胸前交叉还原。

图 10-17

第三个 8 拍（图 10–18）：

1–2 拍：右腿迈向 1 点小马跳，身体面向 7 点，同时左手臂上举，肘部微屈，右手臂在腰间，肘部微屈，双手半握拳。

3–4 拍：左腿向右腿前方 1 点方向小马跳，身体面向 3 点，右手臂经体侧绕至上举，肘部微屈，左手臂经体侧绕至腰间。

5–6 拍：左腿后撤一大步，右腿脚尖点地，左手臂经体前绕至侧上举，右手臂侧下举，手形为并掌。

7–8 拍：左腿向右腿并拢，成直立姿势，双手拍掌两次。

图 10-18

第四个 8 拍（图 10–19）：

1–2 拍：右腿侧点，左腿向 8 点方向弯曲，身体转向 7 点，右手向 7 点方向出拳，左手位于腰间。

3–4 拍：动作同 1–2 拍，方向相反，4 拍还原成直立姿势。

5 拍：开合跳，双臂侧平举。

6 拍：还原成直立姿势

7 拍：开合跳，身体前倾，双手虎口扶于膝关节上方。

8 拍：还原成直立姿势。

第五个 8 拍动作同第一个 8 拍，方向相反。

第六个 8 拍动作同第二个 8 拍，方向相反。

第七个 8 拍动作同第三个 8 拍，方向相反。

第八个 8 拍动作同第四个 8 拍，方向相反。

1-2　3　4　5　6　7　8

图 10−19

（三）动作组合三

第一个 8 拍（图 10–20）：

1 拍：右腿向左侧迈步，重心移至右腿上，右手臂前举，左手臂上举。

2 拍：左脚点地，重心后移，手臂不变。

3 拍：右腿迈向右侧，双脚开立，双臂叉腰。

4–6 拍：动作同 1–3 拍，方向相反。

7 拍：右脚向左后方做后迈步，重心后移，双手从腰间打开至体侧。

8 拍：左脚触地，重心前移，手臂动作不变。

1-2　3　4-5　6　7-8

图 10−20

第二个 8 拍（图 10–21）：

1 拍：右腿向右侧迈步，成开立姿势，双手上举，握拳。

2 拍：吸左腿，膝盖指向 8 点方向，双手向下用力至体侧。

3–4 拍：动作同 1–2 拍，方向相反。

5 拍：右腿向右侧开始并步，双手提拉至胸前。

6 拍：左腿并于右腿，双手经胸前下压。

7–8 拍：动作同 5–6 拍，方向相反。

1　2　3　4　5-8

图 10–21

第三个 8 拍（图 10–22）：

1 拍：右腿向前迈步，双臂胸前打开，手肘与肩平行。

2 拍：吸左腿跳，双手击掌。

3–4 拍：动作同 1–2 拍，方向相反。

5 拍：由右腿开始依次打开，成开立姿势，双臂由胸前提拉至侧上举，双手开掌。

6 拍：由右腿开始依次并拢，双臂于胸前交叉，双手变为握拳。

7–8 拍：动作同 5–6 拍，方向相反。

1　2　3　4　5-8

图 10–22

第四个 8 拍（图 10–23）：

1–3 拍：右腿开始向后方退 3 步，同时手臂从上方经体前至体侧。

4 拍：吸右腿，左腿小跳，双臂提拉至胸前屈臂。

5 拍：右腿前点，脚后跟触地，双臂向下压直。

6 拍：左腿后吸，右臂前臂向右侧打开，左臂前臂内扣。

7 拍：左腿侧点，右手臂移至胸前，左手臂甩向斜上方。

8 拍：还原成直立姿势。

第五个 8 拍动作同第一个 8 拍，方向相反。

第六个 8 拍动作同第二个 8 拍，方向相反。

第七个 8 拍动作同第三个 8 拍，方向相反。

第八个 8 拍动作同第四个 8 拍，方向相反。

图 10–23

（四）动作组合四

第一个 8 拍（图 10–24）：

1 拍：右腿向 2 点方向迈步，重心前移，双臂胸前出拳。

2 拍：吸左腿，手臂收回至腰间。

3 拍：左腿向左后方迈步，重心后移，双臂胸前出拳。

4 拍：右腿并左腿，成直立姿势。

5–8 拍：动作同 1–4 拍，方向相反。

图 10–24

第二个 8 拍（图 10–25）：

1–2 拍：右脚向后方迈步做并步，身体冲向 3 点，手肘与肩部平行做击掌动作。

3–4 拍：左腿迈向右腿的左侧并步，身体转向 5 点，手臂动作不变。

5–6 拍：右腿迈向左腿的右侧并步，身体转向 7 点，手臂动作不变。

7–8 拍：左腿迈向右腿的左侧并步，身体转向 1 点，手臂动作不变。

图 10–25

第三个 8 拍（图 10–26）：

1–2 拍：右腿吸腿跳，手臂位于体侧。

3–4 拍：右腿踢腿跳，手臂不变。

5–8 拍：动作同 1–4 拍，方向相反。

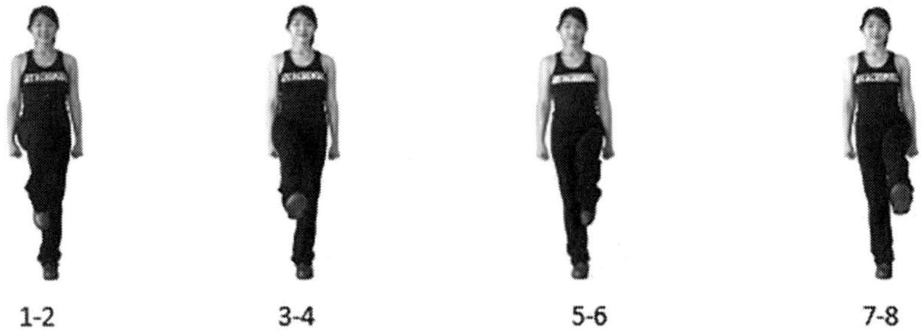

图 10–26

第四个 8 拍（图 10–27）：

1–2 拍：身体转向 3 点，右腿跳踢腿。

3–4 拍：身体转向 5 点，左腿跳踢腿。

5–6 拍：身体转向 7 点，右腿跳踢腿。

7–8 拍：身体转向 1 点，左腿跳踢腿。

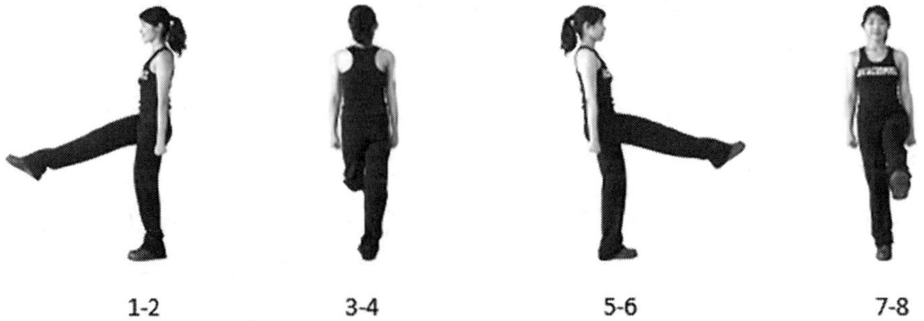

图 10–27

第五个 8 拍动作同第一个 8 拍，方向相反。

第六个 8 拍动作同第二个 8 拍，方向相反。

第七个 8 拍动作同第三个 8 拍，方向相反。

第八个 8 拍动作同第四个 8 拍，方向相反。

五、健美操比赛欣赏

健美操是以锻炼身体为目的的健身运动，一套高质量的健美操表演能带给人们以丰富的视觉与听觉的享受。比赛中运动员、音乐、成套动作的艺术性与创造性以及动作的完成情况是人们欣赏健美操的重要内容。但欣赏竞技健美操主要体现在难度和创新上，这也是竞技健美操运动追求更高、更快、更强的魅力所在。

（一）艺术性与创造性欣赏

艺术性与创造性主要体现在运动员的成套动作上。运动员所设计的动作风格必须与音乐风格相一致；音乐的选择要有新意；难度动作要有所创新；动作编排设计新颖、舒展、美观、大方，动作之间的连接要合理、巧妙，动作素材要多样化；一套动作要有好的开始和成功的结尾；集体项目运动员配合要默契，相互间要有交流；队形变化要自然、清晰、流畅，并且充分利用场地。

（二）动作完成性欣赏

健美操完成性包括技术技巧和一致性。一套完美的健美操动作，除了需要有音乐、艺术性与创造性、表演者等因素外，成套动作的完成性是整套动作的点睛之笔。我们在欣赏健美操时，要看运动员的动作姿态是否正确、优美、有力；是否合理利用空间地面以及空中动作的变化；动作与音乐伴奏的吻合程度；集体动作是否整齐划一；等等。

（三）难度动作欣赏

竞技健美操的难度动作是区别于健身健美操的重要标志。在所有单人、混双、三人和六人的健美操成套动作中，必须包括四组难度动作的展示：A 组——动力性力量；B 组——静力性力量；C 组——跳与跃；D 组——平衡与柔韧。一套动作中要求最多做 12 个难度动作，每组难度动作至少各有 1 个，地面难度不得超过 6 个，俯撑落地难度不得超过 2 个，每个难度分值为 0.1~1.0 分。

（四）音乐欣赏

健美操是在音乐的伴奏下完成的。音乐是健美操的灵魂，是健美操艺术性创造的动力。不同的音乐构成运动员不同的表现风格。动作的选择必须要按音乐的旋律和特点，根据音乐的情绪、风格、意境、节奏来进行编排。完整而独特的音乐可以使动作富有生命力，能渲染气氛和调动观众的情绪，使比赛产生强烈的艺术冲击力。

（五）服装欣赏

健美操服装是健美操赛场上一道独特的风景线。当比赛开始，运动员出现在赛场上，给观众眼前一亮的除了运动员的形体、容貌外，就是运动员的服装。比赛规则主要对服装的胸部、肩胛骨、腹部位置以及透明材料做了规定，款式没有限制。所以运动员可以根据自己的形体条件、爱好、所要表达的主题选择更适合自己的款式，把自己装扮得更加美丽动人。

（六）个人魅力欣赏

健美操是一项表演性运动项目，对于健美操比赛来说，审美对象是运动的人，因此在比赛时对运动员的形象要求是非常高的。女运动员优美的曲线，男运动员结实的肌肉，给比赛增添了更多的视觉享受。作为一名优秀的健美操运动员应具备丰富的艺术表现力，充分表现各种优美的人体造型，尤其是作为个人项目的运动员，必须具备高超的表演天赋，可以说健美操运动员具有电影明星般的个人魅力。

第二节　街　舞

一、街舞概述

街舞最早起源于美国纽约，是美国黑人由一种发泄情绪的运动演绎成为街边的文化，人们称其为嘻哈（Hip-Hop）。20 世纪 80 年代中期街舞传入中国，并逐渐作为健身活动传播开来。街舞经过多年的发展，已经成为一种全世界流行的生活方式，甚至是精神象征，代表了表达自由、张扬个性、享受生活、勇于挑战的生活观。

长期坚持街舞练习，有益于肌肉、骨骼、关节的和谐发展，有效消除体内多余脂肪，改善体型，提高身体各部分的协调性和灵活性，缓解心理压力，增强自信，陶冶情操。

二、街舞的分类与舞种

（一）街舞的分类

街舞的分类见图 10-28。

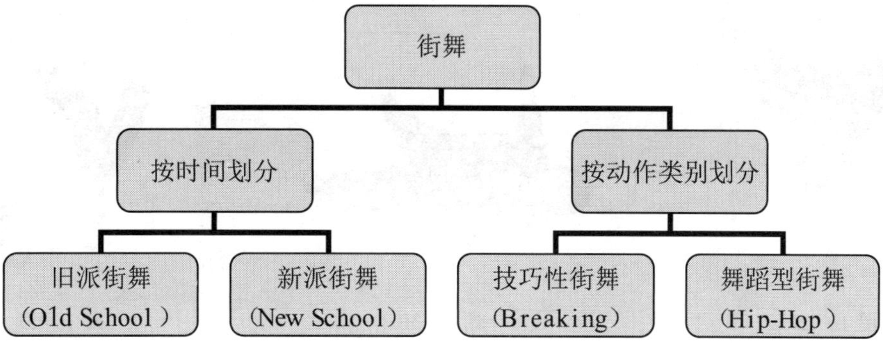

图 10–28

（二）街舞的舞种

街舞的舞种见表 10–3。

表 10–3　街舞的舞种

分类	舞种
旧派街舞（Old School）	霹雳舞（Breaking）、锁舞（Locking）、机械舞（Popping）
新派街舞（New School）	Hip–Hop、House、Jazz、Krump、Waacking、Ragrea

三、街舞的动作简介

（一）霹雳舞（Breaking）

霹雳舞是以旋转为主，翻身为辅，以手部为主要支撑点，以肢体在空中的翻腾、旋转为特色的技巧性街舞。尽管霹雳舞看起来包含许多复杂的动作，但是它们都是由基础的摇摆步、地板步衔接，加入复杂的技巧性的动作或定招，使整个舞蹈向更广更高的方向发展。

1. K 踢（K–Kick）

K 踢，或叫作 L 踢（L–Kick）。这一动作来自坎波舞。单手撑地，双腿踢向头部上方，随着非支撑臂的位置和双腿的弯曲形态不同而有多种变形。双腿向两侧尽量分开呈“V”字形（图 10–29）。

2. 侧手转（Sideglide）

侧手转，与手转相似，只是肘部支撑于体侧，双腿并拢，上下叠放，身体侧立做圆周旋转（图 10–30）。

3. 蛙跳（Frog）

蛙跳，像青蛙一样身体下蹲向前跳，然后双手撑住地面，再接双腿的蛙跳，重复（图 10–31）。

图 10-29

图 10-30

图 10-31

4. 蟋蟀跳（Cricket）

蟋蟀跳，也叫跳飞机。双手撑于体下，双肘抵住腹部，双脚离地，身体平行伏于地面，双手推动身体上下跳动着旋转。注意，只能用手接触地面。这个动作可以连接地板步、托马斯、蠕虫、其他飘浮动作（图 10–32）。

5. 头转（Headspin）

头转，以头支地的旋转动作。先以头顶地倒立，双手扶地，然后两腿分开做圆周摆动，带动身体旋转，双手离地。在旋转中，朝上的双腿可以摆出各种造型或做出各种动作（图 10–33）。

图 10-32

图 10-33

6. 分腿全旋（Leg circle）

分腿全旋也叫托马斯全旋。来自体操的旋转动作，在动力和平衡中，使双腿保持在空中，围绕身体前后旋转（图 10–34）。

图 10-34

（二）机械舞（Popping）

机械舞起源于机械人动作及形态，是利用肌肉的紧绷与放松来产生身体的震动与定格。其动作规格要求有突然停顿但不能太重，而是将力量释放出来的“划过骤停”的感觉，动作要配合音乐的节拍点“卡住”，卡拍时肌肉瞬间收紧，在不卡拍时相对把肌肉放松，在肌肉紧张和放松之间把握好“度”。由于动作要求细腻，机械舞基本功要求特别高。

1. 弗雷斯诺（Fresno）

弗雷斯诺，机械舞的基本动作。身体斜向一侧，抬起该侧手臂震；然后身体斜向另一侧，抬起该侧手臂震。做手臂弗雷斯诺的同时，加入同侧腿部动作，猛烈向后抽动该侧腿部的膝盖，感觉像是在极力扩张肢体。这样平滑地交替做下去（图 10–35）。

图 10–35

2. 眼镜蛇（Cobra）

舞者用一只手做波浪的动作传到另一只手，然后再把它送回来，但是只用到肩膀（图 10–36）。

图 10–36

3. 玩具人（Toyman）

玩具人，模仿玩偶形态的动作（图 10–37）。

（三）新派街舞（New School）

新派街舞是极其自由的舞蹈，没有固定的舞蹈体系，你可以采用任何舞蹈元素，你的身体可以像你的心灵一样奔放不羁，它似乎就是一种对原始非洲舞蹈精神的回归。初学者可以从律动、波浪、滑步、转身学起。

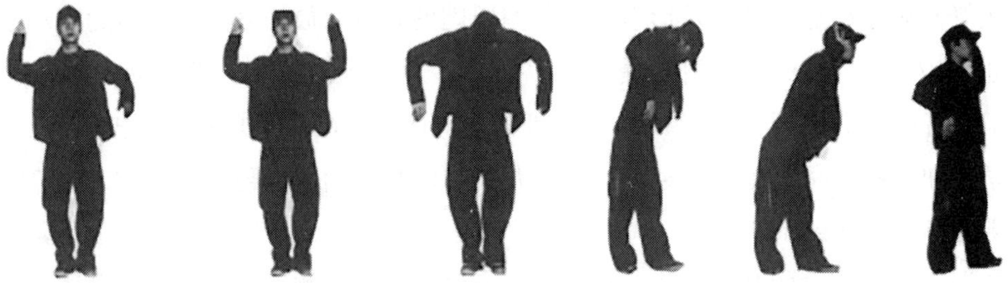

图 10-37

1. 律动（Up & Down）

律动，嘻哈舞蹈的基本动作形式，也是这种舞蹈风格的主要体现方面。律动表现为身体随音乐的起伏和摇摆，分为重拍向上和重拍向下两种，前者多用于新疯克（Funky）和豪斯舞蹈（图 10-38）。

图 10-38

2. 波浪（Wave）

身体做波浪式传动，令人感觉就像一股看不见的力量穿过舞者的整个身体，可以是两臂之间水平的波浪，也可以是从头到脚垂直的波浪，还有双腿之间、肩臂之间等众多身体部位的波浪，不同的波浪可以相互组合，自由发挥。波浪动作要流畅连贯，充满律动（图 10-39）。

图 10-39

3. 哈林抖动（Harlem Shake）

哈林抖动，来自摇摆舞的动作，通过胯和肩的配合造成双肩抖动，肩部随音乐每一个拍子抖动一下，然后猛然停顿一下，干净利索（图 10–40）。

图 10–40

4. 性感抖动（Booty Shake）

性感抖动，以胯部抖动为特色，胸部和肩部配合震动的动作。每一拍中抖动多次，速度快，视觉效果强烈。多为女子动作，非常性感（图 10–41）。

图 10–41

四、街舞教学基础套路

本部分介绍两套简单的基础套路适用于教学，第一组基础套路为 Hip–Hop 风格，第二组基础套路为 Jazz 风格。两组基本套路时尚、动感、活力、激情、彰显个性，供参考。

（一）第一套 Hip–Hop 基本套路（4×8 拍）

第 1 个 8 拍 1–4 小拍（图 10–42）：

预备姿势：直立。

步伐：1–2 拍右腿向左后方撤步，左腿向左撤一小步，右腿向右侧迈一步，同时身体前倾。3–4 拍向反方向。

手臂：手臂自然摆动。

图 10-42

第一个 8 拍 5–8 小拍（图 10–43）：

步伐：5 拍吸右腿，6 拍吸左腿。7 拍动作重复，8 拍重复 7 拍动作。

手臂：5 拍左手侧上举，左肘与右腿膝关节相夹，含胸。6 拍右手侧上举，右肘与左腿膝关节相夹，含胸。7 拍动作重复，8 拍重复 7 拍动作。

图 10-43

第二个 8 拍 1–4 小拍（图 10–44）：

步伐：1 拍右腿向右迈步，双腿弯曲，2 拍向右侧方 45° 吸左腿，含胸。3 拍左腿向左侧迈步，双腿弯曲，4 拍向左侧方 45° 吸右腿，含胸。

手臂：1 拍双臂从下方打开，双肘自然弯曲，手掌向上。2 拍前臂在胸前弯曲，手掌向下。3–4 拍重复。

图 10-44

第二个 8 拍 5–8 小拍（图 10–45）：

步伐：5–6 拍右腿蹬直向后摆腿，脚底与地面摩擦，小腿以膝关节为轴向内侧绕，与大腿呈 90°，身体转向左侧，左腿蹬直。7–8 拍双腿由直立姿势变为开合蹲。

手臂：5–6 拍双臂自然贴于体侧。7–8 拍双臂胸前打开，屈肘，同时胸部向上挺起，然后双臂从右侧方出拳伸直经前方回到胸前屈肘，同时，胸部经左后方做环绕动作，回到正面，含胸。

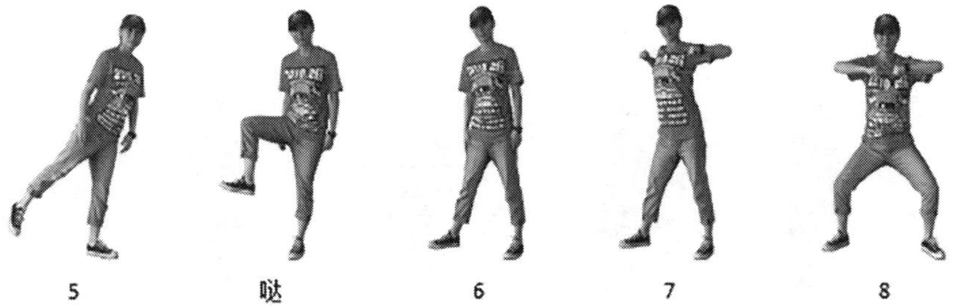

图 10–45

第三个 8 拍 1–4 小拍（图 10–46）：

步伐：1 拍左腿蹬直，脚后跟抬起，顶左胯，上身同时挺直，并向右侧倾斜。2 拍重心还原到两脚之间。3 拍同 1 拍方向相反。4 拍同 2 拍。

手臂：1 拍双臂从胸前向下打开并伸直，右手在身体前面，左手在身体后面。2 拍还原到胸前。3 拍同 1 拍方向相反。4 拍同 2 拍。

图 10–46

第三个 8 拍 5–8 小拍（图 10–47）：

步伐：5–8 拍双脚起跳，右腿在前交叉经左侧旋转 360°。

手臂：双手自然下垂于体侧。

第四个 8 拍 1–4 小拍（图 10–48）：

步伐：1 拍吸右腿，同时身体向前倾斜；2 拍右腿向下蹬直，同时身体挺直；3 拍同 1 拍方向相反；4 拍同 2 拍方向相反。

手臂：1 拍左手胸前屈臂，右手自然向后摆动；2 拍同 1 拍；3 拍右手胸前屈臂，左手自然向后摆动；4 拍同 3 拍。

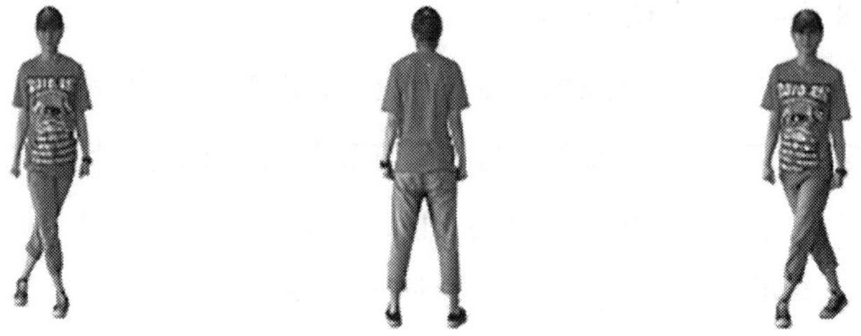

5-8

图 10-47

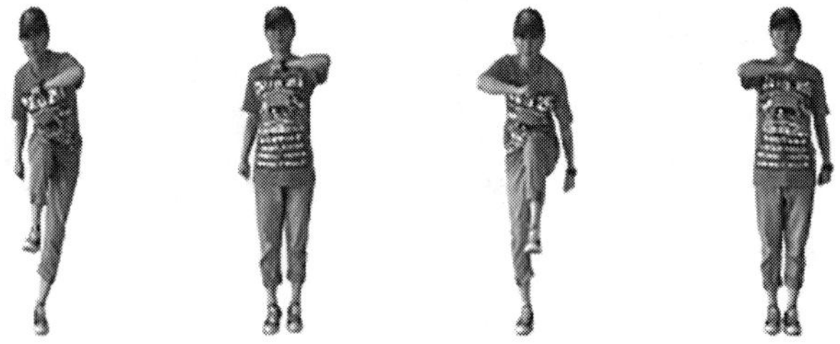

1　2　3　4

图 10-48

第四个 8 拍 5–8 小拍（图 10–49）：

步伐：5–8 拍以左脚为轴，重心保持平稳，右脚移动四步，身体方向变为面向右方。

手臂：5–8 拍手肘与肩部平行，肘部夹角为 80°~90°，做胸部起伏的动作。同时加上手臂的力量和胯部的力量，胸部的 Up & Down 算一次动作，共做 4 次。

5-8

图 10-49

（二）第二套 Jazz 基本套路（4×8 拍）

第一个 8 拍 1–4 小拍（图 10–50）：

步伐：1 拍右脚向右侧侧点，左腿微屈，头甩向左侧。2 拍双腿并拢并微屈，头部还原。3 拍左腿向左侧点地，身体转向右侧。4 拍吸左腿。

手臂：1 拍手臂位于身体的前后。2 拍前臂以肘为轴，向外侧旋转 180° 到身体的两侧。3 拍双手向右侧伸直。4 拍左手叉腰，右手轻托脸颊。

1　2　3　4

图 10–50

第一个 8 拍 5–8 小拍（图 10–51）：

步伐：5 拍，左腿侧点，右腿弓步，身体向左侧倾斜。6 拍还原成直立姿势。7 拍右腿向右侧迈一小步，膝盖微屈，胯部向右侧用力，左脚脚后跟抬起，前脚掌点地。8 拍左胯向左上方顶起，左腿伸直，脚尖着地，然后还原成 7 拍姿态。

手臂：5 拍双手向右侧推出去，手形为立掌，双手前后叠加，头部向左侧倾斜。6 拍双臂回到胸前屈肘。7–8 拍手臂变为侧平举，双手手指向上，拇指张开。

5　6　7　8

图 10–51

第二个 8 拍（图 10–52）：

步伐：1–7 拍重心在右腿上，左腿前脚掌点地。8 拍左腿后吸。

手臂：1–4 拍双臂经 4 次动作绕环 180°，5–7 拍双臂经 3 次动作在胸前屈肘重叠，8 拍双臂自然下垂。

1–4　5–7　8

图 10–52

第三个 8 拍（图 10–53）：

步伐：1–3 拍先迈左腿向前 3 步爵士步。4–5 拍右脚向右侧迈步，同时胸部做波浪动作。6 拍吸右腿。7 拍右腿向左后方撤步。8 拍转体 180°，身体面向后方。

手臂：1–3 拍手臂自然摆动。4–5 拍左手叉腰，右手由头后方经左侧脸颊滑下。6 拍双手推向右侧。7 拍双臂下垂。8 拍同 7 拍。

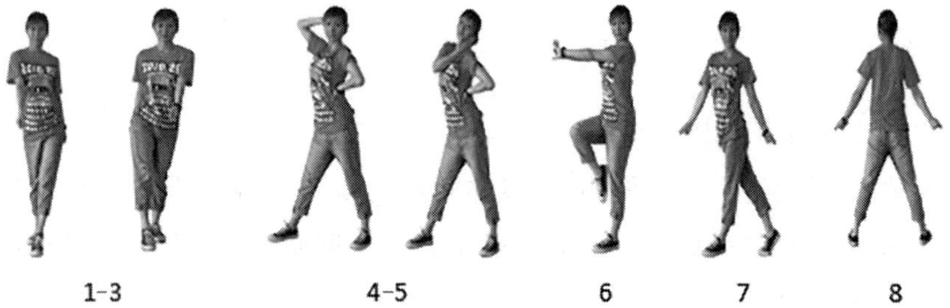

图 10–53

第四个 8 拍 1–4 小拍（图 10–54）：

步伐：1 拍重心在左腿上，右腿前脚掌点地。2 拍同 1 拍，方向相反。3 拍同 1 拍，4 拍同 2 拍。

手臂：1 拍双臂侧平举，双手为立掌。2 拍两臂上举，双手叠合。3 拍左手向下拉右手手臂。4 拍同 3 拍，方向相反。

图 10–54

第四个 8 拍 5–8 小拍（图 10–55）：

图 10–55

步伐：5 拍经左侧转体 180°，面向前方。6 拍右腿向右侧迈步，同时身体向下弯曲。7–8 拍，由头部依次抬起，最后成直立姿势。

手臂：5 拍双臂自然下垂于体侧。6 拍右手点地，左手位于身体后方。7–8 拍右手跟随身体的起伏自然下垂。

五、街舞欣赏

（一）街舞的音乐

音乐是舞蹈的灵魂，街舞的音乐以电子乐器、说唱、磨片等多种元素合成音效为主，节奏感强，风格热情奔放，体现出一种时尚的、鲜明的动感美。

（二）街舞的服饰

“超酷”的 T 恤、肥大的牛仔裤或袋袋裤、毛绒拉帽、民族花样的包头巾、精心打造的发型以及又长又粗的项链、银质耳环或者是鼻环、臂环、墨镜等“超炫”的各种配饰，都在舞者的身上成为合理又新颖的搭配，在每一个细节上都具有潮流元素的时尚符号，体现出街舞特有的衣饰风格。

（三）街舞的编排

街舞成套动作的编排要积极，健康，充满活力，富有创造力和新意，充分体现所选择舞种的技术特点，表现出良好的基本功深度和广度。动作和音乐应有完美的结合，能充分体现音乐的风格。全套动作应完整连贯，过渡自然，连接流畅。个人项目编排应注重艺术性和表演性；集体项目有良好的团队配合和交流，有丰富的队形变化。

（四）街舞比赛的评分方法

街舞比赛根据比赛形式的不同分为成套动作比赛跟斗舞比赛两种形式。

（1）成套动作满分 10 分。

· 编排与创意 3 分。

· 动作完成与质量 3 分。

· 感觉与表现力 2 分。

· 音乐选择与质量 1 分。

· 服饰与形象 1 分。

（2）斗舞满分 10 分，可设 3~5 轮，采取小组淘汰制进行评判。

· 难度与创新 3 分。

· 完成与质量 2 分。

· 完整与连贯 2 分。

· 乐感与配合 2 分。

· 现场表现与气氛 1 分。

（五）街舞比赛介绍

1. Juste Debout

Juste Debout 是全球最具权威性的 Hip-Hop 街舞大赛。赛事协会的总部设在法国巴黎，自 2002 年起，每年举办国际 Hip-Hop 街舞大赛以及官方授课活动。其比赛形式为 2 对 2 的斗舞比赛，包括 4 个舞种：Hip-Hop、House、Popping 和 Locking。

Juste Debout 就像是街舞界的“世界杯”，在全球多个国家设有分赛区，各个赛区的冠军代表各自国家参加在法国举行的总决赛。我国一直与这项赛事无缘，直到 2010 年才在中国设立了分赛区，我国的街舞高手第一次能够站在法国的比赛场上。令人惊喜的是，第一次参赛的中国队，在 Locking 项目上击败了多国的高手，最终拿到了冠军。这是中国街舞在国际大赛中的第一个世界冠军，是中国街舞迈向国际的一个里程碑。

2. Battle of the Year

Battle of the Year，即通常所称的 BOTY，是一个始于 1990 年的一年一度的全球性 Breaking 街舞系列赛。这是一个团体（相对个人来说）赛事。地区资格赛——相当于预赛——在世界范围内举行，各区胜者将会参加于德国布伦瑞克的大众汽车大厅里举行的终极对决。Battle of the Year 被认为是世界上最早的 Breaking 赛事，也常常被当作 Breaking 界的“世界杯”。

3. KOD

KOD 是 Keep On Dancing 的缩写，目前已经举办了 6 届。KOD 是国内水平最高、最具权威的街舞比赛，目前该赛事已经发展成为世界性的赛事。KOD 总部设在北京，KOD VOL1 举办时间为 2004 年 12 月 7 日至 11 日，其中包括舞蹈比赛与国际大师授课两项主要内容。来自中国 20 多个城市的几十个团体参加了这次比赛，比赛选手超过 100 人。KOD VOL2 举办时间为 2005 年 8 月 8 日至 13 日，日本、美国、法国、英国等街舞强国都有选手报名参加，韩国更是派出了十几人的最强阵容前来参赛，场地则是租用了可容纳 2000 多人的北京国安剧院。从 2004 年第一届 KOD 后，每年都要举行一场规模浩大的比赛，吸引了大批的街舞界人士报名参赛。

第三节　体育舞蹈

一、体育舞蹈概述

体育舞蹈也称“国际标准交谊舞”，它的前身即社交舞（也称交谊舞），起源于14—15世纪的意大利，16世纪末传入法国，经过不断加工，吸取各类舞蹈的精华，逐渐形成了当今的各种流派。体育舞蹈的发展经历了原始舞蹈、公众舞、民间舞、宫廷舞、社交舞、新旧国际标准交际舞等阶段。

20世纪20年代后，英国皇家舞蹈教师协会对原“舞种”“舞步”“舞姿”等进行规范整理，制定比赛方法，开始形成国际标准交谊舞，并于1947年在德国柏林举行第一届世界标准交谊舞锦标赛。现其已发展成艺术性高、技巧性强的竞技性项目。20世纪30年代，交谊舞传入中国，80年代初，体育舞蹈迅速从北京、广州向全国推广。2002年，中国体育舞蹈联合会成立，成为国际体育舞蹈联合会会员之一，这标志着我国体育舞蹈事业已经和国际接轨，进入了一个新的发展阶段。目前，中国已有近3000万体育舞蹈爱好者。

体育舞蹈的诞生，改变了社交舞的自娱性质，引起了社会各阶层的极大兴趣，它的典雅风格和优美舞姿征服了世界舞坛，掀起了半个多世纪的世界体育舞蹈热潮。同时，由于它兼有文化娱乐的内涵和体育竞技的双重特点，以及很强的表演观赏性和技艺性，因此成为人们建立友谊、陶冶情操、锻炼身体的极好形式。

二、体育舞蹈入门

（一）体育舞蹈的分类

体育舞蹈的分类见图10-56。

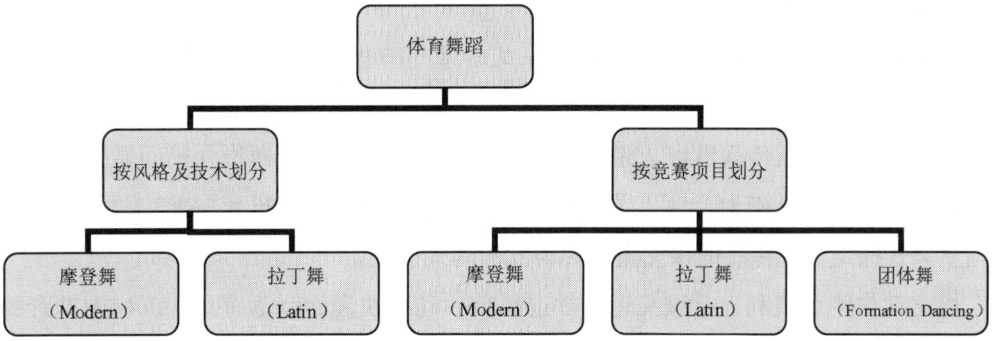

图10-56

（二）体育舞蹈的舞种

体育舞蹈的舞种见表 10-4。

表 10-4　体育舞蹈的舞种

分类	舞种
摩登舞（Modern）	华尔兹（Waltz）、探戈（Tango）、狐步舞（Slow Foxtrot）、快步舞（Quick Step）、维也纳华尔兹（Viennese Waltz）
拉丁舞（Latin）	伦巴（Rumba）、恰恰（Cha-Cha-Cha）、桑巴（Samba）、斗牛舞（PasoDoble）、牛仔舞（Jive）

1. 摩登舞（Modern）

摩登舞又称现代舞，起源于欧洲，具有端庄、含蓄、稳重、典雅的风格和绅士风度。舞步流畅，轻柔洒脱，舞姿优美，起伏有序，音乐节奏清晰，舞蹈富于技巧性，是老少皆宜的舞系。

2. 拉丁舞（Latin）

拉丁舞起源于非洲和拉丁美洲，具有热情、奔放、浪漫的风格特点。舞蹈动作豪放粗犷，速度多变，手势和脚步内容丰富，充满激情，音乐节奏鲜明强烈，尤为中青年人所喜爱。

（三）各种舞蹈的风格特点

1. 华尔兹（Waltz）

华尔兹亦称圆舞，是现代舞中历史最悠久、生命力最强的舞蹈形式。12 世纪在德国巴伐利亚和奥地利维也纳地区的农民中流行，17 世纪进入维也纳宫廷，18 世纪被誉为“欧洲宫廷舞之王”。19 世纪初传入美国波士顿，20 世纪重返欧洲，并以新的“慢华尔兹”的形式席卷欧洲大陆。

华尔兹的风格特点是庄重典雅，华丽多彩。其动作流畅起伏，婉转多变；舞姿飘逸优美，文静柔和。舞蹈时，男伴似王子气宇轩昂，女伴似公主温文尔雅，雍容大方。华尔兹音乐 3/4 拍，节奏中等，每分钟 28 ～ 30 小节。

2. 探戈（Tango）

探戈起源于非洲中西部的民间舞蹈探戈诺舞。16 世纪末至 17 世纪初进入美洲，融合了拉美民间舞蹈风格，形成了舞姿优雅洒脱的墨西哥探戈和舞姿挺拔、舞步豪放健美的阿根廷探戈。随后传入欧洲，融汇欧洲民间舞蹈，尤其是受西班牙民间舞蹈的影响，在原有豪放洒脱的基础上，渗入了幽雅含蓄的情趣，形成了西班牙探戈、意大利探戈和英国皇家式探戈。现在跳的探戈大家称为欧洲闪式探戈。

探戈动作刚劲锐利，欲进又退，欲退还前，动静快慢，错落有致，沉稳中见奔放，闪烁中显顿挫，音乐速度中庸，气氛肃穆，以切分为主，听之铿锵有声，振奋精神。探戈音乐 2/4 拍，每分钟 30 ～ 34 小节。

3. 狐步舞（Slow Foxtrot）

狐步舞起源于美国黑人舞蹈。1914 年夏，美国演员哈利·福克斯模仿马在慢步行走时的动作，并设计了一种舞蹈形式，迅速在全美风行。人们因此称狐步为福克斯。

狐步舞的风格特点除具有华尔兹的典雅大方、舒展流畅和轻盈飘逸之外，更具有狐步舞独有的平稳大方、悠闲自在、从容恬适的韵味。狐步舞音乐 4/4 拍，速度中庸，节奏明快。

4. 快步舞（Quick Step）

快步舞由美国民间舞改编而成，早期快步舞吸收了快狐步动作，后又引入芭蕾的小动作，使动作更显轻快灵巧。现在大家跳的是英国式的快步舞。

快步舞的风格特点是轻快活泼，富于激情。舞步洒脱自由，饱含动力感和表现力。快步舞音乐 4/4 拍，每分钟 50 小节。

5. 维也纳华尔兹（Viennese Waltz）

维也纳华尔兹起源于奥地利北部山区农民舞，是历史最悠久的舞蹈。

维也纳华尔兹的风格特点是动作舒展大方，连绵起伏，节奏清晰，旋律活泼，动作优美，舞步轻快流畅，旋转性强。维也纳华尔兹音乐是 3/4 拍，每分钟 60 小节。

6. 伦巴（Rumba）

伦巴是由古巴舞蹈吸收 16 世纪非洲黑人舞蹈和西班牙“波莱罗”舞蹈逐渐完善的。20 世纪 20—50 年代又受美国爵士乐和舞蹈的影响。20 世纪 30 年代初，皮埃尔夫妇在英国表演和推广古巴伦巴受到极大欢迎，风行欧洲。

伦巴的音乐缠绵、浪漫，舞蹈风格柔媚、抒情，是表现爱情的舞蹈，与其他拉丁舞不同的特点是在舞步运行中，髋部富有魅力地扭摆，上身自由舒展，在抑扬的韵律节奏下，具有文静、含蓄、柔媚的风格，被誉为“拉丁舞之魂”。伦巴音乐 4/4 拍，每分钟 27 小节。

7. 恰恰（Cha-Cha-Cha）

恰恰由非洲传入拉美国家后，在古巴获得很大发展，它是模仿企鹅姿态创编的舞蹈。在动作编排上一反男子领舞的习惯，男女动作不求统一整齐，且多半是男子随后。

恰恰舞曲热情奔放，舞步花哨利落，步频较快，诙谐风趣。音乐曲调欢快有趣，4/4 拍，每分钟 29 ～ 32 小节。

8. 桑巴（Samba）

桑巴是从巴西农村的摇摆桑巴传入城市演变而来的，后在里约热内卢狂欢节上公开表演后，以它微妙的节奏和强烈的感情倾倒了巴西人，逐步成为巴西的民族舞，是巴西音乐和舞蹈的灵魂。20 世纪 20—30 年代桑巴传入欧美。

桑巴的风格特点是动作粗犷，起伏强烈，舞步奔放、敏捷，富有强烈的感染力。桑巴音乐 2/4 拍，每分钟 48 ~ 56 小节。

9. 斗牛舞（PasoDoble）

斗牛舞起源于西班牙，是模仿西班牙斗牛士动作，有西班牙风格的进行曲伴舞的一种拉丁舞。

斗牛舞动静鲜明，力度感强，发力迅速，收步敏捷顿挫。在舞蹈中，男为斗牛士，气宇轩昂，刚劲威猛；女为红色斗篷，英姿飒爽，柔美多变。斗牛舞音乐 2/4 拍，每分钟 60 小节，一拍跳一步。

10. 牛仔舞（Jive）

牛仔舞源于美国，是美国西部牛仔跳的踢踏舞，20 世纪 50 年代爵士乐的流行，加速和完善了这种舞蹈，但风格上还保持美国西部牛仔刚健、浪漫、豪爽的气派。

牛仔舞的特点是舞步敏捷、跳跃，舞姿轻松、热情、欢快，具有独特的魅力。牛仔舞音乐 4/4 拍，每分钟 44 小节。

三、体育舞蹈基本知识

（一）舞程向

在一个舞池中，为避免互相碰撞而严格规定舞者必须按逆时针方向行进，这个行进方向叫舞程向。

（二）舞程线

沿舞程向方向行进的路线叫舞程线（图 10–57）。

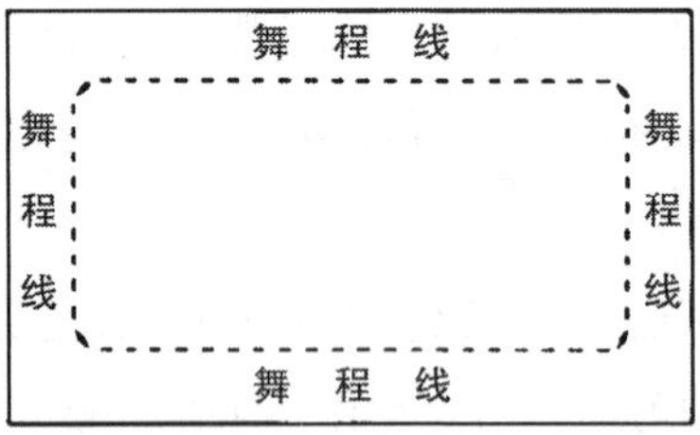

图 10–57

（三）舞姿

舞姿泛指舞者跳舞的姿态，包括合对位舞姿（闭式位舞姿）、侧行位舞姿、外侧位舞姿、并肩位舞姿、影子位舞姿、反身动作、反身动作位置、升降动作（起与伏）、摆荡动作、倾斜动作等十种舞姿。

（四）技术动作术语

技术动作术语包括准线、平衡、基本舞步、滑步、脚跟转、脚跟轴转、踌躇步、逗留步、开式转、轴转、锁步。

（五）角度、方位、赛场

每个舞步开始、结束时所站立的方向，运步、旋转过程中的方位、角度都有一定的规定。

1. 旋转角度的认定

旋转时以每转 360° 为 1 周；旋转 45° 为 1/8 周；旋转 90° 为 1/4 周；旋转 135° 为 3/8 周；旋转 180° 为 1/2 周；旋转 225° 为 5/8 周；旋转 270° 为 3/4 周；旋转 315° 为 7/8 周。在记录旋转动作时，应先标明旋转的方向，即左转或右转，再标明角度（图 10–58）。

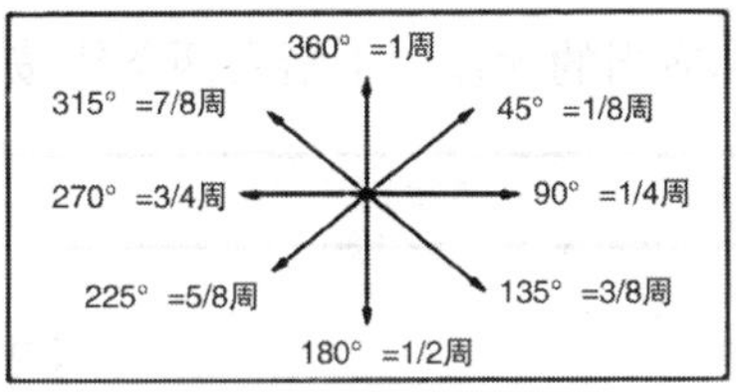

图 10–58

2. 方位的确定

为了便于在舞蹈进行中正确地辨别方位和检查旋转的角度，根据国际上记录各种舞蹈的惯例，在舞场上要规定一定的方位。一般情况下，多以乐队演奏台的一面为规定方位的基点，定为“1 点”（也可在场地中任选一个面定为“1 点”）。每向顺时针方向转动 45° 则变动一个方位。依次类推，2、3、4……共有八个点。因此，一个场地中的 4 个面为 1、3、5、7 点，4 个角为 2、4、6、8 点（图 10–59）。

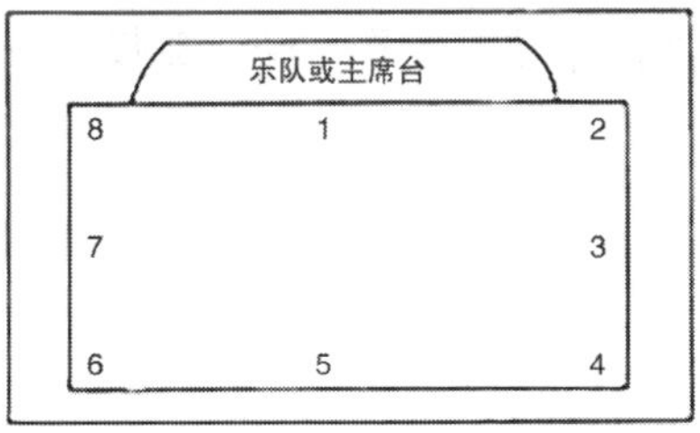

图 10–59

以上所谈方位，是在一个固定的位置时用的。如果舞蹈者按舞程线不断变换方位，向前移动，则又要和舞程线发生联系。因此，又规定了几条线来指示舞蹈者每个舞步的行进方向。

在国际体育舞蹈中规定了 8 个方向：1 面向舞程线；2 面向斜壁；3 面向壁线；4 背向斜中央；5 背向舞程线；6 背向斜壁；7 背向壁线；8 面向斜中央（图 10–60）。

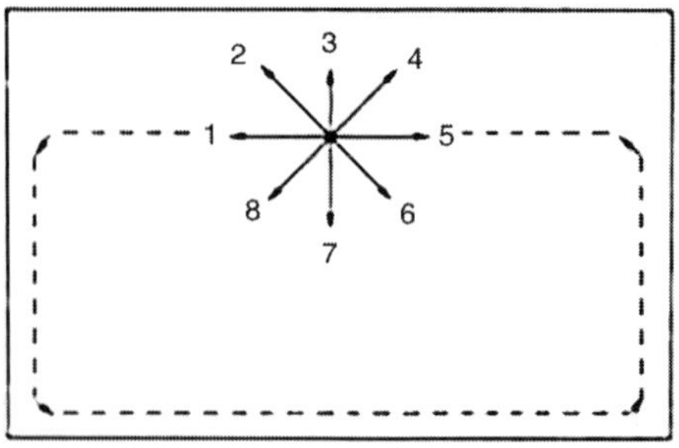

图 10-60

3. 赛场

体育舞蹈比赛的场地是有一定规格的，一般赛场场面应平整光滑，场地面积为 15 米 ×23 米。赛场长的两条边线叫 A 线，短的两条边线叫 B 线（图 10-61）。比赛选手所编的套路，应按两条线的长短不同，安排适当的动作，不断沿两条线按舞程线方向循序而进。

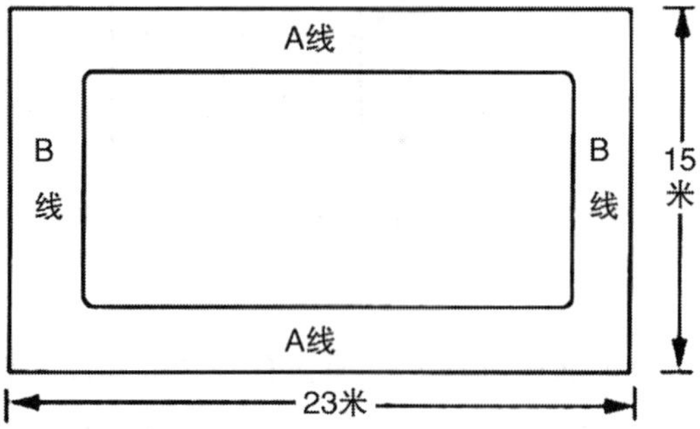

图 10-61

四、体育舞蹈的基本技术动作

本部分介绍了体育舞蹈的基本技术动作，摩登舞仅以华尔兹为例，拉丁舞仅以恰恰为例进行简单介绍。

（一）华尔兹

1. 握抱姿势

男女舞伴相对站立，脚尖正对前方，双脚并拢。女士偏向男士右侧 1/3，男女伴的右脚尖对准对方的双脚中线，男女伴的头都向左转，目光从男女舞伴右肩方向看出。女士从臂部以上向后上方打开，男士左手与女士右手掌心相握，虎口向上，前臂与上臂的夹角为 135°，高度与女士右耳相平。男士右手五指并拢，轻轻置于女士左肩胛骨下端。女士左手四指并拢，虎口放在男士右臂三角肌处（图 10-62）。

华尔兹的基本步伐

图 10-62

2. 基本步法

（1）左脚并换步（图 10-63、表 10-5）。

1　　　　2　　　　3

图 10-63

表 10-5　左脚并换步

步序		1	2	3
节奏		1	2	3
男士	步位	左脚前进	右脚向侧并稍向前	左脚并右脚
	方位	面向斜壁	面向斜壁	面向斜壁
	转度	不转动		
女士	步位	右脚后退	左脚向侧并稍后退	右脚并左脚
	方位	背向斜壁	背向斜壁	背向斜壁
	转度	不转动		

（2）右脚并换步。

男士：除了方位需向斜中央外，其余都与左脚并换步相对。

（3）左转步（图 10-64、表 10-6）。

图 10-64

表 10-6　左转步

步序		1	2	3	4	5	6
节奏		1	2	3	1	2	3
男士	步位	左脚前进	右脚向侧	左脚并右脚	右脚后退	左脚向侧	右脚并左脚
	方位	面向斜中央	背向斜壁	背向舞程线	背向舞程线	指向斜壁	面向斜壁
	转度	开始转向左	1–2 转 1/4	2–3 转 1/8	继续向左转	4–5 转 3/8 身体少转	身体完成转动
女士	步位	右脚后退	左脚向侧	右脚并左脚	左脚前进	右脚向侧	左脚并右脚
	方位	背向斜中央	指向舞程线	面向舞程线	面向舞程线	背向斜壁	背向斜壁
	转度	开始转向左	1–2 转 3/8 身体少转	身体完成转动	继续向左转	4–5 转 1/4	5–6 转 1/8

（4）叉形步（图 10-65、表 10-7）。

图 10-65

表 10-7　叉形步

步序		1	2	3
节奏		1	2	3
男士	步位	左脚前进	右脚向侧稍前进	左脚在侧行位置交叉于右脚后
	方位	面向斜壁	面向斜壁	面向斜壁
	转度	不转动		
女士	步位	右脚后退	左脚斜退	右脚在侧行位置交叉于左脚后
	方位	背向斜壁	指向斜中央	面向斜中央
	转度	不转动	1–2 转 1/4 身体微转	身体完成转动

（5）侧行追步（图 10-66、表 10-8）。

图 10-66

表 10-8　侧行追步

步序		1	2	3	4
节奏		1　1	2　1/2	&　1/2	3　1
男士	步位	右脚前进并交叉于反身动作及侧行位置	左脚向侧稍前进	右脚在侧行位置交叉于左脚后	左脚向侧且稍前进
	方位	沿着舞程线，面向斜壁	面向斜壁	面向斜壁	面向斜壁
	转度				
女士	步位	左脚前进并交叉于反身动作及侧行位置	右脚向侧	左脚并右脚	右脚向侧并稍后退
	方位	沿着舞程线，面向斜中央	背向壁线	背向壁线	背向壁线
	转度	开始转向左	1–2 转 1/8	2–3 转 1/8 身体微转	不转

（6）外侧右转（图 10-67、表 10-9）。

图 10-67

表 10-9　外侧右转

步序		1	2	3
节奏		1	2	3
男士	步位	右脚同女士外侧	左脚向侧	右脚并左脚
	方位	面向斜壁	背向斜中央	背向舞程线
	转度	开始转向右	1–2 转 1/4	2–3 转 1/8
女士	步位	左脚后退	右脚向侧	左脚向右脚并步
	方位	背向斜壁	指向舞程线	面向舞程线
	转度	不转动	1–2 转 3/8 身体微转	身体完成转动

（7）右旋转步（图 10-68、表 10-10）。

1　　2　　3

图 10-68

表 10-10　右旋转步

步序		1	2	3	4	5	6
节奏		1	2	3	1	2	3
男士	步位	右脚前进	左脚向侧	右脚并左脚	左脚后退，右脚保持在反身动作位置中（轴转）	右脚前进	左脚向侧并稍后退
	方位	面向斜壁	背向斜中央	背向舞程线	顺着舞程线，脚尖转入，结束面向舞程线	面向舞程线	背向斜中央
	转度	开始右转	1–2 转 1/4	2–3 转 1/8	向右转 1/2	继续旋转	5–6 转 3/8
女士	步位	左脚后退	右脚向侧	左脚并右脚	右脚前进（轴转动作）	左脚后退并稍向左侧	右脚稍后退
	方位	背向斜壁	指向舞程线	面向舞程线	面向舞程线，结束时背向舞程线	背向舞程线	面向斜中央
	转度	开始右转	1–2 转 3/8	完成转动	向右转 1/2	继续旋转	5–6 转 3/8

（8）左折转步（图 10-69、表 10-11）。

1　　2　　3

图 10-69

表 10-11　左折转步

步序		1	2	3
节奏		1	2	3
男士	步位	右脚后退	左脚向侧	右脚不动重心回到右脚
	方位	背向舞程线	指向斜壁	面向斜壁
	转度	稍左转	1-2 转 3/8 身体稍转	身体完成转动
女士	步位	左脚前进	右脚向侧	左脚不动重心回到左脚
	方位	面向舞程线	背向斜壁	背向斜壁
	转度	继续向左	1-2 转 1/4	2-3 转 1/8

（9）后叉形步（图 10-70、表 10-12）。

1　　2　　3

图 10-70

表 10-12　后叉形步

步序		1	2	3
节奏		1	2	3
男士	步位	反身动作位置中左脚后退	右脚斜退	侧行位置中，左脚交叉于右脚后
	方位	背向逆舞程线，斜中央	背向逆舞程线，斜中央	面向斜壁
	转度	不转动		
女士	步位	反身动作位置中右脚前进	左脚向侧	侧行位置中，右脚交叉于左脚后
	方位	背向逆舞程线	背向斜中央	面向斜中央
	转度	开始转向右	1-2 转 1/8	2-3 转 1/8

（10）踌躇步（图 10–71、表 10–13）。

1　　2　　3

图 10–71

表 10–13　踌躇步

步序		1	2	3	4	5	6
节奏		1	2	3	1	2	3
男士	步位	右脚前进	左脚向侧	右脚并左脚	左脚后退	右脚向侧小步（拉脚跟）	左脚并右脚，左脚虚点地
	方位	面向斜壁	背向斜中央	背向舞程线	背向舞程线	面向斜中央	面向斜中央
	转度	开始向右转	1–2 转 1/4	2–3 转 1/8	继续向右转	4–5 转 3/8	不转
女士	步位	左脚后退	右脚向侧	左脚并右脚	右脚前进	左脚向侧	右脚并左脚，右脚虚点地
	方位	背向斜壁	指向斜中央	面向舞程线	面向舞程线	背向斜中央	背向斜中央
	转度	开始向右转	1–2 转 1/8	身体完成转动	继续向右	4–5 转 3/8	不转

（11）并换步（图 10–72、表 10–14）。

1　　2　　3

图 10–72

表 10-14　并换步

步序		1	2	3
节奏		1	2	3
男士	步位	右脚后退	左脚向侧	右脚并左脚
	方位	背向舞程线	指向斜壁	面向斜壁
	转度	继续向左转	4–5 转 3/8 身体少转	身体完成转动
女士	步位	左脚前进	右脚向侧	左脚并右脚
	方位	面向舞程线	背向斜壁	背向斜壁
	转度	继续向左转	4–5 转 1/4	5–6 转 1/8

3. 铜牌级动作组合

左脚并换步（123）、右转步（123456）、右脚并换步（123）、左转步（123456）、叉形步（123）、侧行追步（12&3）、外侧右转（123）、右旋转步（123）、左折转步（123）、后叉形步（123）、侧行追步（12 & 3）、外侧右转（123）、踌躇步（123）、并换步（123）。

（二）恰恰

1. 握持方式

（1）闭式舞姿。

男女相对，相距 15 厘米，重心可在任意脚，女士与男士相反。男士的右手扶在女士背阔肌外缘。男士左手四指并拢、虎口张开，与女士右手相握，两前臂内侧贴近，肘部下缘平于女士胸膈膜线。女士的左臂轻靠在男士右臂上方，左手放在男士右肩上（图 10–73）。

（2）开式舞姿。

男女相对，分开约一臂距离，重心可落在任意脚（男女相反），另一脚向外侧打开，脚尖点地。男士左手手心向上，握住女士右手的四指，相握的手臂略弯曲。男士的右臂和女士的左臂向外侧伸出并略下收、弯曲，与肩成一条柔和曲线（图 10–74）。

图 10–73

图 10–74

2. 基本步法

（1）时间步（图 10−75）。

准备姿势：两腿并拢，脚尖微微打开，重心放于右腿，左脚脚掌着地。

做法：

2 拍：左脚跟落地，变为支撑腿，左髋向后。

3 拍：两腿交换做法同 2 拍。

4 拍：左腿向侧一步。

& 拍：右腿向左腿并合。

1 拍：左脚向侧一步。

要点：在做前两拍时髋部的动作要快，起伏要小，后三步出腿时髋稍滞后。

图 10−75

（2）定点转（图 10−76）。

准备姿势：右腿向右打开，脚尖点地，重心放于左腿。

做法：

2 拍：左转 90° 同时右脚向前一步，后半拍（&）向左后转体 180°。

3 拍：重心前移至左腿。

4 拍：向左转体 90° 同时右脚经左脚向侧一步。

& 拍：左腿向右腿并合。

1 拍：右腿向右横跨一步，同时重心移至右腿，左脚尖点地。

要点：2 拍的后半拍（&）转体时身体一定要收紧。

准备　　2　　3

4　　&　　1

图 10-76

（3）前进锁步（图 10-77）。

准备姿势：两脚前后开立，左脚在前，重心在左脚。

做法：

2 拍：右脚向前一步同时重心移至前脚掌。

& 拍：左腿跟进，膝盖贴住右腿腘窝。

3 拍：右脚继续向前一步同时重心移至前脚掌。

4 拍：左脚向前一步同时重心移至前脚掌。

& 拍：右腿跟进，膝盖贴住左腿腘窝。

1 拍：左脚继续向前一步同时重心移至前脚掌。

要点：迈步时注意重心迅速跟进。

准备　　2　　&　　3

图 10-77

（4）追步。

左恰恰追步（图 10–78）。

准备姿势：两腿并拢，脚尖微微打开，重心放于右腿，左脚脚掌着地。

做法：

4 拍：左腿向侧一步。

& 拍：右腿向左腿并合。

1 拍：左脚向侧一步。

要点：注意 1 拍，髋动作一次到位。

准备　　4　　&　　1

图 10–78

（5）基本步（图 10–79、表 10–15）。

准备　　2　　3

4　　&　　1

图 10–79

表 10-15　基本步

步数		1	2	3-5	6	7	8-10
拍数		2	3	4&1	2	3	4 & 1
男子舞步	脚位	左脚向前	重心回到右脚	向左追步	右脚向后	重心回到左脚	向右追步
	转度	开始左转		1-5 步完成左转 1/8 周			6-10 步完成左转 1/8 周
女子舞步	脚位	右脚向后	重心回到左脚	向右追步	左脚向前	重心回到右脚	向左追步
	转度			6-10 步完成左转 1/8 周			1-5 步完成左转 1/8 周

（6）扇形步（图 10-80、表 10-16）。

图 10-80

表 10-16　扇形步

步数		1	2	3-5
拍数		2	3	4&1
男子舞步	脚位	右脚后退	左脚向左前迈进	右追步
	转度			左转 1/8 周
女子舞步	脚位	右转左脚前进	右脚前进同时以脚掌为轴左转	左脚后退后锁步
	转度	右转 1/4 周	开始左转	2-3 步左转 1/2 周

（7）纽约步（图 10-81、表 10-17）。

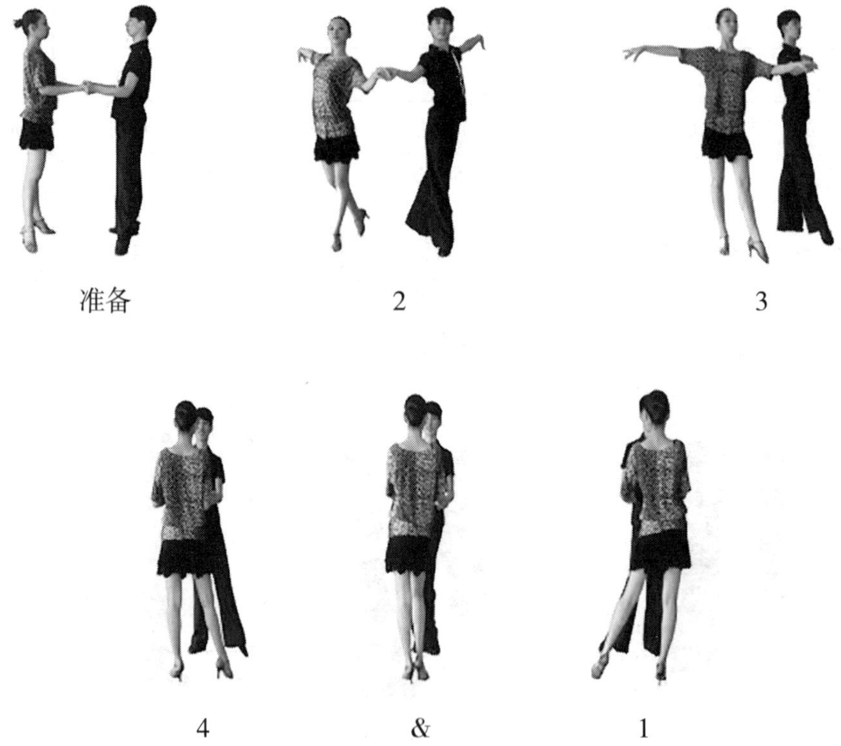

图 10-81

表 10-17　纽约步

步数		1	2	3-5	6	7	8-10
拍数		2	3	4 & 1	2	3	4 & 1
男子舞步	脚位	左脚向右前	重心回到右脚	向左追步	右脚向左前	重心回到左脚	向右追步
男子舞步	转度	右转 1/4 周	开始左转	2-5 步完成左转 1/4 周	左转 1/4 周	开始右转	7-10 步完成右转 1/4 周
女子舞步	脚位	右脚向左前	重心回到左脚	向右追步	左脚向右前	重心回到右脚	向左追步
女子舞步	转度	左转 1/4 周	开始右转	7-10 步完成右转 1/4 周	右转 1/4 周	开始左转	2-5 步完成左转 1/4 周

（8）阿里曼娜（图 10-82、表 10-18）。

准备　2　3　4　&　2　3　4　&　1

图 10-82

表 10-18　阿里曼娜

步数		1	2	3–5	6	7	8–10
拍数		2	3	4 & 1	2	3	4 & 1
男子舞步	脚位	左脚向前	右脚重心	原地步	右脚向后	左脚重心	右追步
	转度						
女子舞步	脚位	右脚向后	左脚向前	右前锁步	左脚向前	右脚向前	向左追步
	转度			右转 1/8 周	6–10 步右转 1 周加 1/8 周		

（9）右陀螺转（图 10-83、表 10-19）。

图 10-83

表 10-19　右陀螺转

步数		1	2	3–12	13	14	15
拍数		2	3	4 & 1、2、3 4 & 1、2、3	4	&	1
男子舞步	脚位	右脚交叉在左脚后	左脚向侧	3–12 步重复 1–2 步 5 次	右脚靠近左脚	重心移至左脚	右脚向侧为重
	转度		开始右转	1–15 步右转两周半			
女子舞步	脚位	左脚向侧	右脚交叉在左脚前	3–14 步重复 1–2 步 6 次			左脚向侧
	转度		开始右转	1–15 步右转两周半			

（10）闭式扭臀（图 10-84、表 10-20）。

准备　2　3

4　&　1

图 10-84

表 10-20　闭式扭臀

步数		1	2	3–5
拍数		2	3	4 & 1
男子舞步	脚位	左脚向右前	重心回到右脚	左追步（小步）
	转度	稍右转	开始左转	回转到开始位
女子舞步	脚位	右脚向后	重心回到左脚	向后追步
	转度	以左脚掌为轴右转 1/2 周	开始左转	2–5 步左转 1/2 周

（11）曲棍球步（图 10–85、表 10–21）。

图 10–85

表 10–21 曲棍球步

步数		1	2	3–5	6	7	8–10
拍数		2	3	4 & 1	2	3	4 & 1
男子舞步	脚位	左脚向前	重心回到右脚	原地步	右脚向后	左脚右前上步	右脚向前锁步
	转度				开始右转	6–7 步右转 1/8 周	
女子舞步	脚位	右脚向后靠近左脚	左脚向前	右脚向前锁步	左脚向前以掌为轴	右脚向后稍侧	左脚后退锁步
	转度				开始左转	6–7 步左转 5/8 周	左转完成

3. 铜牌级动作组合

基本步、扇形步、阿里曼娜、纽约步、定点转、前进锁步、后退锁步、三个连续锁步、右陀螺转、闭式扭臀、曲棍球步。

五、体育舞蹈的竞赛规则

（一）比赛的场地

体育舞蹈比赛场地长 23 米、宽 15 米，选手按逆时针方向运行，交换舞程线时应过中心线。

（二）比赛的音乐

比赛音乐决赛时每曲 2 分 30 秒，其他赛时每曲还规定不得少于 1 分 30 秒。

（三）比赛的服装

比赛服装规定：摩登舞，男子穿燕尾服，女子穿不过脚踝的长裙；拉丁舞，服装应有拉美风格，男女选手服装必须协调。专业选手背号为黑底白字，业余选手背号为白底黑字。

（四）比赛的种类

体育舞蹈比赛分团体赛和个人赛两种，按预赛（淘汰赛）、复赛（选拔赛）、半决赛（资格赛）、决赛（名次赛）的程序进行。

（五）比赛的项目

体育舞蹈比赛项目有摩登舞五项全能、摩登舞单项、拉丁舞五项全能、拉丁舞单项、十项全能、摩登团体舞、拉丁团体舞。

（六）比赛的裁判

体育舞蹈比赛裁判员的人数应由单数组成，这是由于在比赛时，选手能否进入下一轮比赛，是依据裁判员的 2/3 或 3/5 的比例选票决定出来的。

（七）比赛的评判依据

基本技术：基本动作、姿态、平衡稳定、移动。

音乐运用：节奏、风格的理解和体现。

舞蹈风格：区别各种不同舞种之间风格上的差别；个人风格的展现。

动作编排：动作流畅新颖，运用自如；体现舞种的基本风韵并有一定的技术难度；动作与音乐密切配合，发挥音乐效果；编排有章法，充分利用场地。

临场表现：赛场上的应变能力；良好的竞技状态。

赛场效果：舞者的风度、气质、仪表等总体形象。

在以上六要素中，前三条主要指选手的技艺品质，后三条是选手的艺术魅力。在预赛时着重于前三条要素的评判，在半决赛后着重于后三条要素的评判。在决赛中应全面评价选手各项要素的完成情况。

第四节　瑜　伽

一、瑜伽概述

瑜伽起源于五千多年前的古印度，是从不可追忆的远古时代传下来的。瑜伽“yoga”是梵文词，意思是自我和原始动因的结合或一致。它的含义是心灵、肉体和精神结合到最佳状态，即身心处于相对稳定、平衡的状态。类似于我国气功中所称的“天人合一”。

瑜伽起源于印度，流行于世界，是人类最古老的强身术之一，也是当今最时尚的健身运动方式之一。

瑜伽是全世界、全人类的财富。它以独特的、温和的运动方式达到显著的、极佳的健身效果。它在宁静的心境下，排除杂念，放松肌肉，舒展肢体，安静神经，塑身美体，给练习者长远的身心影响。

经常进行瑜伽锻炼，能有效地保护和增强心肺功能，特别是有意识的呼吸法练习能平稳血压和心率，对于控制血压、预防心脑血管系统疾病的发生和发展有显著效果。练习瑜伽体式能有效加强骨骼、肌肉、关节等运动系统的功能，使身体更加灵活、有效地按摩和调节内脏器官，改善神经系统、内分泌系统、呼吸系统、排泄系统、循环系统和免疫系统的机能，使人体维持在最佳状态。

二、瑜伽调息法

（一）关于调息的基本知识

呼吸作为人的一种生理本能，以一个简单、无意识的过程存在。因此，大多数时间里人们完全忽略了这个过程。随着年龄的增长，人们的呼吸变得短浅，渐渐地只用肺的一小部分呼吸，而且吸气时间比呼气时间长。这是一种功能紊乱的呼吸模式。它会扰乱自主神经，导致毒素在体内堆积，造成疲劳，使人们在焦虑和沮丧时容易生病。这种过浅的呼吸使心肺受到压迫，造成精力的无端浪费。

瑜伽调息法通过有节奏的、深长缓慢的呼吸以及有意识地进行屏息，来刺激脑细胞，使神经平静，净化血液，刺激和按摩所有的内脏器官，从而消除疲劳、减轻焦虑，改善精神面貌。

呼吸是将身体与精神联系起来的纽带。呼吸的方式与人的感情和心态有着本质的联系，平稳而有控制的呼吸能增强人的力量和活力。有意识的呼吸控制可以平抑情绪的波动，帮助瑜伽练习者找到强大、平静的内在自我。所以，所有的瑜伽经典理论都认定："呼吸是瑜伽实践的源头。"

（二）常用的呼吸方式

1. 腹式呼吸

取仰卧或瑜伽坐姿，将一只手臂放在肚脐下方，去感受呼吸时带给腹部不同的起伏。吸气时，腹部向外鼓起，吸气越深，鼓起的力度就会越大。随着腹部扩张，横膈膜就向下降。接下来呼气，腹部向内朝脊柱方向回收。尽量深长呼气，收缩腹部，将肺内的空气完全呼出，横膈膜就自然而然地升起。

优点：深层地滋养和净化完整的肺部，按摩腹部内脏，促进消化和吸收。

2. 胸式呼吸

取仰卧或瑜伽坐姿，深长吸气，但不要让腹部扩张。代替腹部扩张的是把空气直接吸入胸部区域。在胸式呼吸中，胸部扩张，腹部保持平坦。当吸气越深时，腹部向内朝脊柱方向回收。用这种方法吸气时，肋骨是向外和向上扩张的，呼气时，肋骨向下并向内收。

优点：加强腹肌肌力，镇静心脏，净化血液，改善血液循环。

3. 完全呼吸

完全呼吸是把腹式和胸式呼吸结合起来的呼吸方式。缓缓吸气，首先吸入肺部。在肺部鼓起时，气就开始充满胸部区域的下半部分，紧接着充满胸部的上半部分。用力吸满气，尽量将胸部扩张到最大限度，此时吸气已达到双肺的最大容量，最好能够保持3秒的悬吸。再缓缓呼气，先放松胸部，然后放松腹部。用收缩腹部肌肉的方法结束呼吸。

优点：所有人都会在这种天性的呼吸方式中受益。由于血氧含量增大，血液被净化，肺部组织更为强壮，从而增强身体抵抗力。这种呼吸方式可以使神经系统镇静下来，心律平稳，身心会充满平静与安详，心境变得清澈而警醒。

经常进行瑜伽运动，通过音乐的融入，能培养人正确的审美观，使人能够采取积极、乐观以及平和的心态去面对困境，提高人的社会责任感。

三、瑜伽冥想

人应该是大脑的主人，而不是大脑的仆人。我们每天睁开眼，眼前的世界开始给我们灌输形形色色的诱惑和幻影，寄生着我们的各种欲望和沮丧，人的大脑便永远追随那些不可履行的渴望。瑜伽冥想尝试教授的，是如何控制我们的大脑，享受我们已经拥有的幸福与快乐，如何把欲望引导到对内在愉悦的追求，而不是昙花一现的外在世界依赖上，以获得更平静的生活。

控制大脑最有效的方法是让大脑脱离你的情绪、思想和行为，退后一步，像旁观者般观察自己，没有任何褒贬。这样，你会发现思想和情绪都对你失去控制，大脑和身体都成为你可控制的工具。不断地冥想练习，你会发现无论是办公室的黑色星期，还是野外踏青的快乐周末，你都以同样的心态处之。这说明你的内心实在强大，任凭生活的变幻你依然泰然处之。冥想方式有如下几种。

（一）音乐冥想

选择你对其有特殊感受的音乐，能很快带你进入平静的音乐，双目合上，让你的身体随旋律随意舞动，慢慢地感受到轻盈的旋转，灰色的心情演变成优美的自得。

益处：这个冥想可以有效地改善抑郁情绪，帮助摆脱自闭。

（二）充电冥想

采用坐姿或卧姿，以舒服为主，开始观察你的呼吸。吸气、呼气，脑中没有任何思绪，不断地观察自己的呼吸。

益处：此冥想让你更接近自己身体的能量源，帮助你更有效地发掘和激活自身的潜层能量。

（三）睡眠冥想

身体平躺在地面，让全身各部位保持放松状态，闭上双眼，从脚趾到天灵盖扫描你的全身，越慢越好，然后再扫描整个背部。

益处：此冥想能帮助你在短时间内让身体和大脑进入极度放松状态。有效地练习，能够保障你自如地进入深沉的睡眠，尝试工作之余，用 30 分钟的冥想补充 3 小时的睡眠。

（四）烛光冥想

取一支蜡烛，将其放置在一臂距离远的地方，高度与目光水平线一致，凝视黑色烛芯。1 ~ 3 分钟，眼泪会慢慢渗出，然后，闭上双眼，试着在眉心继续凝视烛芯。

益处：能消除眼部疲劳，纯净双目，加强视力，并能使大脑得到平静。

四、瑜伽体位法

（一）瑜伽姿势的概述

许多人把瑜伽姿势和体操练习或健身技巧联系起来，这完全是错误的概念。因为瑜伽姿势不注重舞动身体，也不让人发展巨大的不必要的肌肉。瑜伽姿势和大多数体育项目不同，它不涉及快速或有力的运动，也不引起粗重的呼吸，相反，瑜伽姿势较缓慢，步骤很分明。练习者在做瑜伽时，都是放松而又警醒的，把注意力集中在这项练习在体内所产生的感觉上。

瑜伽姿势的目的在于发展身体、精神和心灵的品格，有深刻的意义和价值，而纯粹的锻炼仅提供肌肉和骨骼的物理效果。

1. 瑜伽姿势的功效

瑜伽姿势使肌肉、骨骼、神经系统、内分泌系统、呼吸系统、排泄系统和循环系统相互协调以至彼此相互帮助而不是对抗，使身体更加灵活，有效地按摩和调节内脏器官，使人体维持在最佳状态。与此同时，经正规的姿势练习后，人的精神状态变好了，能够平静地面对悲伤、焦虑和人世间的问题，不受干扰。精神的稳定性发展了，生活变得轻松，困难成为完美的精神、健康的垫脚石。练习瑜伽姿势释放出的潜力，使人反射出自信心，用语言、行为和行动来鼓舞他人。

2. 练习瑜伽的注意事项

（1）了解自己的极限。

练习者不必为了得到益处或把练习做得“正确”，就刻意把身子弯曲、伸展到身体承受不了的程度。

练习时不要过分逞强，只要伸展到自己的身体极限或感到舒适就可以了。

（2）排空胃。

练习前必须排空胃。为了确保这点，应该在进食后至少三四个小时才能练习，在饮用流食后至少 30 分钟才能练习。

（3）服装。

练习时最好穿着宽松、轻便和舒适的服装。开始练习前，摘去眼镜、手表和任何装饰品。

（4）经期卫生。

月经期间可以照常练习，避开身体颠倒类姿势即可，如犁式、肩倒立式。

（二）瑜伽体位法

在本书中，我们将瑜伽体位法分为基础类、前屈类、后展类、侧弯类、扭转类、平衡类、倒置类、其他类、经典套路。

1. 基础类

（1）简易坐。

方法：坐下，双腿前伸。左脚压在右腿下方，或右脚压在左腿下方。挺直脊柱，紧收下颌（图 10–86）。

优点：柔软灵活两髋、两膝、两踝，补养和加强神经系统，减轻和消除风湿性关节炎。

（2）雷电坐。

方法：两膝跪地靠拢，两脚紧靠，使两脚跟向外指，臀部坐在两脚跟之间。挺直脊柱，紧收下颌（图 10–87）。

优点：雷电坐是一个极好的冥想姿势，有助于使心灵和平宁静。特别是饭后练 5 ~ 10 分钟，它是促进整个消化系统功能的极好姿势。

（3）半莲花坐。

方法：坐下，双腿前伸。屈左腿让左脚跟顶紧右大腿内侧，再屈右腿把右脚放在左大腿腹股沟处。挺直脊柱，紧收下颌（图 10–88）。

优点：具有和莲花坐相同的效果，但程度较弱。

（4）莲花坐。

方法：坐下，双腿前伸。屈右腿放在左腿腹股沟处，再扳过右小腿把脚放在右腿腹股沟上方，两脚掌朝天。挺直脊柱，紧收下颌（图 10–89）。

优点：增加脑、胸部和骨盆区域的血液循环，保护心脏从而使心率平稳，对患呼吸系统疾病的人有益处，使两髋、两腿变柔软，有助于预防及治疗风湿病。

图 10–86

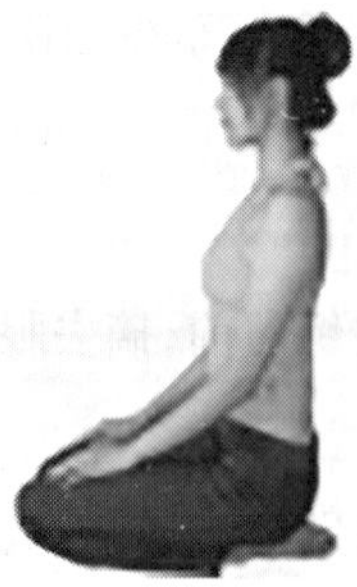

图 10–87

图 10–88

图 10–89

2. 前屈类

（1）伸背式。

做法：

① 席地而坐，两腿伸直于体前，双臂放在两腿上，挺直脊背（图 10–90）。

② 呼气时，身体慢慢前屈，试用拇指和手指握住双足或两踝，用额头触两膝，缓慢深长地呼吸（图 10–91）。

功效：放松髋关节和上背部。有效消除过多的腹部脂肪，柔软双腿，美化腿形。帮助排出肠胃胀气，消除便秘。加强所有腹部脏器，排除该区疾病，如糖尿病。促进新鲜血液流向脊神经和肌肉，从而使其更健康。

（2）束角式。

做法：

① 席地而坐，弯曲双膝，把两脚掌紧贴，双手紧握两脚，尽量将双脚拉近会阴处（图 10–92）。

② 使两膝和两脚的外侧接触地面，缓慢呼气，把两肘压在两大腿上，上体前屈至头部靠落在地面上，保持正常呼吸。尽可能地把鼻子、下巴都放到地面上（图 10–93）。

时间：在最后体位时保持时间不得少于 1 分钟。重复练习 2 ~ 4 次。

功效：柔软双髋，增加骨盆区域的血液循环，保健卵巢和子宫，使它们正常发挥功能，纠正月经失调及经期出现的腰腹痛。有助于治疗坐骨神经痛，防止静脉曲张的形成。另外，此式适合孕妇练习，帮助减少分娩痛苦，使其顺利分娩。

图 10–90

图 10–91

图 10–92

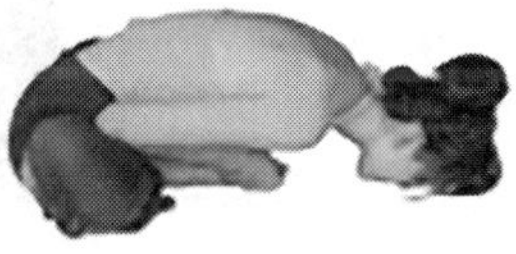

图 10–93

（3）坐角伸背式。

做法：

① 取坐位，两腿向左右两侧完全分开，躯干前屈双臂前伸展，正常呼吸（图 10–94）。

② 吸气时，躯干还原，双手在背后紧握，正常呼吸。

③ 呼气时，躯干再次前屈，将背后的两臂朝头上方伸展（图 10–95）。

④ 吸气时，抬起躯干恢复坐位。

时间：每次保持 15 ～ 30 秒。重复做 5 次。

功效：此式与伸背式具有同样的功效。额外的优点是放松伸展双臂和上背部，美化手臂线条，灵活肩关节。

图 10−94

图 10−95

（4）半莲花单腿独立伸展式。

做法：

① 取站立式（图 10−96），弯曲右膝，把右脚脚底板放在左大腿上。

② 吸气时，右臂伸向背后，右手手指抓住右脚的脚趾（图 10−97）。

③ 呼气时，上身前屈缓慢向下贴近左腿，把左手放在脚旁边扶地，正常呼吸（图 10−98）。

图 10−96

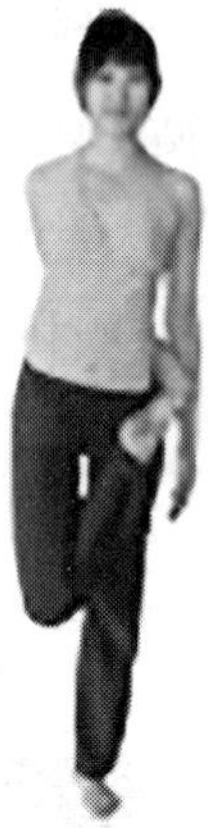

图 10−97

图 10−98

④ 吸气时，躯干恢复到站立式。

时间：在最后体位时保持 30 ～ 60 秒。每侧练习 2 ～ 4 次。

功效：此式可扩大胸部，使呼吸顺畅而深长。收缩腹部脏器，改善消化系统，促进废物排泄作用，使体内各种毒素减少。此式还对膝、腿僵硬强直或软弱无力产生良好疗效。

（5）头触趾式。

做法：

① 取站立式，两腿分开 2 倍肩宽，两手在背后握紧（图 10−99）。

② 吸气时，上身向左侧扭转（图 10−100）。

图 10–99

图 10–100

③ 呼吸时，左腿屈膝，两臂向上伸展，身体前屈至前额触及地面，屏住呼吸（图 10–101）。

④ 吸气时，抬起躯干，摆正身体。在右侧重复练习。

时间：在最后体位时保持 30 ～ 60 秒。重复练习 4 ～ 6 次。

功效：消除多余脂肪，排除肠胃胀气、便秘和消化不良。放松和柔软脊背。所有脊神经得到刺激和加强，使全身代谢加速。改善体内废物排泄，引导血液对大脑及面部的良好循环。

图 10–101

图 10–102

图 10–103

（6）头竖膝间式。

做法：

① 取站立式，两腿分开 2 倍肩宽，身体前屈，两手在小腿后握紧，屏气体外（图 10–102）。

② 呼气时，尽可能地将头放在两膝之间的空隙内，双手抱头（图 10–103）。

③ 吸气时，身体向上还原。此式应注意从头至尾使两腿保持笔直。

时间：在最后体位时保持 30 ～ 60 秒。最多练习 5 次。

功效：此式刺激放松髋关节和腘肌，修长和美化双腿。通过挤压可按摩腹部脏器，减少腹部和腰部的脂肪。按摩脊神经使大脑供血丰富，有助于缓解疲劳，使人精力充沛。

3. 后展类

（1）全眼镜蛇式。

做法：

① 取眼镜蛇基本式，屈曲双膝（图 10–104）。

② 呼气时，试用脚趾触后脑，保持正常呼吸（图 10–105）。

时间：在最后体位时保持 30 ～ 60 秒，重复练习 2 ～ 4 次。

功效：颚部、颈部、喉部、胸部、腹部和两腿都得到锻炼和加强，增强卵巢、子宫机能。按摩所有腹部脏器，促进消化，增进食欲，消除便秘。对肝、肾有益，可使滑出的椎间盘重新复位，伸展整条脊柱、颈项和肩部肌肉。促进全身血液循环，对于减轻和治愈泌尿功能失调很有效，对儿童和青少年发育很有好处。

（2）牛面式。

做法：

① 取坐位，屈叠左腿，左脚放在右臀侧。屈叠右腿放在左腿上端，以至右脚及地，在左臀旁边（图 10–106）。

② 一膝应放在另一膝上。右臂放在背后，左臂越过左肩。双手背后相握，躯干竖直，头向后仰（图 10–107）。

功效：有助于消除糖尿病、背痛、肩强直及颈部的疾病。滋养两肾，因而改善体内的纯化过程。缓解坐骨神经、风湿病，并促进胸部发育。

图 10–104

图 10–105

图 10–106

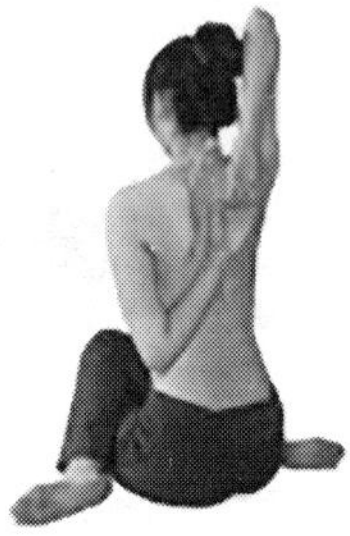

图 10–107

（3）弓式。

做法：

① 身体俯卧，在膝处屈双腿，用双手握住双踝（图 10–108）。

② 吸气时，绷紧双腿，使背部成拱弓，将头、胸和双臂抬离地面越高越好，保持双臂笔直（图 10–109）。

③ 在最后体位时，身体像拉紧弦的弓。此时做缓慢的深呼吸。

时间：在最后体位时保持 30 ～ 60 秒。重复练习 2 ～ 4 次。

功效：有力地按摩腹部脏器和肌肉，对肠胃病患者有很好的治疗作用。它能祛除慢性便秘、消化不良、肝郁。能迅速减少脂肪堆积。

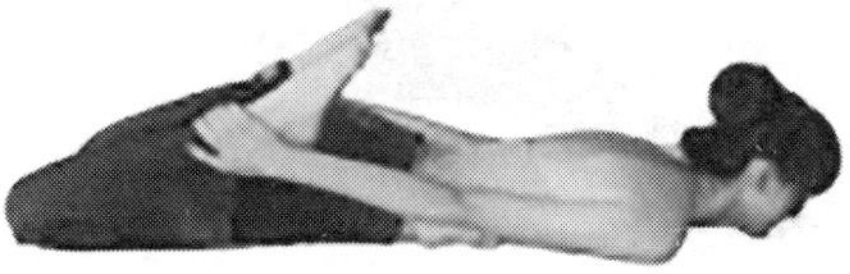

图 10-108

图 10-109

（4）桥式。

做法：

① 仰卧地面，双腿在膝处弯曲，双踵触臀，双手握住两踝（图 10-110）。

② 吸气时，抬臀拱背，双足平放地上。身体应由颈、双肩、双足支持，此时屏住呼吸（图 10-111）。

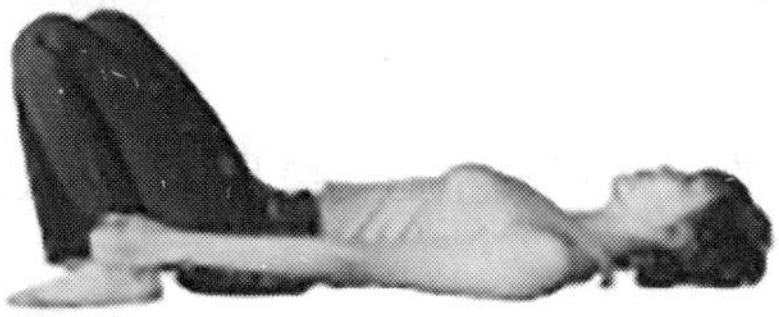

图 10-110

图 10-111

③ 呼气时，放平臀、背部，身体回到仰卧姿势。

时间：在最后体位时保持 30 ~ 60 秒。一般保健，此式可练多至 10 次。为治病可用正常呼吸练较长时间。

功效：此式可用来恢复椎间盘移位。伸展按摩直肠及其他腹部脏器。此式对拱肩背痛有益。同时可以结实臀、腿部肌肉，美化臀型，减少多余脂肪，是轮式的良好准备姿势。

桥式变体一：保持桥式，双臂屈肘双手撑腰，将左腿向上伸直，在对侧重复练习，保持 15 ~ 30 秒（图 10-112）。

桥式变体二：保持桥式，双臂屈肘支撑腰部，慢慢向前伸直双腿，保持 15 ~ 30 秒（图 10-113）。

（5）轮式。

做法：

① 仰卧地面，双膝弯曲，两踵触臀，两足分开一尺间距，双手在肩峰两侧着地，十指指向两肩（图 10-114）。

② 吸气时，伸直两臂和两腿，并举起身体至满弓的高度，躯干朝头的方向移动（图 10-115）。

图 10–112

图 10–113

③ 还原时慢慢放低身体，头顶触地，然后仰卧，再呼气。

开始练习轮式时屏气体内，有了经验后，能维持较长时间的轮式时，在身体完全抬起的位置上，练正常呼吸。

时间：每次练轮式的时间长到能舒适地坚持。重复练习 2 ~ 4 次。

功效：这个姿势使身体前侧得到伸展，使所有的胸腹脏器得到按摩。后侧得到强化，柔软脊柱。加强背肌力量，放松肩、颈部肌肉，神经系统得到滋养。头部供血加强，有效释压并使感觉敏锐。

轮式变体：保持轮式，将右腿慢慢向上伸直，双臂及左腿支撑身体（图 10–116）。

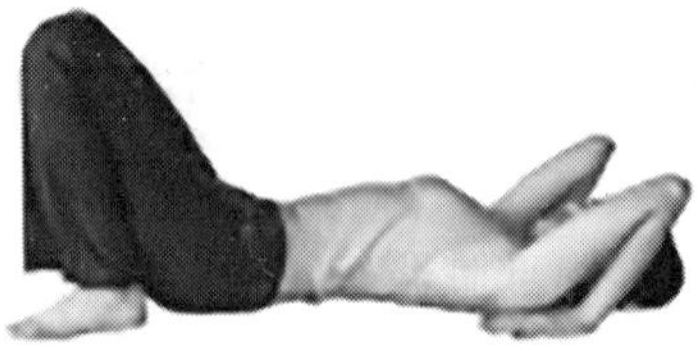

图 10–114

图 10–115

图 10–116

（6）骆驼式。

做法：

① 跪在地上，两小腿略分开，双手叉腰（图 10–117）。

② 吸气时，身体慢慢后仰。

③ 呼气，双手扶脚跟，颈部放松后仰，髋部前送，脊柱向前推，尽量让大腿同地面垂直（图 10–118）。

时间：在最后体位时保持 30 ~ 60 秒，重复练习 2 ~ 4 次。

功效：扩展胸部，预防乳房下垂，促进乳房发育。矫正驼背、两肩下垂，使肩关节柔软，伸展腹部。

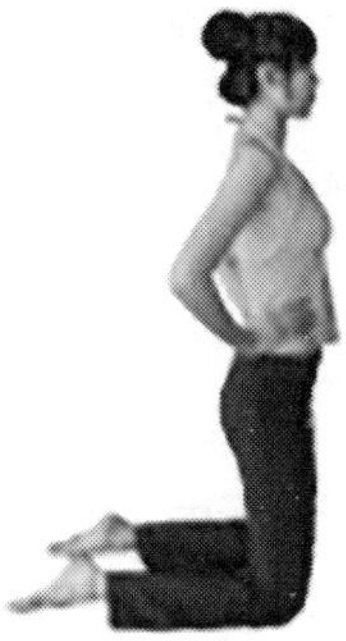

图 10–117

图 10–118

4. 侧弯类

（1）三角伸展式。

做法：

① 取站立式，双腿宽阔地分开，双臂向两侧平伸，与地面平行（图 10–119）。

② 呼气时，腰右侧弯，弯腰过程中要保持双臂与躯干呈直角。右手扶脚或小腿，左臂上展（图 10–120）。

③ 吸气，身体向上直立。呼气，放下双臂，身体还原。

时间：在最后体位时保持 6 ~ 8 次呼吸，每侧重复练习 3 ~ 5 次。

功效：使脊骨向两侧充分的伸展，柔软灵活脊柱。强化腰背肌、腹外斜肌，从而减少腰部赘肉，收腰腹部。

（2）侧角伸展式。

做法：

① 取三角基本式站立，右脚尖转向右侧，吸气（图 10–121）。

图 10–119

图 10–120

图 10–121

图 10–122

② 呼气时，弯曲右膝，上体缓缓向右侧弯曲，右手在脚外侧扶地，左臂向上伸直（图 10–122）。

③ 左臂尽量向侧平伸，同左侧腰、髋部形成一条直线。

时间：在最后体位时保持 6 ~ 8 次呼吸，每侧重复练习 3 ~ 5 次。

功效：加强胸部、腿部的肌力，减少腰部赘肉。按摩腹部，有助消化。可减轻膝关节炎和坐骨神经痛。

5. 扭转类

（1）腰躯转动式。

做法：

① 吸气时，双腿开立，双臂从两侧举起至与地面水平（图 10–123）。

② 呼气时，身体尽力转向左后方，右手放在左肩上，左臂放到躯干右后侧，正常呼吸（图 10–124、图 10–125）。

时间：维持 15 ~ 20 秒，每侧重复练习 8 ~ 10 次。

功效：放松脊柱和背部肌群，帮助矫正因不良体态所造成的脊柱侧弯或驼背。消除腰部和髋关节的僵硬强直。

图 10–123

图 10–124

图 10–125

（2）半扭脊式。

做法：

① 席地而坐，两腿在体前伸直，右脚在左膝外侧平放地上（图 10–126）。

② 呼气时，左臂肘部压在右腿膝部外侧，右臂撑地，脊柱朝右后方扭转（图 10–127）。

③ 向右侧屈左腿，左脚靠近右臀。呼气时，转体向右后方，右臂放在躯干左后侧，深长呼吸（图 10–128）。

图 10–126

图 10–127

图 10–128

④ 吸气时，上体慢慢回到开始时的体位。

时间：脊肌足够柔软时在每侧维持此姿势至少 1 分钟。

功效：增强脊神经，使背肌柔软，放松脊柱。按摩腹部脏器，消除消化性疾病。有助于缓解腰背酸痛。激活胰腺，对缓解糖尿病有帮助。经常练习此类姿势可消除腰腹部多余赘肉，从而起到减肥的作用。

（3）扭头及膝式。

做法：

① 席地而坐，两腿笔直前伸，屈左腿，把脚跟贴近会阴处（图 10–129）。

② 向前屈体使躯干倾向右侧并用右手抓住右脚，掌心向上，肘在伸直大腿的内侧。

③ 呼气时，左手伸过头顶，抓住右脚脚趾。收缩双臂，向脚部牵拉右肩，头朝天花板看，正常呼吸（图 10–130）。

时间：每侧维持此姿势至少 1 分钟，重复练习 4 ~ 6 次。

功效：此式提供大部分与伸背式相同的功效，额外的优点是伸展和压迫腹、胸两侧。有半扭脊式双倍的功效。

图 10–129

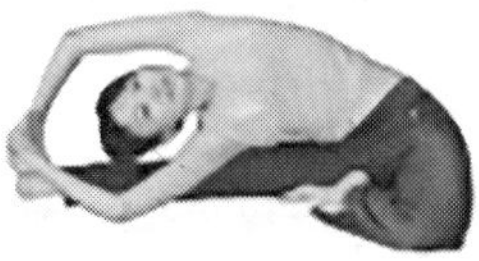

图 10–130

（4）扭脊俯卧式。

做法：

① 脊柱竖直而坐，两腿向前伸展，双手放在左髋旁（图 10–131）。

② 呼气时，向左转体 90°，屈上体向左后方扭转，不要抬起臀部（图 10–132）。

图 10–131

图 10–132

③ 吸气时，抬起躯干回到脸朝前坐的位置。右侧重复练习。

时间：在最后体位时保持 30 ~ 60 秒。每侧最多练习 6 ~ 8 次。

功效：伸展脊柱，刺激和灵活脊神经，矫正驼背和腰椎侧弯。结实腹肌，按摩腹部脏器，减少腰腹部脂肪。

（5）扭腰舒缓式。

做法：

① 身体仰卧，吸气时，弯曲双膝，脚掌踩地，双臂朝两侧水平伸展，掌心向下。

②把右腿抬起搭在左腿上，用右脚踝绕住左脚踝（图 10–133）。

③ 呼气时，将屈叠的双腿向左侧扭转，尽可能将双腿贴紧地面，确保两肩不要离地，缓慢将头部完全地转向右侧，眼睛看手指，正常呼吸。对侧重复练习（图 10–134）。

时间：在最后体位时保持 1 分钟，每侧重复练习 4 ～ 6 次。

功效：此式帮助迅速缓解腰部疲劳，有效治疗腰肌劳损，矫正腰椎侧弯。对腰部康复是个很理想的练习。此式通过扭转按摩腹部脏器，促进消化过程，预防便秘。对纤细腰部也有效。

（6）眼镜蛇扭动式。

做法：

① 俯卧，双腿伸直，两手掌平放在胸前两侧。吸气时，伸直双臂抬起身体。屈左膝，左脚掌踩在右腿内侧。

② 呼气时，上身转向左后方，两眼注视右脚的脚跟，身体要随头部向同一方向转动（图 10–135）。

时间：在最后体位时保持 30 ～ 60 秒，每侧重复练习 2 ～ 4 次。

功效：此式提供大部分与眼镜蛇式相同的功效，突出了对肠脏和腹部脏器的益处。

图 10–133

图 10–134

图 10–135

6. 平衡类

（1）树式。

做法：

① 取站立式，屈右腿，右手抓右脚踝，让右脚贴于左大腿内侧，膝关节指向右侧，站稳后，双手合十于胸前（图 10–136）。

② 吸气时，双臂缓缓向上伸直，放松肩部，挺直脊柱，收紧腹部，注意力集中，目视前方，保持正常呼吸（图 10–137）。

③ 呼气时，双手下降至胸前，松腿，还原。对侧重复练习。

时间：在最后体位时保持 30 ～ 60 秒，每侧重复练习 4 ～ 6 次。

功效：美化提升胸部曲线，扩展胸部，增进深呼吸，对肺部有益。加强脚踝和腿部力量，提高身体稳定性，增强集中注意的能力。

（2）舞王式。

做法：

① 取站立式，右腿向后屈曲，右手抓住右脚，左臂向上伸直（图 10–138）。

② 吸气时，右手拉起右腿向上伸展。呼气，左臂随身体缓慢下降至与地面水平的高度，平静呼吸（图 10–139）。

③ 吸气时，身体向上还原到单腿。呼气再回到站姿，对侧重复练习。

时间：在最后体位时保持 6 ～ 8 次呼吸，每侧重复练习 3 ～ 5 次。

功效：扩展胸部，加强胸、背、腿部力量，提高身体稳定性。提高臀位线，收紧腰、背、臀部肌肉，帮助减少全身脂肪，此式适合糖尿病患者练习，可有效控制和降低血糖。

图 10–136

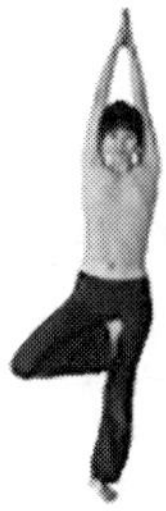

图 10–137

图 10–138

图 10–139

（3）战士式。

做法：

① 取站立式。吸气时，双掌合十，高举过头并尽力伸展。

② 呼气时，双腿开立，身体左转。屈左膝，身体重心下降至大腿与地面平行位置。

③ 呼气时，双臂连同身体前屈，右腿向后向上抬至与地面水平的高度，正常呼吸（图 10–140）。

时间：在最后体位时保持 6 ～ 8 次呼吸，每侧重复练习 3 ～ 5 次。

功效：强壮双腿，锻炼臂、背、腰、臀和腿部肌肉，美化身体曲线，消除全身脂肪，提高身体稳定性。

（4）侧板式。

做法：

① 向左侧卧坐，右腿在左腿上，右手放在右臀上，左臂支撑地面（图 10–141）。

② 吸气时，抬起身体，举起髋部使全身笔直，与地面呈 30°，屏住呼吸（图 10–142）。

③ 右手臂缓慢向上伸展，用力全身以保持住身体平衡。呼气时，身体回到侧卧位。

时间：在最后体位时保持 15 ～ 30 秒，每侧重复练习 2 ～ 4 次。

功效：增强腹部和手臂的力量，尤其是腹斜肌的肌力和柔韧性得到加强。提高躯干的稳定性，减少腰腹部脂肪。

图 10-140

图 10-141

图 10-142

（5）鹫式。

做法：

① 取站立式，双臂前伸，左肘压右肘（图 10–143）。

② 屈起两肘，两手腕相绕，手心相对合十（图 10–144）。

③ 呼气时，双膝微屈，右腿搭左膝上。右小腿和脚向后绕过左小腿，并用脚尖勾住（图 10–145）。

④ 吸气时，放松双腿、双臂，还原成直立姿势。

时间：在最后体位时保持 30 ~ 60 秒，每侧重复练习 2 ~ 4 次。

功效：使手腕、肘关节、膝关节和肩关节灵活，手臂纤细，强化腿部力量，提高平衡力。

（6）“V”字平衡。

做法：

① 脊柱竖直而坐。吸气，屈起双腿，双手抱脚（图 10–146）。

② 吸气时，慢慢伸直双腿，尽量贴近上体，同时脊背伸直，收紧腹部（图 10–147）。

图 10-143

图 10-144

图 10-145

图 10-146

图 10-147

③ 呼气时，身体还原。

时间：每次尽可能保持 30 ~ 60 秒，重复练习 2 ~ 4 次。

功效：激活腹部脏器，尤其是肝脏，强壮腹肌。有助于驱除肠寄生虫，刺激肠蠕动。

伸展腿部肌肉、韧带，减少腿部、髋部脂肪，增强腰腹肌和背肌的力量，发展平衡意识和集中力。

（7）蹲式。

做法：

① 双腿开立，双脚间距 60 厘米，双手五指体前交叉，挺直腰背（图 10–148）。

② 呼气时，身体慢慢下蹲距离地面 30 厘米的距离。下蹲时膝关节应指向两侧，打开髋部。吸气，直立还原（图 10–149）。

③ 呼气时，再慢慢下蹲至两大腿与地面平行的距离。吸气，直立还原（图 10–150）。

④ 再次呼气，完全下蹲到自己的最大极限，吸气，直立还原（图 10–151）。

时间：每次下蹲保持 4 ～ 6 次呼吸。重复练习 3 ～ 5 次。

功效：增强大腿肌肉和膝关节的力量，并收紧臀部，消除臀、腿部多余赘肉，强壮子宫肌肉。

图 10–148

图 10–149

图 10–150

图 10–151

7. 倒置类

（1）金字塔式。

做法：

① 取站立式，深深吸气，两腿宽阔地分开，双臂放在背后双手掌心合十。

② 呼气时，上体慢慢向后弯曲，头部后仰（图 10–152）。

③ 吸气，上体恢复直立。再深长呼气，躯干前屈，头顶在两脚之间着地，让头和双脚形成一条直线（图 10–153）。

时间：在最后体位时保持 30 ～ 60 秒。重复练习 3 ～ 5 次。

功效：对于做倒立姿势有困难的人群来说，此式是个很好的姿势。练习此式可得到和其他倒立姿势相同的功效，只是程度较逊。此式可增加对上体和头部区域的血流供应，伸展骨盆部位、腘旁肌和两腿肌肉群。

（2）叩首式。

做法：

① 跪坐，双臂在大腿两侧，两手抓住小腿，挺直脊柱（图 10–154）。

② 呼气时，上体前屈，把前额放在地板上（图 10–155）。

③ 吸气时，抬起臀部，让头顶落地，双臂伸直，两大腿垂直地面，正常呼吸（图 10–156）。

时间：在最后体位时保持 10 ~ 15 秒。重复练习 2 ~ 4 次。

功效：增加头部血流，美化面部肌肤，是完成头倒立式最好的基础姿势，功效近似头倒立式，只是程度较弱。

图 10–152

图 10–153

图 10–154

图 10–155

图 10–156

（3）犁式。

做法：

① 身体仰卧，双腿伸直，双手平靠体侧，掌心向下（图 10–157）。

② 吸气时，收缩腹肌使双腿离地，向上举起与身体垂直（图 10–158）。

③ 呼气时，将两腿向后摆至两脚伸过头后，使臀部和下背部离开地面，正常呼吸（图 10–159）。

时间：保持最后体位 10 ~ 15 秒。最多练习 10 次。

功效：伸展骨盆，刺激血液循环，保养内脏器官，有益于各种内分泌腺体和生殖器官，刺激消化功能，消除胃胀气，加速消除脂肪。有助于纠正月经失调，也可以缓解各种头痛、痔疮和糖尿病。

图 10–157

图 10–158

（4）双耳贴膝式。

做法：

① 身体仰卧，完成犁式最后的保持体位（图 10–159）。

② 呼气时，双腿屈膝，大腿贴近胸部。躯干更向后方移动，直到把双膝放在地面上（图 10–160）。

③ 两膝和肩头接触，两脚背平放在地面上，双手抱住双腿，正常呼吸（图 10–161）。

时间：保持最后体位 10 ~ 15 秒。最多练习 6 ~ 8 次。

功效：此式对腹部脏器、生殖器官具有很好的保健作用，对于心脏、双腿和躯干来说，是一个有很大松弛作用的姿势。伸展背肌，刺激脊柱神经使神经系统镇静。总体来讲，它对整个身体能产生非常显著并有益健康的影响。

图 10–159

图 10–160

图 10–161

（5）肩倒立式。

做法：

① 身体仰卧，完成犁式最后的保持体位（图 10–162）。

② 双手托起下腰部撑起躯干，使身体和双腿向上伸直，和颈部呈直角，下巴顶住胸部，正常呼吸（图 10–163）。

③ 屏住呼吸，让双腿下降，身体慢慢还原。

功效：在所有姿势中，肩倒立是最重要的姿势之一。它刺激甲状腺，从而改善循环、消化、生殖和内分泌系统的平衡。调理神经系统，使患心烦易怒、过度紧张、失眠、头痛和精神崩溃的人症状减轻。调整不正常的身体发育，由于大脑供血丰富，消除心理障碍。对治疗子宫位移和月经不调有益，改善泌尿功能失调。

图 10–162

图 10–163

8. 其他类

（1）猫弓背式。

做法：

① 跪坐。吸气时，抬起臀部，两手掌地，肩部放平（图 10–164）。

② 吸气时，收紧背肌，腰腹部下沉，翘起臀部，抬头后仰（图 10–165）。

③ 呼气时，收缩腹肌，含胸拱背，低头，下巴尽量靠近胸骨（图 10–166）。

时间：两个阶段各保持 3 ～ 5 次呼吸。重复练习 4 ～ 8 次。

功效：使脊柱更加富有弹性，并放松颈、肩部。改善血液循环，促进消化，消除腰腹部多余脂肪。保养女性生殖系统，使子宫、卵巢正常发挥功能，有效治疗月经失调。

图 10–164

图 10–165

图 10–166

（2）虎式。

做法：

① 身体成猫基本式姿势。

② 吸气，右腿缓慢向上抬起至最高点，头部后仰（图 10–167）。

③ 呼气时，颈部放松头部回收，拱起背部，紧缩腹部，右腿落下屈起，下颌触膝（图 10–168）。

时间：两个阶段各保持 6 ～ 8 次呼吸，每侧重复练习 5 ～ 10 次。

功效：有助于伸展和灵活脊柱，强壮脊神经和坐骨神经。减少臀、腿部赘肉，强壮生殖器官。

图 10–167

图 10–168

（3）鸽王式。

做法：

① 屈右膝，左腿向后伸直（图 10–169）。

② 左腿屈膝向上，用左肘揽住，左手和右手体前相扣，双手臂保持相扣的环状向头后伸去，吸气（图 10–170）。

③ 呼气时，头向右侧转，挺胸，收紧侧腰肌，保持正常呼吸（图 10–171）。

时间：在最后体位时保持 30 ～ 60 秒。每侧重复练习 2 ～ 4 次。

功效：伸展整条脊柱、颈项和肩部肌肉。强化侧腰肌、臀肌，减少腰、臀、髋部脂肪，美化身体曲线，使腹部脏器得到按摩，有效治愈和减轻泌尿系统失调，对甲状腺、肾上腺和生殖腺非常有益。

图 10–169

图 10–170

图 10–171

9. 经典套路

朝日礼拜由 12 个姿势组成。据说古印度人清晨起床后，面对地平线上冉冉升起的太阳，为表达心中的膜拜之情创造了 12 个姿势，以感激太阳赐予人类光明和能量。所以做此式时，心中要满怀感激之情。

许多瑜伽练习者都把它作为瑜伽课前必做的热身练习。起初练习，可放慢动作，待熟练以后，再把这 12 个动作配合好呼吸，连贯地做下来。

姿势 1：祈祷式（图 10–172）。

做法：直立，双腿并拢。双掌合十，放在胸前，全身放松，正常呼吸。

功效：建立集中和宁静的状态，为要做的练习做准备。

姿势 2：展臂式（图 10–173）。

做法：吸气时，双臂上举过头，双臂分开齐肩宽，向后弯曲头和上体。

功效：伸展腹部脏器，消除过多脂肪，改善消化。锻炼手臂和肩部肌肉，加强脊柱神经。

姿势 3：前屈式（图 10–174）。

做法：呼气时，身体朝前弯曲直到双手或手指触到脚前的地上，试用前额触到两膝。

功效：有助于消除或预防胃、腹部疾病，减少腹部脂肪。改善消化，消除便秘，改善血液循环，使脊柱柔软。

姿势 4：骑马式（图 10–175）。

图 10–172

图 10–173

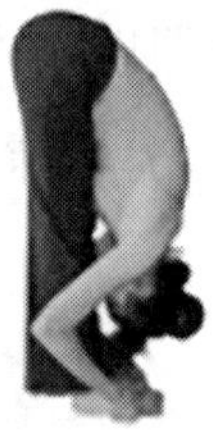

图 10–174

图 10–175

做法：左腿屈，成前弓步，向后伸出右腿，小腿触地，头和上体向后仰。

功效：按摩腹部器官，刺激脊柱神经，加强双腿肌肉，使神经系统平衡。

姿势 5：顶峰式（图 10–176）。

做法：双手撑地，左腿后伸和右脚并拢，提高臀部，低头至两臂之间，双肩下压，挺直脊背。

功效：伸展小腿肌，美化小腿线条，加强手臂和两腿的神经和肌肉，并向脊背供应新鲜血液，加强脊神经。

姿势 6：蛇击式（图 10–177）。

做法：呼气时，屈肘，上体贴近地面向前滑动到可以用手臂支撑起身体。

功效：加强大腿和手臂肌肉，发展胸部。

图 10–176

图 10–177

姿势 7：眼镜蛇式（图 10–178）。

做法：伸直双臂，从腰部抬起身体，脊背后屈，头部后仰。

功效：伸展腹部，有助于消化，消除便秘。使脊柱得到锻炼，使脊柱神经重新焕发活力。

姿势 8：顶峰式（图 10–179）。

做法：这个阶段是姿势 5 的重复。从弓形后背的位置上，立起脚尖蹬地，抬高臀部。

图 10–178

图 10–179

姿势 9：骑马式（图 10–180）。

做法：这个阶段是姿势 4 的重复。吸气时，屈左腿向前，以便靠近双手，放低右膝使其触地。

姿势 10：前屈式（图 10–181）。

做法：这个阶段是姿势 3 的重复。右脚收回放左脚旁，伸直双腿，前额尽量靠膝，双腿笔直。

姿势 11：展臂式（图 10–182）。

做法：这个阶段是姿势 2 的重复。吸气时，全身伸直，双臂上举过头齐肩宽，上体向后弯曲。

姿势 12：祈祷式（图 10–183）。

做法：这是最后一个姿势，与姿势 1 同。呼气时，双手放回胸前，合掌，放松全身。

总体功效：对身体的各大系统有十分强大的影响，有助于使彼此相互平衡。对现代久坐的人群，如每日锻炼将保持身体健康，容光焕发，并可消除过多脂肪。练习者会发现自己的思维能力更敏锐。

图 10–180

图 10–181

图 10–182

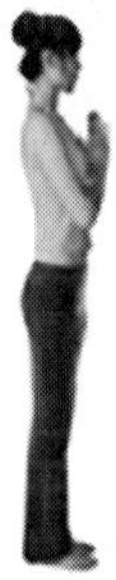

图 10–183

第五节　啦啦操

一、啦啦操概述

啦啦队的历史可以追溯到原始部落时代，啦啦队原名 cheerleading，其中 cheer 有振奋精神、提振士气的意思。在早期的部落社会里，为激励外出打仗或者打猎的战士，通常会举行仪式，仪式中有族人的欢呼、手舞足蹈的表演来鼓励战士，希望战士凯旋。

现代啦啦队是体育运动中的一个新兴项目。现代啦啦队由最初的为美式足球呐喊助威的活动发展到现在成为世界范围内的一项体育运动。啦啦操是以团队的形式出现，并结合以 Dance（舞蹈）、Cheer（口号）、Partner Stunts（舞伴特技，是指托举的难度动作）、

Tumbling（技巧）、Basket Toss（轿抛）、Pyramid（叠罗汉）、Jump（跳跃）等动作技术，配合音乐、服装、队形变化及标示物品（如彩球、口号板、喇叭与旗帜）等要素，并遵守比赛规则中对性别、人数、时间限制、安全规则等规定进行比赛的运动，称为竞技啦啦队，亦可称为啦啦队。竞技啦啦队分为技巧啦啦队和舞蹈啦啦队。其中技巧啦啦队包括 Mixed（男女混合组）、All-Female（全女子组）和 Partner Stunts（舞伴特技）；舞蹈啦啦队又包括 Pom（花球）、High Kick（高踢腿）、Jazz（爵士）和 Prop（道具）4 个组别。

啦啦操以其多样性、独特性、节奏感及健身的全面性，充分展现校园内年轻人青春、活力、健康、向上的一面，受到青少年和大学生的喜爱。

在中国啦啦操是一项具有独特魅力的新型体育运动。1998 年中国大学生篮球联赛诞生以来，为其加油呐喊的啦啦操表演应运而生，各高校充满活力和洋溢着青春气息的啦啦队表演给观众留下了深刻的印象，也成为篮球场上一道亮丽的风景线。

啦啦操运动是一项具有独特魅力的新型体育运动，近年来，啦啦操运动在我国发展得非常迅速。在中国大学生健美操艺术体操协会的大力倡导和推动下，啦啦操运动在中国已经取得可喜的成绩，备受广大青少年的青睐，特别是在全国高等院校中更是掀起一阵阵啦啦操运动狂潮。随着啦啦操比赛的增多，参与啦啦操运动的学生与开展啦啦操运动的学校也越来越多，啦啦操运动的水平也越来越高。

二、啦啦操竞赛

（一）啦啦操项目分类

规定套路：指由中国大学生健美操艺术体操协会啦啦队专项委员会审定的运动员等级规定套路。

舞蹈自编套路：以舞蹈动作为主，通过展示各种舞蹈技巧和元素并可结合道具为基本内容的团队竞赛项目。

技巧自编套路：以翻腾、托举、抛接、金字塔组合、舞蹈动作、过渡连接及口号等形式为基本内容的团队竞赛项目。

（二）啦啦操项目成套音乐和时间

比赛音乐：可以使用一首或多首混合的音乐，可加入特效音乐，节奏要清晰明快、热情、动感、奔放、兴奋，即有震撼力。

规定套路音乐时间：成套动作时间为 1 分 30 秒，前后有 10 秒的宽容度。从第一个声音开始响起计时，到最后一个声音结束时完成计时。

自编套路音乐时间：成套动作时间为 2 分 30 秒，前后有 10 秒的宽容度。从第一个声音开始响起计时，到最后一个声音结束时完成计时。

（三）啦啦操竞赛

1. 竞赛种类

锦标赛、世界杯、大奖赛、冠军赛、公开赛、挑战赛、分区赛、邀请赛、擂台赛。

2. 竞赛时间

运动队被叫到后20秒内必须上场，超过20秒将给予减分，超过60秒将取消比赛资格。

3. 竞赛人数

6 ~ 30 人（性别不限）。

4. 竞赛场地

可用体操板或地毯，舞台不得小于13米 ×13米，并清楚地标出12米 ×12米的比赛区域。标志带为5厘米宽的红色或白色带，标志带是场地的一部分。

（四）啦啦操竞赛常用道具与口号设计

1. 常用道具

花球、标志牌、麦克风、旗帜、横幅、充气棒等。

2. 口号的定义与意义

口号作为伴随啦啦操兴起、发展的项目特征之一，充分地体现了这项运动的健康、积极和充分的团队凝聚力，显示了参与这项运动的运动员在其集体里的充分合作与团队精神。口号是啦啦操成套中除基本动作、技巧和舞蹈外，通过语言来体现整体套路与团队精神的工具，由一段具有特殊意义的字、词、短句等组成，象征了队伍的目标理念。

3. 啦啦操口号的设计原则

组成口号的句子或词语多来自比赛的内容、自己的学校或队伍本身，并且将这些短语组成一系列有意义的、鼓动人心的句子。比如：学校的吉祥物、名字、校训，或是自己队伍当中一直流行的，大家都理解其中意义的语言等。

4. 口号运用时的技巧

（1）统一是原则，应从整体放弃个人风格，从而让口号听起来一致。

（2）口号一定要简单、简短。

（3）符合成套设计的总体思路和音乐特点，让口号的过渡更自然。

（4）可以利用道具或标志牌、旗帜等传达口号的理念。

（5）真情流露，喊出口号的真谛、气势，让所有人都能感受到队员的激情。

（五）啦啦操基本手位

啦啦操 32 位基本手位，见图 10–184。

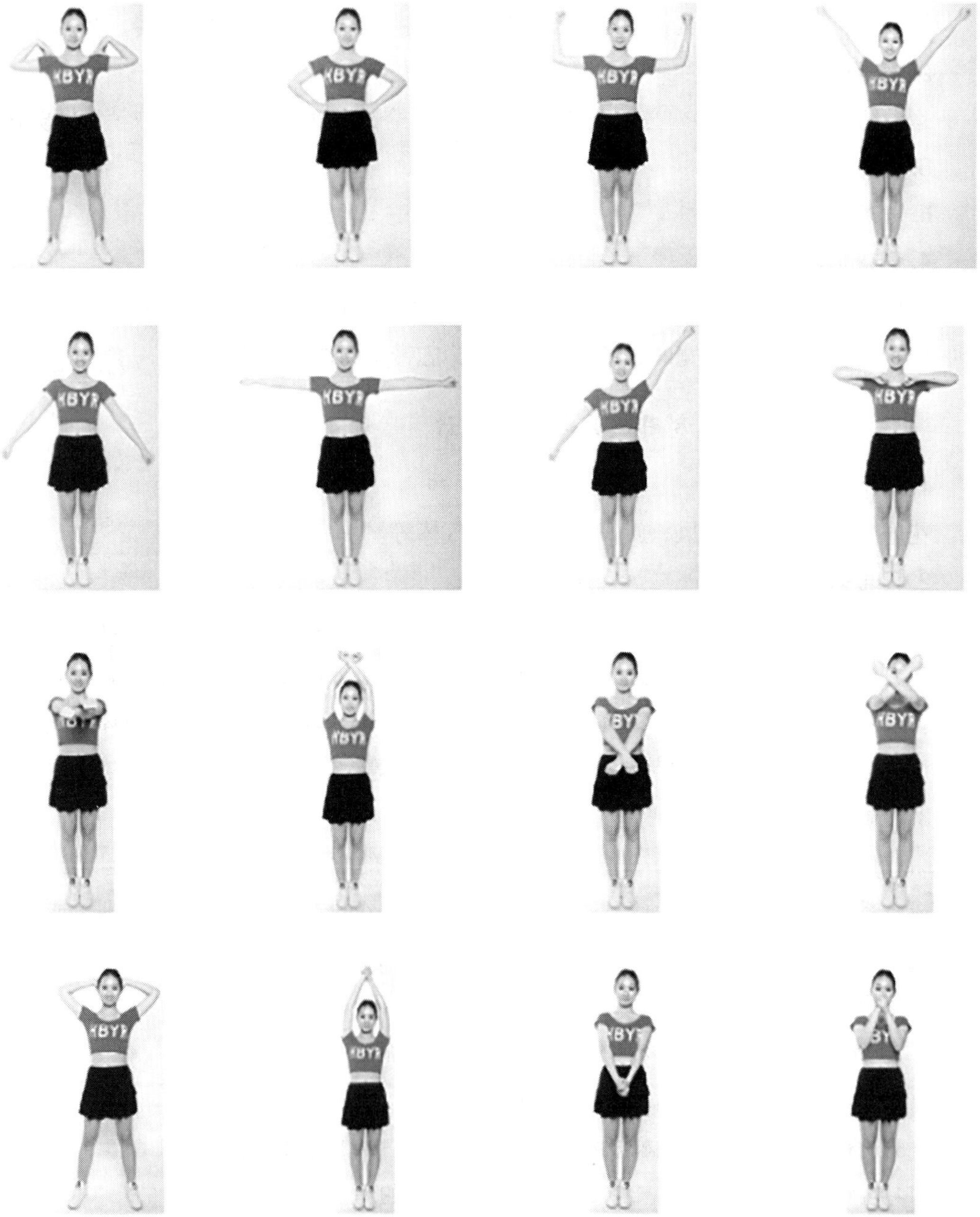

图 10-184

（六）啦啦操基本站位

啦啦操6种基本站位，见图10-185。

图10-185

（七）啦啦操基本手形

啦啦操8种基本手形，见图10-186。

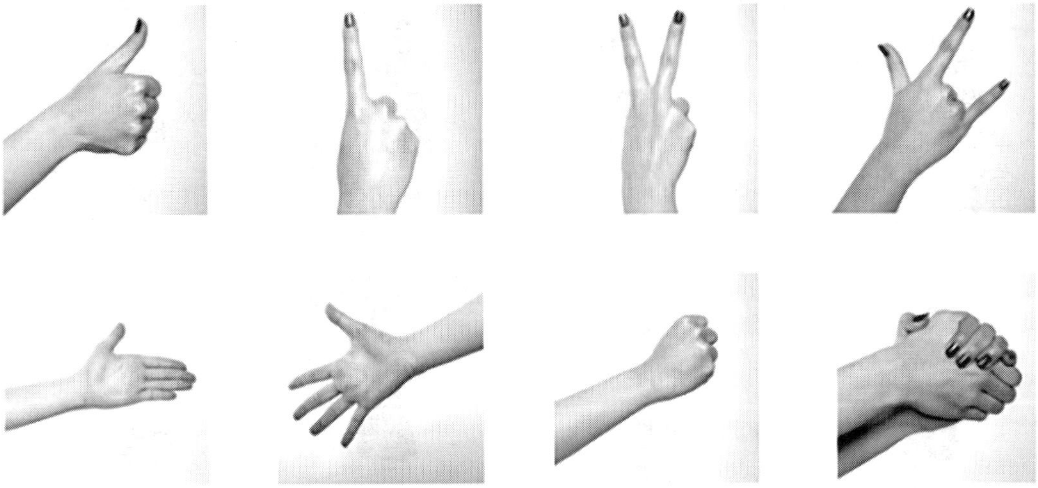

图10-186

第十一章 新兴体育运动

学习目标：

1. 了解体育拓展、定向越野、健身走与健身跑、自行车运动、轮滑、毽球、跑酷的起源与发展。

2. 了解体育拓展、定向越野、健身走与健身跑、自行车运动、轮滑、毽球、跑酷的基本技能。

第一节 体育拓展

一、体育拓展概述

（一）体育拓展的起源与发展

体育拓展（也被称为拓展训练、户外拓展训练、拓展训练营、外展训练、冒险性学习法、户外体验培训），已经成为提高沟通技巧、凝聚力、领导力、决策力、竞争力、人际信任和个人身体与心理素质培养中被广泛采用的培训与教育手段。拓展训练，英文名 Outward Bound，从字面上解释为船只即将离港招集船员的旗语，后来被人们解释为：在暴风雨来临之际一艘船即将起锚开航，离开安全的港湾，驶向广阔无际的大海，投向未知的旅程，去迎接一次次艰巨的挑战，战胜一次次艰难险阻。体育拓展起源于第二次世界大战期间的英国，当时，大西洋上有很多盟国船只由于受到敌军潜艇的攻击而沉没，大批船员落水，由于海水冰冷，又远离大陆，绝大多数船员不幸罹难，但仍有极少数的人在经历了长时间的磨难后得救生还。人们在了解了这些生还者的情况后，发现一个令人惊讶的事实：绝大多数生还者并不是最年轻的，也不是体格最强壮的，反而是那些相对年龄偏大的海员。经过调查研究，专家发现这些人之所以能够活下来，关键在于他们有良好的心理素质和坚定的意志，有强烈的责任感，善于同他人合作。此外，他们不一样的品质还包括具有较强的团队协调和配合能力。体育拓展理论与实践最初就来源于对海员幸存者的研究，教育家库尔特·哈恩（Kurt Hahn，1886—1974）于 1941 年在英国创办了阿伯德威海上学校，训练年轻海员在海上的生存能力和船触礁后的自救生存技巧，并使他们的身体和意志都得到锻炼。战后体育拓展的独特创意和训练方式逐渐被推广开来，训练对象由最初的海员扩大到军人、警察、消防员、军校学员、童子军、学生、工商业人员等各类群体，训练目标也由单纯的体能、生存训练扩展到心理训练、人格训练、管理训练等。从广义上讲，体育拓展是让人们在高山瀚海中迎接各种各样的挑战，从中学会应对一系列困难的能力，尤其是运用身体的各种技能应对生存危机和心理压力的考验，从而获得全新体验，改变内心认知，它讲究户外特点和冒险技能的学习，注重学习者内心的体验感受。从狭义上讲，体育拓展是将管理与心理游戏融入户外体育游戏与活动，以体验式学习模式进行的一种团队教育活动，达到“磨炼意志，陶冶情操，完善人格，熔炼团队”的目标。

（二）学校体育拓展

在学校，体育拓展是一项突破传统教育思维和教学模式、具有全新教育理念的新型体育课程。美国哈佛大学商学院于20世纪80年代首次将拓展课程引入MBA教育，进入21世纪后，拓展课程逐渐进入我国高校，成为深受学生喜爱的体育项目课程。体育拓展教学活动通常设定在陌生情景或特定的环境下，以身体活动为载体，以团队为组织形式，以游戏为主要活动内容，以全面提高学生的身体健康、心理健康和社会适应能力为目标，学生以体验式的学习模式全面塑造个体并提高团队素质。体育拓展的课程是“体能消耗适中、心理挑战较大、团队熔炼为主”，以全面发展学生素质为目的，积极倡导素质教育的新型体育实践课程。简单地说，体育拓展就是将身体素质、心理与社会适应等多种学习目标，设计在游戏和体育活动中，使游戏和体育活动变为有针对性的教育手段，通过“挑战自我，熔炼团队”的学习，使学生在提高身体素质的同时，从中感悟游戏内外的道理，并启发学生进入深层次的思考，在激情、喜悦或挫折之后顿悟人生的道理。体育拓展传达的是这样一种理念，即“小游戏，大道理”，因为游戏变大就是生活，将道理变小就是真谛，拓展的学习不仅仅局限于单个的体育游戏之中，还是寻找游戏之外和其相近的真实生活。

（三）体育拓展的课程内容

体育拓展包括户外场地拓展、室内拓展、水上拓展和野外拓展。在学校体育教学中，体育拓展课程内容以低风险的户外场地拓展、室内拓展和水上拓展为主。

（四）体育拓展课程的特点

1. 综合活动性

拓展课程的所有项目都以体能活动为引导，引发出认知活动、情感活动、意志活动和交往活动，有明确的操作过程，要求学生全身心地投入。

2. 挑战极限

一些拓展课程项目具有一定的难度，主要表现在心理和生理考验上，需要学生向自己的能力极限挑战，跨越“极限”。

3. 集体中的个性

拓展课程实行分组活动，强调集体合作，力图使每一名学生竭尽全力为集体争取荣誉，同时从集体中吸取巨大的力量和信心，在集体中显示个性。

4. 高峰体验

在克服困难、顺利完成课程要求以后，全体学生能够体会到发自内心的胜利感、满足感和自豪感，获得人生难得的高峰体验。

5. 自我教育

教师只是在课前把课程的内容、目的、要求以及必要的安全注意事项向学生阐明，活动中一般不进行讲述，也不参与讨论，充分尊重学生的主体地位和主观能动性。即使在课后的总结中，教师也只是点到为止，主要让学生自己来讲述，达到了学生自我教育的目的。

6. 全面发展

通过拓展课程，学生在如下方面有显著的提高：认识自身潜能，增强自信心，改善自身形象；克服心理惰性，磨炼战胜困难的毅力；启发想象力与创造力，提高解决问题的能力；认识群体的作用，增进对集体的参与意识与责任心；改善人际关系，学会关心，更为融洽地与群体合作；学会欣赏、关注和爱护大自然。

（五）体育拓展课程的独特意义

作为培养团队精神、沟通技巧和领导才能的拓展训练在近几年已经变得十分流行，无论是世界著名企业，还是世界知名高校，都广泛地采用拓展训练来培养和教育他们的员工或学生。

1. 拓展训练对团队建设的意义

（1）增强凝聚力：促进沟通，融洽团队关系；配合团队的理念教育与目标教育，形成共同参与和共同意志；强化对个体的文化管理，实现精神激励。

（2）增强竞争力：树立相互配合、支持的团队意识；激发创造进取精神；促进团队在障碍超越、危机处理、变化应对等方面能力的提升。

（3）变革与学习：能潜移默化地使个体认识到“只有变是唯一的不变”，达成“变革与创新是最好的生存发展之道”的共识，并建立共同愿景，从而消除集体推行变革时的理念意识阻碍；同时，通过让受训者深入体验组织学习与知识创新过程，从而有效地帮助团队实现建立学习型组织的目标。

2. 拓展训练对团队成员个体的意义

（1）释放生活、工作与学习压力，调节心理平衡。

（2）认识自身潜能，增强自信心。

（3）提高自我控制能力，从容应对压力与挑战。

（4）强化探索精神与创新意识，培养进取心。

（5）学会更好地与他人进行沟通与协调，优化人际环境。

（六）体育拓展教学的4个流程

1. 团队热身

在课程开始时，团队热身活动将有助于加深学生之间的相互了解，消除紧张，建立团队，以便轻松愉悦地投入各项教学活动。

2. 个人项目

本着心理挑战最大、体能冒险最小的原则设计，每项活动对受训者的心理承受力都是一次极大的考验。

3. 团队项目

团队项目以改善学生的合作意识和集体的团队精神为目标，通过复杂而艰巨的活动项目，促进学生之间的相互信任、理解、默契和配合。

4. 回顾总结

回顾将帮助学生消化、整理、提升训练中的体验，以便达到活动的具体目的。总结使学生能将拓展课程的收获迁移到学习、工作、生活中去，以实现整体教育目标。

二、体育拓展的经典项目

（一）高空项目

1. 高空单杠

（1）项目概述。

高空单杠是一个以个人挑战为主的项目，它属于高心理冲击的高空跳跃类项目，它模拟的是在舰船发生事故即将沉没的时候，救援直升机放下悬空的单杠，这是在极具危险的环境中的机会，我们别无选择，只有一条路通向生存，机会就在眼前，最后关头我们必须纵身一跃抓向它，不管是否抓住都无怨无悔。整个过程学生必须在穿着保护装置的前提下，爬上约10米高圆形小跳台独立完成（图11-1）。

（2）学习目的。

一是培养学生克服恐惧、勇于挑战的信心并在其中激发个人潜能；二是学习用积极的心态去争取和获得机会；三是增强团队精神，面对困难时相互鼓励、相互帮助；四是学会目标管理与自我说服；五是学会分析风险和把握机会的能力。

2. 垂直天梯

（1）项目概述。

垂直天梯是一个 2 ~ 3 人共同挑战并需团队配合的项目。它模拟船舱发生严重漏水，我们必须依靠彼此间的相互合作才能爬上更高的圆木梯逃离迅速上涨的海水以获得安全。项目具有一定的难度和心理冲击力，需要消耗较大的体力。想要获得新高，就必须相互帮助，既要甘为人梯，也要勇于探索。最重要的是不能忘记同路人，相互支持与相互感恩可以让大家一起前进和提高。整个过程学生必须在穿着保护装置的前提下，以 2 ~ 3 人为小组共同爬上约 15 米高的圆木梯（图 11–2）。

（2）学习目的。

一是培养学生的责任感和人际信任感；二是培养学生合作精神和协调能力；三是培养学生不离不弃的共同体意识；四是培养学生克服困难的毅力和胆量，增强勇攀高峰的信心和解决问题的能力；五是培养学生珍惜别人的帮助、懂得感恩的意识。

图 11–1

图 11–2

（二）中低空项目

1. 信任背摔

（1）项目概述。

信任背摔是最为经典的拓展项目，它模拟舰船严重破损船员弃船登上救生艇，救生艇已经坐满，而船即将沉没，但仍有最后一名离船的船员尚未登艇，如果他直接跳下那将使救生艇倾覆，唯一安全上艇方法是背向后直体倒下，其他全体在艇上的船员须组成“人床”在下方接住他。整个过程要求全体组员参与，彼此的信任来源于彼此的责任和关爱，团队的支持是个人勇于挑战的基础。

（2）学习目的。

一是培养团队相互信任的意识；二是克服恐惧心理，增强挑战自我的勇气；三是发扬团队精神相互帮助，培养团队责任感；四是体会通过挑战突破本能的意义。

2. 电网

（1）项目概述。

电网也叫蜘蛛网，是一个著名的户外游戏，是幻想与挑战的完美融合。它模拟的是完成任务的回撤小组，在无路可走时，正前方有一张大电网，它是一张有“漏洞”的“智能网”，任何人触碰电网都会被“击伤”并关闭该网洞，每个网洞只能通过一人，小组人人肩负重任，必须全体通过，否则强敌在40分钟内赶到后小组将全军覆没。活动中每一个人都需要做最大的努力，否则某人的放松将会给别人造成更大的麻烦，甚至会让所有的人前功尽弃。

（2）学习目的。

一是在活动中培养团队合作精神、学习分工合作与冲突处理技巧、培养沟通能力；二是增强学生充分利用资源、配置资源的能力和时间管理能力。

（三）地面与心智项目

1. 盲人方阵

（1）项目概述。

盲人方阵是一个以团队挑战为主的项目。它模拟我们在误食一种奇异的果实后，大家在随后的40分钟内暂时失明，为保安全，我们找到一堆绳子，围成一个方阵来抵御外敌，越大的正方形对于敌人来说越有防御力，因此我们必须把其建造得又大又方，建好后我们均匀分兵把守之。小组全体成员参加活动，这将是一次非同寻常的经历，带给你全新的认知。

（2）学习目的。

一是培养学生的沟通意识，提高沟通技巧和决策能力；二是了解领导力对完成任务的重要作用；三是培养学生将所学知识学以致用的能力；四是理解“失与得”的辩证关系。

2. 同心鼓

（1）项目概述。

同心鼓又叫击鼓颠球，是一个以团队挑战为主的项目，挑战团结协作的能力。每个小组得到一个拴有十多根绳子的大鼓，在众人的牵拉下将一个排球不断颠起，努力挑战更多的次数，每个人都需要 100% 的专注与激情。

（2）学习目的。

一是培养学生团结协作完成共同目标的能力；二是培养学生不怕挫折、不断进取的意识；三是感受相互鼓励对完成任务的积极作用；四是感受团队成长与团队绩效的提高过程。

（四）户外与水上项目

1. 校园趣味定向越野

（1）项目概述。

校园趣味定向越野是一个以团队熔炼为主的项目。你和你的同伴必须按照要求完成任务，寻找指定地点并完成秘密任务。你们有高级的侦察工具和密信，准确完成任务快速返回者获得嘉奖。身边的校园这时变得既熟悉又陌生，快速准确到达目标点后，你们会陷入迷茫，这时你们需要队友间的协作，通过分析、判断、寻找和确定来完成任务。

（2）学习目的。

一是培养学生确认方向和寻找指定目标的能力；二是培养学生快速判断与分析的能力；三是培养学生协作和互助的精神。

2. 扎筏渡河

（1）项目概述。

扎筏渡河是一个以团队熔炼为主的项目。全班学生被分成两支互为友军的侦察小分队，你们在完成任务后回撤途中遇到一条充满食人鱼的河流，敌军主力将在 60 分钟后追到，你们将利用现场提供的工具和器材制造救生筏，并赶在敌军到达前全体渡河，否则就有可能损失惨重甚至全军覆没。

（2）学习目的。

一是在活动中培养团队合作精神、学习分工合作与冲突处理技巧、培养沟通能力；二是增强学生充分利用资源和对资源的配置能力；三是培养学生对时间和资源的管理能力；四是培养学生细致的工作作风；五是培养学生在竞争中寻求合作的能力。

第二节　定向越野

一、定向越野概述

定向越野作为定向运动的典型形式至今已成为一项风靡全球的运动项目。它以独特的运动方式和富有挑战性的运动魅力，吸引了成千上万的中国大学生投入其中。定向越野作为一种新兴的运动项目，它是利用地图和指北针导航的运动，在世界各地正吸引着越来越多人参与并为之狂热。它既是一种户外休闲娱乐运动，又是一种竞技运动。

二、定向越野的教育价值

定向越野是一项集力量与智力、竞技与娱乐、探险与刺激于一体的运动。参加定向越野不仅能强健体魄，而且能培养人独立思考、迅速反应、果断决定和独立解决所遇问题的能力。定向越野是融健身性、知识性、趣味性和国防教育性于一体的体育项目，非常适合在大、中、小各类学校开展。目前在学校大力开展定向越野主要有以下意义。

（一）促进学生耐力素质的发展

定向越野所特有的趣味性可以使学生乐于坚持长时间的耐力锻炼。在空气清新的丛林、山地、溪流、湖泊等自然风光之间，角逐着体力，较量着智力，学生在不断地选择地形和路线中，不知不觉锻炼了耐力素质，也增强了意志品质。

（二）拓展学校体育的内容和空间

开展定向越野不用太多投资，所需的只是一张定向地图和一个指北针。开展定向越野可以拓展学校体育课程内容，充分利用校园、公园、郊外田野、森林、山地、草原等现有地形条件，扩大学生的体育活动空间。

（三）培养学生的心理品质

参加定向越野可以回归自然，放松身心，自我娱乐，增加乐趣。定向越野是一项参与性非常好的体育运动，参加定向越野会产生非常强烈的成功感，这对培养学生顽强的意志力以及沉着、冷静、坚韧不拔和自信等心理品质有良好的作用。

三、定向越野的场地

（一）比赛区域的地形

地形是地物和地貌的总称。地物是指地面上的固定性物体，如居民地、建筑物、道路、河流、树木等。地貌是指地面的高低起伏状态，如山地、丘陵、平地、洼地等。由于地形对定向越野比赛的难易程度和用时长短有较大的影响，因此要根据比赛需要选择地形。

（二）对比赛区域地形的要求

（1）要有与比赛的等级相适应的难度，并保证它能够使参赛选手充分发挥自己的定向越野技能。（2）比赛区域必须是所有选手都不熟悉或不太熟悉的，至少应防止赛区当地的选手在比赛中获得明显的好处。为保证这一点，有的国家规定，3 年内不得在同一地点举行第二次比赛。（3）比赛区域的选择与确定在赛前必须严格保密。通常情况下，合格的定向越野比赛地域应具备下列特点：中等起伏的森林地，植被适度；地形变化多样的有限通视地域、生疏的人烟稀少地区。当然，在组织一般的定向越野活动时，城市公园、近郊区以及未耕种或未长成的田地也是可供选择的地点。

（三）起点和终点

定向越野比赛的起点与终点最好设置在同一处，这样能方便比赛的组织工作。起点与终点一般设在地势平坦且面积足够大（与比赛规模相适应）的开阔地上。对于作为终点通道的地段就更要平坦和有足够的长度，这样才能让裁判人员与观众看清楚跑回来的选手。

（四）比赛路线

为了方便比赛的组织工作，定向越野比赛路线通常按环形设计。定向越野比赛路线的距离只是个相对准确的数字，因为它是按从起点经各检查点至终点的图上最短水平距离计算的。比赛路线的距离一般要根据参赛选手的水平和比赛时间确定。比赛路线的设定要有可选择性，使选手能够根据自己的能力对前进的方向和路径进行选择；比赛路线的设定还要有可判读性，只有这样才能迫使选手依赖识图、用图的能力参加比赛，体现出定向越野的特点。

四、定向越野器材

（一）定向地图和方向指示标识

定向地图：定向地图一般由方向指示标识、地图比例尺、符号和颜色、图例注记和检查点符号说明表等要素组成（图 11–3）。

方向指示标识：阅读地图，首先要辨别图上方向。地平面上有东、南、西、北四个基本方向，还可再分出东北、东南、西北、西南四个方向，共八个方向。地图也有方向，如果地图没有方向指示标识，通常默认“上北下南，左西右东”的图上方向。定向地图是用磁北方向线和指向箭头指示地图方向的（图 11–4）。

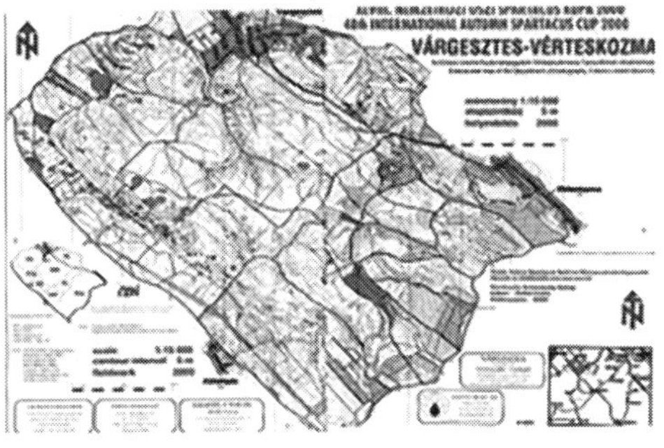

图 11–3

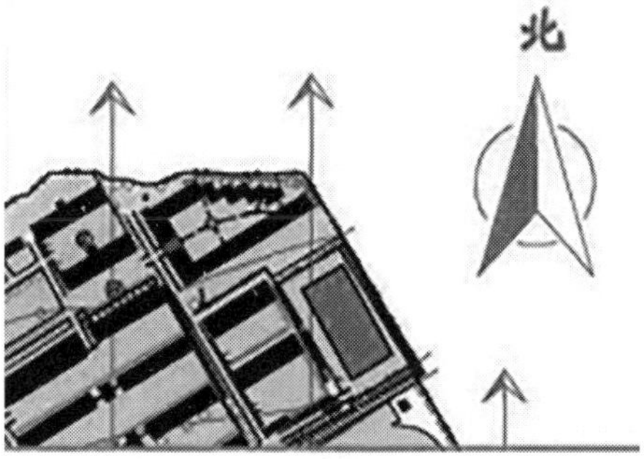

图 11–4

（二）地图比例尺

地图上某线段长与相应的实地水平投影长度之比，叫地图比例尺，它确定了地图与实地地面缩小的倍数。地图比例尺主要有以下2种表示方式：一是数字式，如1:10000或1:1万；二是文字式，如图上1厘米等于实地100米。

（三）符号与颜色

为使不同国籍的定向越野爱好者能容易阅读和理解定向地图，国际定向联合会统一规定了定向地图的符号和颜色，具体分为地貌符号（棕色）、岩石与石块符号（黑色）、水系与淤泥地符号（蓝色）、植被符号（白色、黄色和不同浓度的绿色等）、人工地物符号（黑色、棕色等）、比赛路线与技术符号（紫色等）和检查点说明表（紫色或其他颜色）等。

（四）图例注记

地图符号的对照说明叫图例。一般普及型的定向地图附有图例，对于高级竞赛型的定向地图可不附图例，或只附统一规范之外的符号图例。图上的文字说明，如图名，比例尺，等高距，赛会名称，主办单位，标明山高、海深的数字等叫注记。有些定向地图还标有主办单位、比赛日期、宣传口号、赞助单位及广告等。

（五）地图与山地对照

认识不同形态的山（图11–5）。

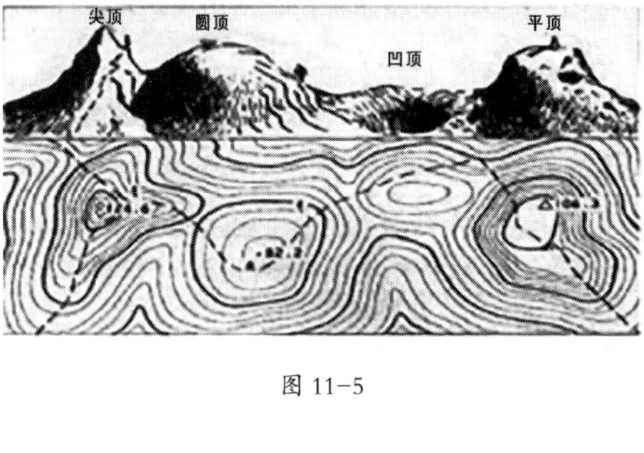

图 11–5

地图与山地对照，认识山背与山谷（图 11–6）。

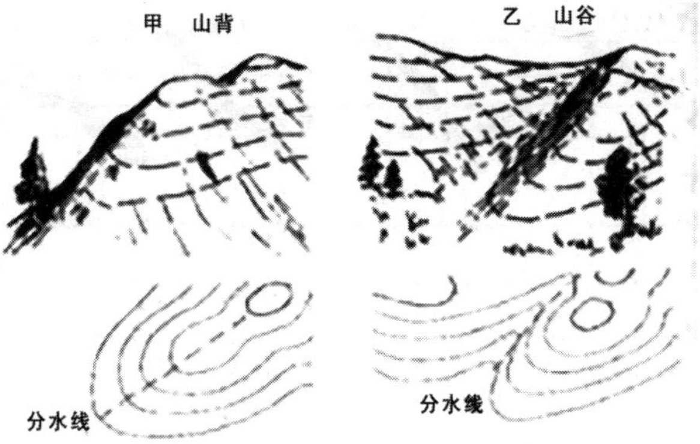

图 11–6

地图与山地对照，认识鞍部（图 11–7）。

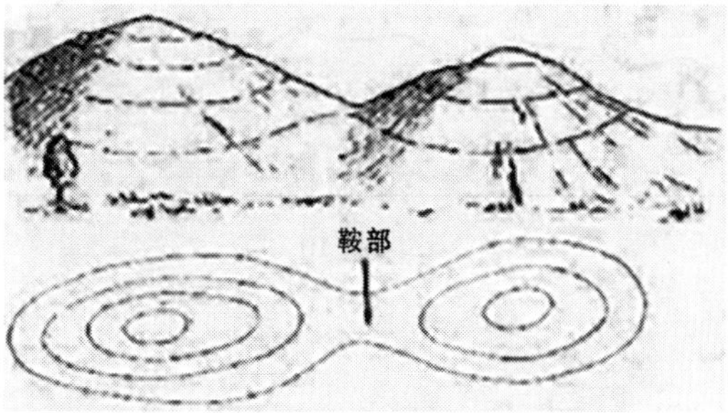

图 11–7

地图与山地对照，认识山脊（图 11–8）。

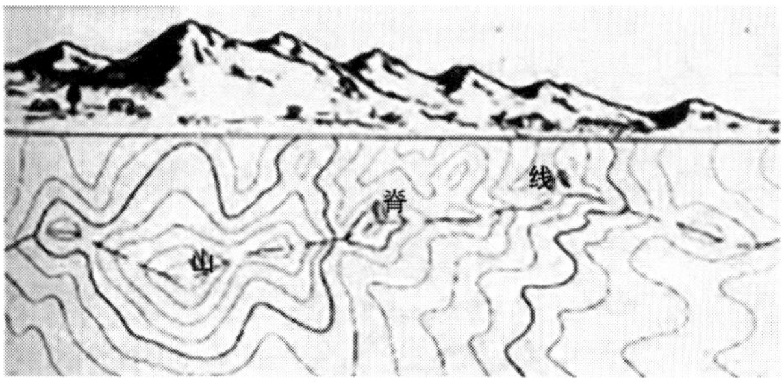

图 11–8

地图与山地对照，认识不同斜面的山坡（图 11–9）。

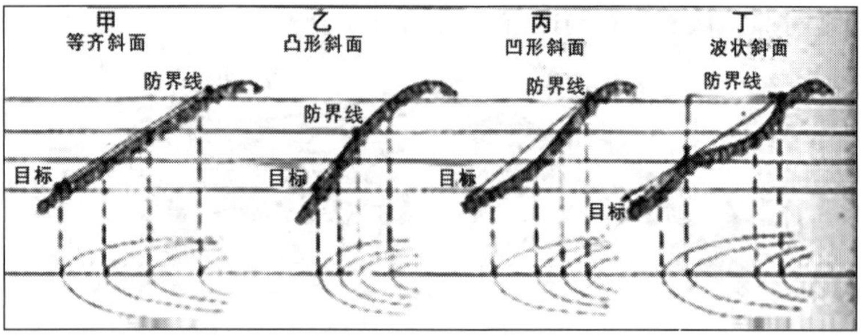

图 11-9

地图与山地对照，认识地面起伏变化（图 11-10）。

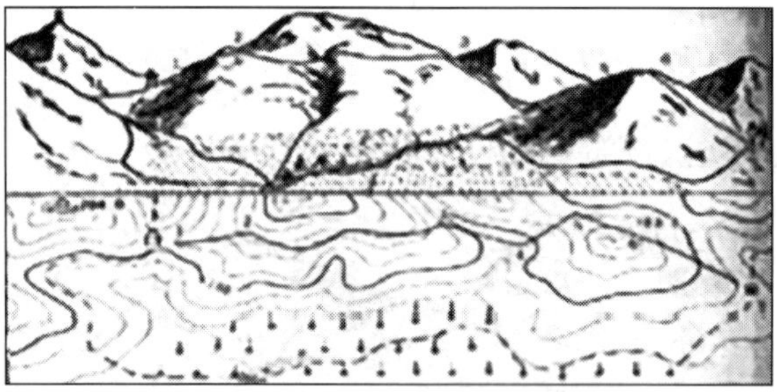

图 11-10

（六）指北针

1. 指南针与指北针

指南针是中国古代的一项伟大发明，早在 2000 多年前的战国时期，我们祖先用天然磁铁做成的司南，就是指南针的始祖。指南针与地图结合使用时，因需确定北方，所以也常称指南针为指北针。

2. 指北针的种类

军用指北针（图 11-11）。

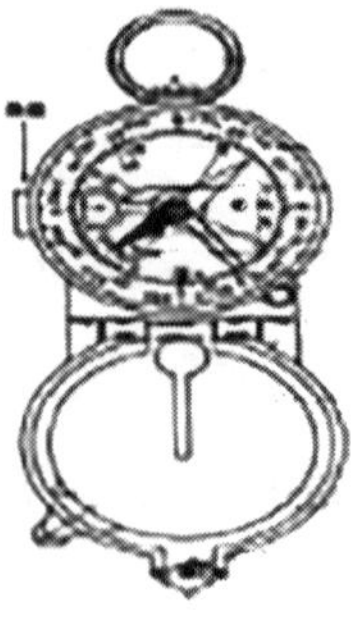

图 11-11

定向指北针（图 11–12）。

图 11–12

3. 指北针的基本使用方法

（1）指示方位：在现地将指北针持平，指北针稳定后磁针红端所指方向即为实地磁北方向。

（2）标定地图：也叫给地图定向，意思是使地图的方位与实地的方位一致。操作方法为将指北针长边与地图上的指北线相切，转动身体使指北针磁针红端与地图北端一致。这时地图已标定好。

（3）指示前进目标方位：已知图上站立点，将指北针长边切于站立点和目标点连线，转动身体，使指北针磁针红端与地图北端一致，这时指北针面板上的箭头（与长边方向一致）所指方向为目标前进方向。

（七）基本定向技能

1. 标定地图

标定地图是最重要的定向技能，在定向运动中，只要看地图必须先标定地图，即保持地图方位与实地方位一致。在跑动中要经常检查指北针的北端是否与地图上的磁北方向一致。如果不一致立即转动身体（而不是转动地图）使磁针北端与地图磁北方向相一致。

2. 明确出发点的图上位置和目标点的方位

定向运动每次出发时（包括途中每一段落出发），首先必须判明出发点的图上位置、明确前进方向和目标点。其次标定地图选准前进方向，向目标点进发。记住：在前进过程中，还要随时明确自己的站立点在图上的位置及将要到达的目标点的方位，养成“人在地上走，心在图上移”的习惯。

3. 超前读图和概括地形

阅读地图时要面朝目标前进方向，判读图中正前方、左侧、右侧的地形特征，超前读图要提前思考，明确自己下一步将要到达的地点，记住沿途将要路过的明显地形特征，行进中要边读图边对照实地地形。阅读地图时还要注意通观全局，在读图过程中要学会概括地形和简化地图。特别是在读零碎杂乱区域地图时，要注意概括该地域地形结构，突出主要地形特征，把复杂的地图在脑海中描绘成一幅新的简单化的地图。

4. 安全定向技巧

（1）拇指辅行法。

在定向运动中常用拇指压住图上你目前站立点的位置，把拿图手的拇指想象为你自己（缩小到图中的自己），当你向前运动时，拇指也在图上做相应移动。此种方法叫拇指辅行法。拇指辅行法主要是帮助你随时明确自己在图上的位置。

（2）“扶手”法。

“扶手”是把实地中的线形地形，如各种道路、输电线、地类界、溪流、面状地物的边界等地物地貌，比喻为上下楼梯时的扶手。利用“扶手”引领你较为容易和安全地到达目的地。在定向运动中要尽可能地利用“扶手”，这就是人们通常说的“有路不越野”的原则。

（3）放大法（先大后小法）。

在寻点过程中尽可能扩大你的视野，从目标点附近大的、明显的地形找起，然后找目标点。不能只是把目光集中在你要寻找的目标点上，特别是当目标点所在地较小时。如果只看很小的一点地形，你很难找到它。

（4）偏向法。

当你穿越一块没有明显特征的地带而要寻找一个交叉口、路的端点或面状地物的侧顶点时，不能正对着这一点去寻找，而要稍偏离目标方向瞄准，然后顺着找到目标点。

（5）从上到下法。

当目标点在半山腰，周围又没有明显地貌地物时，选择从山顶向下寻找的方法。这就是人们常说的“走高不走低”原则。

5. 定向越野中变换方向的要点

（1）变换方向时拿图姿势做相应变化；（2）使图正面对准前进目标；（3）拇指在图上做相应的移动；（4）标定地图方位；（5）判读地图正前方的地貌和地物；（6）新的方向—新的拿图姿势—重新标定地图—检查地图对照地形。

6. 良好的定向习惯的养成

（1）“北对北”给地图定向。

在定向运动过程中，任何时候只要看地图，先要使指北针的北端与地图的磁北方向一致，即磁针的北对准地图的北方。

（2）折叠地图。

优秀定向运动员在比赛中常常将地图折叠成大小合适的小幅地图，以方便快速读图用图。

折叠地图的要领：①沿地图磁北线方向折叠，用图时无须再确定磁北线方向；②折叠后的地图绝大部分都能握在手掌内，用手掌托着地图；③保证折叠后的地图还有足够的可视区域；④要方便再次折叠地图。

（3）检查点—路线—技能。

一个优秀的定向运动员在跑每一路段时应养成这样的思考习惯：检查点在哪里？要明确位置；路线：选择到达检查点的路线应具有明显的地形特征；技能：选定行进路线后，接着决定在该路段不同部分应采用哪种定向技能。

（4）速度必须与安全相一致。

速度必须与安全相一致，这是很重要的一个习惯。当方向有错误时，快的速度失去实际意义，有时节省时间意味着要减缓行进速度，甚至停下来。当定向真的很困难时，如在半山腰或复杂地形时，你不妨放慢速度，仔细读图，不必跑得太快。在准确判定方向的情况下，才可加快行进速度。

第三节　健身走与健身跑

一、健身走与健身跑概述

健身走与健身跑均属于有氧运动，都是以增强人体代谢功能为目的的持久性运动方式。伴随着全民健身热潮的不断升温，普通大众对于如何保持身体的健康更加关注，健身走与健身跑逐渐成为人们满足自己运动需要的可行办法。

走和跑是人类最基本的运动方式，健身走与健身跑也被公认为是最经济、最安全、最自由、最容易坚持终身锻炼的运动。最早提出有氧运动概念的是美国空军运动研究室的医学博士肯思·库珀。经过多年的研究探索，肯思·库珀创立了闻名世界的“有氧运动法”。他指出，有氧运动能够通过耐力运动来改善血液循环系统和呼吸系统，提高心肺功能，使全身各个组织和器官都得到良好的氧气和营养供给，维持最佳的功能状态。健身走与健身跑具有运动强度适中、规律性强、运动费用低廉、运动场地易得、适合在普通大众中开展的特点，因而很快流行起来。健身走与健身跑运动对场地没有特殊要求，只要空气流通，有足够的活动空间即可。选择一条适合的运动路径，可以是公园小径、学校操场、住所附近，也可以是上下班的沿途小路。在进行健身走与健身跑运动时，为了达到良好的健身效果，应选择合适的运动装备。健身跑应选择透气性、吸汗性较强的服装；运动后应立即穿好外衣，贴身衣服如被汗水浸透，一定要及时更换；冬季在锻炼完毕后，应格外注意防风保暖，做好整理活动后不宜在户外久留，以防感冒。

二、健身走、健身跑的作用与准备

健身走、健身跑是典型的有氧代谢运动方式，它们对运动技术的要求不高，却能有效地改善心肺与心血管机能。在进行健身走、健身跑之前，了解其锻炼的作用、锻炼前的准备知识和锻炼方法，对于健身者具有十分重要的意义。

（一）健身走的作用

健身走的特点是动作柔和，不容易出现伤害事故，特别适合于体重过重的人群。坚持走步锻炼，就是运用脚掌与地面不断地机械接触产生按摩作用，来刺激脚底反射区，从而调节人体相应的内脏器官和系统功能，促进血液循环，达到防病治病、延年益寿的目的。所以，健身走对人的健康长寿具有积极的影响和作用。

（二）健身跑的作用

人体自然的跑动是一切身体运动的基础。长期以来，人们对跑步的意义和作用进行了多种论述，认为跑是人体进行全面发展、全面锻炼的最有效的方法之一，可以增强人们的力量、速度、耐力、灵敏性和协调性等身体素质，并且认为通过跑的锻炼能够培养人的良好的意志品质。

（三）运动前须知

为了使健身更有效果，在进行健身走、健身跑前不仅要做健康检查，还要注意做准备活动。如果不做准备活动就开始走或者跑，会急剧加重呼吸系统和心脏的负担。尤其对于刚刚开始锻炼的健身者来讲，容易产生胸闷、呼吸困难、肚子疼痛等现象。

三、健身走基本方式

健身走运动虽然是一种非常安全的健身项目，但是如果不能很好地把握其锻炼方法和要领，同样也不能达到应有的健身效果，甚至可能产生一定的副作用。健身走基本方式包括慢步走、大步走、快步走、“10 点 10 分”走、倒步走、爬楼梯等。

（一）慢步走

前臂摆出最好高于心脏水平线，或与肩同高；后臂尽可能向后摆动；身体保持与地面垂直。当左臂摆至心脏水平线后，右侧腿尽力向前迈出，双脚站稳后，前腿膝盖弯曲使身体慢慢向下蹲，成“前弓箭步”，后面的腿用力蹬直，稍做停留；然后双腿同时用力使身体起来后再迈步，双手配合双腿维持平衡，重复进行（图 11–13）。

（二）大步走

迈腿时要适当抬高腿的高度，把脚往远处放。换腿时加强后腿的蹬地力量。注意双臂的摆动：双臂的摆动最好是摆到与肩同高的位置，而且不要“甩”，要有控制地摆动（图 11–14）。

图 11–13

图 11–14

（三）快步走

行走时要抬头挺胸，手臂大幅度摆动，步伐大，速度快（图 11–15）；将腰部重心置于踏出的脚上，走时积极活动全身肌肉，有助于减轻腰痛、肩痛以及改善内脏功能；快步走的步幅中等、步频较高、步速较快，以每小时走 6000 步左右为宜。

（四）“10 点 10 分”走

举起双臂如表中的“10 点 10 分”的样子：沉肩抬头，身体挑直，眼睛平视前方；掌心向下，手指要尽量向远处伸直、略微向后背；保持这个姿势以自然步行走（图 11–16）。

图 11–15

图 11–16

（五）倒步走

上体自然正直，目视前方（图 11–17）；右腿支撑，左腿屈膝后摆下落，前脚掌先着地后过渡到全脚掌着地，身体重心随之移至左腿，然后右腿屈膝后摆下落，前脚掌先着地后，过渡到全脚掌着地（图 11–18）。

（六）爬楼梯

上楼时，上体略前倾，有意识地屈膝抬腿；下楼时，上体略后仰，肌肉放松。爬楼梯时，放松肩膀和颈部，尽量保持颈部挺直，目光略向上看，时刻盯着梯级；爬楼梯要特别注意脚步的动作，脚掌要完全踏在梯级上，步法要轻，步速要慢（图 11–19）。

图 11–17

图 11–18

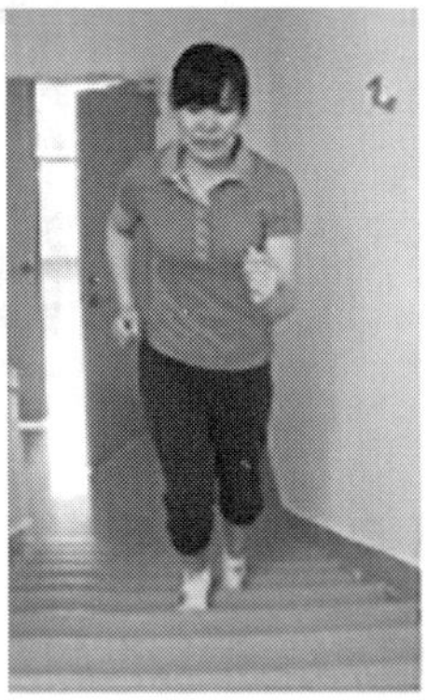
图 11–19

四、健身跑基本方式

健身跑又称慢跑，它是采用较长时间、较慢速度、较长距离的有氧锻炼方法。在进行健身跑时，必须注意速度、时间和方法等方面，才能起到增进健康、延年益寿的作用；否则，会适得其反。健身跑的特点是持续时间长，体能消耗大。科学、协调的动作方法在健身跑中可以起到降低消耗、节省体能的作用。健身跑的方式有很多种，包括慢跑、小步跑、倒跑、沙滩赤脚跑、登山跑和原地健身跑等。

（一）慢跑

上体正直并略向前倾，使头与身体基本呈一直线，前摆腿时，大腿积极向前上方高抬，同时带动髋关节尽量前送，小腿保持放松且自然下垂，前摆下落时前脚掌着地，接着向后方尽力蹬伸；脚落地时，注意缓冲，前脚掌先着地，然后过渡到全脚掌着地（图 11–20）。

（二）小步跑

骨盆前倾，全身舒展（图 11–21）。放松膝关节，两腿交替屈膝抬举，迅速放松下落，小腿顺势前摆，用前脚掌着地，完成“扒地”动作，并迅速伸直踝、膝、髋 3 个关节（图

11–22）。两臂屈肘，配合两腿动作做前后摆动；肩部放松，上臂自然下垂，肘关节的弯曲度略小于直角，两手自然半握拳，前摆时手略向内，后摆时肘部略向外。

图 11–20

图 11–21

图 11–22

（三）倒跑

抬头挺胸，目视前方，两手握拳，贴肘于腰的两侧；高抬小腿，两脚向后的同时将重心向后移。倒跑时要保持头正、颈直、挺胸，目光平视，头也可微微转动，用余光扫视道路，避开障碍物；倒跑时，肩、臂、肘、手的动作要与脚、腿的节奏保持同步；前脚发力迈步，后脚负载全身重量，把握身体重心，保持平衡。

（四）沙滩赤脚跑

沙滩赤脚跑时，健身者应两手握拳，两臂肘关节保持在 90° 左右，一前一后自然地摆动。跑步开始时，呼吸应深长而均匀，且与步法有节奏地相配合，3 ~ 5 步呼吸 1 次，也可以适当地延长呼气时间，从中得到深呼吸的锻炼。

（五）登山跑

上山时保持在平地时跑步的节奏，用同样的力量，逐渐缩小步幅；接近山顶时，步幅不变，略加快跑步频率；下山时，上体略后仰，用前脚掌或脚跟先着地，加大步幅，略放慢跑步频率，用较少的力量就可以。正确的登山跑姿势可以充分发挥身体的运动能力，因此，无论上坡或下坡都应保持头正身直，发挥最大的推力（图 11–23）。

（六）原地健身跑

脚离地面 20 厘米，高抬腿，脚尖轻轻地提踵，脚跟不着地，利用反弹力量，使动作有节奏地进行；两臂自然前后摆动，抬头、含胸、收腹，要求动作放松，呼吸自然、顺畅，鼻吸口呼，吸气要均匀，呼气要充分（图 11–24）。

图 11-23

图 11-24

第四节 自行车运动

一、自行车运动概述

自行车运动是指以自行车为工具，比赛骑行速度、技巧或强身健体的体育运动，起源于欧洲。1790 年，法国的西夫拉克伯爵将两个轮子装在木马上，人骑在上面用脚蹬地前行，称木马轮。1874 年，英国的劳森在自行车上采用了链条传动结构。1888 年，英国的邓洛普成功使用了充气橡胶轮胎，自行车至此基本完善。1868 年 5 月 31 日，法国在圣克劳德公园举行了自行车比赛，这是有记载的最早的自行车比赛。1893 年首届世界业余自行车锦标赛举行。1895 年，首届世界职业自行车锦标赛举行。1896 年，第 1 届奥林匹克运动会上，自行车被列为正式比赛项目。20 世纪 50 年代，山地自行车越野运动出现于法国并逐渐在欧洲流行。1996 年，山地自行车被列为奥运会比赛项目。20 世纪 60 年代，美国又兴起小轮车运动。2003 年 12 月，国际奥委会正式批准小轮车为 2008 年北京奥运会比赛项目。另外，因为自行车运动是一种简单易行的锻炼方式，骑自行车属于偏小运动量的有氧运动，车速多在每小时 10 千米 ~ 20 千米，而且自行车遍及家家户户，是日常生活的必备工具，因此有很多人投入自行车这项运动。

二、自行车比赛的种类

（一）公路赛

1. 一日赛

一日赛是自行车比赛项目之一，公路赛的一种。世界锦标赛、奥运会、洲际运动会、国家运动会的公路个人赛常用一日赛的方式进行。其以车队的形式参加，各队在起点线后从左至右排成一路纵队集体出发。运动员之间可交换食物、工具和配件。同队运动员之间可以交换车胎和自行车，可等待受伤或落后的运动员。允许运动员接受补给站和车队的维修车上提供的补给品。名次按运动员通过终点的顺序决定，前者名次列前。

2. 多日分段赛

多日分段赛简称多日赛，是自行车比赛项目之一，公路赛的一种。根据级别决定比赛的天数，至少举行 2 天，最多 20 多天。赛段由序幕赛、个人赛、个人计时赛、团体计时赛等公路比赛的形式组合而成。赛程地形复杂，以平路、坡路、起伏路组成。以每分段的时间累计排列个人和团体总名次。每分段各队前 3 名运动员的时间相加为团体成绩。个人成绩领先的运动员在下一赛段中需穿黄色领骑衫。赛段中途以积分方式设平路和坡路冲刺奖，总积分第一名冠名冲刺王和登山王。如以车队的形式参赛，混合车队必须穿统一骑行服。常采用从一个城市到另一个城市连续的、环绕国家或地区的方式。最长总距离达 4000 千米。时间超过 10 天的比赛中，距离超过 260 千米的赛段只能有 2 段。精英级运动员参赛的顶级环国家多日赛有环法国赛、环意大利赛、环西班牙赛等。

3. 个人计时赛

个人计时赛是自行车比赛项目之一，公路赛的一种。传统比赛在一个路面平坦、距离为 5 千米 ~ 40 千米的转折公路上进行，也可在平坦的环形路上进行。至少每隔 5 千米（上坡段每千米）标明比赛所剩下的骑行距离。运动员以个人单独方式匀速骑完全程，每分钟平均心率可达 185 次。运动员之间的出发时间间隔为 30 ~ 120 秒（奥运会为 90 秒）。按运动员成绩优劣排先后名次。

4. 团体计时赛

团体计时赛是自行车比赛项目之一，公路赛的一种，是反映全队实力的项目之一。世界性的传统比赛在一个路面平坦、距离为 15 千米 ~ 50 千米的转折公路上进行。奥运会和世界锦标赛上，此项目的赛距为 100 千米。每队 4 名运动员参加比赛，队与队之间相隔 2 ~ 3 分钟出发。4 名运动员根据风向编队，采用匀速方式高速骑行，每分钟心率保持在 180 次左右。每人轮流在前领骑 200 米左右下撤至队尾，相互换位领骑，在前抗风阻力领骑者心率通常高于尾随者每分钟 10 次左右。到达终点时取本队第三名运动员到达的时间为队的成绩，按各队成绩优劣排先后名次。

5. 个人赛

个人赛是自行车比赛项目之一，公路赛的一种，是参加者以个人名义报名参赛，排列在起点线后集体出发的比赛。最长距离为 170 千米，在环路上进行时，环路的周长最少是 10 千米。

（二）场地赛

1. 计时赛

计时赛是自行车比赛项目之一，场地赛的一种，是运动员单独在跑道上以原地出发的形式进行的一种个人计时赛。世界杯和世界锦标赛的比赛距离为男子 1000 米，女子 500 米。运动员出发采用起跑器，以上一年度的前 10 名运动员倒数顺序出发，其他运动员的出发顺序由抽签决定。所有运动员要在同一个单元内进行比赛，按成绩优劣排先后名次。

2. 争先赛

争先赛是自行车比赛项目之一，场地赛的一种，为短距离赛。在周长 333.33 米或 250 米的场地上骑行 3 圈或 4 圈（1000 米），周长大于 333.33 米的场地不少于 2 圈。不计全程总时间，以最先到达终点为胜。赛次分资格赛、1/8 赛、1/4 赛、1/2 赛、决赛。通过 200 米计时赛的方式进行资格赛，选取 12 ~ 24 名运动员进行争先赛。1/4 赛前，负者之间可通过复活赛的方式，获胜者再次补充获得资格。1/4 赛后实行三战两胜的方式。比赛分组进行，每组 2 ~ 3 人在起点线上同时出发，出发后，里道的运动员必须以快于走路的速度领骑一圈。第二圈起，尤其是最后 200 米间，运动员采用各种战术，以最快的速度冲过终点线。战术主要围绕领骑和尾随进行。

3. 个人追逐赛

个人追逐赛是自行车比赛项目之一，场地赛的一种。在固定的距离上，2 名运动员分别在赛车场东西跑道正中的起终点线上同时出发，然后相互追逐。赛距为成年男子 4 千米，成年女子 3 千米，青年男子 3 千米，青年女子 2 千米。比赛中，如后面的运动员与前面的运动员追成平排时，前面的运动员即被淘汰；如未追上，则以先到终点的获胜。获胜者进入下一赛次。赛次分资格赛、1/4 赛、1/2 赛、决赛。

4. 团体追逐赛

团体追逐赛是自行车比赛项目之一，场地赛的一种，是分别由 4 名运动员组成的两队相互追逐的比赛，赛距为 4 千米，比赛的办法同个人追逐赛。

5. 记分赛

记分赛是自行车比赛项目之一，场地赛的一种，是以运动员在完成比赛距离途中领先主车群的圈数和最后的冲刺所得分来决定名次的特殊比赛。其距离为：成年男子 40 千米，成年女子 24 千米；青年男子 24 千米，青年女子 20 千米。赛次分资格赛、决赛。成年组超过 30 人、青年组超过 15 人可进行资格赛。资格赛距离为：成年男子 24 千米，成年女子 16 千米；青年男子 16 千米，青年女子 10 千米。出发时半数运动员扶栏杆，另半数运动员在快速骑行线上排为一排，由指定的一名运动员领骑 1 圈作为预跑后，发令员鸣枪，比赛正式开始。途中冲刺每2千米一次。每次冲刺记前4名分数，按名次分别记5分、3分、2分和1分。最后名次首先决定于运动员所完成的圈数。如圈数相等，则根据运动员的得分多少来决定名次。如2名或更多运动员圈数和积分相等，名次由获得冲刺圈第一名的次数来决定。比赛时如发生公认机械事故，运动员可享受1300米的中立圈。

6. 凯林赛

凯林赛是自行车比赛项目之一，场地赛的一种，是一群运动员由摩托车牵引一定圈数后，再进行冲刺的比赛。比赛分第一轮资格赛、复活赛、第二轮资格赛、决赛。分组进行第一轮资格赛，每组录取2名，负者通过复活赛录取2名（333.33米以上跑道录取1名）。第二轮采用相同方法进行资格赛，录取2名（333.33米以上跑道录取4名）。决赛在6名（333.33米以上跑道8名）运动员中，以运动员通过终点线的先后顺序排列名次。按规定，运动员须排列在追逐赛起跑线后，由随行人员扶车出发。摩托车领骑员以25千米/时的速度逐步加速到45千米/时。随后的运动员不能超越摩托车。在2千米左右的距离剩600 ~ 700米时，裁判员发令摩托车离开，运动员冲刺。

7. 奥林匹克竞速赛

奥林匹克竞速赛是自行车比赛项目之一，场地赛的一种，是由两个队伍各3名运动员同时从原地出发，每名运动员领骑1圈，在跑道上完成3圈距离的比赛。先进行资格赛，按时间挑选成绩最好的4个队进行决赛。成绩最好的两个队决第一名和第二名，另两个队决第三名和第四名。胜者名次列前。世界锦标赛和全国比赛，资格赛取8个队，按成绩第一对第八、第二对第七、第三对第六、第四对第五排列，取4个胜队进入决赛。每位运动员在自己领骑圈结束后退出比赛，换道必须在起点线前后15米之间进行，违者将名次降至该赛次的最后。

8. 麦迪逊赛

麦迪逊赛是自行车比赛项目之一，场地赛的一种。距离为50千米，以队为单位的2名运动员交替接力，进行途中冲刺。以领先圈数和冲刺积分确定最后名次，途中冲刺第一名至第四名分别为5分、3分、2分、1分，最后圈冲刺得分加倍。在250 ~ 400米的跑道上每次冲刺间隔9 ~ 14圈，总设14个冲刺圈。最多18队（大于333.33米的跑道20队）参加，只进行一次决赛。每队2名队员佩戴不同颜色的相同号码。各队一人摔倒或出现机械事故由同队队员马上占据其位置，同队2名队员同时摔倒可享受相当于2千米的中立圈（最后2千米除外）。

9. 淘汰赛

淘汰赛是自行车比赛项目之一，场地赛的一种。由多名运动员集体出发，将每次冲刺后的最后一名运动员淘汰。参赛人数不限，人数过多可进行分组资格赛。指定一名运动员领骑第一圈作为中立圈后，运动员行进间出发。每2圈进行一个冲刺，大于333.33

米的跑道每 1 圈进行一个冲刺。每个冲刺圈前用铃声提示冲刺。被淘汰运动员必须马上离开跑道。最后由 2 名运动员进行最后的冲刺，名次根据通过终点线的先后决定。

10.复活赛

复活赛是自行车比赛项目之一，场地赛的一种。场地赛中，争先赛按参赛 12 名至 24 名运动员编组进行 1/8 赛赛次及之前的赛次。各个小组的负者，可以获得一次负者之间的比赛，其中胜者可进入下一赛次，再负者将失去比赛资格。此赛次主要对确有能力但在某一赛次中失误的运动员，给予复活的机会，故名复活赛。进入 1/4 赛赛次的负者无复活赛。凯林赛第一轮资格赛时，小组负者也可通过复活赛再次获得比赛资格。

（三）山地车赛

1. 越野赛

越野赛是自行车比赛项目之一，山地车赛的一种，分绕圈、超长、短程和耐力 4 种。绕圈赛赛程至少 6 千米 / 圈，持续时间随分类不同而不同。超长赛赛程至少 30 千米，有明显的海拔高度变化。集体或单个（计时赛）出发，通常比赛起终点非同一地点，但大圈的环形路可相同。短程赛路线每周最多 6 千米，起终点设同一地点，在保证安全的前提下，可设置自然或人为的障碍物，比赛路线上同时骑行的运动员最多 80 人。耐力赛是一项测验运动员操车技术、机械故障处理、按图骑行和速度耐力能力的长距离综合性项目，时间可持续 2 天或 2 天以上，设有多个检查点和不同路线。

2. 速降赛

速降赛简称“DH”，是自行车比赛项目之一，山地车赛的一种。其较少蹬车，将快、慢技术组合，以技巧性为主。比赛路线必须有全面铺设的路面（如沥青、水泥等），全都是下坡骑行路段，由单人道、跳跃、慢地段、田野、森林道和砾石道混合组成。速降赛采用个人计时赛的方式，以成绩优劣排列名次。

3. 分段赛

分段赛是自行车比赛项目之一，山地车赛的一种。它用 2 天或更多的时间进行一系列项目的比赛，以总成绩时间或总得分来判断比赛名次。顶级比赛举行时间最少 5 天，最多 8 天。次级比赛举行时间最少 2 天，最多 4 天。

4. 爬坡赛

爬坡赛是自行车比赛项目之一，山地车赛的一种。赛程通常 30 分钟左右，视上坡的地形而定。比赛路线至少应包括 80% 的上坡骑行路段，集体或单个出发。起点设在一个指定位置，终点设在另一个海拔更高的地方。

5. 双人绕杆赛

双人绕杆赛是自行车比赛项目之一，山地车赛的一种。2 名运动员并排下坡，骑行于设有固定、柔韧的标杆的赛道上。先通过终点标杆的运动员为获胜者。以淘汰赛决定最终获胜者。

（四）BMX 赛

BMX，全名是 Bicycle Motocross（小轮车）。小轮车运动是 20 世纪 70 年代中后期在美国兴起的一种自行车越野运动。由于小轮车车型比较小、轮胎比较粗，而且比赛的赛道和越野摩托车所用的赛道十分相似，所以有了这个名字。小轮车运动很快在青年人中流行起来，到了 20 世纪 80 年代中期，大多数年轻人深受滑板文化的影响，觉得只在泥地里比赛太过单一，于是开始把 BMX 拿到滑板的场地里玩，而且玩的花式比滑板更多，跳得更高、更刺激。它的名字也变成了 BMX Freestyle（自由式 BMX）。BMX Freestyle 具体分为 5 种。第一种是最原始的泥地竞速比赛；第二种是泥地跳跃，利用泥土做成的坡度进行跳跃花式比赛；第三种是利用模仿街道障碍的道具场地进行比赛；第四种是在半管道场地里进行跳跃花式比赛；第五种是在指定的平地里利用 BMX 做各种平衡滑行的动作进行比赛。

平地花式是最基础的，也是最重要的，它的动作有上百种，其中最基本的是车上静平衡，如后轮点地跳、前轮点地跳、擦轮、定车、飘、过桥等。初学者在提高静平衡能力后才能练习更高难度的动平衡，即在自行车运动中做动作。BMX 的车身一般采用合金制成，可以承受从几米高的地方摔下的冲力。设计上也有许多特殊之处，如不受车闸线的限制，可以做 360° 转动的车把，前后轮都有可供脚踩的火箭筒等。一辆车只要换一些小的零件就可以有不同的玩法，可以满足不同性格的人。

三、基本技术

（一）骑行姿势

骑行姿势在相当大的程度上决定于车辆的尺寸、车座和车把的位置，应按需要来调整车把和车座，使车辆与身材适合。无论在何种情况下，都不可因车子各部分尺寸不合适，而勉强改变骑行姿势。运动员的骑行姿势是因人而异的，它需要根据运动员身材的大小和身体各部分的结构来决定。一般骑行姿势应为上体前倾，腰部稍屈曲，头部不过分伸出，两臂屈曲，肘关节稍向两边分开，两腿膝关节保持稍屈的姿势。

（二）正确的骑行姿势

正确的骑行姿势不会使运动员感到紧张或不便，并能更好地踏蹬和更轻松地操纵车子，以推迟疲劳的产生。骑行姿势较低和车把窄于两肩，可以减少空气的阻力；腰部屈曲可以使运动员更好地坐在车座上，不致把大部分体重移到车把上，从而更加轻松地骑行；头部稍微倾斜，保持胸廓不受挤压，可以正常地呼吸；头部稍微前伸，颈部肌肉的疲劳程度就可以减少；两臂肘关节稍微屈曲，便于较好地支撑，有利于腰部屈曲，并使冲击力不易传到整个身体上。

1. 几种不同的骑行姿势

自行车虽有各种各样的骑行姿势，但在原则上只有两种不同的骑行姿势。

（1）双脚在臀部下方，踏蹬，使车座的前端（金属物的前端）位于中轴的上方，或偏后于中轴垂线不超过 2 厘米，又称“中心式”姿势。

（2）双脚在臀部前方，踏蹬，使车座偏后于垂线超过 2 厘米。

经验告诉我们，最正确的骑行姿势决定于运动员身体的高矮和他的比赛专项。为了更好地明确每位运动员应该怎样选择最合适的骑行姿势，我们可以举例来说明一下。譬如，运动员在赛车场骑行，其身长是 170 厘米。他的身材是不匀称的，腿比上体长，同时大腿比小腿短。根据这样的身材，把车座安置在中轴垂线的上方，并将车把放得很低。这样，就形成了双脚“在臀部下方踏蹬”、下俯而紧凑的骑行姿势。

另一名运动员，身高是 183 厘米。他的身材也是不匀称的，腿长上体短。为了减少空气的阻力，应把车座向后移置，不使上体向上延伸，这样对踏蹬动作也很方便。由于运动员的上体短，迫使他将车把稍稍向上抬起并将伸距缩短。结果，形成了一种非常明显的双脚“在臀部前方踏蹬”的骑行姿势。双脚“在臀部前方”的骑行姿势具有很多优点。运动员在骑行时以两块坐骨支在车座上，身体的姿势就可以自然得多，这种情况也为踏蹬动作创造了比较有利的条件，能使大腿和小腿的肌肉获得更高的活动效果。运动员在这种姿势时，还可以减少肩部的过度紧张，能更好地放松上体的肌肉，更容易保持行驶的直线性，驾驶得更加轻便。双脚“在臀部前方”时，运动员能较好地运用力量，在传动比增大的情况下，如逆风行驶、爬越小坡和中等坡道等不适应采用“离座立式”的骑行方法但又必须保持速度等情况时，采用这种姿势，再运用双手拉紧车把的力量，就能够收到良好的效果。经验证明，对于公路和越野骑行的运动员来说，采用双脚“在臀部前方”的骑行姿势较好。对于赛车场骑行的运动员来说，哪一种骑行姿势比较好是难以确定的，实践证明，无论采用哪一种姿势，都可以取得优秀的运动成绩。但跟随摩托车领先的运动员必须掌握双脚“在臀部下方”的姿势，因为将上体前移以后，就有可能更加靠近领先摩托车，从而更加充分地利用前方的摩托车和领先者在行进时所形成的强大空气涡流。

2. 骑行姿势的确定

要在车上骑坐得好，同样也需训练。先从低速开始，然后逐渐增加速度。注意始终保持正确的骑行姿势，决不可压紧车把或将身体使劲压在上面。这些动作将使驾驶困难，并且不由自主地迫使多余的肌肉参与工作，引起整个身体过度紧张。上体紧张会使双脚的动作困难。在训练中，要注意在终点仍要保持正确的骑行姿势。为减小全身的紧张程度，并使踏蹬动作轻松而迅速，应该特别注意避免站立和移动身体、转头时转动肩膀、上体和头部过度前屈、晃动。头部姿势不正常，特别是当头晃动时，会增加运动员辨别方向的难度，骑行的直线性和准确性也将受到影响。特别是在终点高速行驶时，头部变斜对成绩会有影响。竞赛开始前不可改变已确定好的车把和车座的位置。改变骑行姿势需要经过多次训练才能逐渐习惯，而在竞赛前确定新的骑行姿势，会影响成绩。

确定了令人满意的骑行姿势并经过训练后，不要轻易改变，否则会影响成绩，运动员应该把这种骑行姿势保持到下一个赛季，在赛季终了或接近终了时，如对骑行姿势的正确性并未产生怀疑，应在车的各个部分上做出记号，并加以测量，在下一赛季开始时，可按上一赛季做的标记来确定骑行姿势，并检查一下影响上体、臂部和双脚姿势的各个装备高度，车座皮面的松紧和车把的位置等。

（三）踏蹬动作

踏蹬动作是整个自行车运动技术中最复杂且困难的动作。应该指出，许多运动员甚至经验极其丰富的运动员，大多还没有掌握完善的踏蹬技术，而往往用增大传动比、多用力气等方法来弥补踏蹬技术的不足。经验证明，只有那些正确掌握了踏蹬技术的运动员，才能比较容易地达到很高的速度。

1. 脚掌在脚蹬上的放置和固定

脚掌在脚蹬上的正确位置应使脚蹬位于脚掌中部和脚趾之间，同时，鞋的前端伸出脚蹬 5 ~ 7 厘米不等（按脚的大小），脚掌应该与脚蹬保持平行，脚蹬杆、脚蹬框或脚蹬轴如果扭曲不正，必须立即校正或换去，否则会改变脚掌的位置，使两脚动作困难，钉在鞋底上的专用鞋掌能帮助双脚稳妥地固定在脚蹬上，不致在行驶时从脚套中滑脱，钉在鞋底上的鞋掌和束得很紧的皮带，可使运动员更好地完成踏蹬动作，大大加强猛蹬。冲刺和上坡时的两脚动作，更有可能充分地放松肌肉，同时利用皮带将脚掌固定以后，就不需肌肉特别用力把脚保持在脚蹬上，从而减轻肌肉的紧张度。

2. 踏蹬动作的种类

在实践中，踏蹬动作基本上可分 3 种：“万能式”“脚尖朝下式”“脚跟下垂式”。

（1）“万能式”踏蹬。

采取这种方法时，脚的动作如下：当脚蹬在最高点时，脚跟必须下垂 8° ~ 10°，踏蹬力朝向上前方，到水平点时，踏蹬力量大，脚掌处于水平姿势，然后，当脚蹬和脚掌位于水平点和最低点之间时，踏蹬力减少，随着脚掌的逐渐降下，脚跟就逐渐上提，当脚掌在最低点时，脚跟向上提起 15° ~ 20°。在“万能式”踏蹬的方法中，脚沿着逐渐改变的方向运动，因此，就有可能使力的作用方向与脚蹬旋转时所形成的圆周切线一致，并逐渐增大其功效。按这种方法踏蹬时，由于脚跟下垂，膝关节和髋关节的屈曲角减少，大腿没有必要抬得很高，因而，在一定程度上减轻了这些关节的运动。“万能式”踏蹬的方法，使运动员在脚蹬杆 180° 的动作过程中有可能最充分地连续动用肌肉的力量，并且可以轻松地通过各个“死点”，因为当脚跟下垂呈 8° ~ 10° 时容易通过最高点；脚尖朝下呈 15° ~ 20° 时可以比较轻松地通过最低点。这种踏蹬方法，任何专项自行车运动员都可以运用，但是这种方法必须采用双脚“在臀部前面”的骑行姿势才能有效。

（2）“脚尖朝下式”踏蹬。

运用这种踏蹬方法时，脚尖在脚蹬杆旋转过程中全是朝下的，踝关节可以完全放松，脚尖在最低点处可以稍稍加大朝下的角度。当脚蹬的位置在最高点时，脚尖朝下，与脚跟呈 8° ~ 10° 的俯角；从最高点到水平点时，脚尖更加朝下（呈 15° ~ 18°），通过最低点后，肌肉立即放松，脚尖恢复最初的姿势，然后朝下 8° ~ 10°，动作如此循环进行。

运动员在赛车场上采用双脚“在臀部下方”骑行姿势时，可以采用这种踏蹬方法。这种方法对短距离运动员更加适用。他们的力量一般只能延续几分钟。在中距离竞赛和有摩托车领先的竞赛中，使用这种踏蹬方法，要使脚尖在最高点时保持 3° ~ 5° 的俯角。这样可以使踏蹬动作更加有力。不要害怕踝关节运动的幅度有些增大，这不会使肌肉增加疲劳。尽管“脚尖朝下式”的踏蹬方法应用得很广泛，但也有很大的缺点。如当脚蹬连杆旋转到最高点时，由于脚跟向上抬起，使膝关节和髋关节形成锐角，给大腿和臀部肌肉的工作造成困难；当脚蹬离开最高点时，为了避免沿直线方向无目的地给轴心施加压力，必须稍迟一点踏蹬，因此，这样在脚工作的每一个过程中，有效作用期减少 20° ~ 25°。此外，还有一个缺点，那就是在脚蹬旋转运动的各个阶段中，脚尖过分朝下（呈 20° ~ 25°），使腓肠肌产生很大的静力作用。经验证明，这种静力作用即使脚尖向上提起时还是继续存在的。这样就不能使运动员及时地和充分地放松肌肉，因而容易疲劳，有时还产生痉挛现象，俗称“抽筋”。毫无疑问，这种踏蹬方法对运动成绩是不利的。

（3）“脚跟下垂式”踏蹬。

运用这种方法时，在踏蹬中脚跟都是向下垂的。这种踏蹬方法有两种：第一种方法是脚跟在最高点和最低点是朝下垂的；第二种方法是在最高点，脚跟与脚趾位于同一水平面或稍高于脚趾，而当脚蹬杆旋转时，脚跟则下垂。在用“脚跟下垂式”踏蹬时，肌肉的作用与“脚尖朝下式”踏蹬时的相似，只是在工作过程中，胫骨前肌在踝关节伸直后是做静力性工作，而腓肠肌则产生作用；相比之下，在“脚尖朝下式”踏蹬中，胫骨前肌不紧张，而腓肠肌则在踝关节收缩后受到静力负荷。在这种踏蹬中，有必要增大传动比，以便补偿双脚转动不够快的缺点。其效果不如“万能式”和“脚尖朝下式”踏蹬。

它主要是在公路骑行和赛车场骑行中用来作为辅助的踏蹬方法临时使用 5 ~ 10 秒，通过这种改变，能使双脚的肌肉得到休息。这时，运动员可以从车座上站起，两脚伸直踏蹬。在实践中，惯用“脚尖朝下式”踏蹬的运动员往往也采用这种方法，以求在短暂时间内放松一下疲劳的肌肉。

3. 踏蹬动作的技术

在踏蹬动作中，其技术主要包括脚蹬旋转技术和两脚同时用力踏提脚蹬技术。其中，前者又可以分为冲击式和回转式脚蹬旋转技术。

（1）脚蹬旋转技术。

① 冲击式脚蹬旋转技术：当脚蹬离开最高点时，脚即做短暂的向下踏蹬的冲击动作。然后，另一只脚也做这样的动作。这种踏蹬动作在整个循环中包括两次短的冲击，因此，车辆不能平稳地行驶而是带有跃进的性质，速度也因冲力的大小而改变，在行驶中时快时慢。采用大转动比和长脚蹬连杆的运动员大多采用冲击式脚蹬旋转技术。另外，用这种方式踏蹬肌肉会非常紧张，很快就会疲劳，结果造成肌肉无力而速度减低。

② 回转式脚蹬旋转技术：当双脚做回转运动时，运动的速度应该接近于等速。踏蹬的动作要很柔和，从水平点开始稍稍加大踏蹬的力量。如果从前面看去，双脚的工作与机车连杆的工作很相像。回转式脚蹬旋转技术与冲击式不同，由于回转式的动作比较协调，再加上向前下方踏蹬的重量，所以仅需要使用最小的力量就可以了。为了更有效地运用这种技术，必须紧紧地坐在车座上，上体不可左右摇晃，也不可上下移动。要使踏蹬动作不感到困难而且有所改善，还必须注意速度是依靠脚向下踏脚蹬取得的，但是，如果另一只脚在向上提起时不给予相应的协助，也不能保持已取得的速度。当脚刚一通过最低点时，就需要自然地抬起但不可使用过大的力量，不注意这一点，即使最有耐力的运动员也不能很好地掌握这种骑行技术。归根结底，问题不在于是否会用力踏蹬，而在于踏蹬以后脚抬起的技巧和腓肠肌的放松。许多运动员往往不能做到使两脚互相协调，而且上提的脚还因本身的重量抵消了下踏的一部分力量，犯这种错误的不单是新手，有经验的运动员也不例外。

（2）两脚同时用力踏提脚蹬技术。

在骑行中，有时在一段不长的时间内需要猛然用力加强踏蹬动作，如猛冲、终点冲刺、计时赛原地出发时的疾驰、上坡时“离座立式”骑行等。在自行车上，两个脚蹬杆相对处在一条直线上。因此，当一个脚蹬杆旋转 1 周（360°）时，它只从最高点经过水平点到最低点做半个圆周的功。为了在下半个圆周利用同一脚的力量来加速脚蹬的旋转，大多数运动员采用双脚同时用力踏提脚蹬的方法来工作。当被固定在脚蹬上的脚掌从最低点到最高点时，用力向上提脚蹬，使这一行程也能做功。因此，使脚蹬旋转的力量有两个，即一脚掌自最高点经水平点到最低点的行程中向下使用压力；另一脚掌自最低点经水平点到最高点的行程中将脚蹬向上提。上述方法不可使用太久，因为在这种情况下有很大一部分肌肉处于非常紧张的状态，很快就会疲劳，使工作能力迅速降低。

4. 脚蹬杆长度的选择

脚蹬杆的长度与两脚在踏蹬时能否正确地进行工作有很大关系。运动员增加速度的方法有两种：加大车轮从而增大传动比，或者加快脚蹬的旋转。这两种方法都和脚蹬杆的长度有密切的关系。

许多运动员由于对掌握快速传动脚蹬的技术存在着不必要的畏惧心理，在确定有关传动比的问题时不敢使用中等的传动比，宁愿采用大的传动比，这样，脚蹬杆过长，导致两脚的速度没有增大。其实，这时对运动员更合适的并不是增大传动比，而是缩短脚蹬杆的长度。为了掌握良好的踏蹬技术，必须选择与运动员两脚的长度及体力相适应的脚蹬杆。甚至有些有经验的运动员，在选择脚蹬杆时也常常只根据自己的身高，而没有考虑两腿的长度解剖结构；而且在大多数情形下，在这一方面起决定作用的并不是整个身高，而是两腿的长度和体力，腿的长度和体力可能与身高是不相适应的。有些运动员以两腿肌肉结实有力为理由，证明他们采用大传动装置和长脚蹬杆是正确的。如果运动员的两腿强而有力（尤其是两腿较短时），当然可以将传动比加大，但是，在这种情况下却不应该使用加长的脚蹬杆。腿短的运动员在采用长脚蹬杆时，就不得不将腿抬得比腿长的运动员高些（与身高相比），他的膝关节和髋关节屈成不适度的锐角，这是不利的；大腿的工作加重，而不像腿长的运动员那样，加重在踝部，因此，动作变得迟钝而累人。的确，长脚蹬杆在猛冲、原地出发后的疾驰等方面能发挥出力量，但是，这些暂时的优点补偿不了两脚在以后工作中的困难。此外，长脚蹬杆还迫使两脚画出很大的圆圈，产生强力的摆动而使车辆摇摆，同时，踏蹬动作也比较费力。短脚蹬杆可以使自行车的中轴安装得较低，因此，自行车就变得更加稳定，而踏蹬动作可以更加迅速、均匀而轻松。

5. 如何掌握正确的踏蹬动作

自行车运动员的成绩多半依靠两脚的正确动作，尽管看起来比较简单，但这种动作实际上很复杂，要特别注意和细心地进行训练。在开始训练之前，必须准确地规定出主要的踏蹬方法，分析各个动作，并记住动作的次序和两脚在旋转运动任一阶段中的位置，建立起动作的概念，并在训练中予以修正。

运动员还必须培养出一种“踏蹬感觉”，这种感觉可以使两脚轻松而平稳地完成回转运动。有良好的“踏蹬感觉”，脚就不会有空踏，也不会过分用力，而是柔和地与脚蹬一起沿着大链轮圆周的切线下移，并在到达最低点时轻松地减去下踏力。放松的脚经过短时间休息后，亦向上抬起，在这种情况下，运动员不应该有脚在底下推动脚蹬或是脚在拉着脚蹬上行的感觉。如果踝关节没有受到束缚，除两脚同时用力踏蹬脚蹬以外，脚掌的“活动”是很自然的。

学习踏蹬动作时，不必着急。发展踏蹬所需的髋、膝和踝关节的柔韧性以及增加大腿、膝关节和踝关节肌肉的力量，是要经过很长时间的。运动员在踏蹬时应努力做到只让有关的肌肉参加工作，而在加速旋转时则不应使其他的对抗肌肉群有所负担，以免降低两脚的速度和破坏运动的平衡性。应该避免上体肌肉参加工作，踏蹬时，两肩和骨盆应该尽量稳定。开始训练时，应该以低速骑行（应用小的传动比），注意动作的正确性。加速时需要循序渐进，保持正确的踏蹬技术，并使肌肉逐渐地习惯必需的负担量。在一次训练课中重复各段的次数应该适可而止，使完成动作后没有疲劳的感觉，动作完成得正确而不耗费过多的力气。疲劳感是掌握踏蹬动作中很大的障碍，所以，掌握两脚正确动作的练习，应在速度和耐久力的训练以前进行。掌握和改善两脚的动作时，开始的练习应该用较小的强度，但须多次重复。因此，骑行 10 ～ 15 段（每段 1 千米～ 2 千米）的路程（各段路程之间进行短时间的休息）比快速骑行 5 ～ 6 段（每段 500 米）的路程要好些。为此，应将自行车牢牢地固定在训练台上，使运动员能够专心于两脚的工作。

第五节　轮　滑

一、轮滑概述

轮滑是一项历史悠久、开展广泛的运动项目，包括速度轮滑、花样轮滑和轮滑球以及单排轮滑和双排轮滑等。轮滑不仅能锻炼身体、增强体质、消除疲劳，还能调节精神，在世界各地有着广泛的群众基础和深厚的文化内涵，深受世界各国人民的喜爱。

轮滑

溜冰鞋最早出现于公元 1100 年，是利用骨头装在长皮靴脚掌上帮助猎人进行在冬天才有的打猎的游戏。苏格兰人 Dutchman 于公元 1700 年爆炸性地创造了第一对溜冰鞋；他希望能在夏天模拟出冬天溜冰，于是把敲钉的线轴长条木附在他的鞋子上。同一年在爱丁堡组成了第一个溜冰俱乐部。

1984 年，罗勒布雷德（Rollerblade）公司开始研发各种不同用途的轮滑鞋，罗勒布雷德一直是国际飞轮业界领导品牌，1994 年其把 ABT 简易刹车系统带入市场，就是我们今天看到的单排轮滑。

单排轮滑，不只限于曲棍球运动员，更成为一种时尚休闲运动风靡世界各地。1995 年，美国有限体育电视网（ESPN）举办的第一届极限运动会更把特技单排轮滑推向了全世界。特技单排轮滑起源于美国，其特技鞋也不同于普通单排轮滑，是在单排轮滑基础上附加了许多配件，最终使单排轮滑更好玩、更刺激。轮滑运动进入 2010 年广州亚运会竞赛项目，共设 9 块金牌。

二、轮滑的优点

（一）娱乐性

比较大众化的轮滑鞋可分为速滑鞋、平花鞋、极限鞋、速降鞋、休闲鞋、越野鞋等，都有很强的娱乐性,从速度或技术上都很有趣,既可以个人单独练习也可以群体进行游戏。

（二）环保性

轮滑本身不会产生任何污染，倡导了健康的环保理念，是一项时尚的健康运动。

（三）健身性

轮滑是一项全身性运动，它能促进心脑血管系统和呼吸系统机能的改善和代谢作用的加强，能增强臂、腿、腰、腹等各处肌肉的力量和身体各个关节的灵活性，特别是对人平衡能力的掌握上有很大的帮助。同时，轮滑也是一项健康的有氧运动，一般来说，轮滑的最大氧气消耗量（测量运动强度的基准）是跑步的 90%，对保持有氧运动的最佳强度很有效果，保持 23 千米 / 时的速度滑轮滑时测量的心跳数是最大心跳数的 74%，这属于典型的有氧运动，可以达到强化心血管和燃烧脂肪的效果。所以，也有越来越多的女孩子把轮滑作为一项改善体形、减肥塑身的运动。

（四）工具性

轮滑还具有很多体育项目所不具备的一个特性，就是它可以当作交通工具。一般情况下，在平整的路面上，轮滑可以代步成为交通工具。当然，其抓地性会因路况的不同而有所不同，但基本上是没有问题的。在交通越来越拥挤的今天，轮滑已成为一种流行和时髦的交通工具。当然，还是要提醒大家，滑着轮滑穿梭于车来人往的大街上时，一定要注意交通安全。

（五）经济性

作为一项简单经济的运动，大家在玩轮滑的时候除了初学时需要贮备的轮滑鞋和护具外，几乎不用再花费其他费用，这些运动器材的使用寿命也很长，无须一直更换。而且轮滑不像游泳、网球等运动一样，需要特定的运动场所，需要花费一笔价格不菲的会员费，办理会员卡进入专业场练习等。

（六）方便性

轮滑不需要特定的运动场地，甚至专门有在公路上举办的轮滑公路赛等赛事，这些都展现出了轮滑这项运动的方便快捷性，同时，轮滑的另一大特点就是环保，既不消耗能源也不造成环境污染。所以玩轮滑基本没有什么顾虑，只要你想玩，就没有什么可犹豫的，找到一块平整的路面就可以享受轮滑带给你的乐趣了。

（七）刺激性

虽然轮滑是危险系数相对较低的一项极限运动，但这其实仅限于业余休闲的玩家，如极限轮滑仍是一项非常具有挑战与刺激的运动。极限轮滑主要分为街式极限轮滑和专业场地极限轮滑，而专业场地的比赛又可以分为道具赛和半管赛。这些比赛主要是做些危险动作，如下梯、跳台、空中动作。评委根据动作的难度和完成情况来评分，在观众大饱眼福的同时绝对能让你体会到轮滑无与伦比的刺激性。

（八）观赏性

花样轮滑的出现最初是为了进行花样滑冰的训练，所以二者的观赏性也几近相当，当然，由于花样轮滑动作目前尚没有达到花样滑冰的难度，抓地性比花样滑冰差一些，这会使得在实践中花样轮滑的观赏性较花样滑冰略有逊色。可轮滑的魅力依然很大，况且轮滑的另一个项目——平地花式轮滑同样极具观赏性。从事平地花式轮滑时，运动员穿轮滑鞋运用各种灵活多变的步法绕过放置在地上的障碍物，动作敏捷、灵巧，往往让观众惊叹不已，掌声不断。而速度轮滑则与跑步类似，更多注重的是速度，以致在轮滑的三个单项中是观赏性相对较差的一项，但由于运动的高速度和高难度，使得速度轮滑看起来仍是非常精彩。

三、轮滑基本技术

（一）普通轮滑技巧

1. 站姿（图 11–25）

第一种是普通的平行站立，即将两只脚平行稍窄于肩，双膝微弯以保持重心，以脚踝的力量控制好不要让脚左右摆动，要保证轮子垂直地面。穿专业平花鞋平行站立时因为鞋的结构设计影响，两脚会自然地向外压外刃。第二种是应用于非平整地面的“丁”字形站立（也叫“T”字形站立），即一只鞋的最后一个轮子抵在另一只鞋的第二和第三个轮子之间，双膝微弯，双腿之间稍有间隙，以保持重心，仍然是以脚踝控制鞋子。

2. 起步（图 11–26）

从“T”字形站姿起步，让前脚保持前进姿势，后脚向外方推轫，就会有前进的力量。

3. 滑行（图 11–27）

滑行时为保持较好的平衡，让一脚稍稍提起放在另一脚前方，膝盖弯曲。

图 11-25

图 11-26

图 11-27

4. 身体的摆动

将重心放到左脚，用右脚推轫并向外侧伸展，滑行；然后将双脚并行。接下来将重心放到右脚，左脚向外推轫、伸展、滑行，如此左右不断互换。

5. 身体的姿势（图 11-28）

身体稍稍半蹲，像是要坐。将双脚向前伸出，弯曲膝盖及脚踝，使重量在整双鞋上。

6. 停止（图 11-29）

以上述姿势滑行，双脚靠近保持平行，有刹车的那脚稍稍向前滑行，使两脚距离约有半只脚，提起脚尖直到刹车碰触到地面，然后慢慢将重量移到刹车，增加压力，直到停下来。

图 11-28

图 11-29

（二）轮滑练习

轮滑是一项极易掌握的体育运动，任何人都能很快地学会它。但对很多人来说，初次接触轮滑时，心理上会产生一种畏惧感——担心摔跤。其实，只要简单地掌握一些轮滑的方法和技巧，就能把这项运动变成乐趣。初学轮滑者一定要有耐心，请记住以下禁忌：滑行前不做准备活动，不戴护具，滑行后立即喝水。初学时一定要注意培养正确的姿势，滑行时腰、膝、踝关节保持弯曲，降低身体重心，身体失去平衡时要向下蹲。以下是高手总结出的口诀：滑需团身，弯曲求稳，重心稍后，欲进先侧，斜中求正，先倾后蹬，先蹬后落，胯部摆动，三点对齐。

平衡是掌握轮滑的基础。由于轮滑鞋与地面接触面积小，加之滑轮与地面摩擦后的滚动，所以就不易掌握平衡。练习平衡是非常重要的，具体的做法是：①原地踏步，练习静平衡，熟悉轮滑的性能；②用互助法和扶助法练习平衡，两个人相互扶助或双手扶住身边的其他物体，前后、左右移动，练习平衡技术；③借助外力练习平衡，如可以通过对静止物体的反作用力使自己滑动，或让别人用力将自己推动，也可以抓住正在移动的人或其他物体，使自己前进或后退。

（三）移动重心的练习

1. 原地站立与踏步练习

穿好轮滑鞋，两脚平行站立与肩同宽，两腿微屈，上体稍前倾，两臂自然下垂。身体重心移至左腿，右腿稍抬起、放下。然后身体重心移至右腿，左腿稍抬起、放下。反复进行练习，逐渐加快速度。

2. 单脚支撑平衡练习

在掌握原地踏步基础上，保持原来姿势，手扶栏杆或同伴，将重心移至一条腿上，另一腿向侧伸出再收回成开始姿势。换脚重复以上动作。

3. 模仿滑行姿势的蹲起练习

速度轮滑的滑行姿势直接关系到滑行速度。正确的滑行姿势，是上体前倾接近水平，肩背稍高于臀部，腿部弯曲，上体与地面呈 15° ~ 20°角，大腿和小腿呈 90° ~ 110°角，两踝关节呈 50° ~ 70°角，两手互握放于背后或在体侧自然摆动，头部自然抬起，眼向前看 5 ~ 10 米处。

4. “八”字行走练习

两脚呈外“八”字站立，保持好站立的姿势，重心移至左脚上，右脚向前迈一步，重心随之移至右脚上，然后抬左脚向前迈一步，重心随着移至左腿上，然后抬右脚向前迈一步，重心随着移至右腿上。重复上述练习。

5. 交叉步行走练习

原地站立，先将重心移至左腿上，收右腿，向左腿前外侧迈步成交叉姿势，重心随着移至右腿上，接着收左腿左侧跨一步，成开始姿势。反复练习。

（四）弯道滑行

弯道滑行技术和直道滑行技术有明显的区别。弯道滑行技术特点在于练习者用交叉步滑行。由于向心力的作用，上体不仅前倾，而且还要向左倾。

1. 左脚支撑、右脚连续蹬地的滑行

从站立姿势开始，左脚用外刃蹬地后迅速与左脚并拢，接着右脚做一次蹬地动作，

左脚继续做前外曲线滑行。

2. 在圆弧上做不连贯的交叉步滑行

在圆弧上用直线滑行步法，中间插入弯道交叉步。当左脚有稳定的平衡时，右脚向左脚左侧前方迈一小步；只要右脚有短暂的滑行之后，左脚就迅速从右腿后方收回，同时右脚蹬左脚直线滑进。重复上述动作。

（五）停止法

在滑行中，有时需要及时停止滑行，所以在初步掌握滑行基本动作的同时，就要学会停止滑行的方法。常用的停止法有“T”形停止法和双脚急停法。

1.“T”形停止法

在向前滑行中，将重心放在右脚上，右膝弯曲，同时抬起左脚横放在右脚后呈“T”形，然后以左脚四轮的侧面摩擦地面，减缓滑行速度，直到停止滑行。

2. 双脚急停法

在向前滑行中，两脚并拢，两脚同时向逆时针方向（或顺时针方向）转体90°，右脚以内侧轮、左脚以外侧轮压紧地面，同时屈膝后坐，上体前倾，身体向左（右）倾倒，两臂前伸，两脚用力压紧地面，就会停止滑行。

第六节　毽　球

一、毽球概述

毽球俗称踢毽子，是我国一项历史悠久的传统体育运动项目，在长期的发展过程中，广泛传播，逐渐普及。

踢毽子起源于我国汉代，盛行于六朝、隋唐时代。《唐代高僧传》中记载：北魏时有一个叫跋陀的人到洛阳去，在路上遇到了12岁的惠光，惠光在天街井栏上反踢毽子，连续踢了500次，观众赞叹不已。这说明踢毽子在当时已在民间流传。到了唐宋时期，踢毽子非常盛行，花样繁多，还出现了专门制作、出售毽子的店铺。到了清代，踢毽子的技巧已经达到了一个相当高的水平。清代民间艺人绘制的《踢毽图》上的人物动作和姿态，跟现代毽球运动十分相似。

毽球运动占地面积小，器材简单，男女老少皆宜，已经成为全民健身运动的重要内容。在群众性毽球活动广泛开展的基础上，我国毽球运动的经济水平也不断提高，涌现出一大批高水平运动队。

毽球运动在世界范围内蓬勃开展，尤其是在越南、老挝、德国、匈牙利、荷兰等国家，已经成为深受人们欢迎的体育健身项目。可以预见，我国传统项目——毽球，将以崭新的姿态，活跃在世界体坛大家庭中。

二、毽球场地和装备

（一）场地

毽球比赛场地采用羽毛球双打比赛场地（图 11–30）。

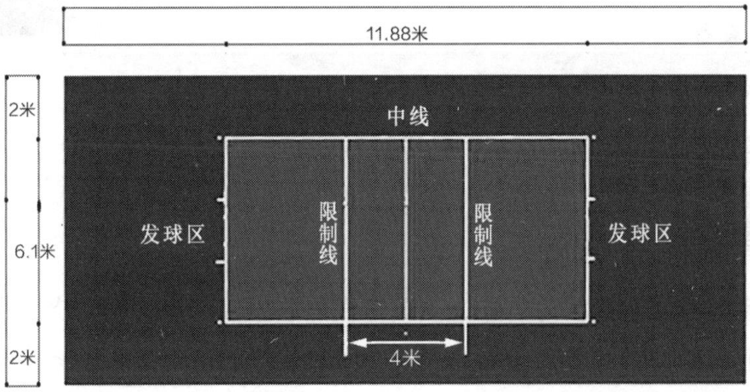

图 11–30

（1）规格。①场地长 11.88 米，宽 6.1 米；②场地应按平面图画出清晰的界线，较长的两条界线叫边线，较短的叫端线；③连接场地两边线的中点与端线平行的线叫中线，中线将场地分为均等的两个场区；④在中线两侧各画一条与中线平行的线叫限制线，中线至限制线的距离为 2 米；⑤距两端线中点两侧各 1 米处向场外各画一条长为 20 厘米与端线垂直的短线叫发球区线，发球区线向后无限延长的区域叫发球区。

（2）设施。①网柱：网柱安在中线以外，距边线 50 厘米处。②球网：球网为深绿色，长 7 米、宽 76 厘米，网孔 2 厘米见方；球网上沿缝有 4 厘米的双层白布，用绳穿起，将球网挂在网柱上；球网必须挂在中线的垂直上方，两端距地面的垂直高度必须相等，两端与中间的高度相差不得超过 2 厘米；球网的中部顶端距地面垂直高度为 1.6 米（男子）或 1.5 米（女子）。③标志带与标志杆：在球网的两端，垂直于边线和中线交接处，各系有一条宽 4 厘米、长 76 厘米的白色带子，叫标志带；在球网上连接标志带外侧应系有两根有韧性的杆，叫标志杆，两杆内侧相距 6 米；标志杆应高出球网上沿 44 厘米，并用鲜明对比的颜色画上 10 厘米长的格纹。

（3）要求。场地上空 6 米以内（由地面计算）和场地四周 2 米以内不得有障碍物。

（二）毽球

图 11-31

毽球的高度为 13 ~ 15 厘米，重量为 13 ~ 15 克，由毽毛和毽垫构成（图 11-31）。①毽毛为四支白色或彩色鹅翎呈“十”字形插在毛管内，每支羽毛宽 3.20 ~ 3.50 厘米；②毽垫直径 3.80 ~ 4.00 厘米、厚 1.30 ~ 1.50 厘米，由上垫、下垫和毛管构成，毛管高 2.50 厘米；③毽垫的下垫和毛管连在一起，上垫套在毛管上，上垫和下垫中间套有由三层以上硬质薄形皮革或类似材料制成的垫圈。

（三）装备

作为毽球运动的参与者，无论是日常练习还是参加比赛，都需要有一身合适的装备，包括服装和鞋子等。

三、毽球基本技术

毽球运动对身心健康极为有益，主要依靠下肢做接、落、跳、绕、踢等动作，使下肢的关节、肌肉、韧带都得到全面的锻炼，同时使腰部得到锻炼。经常参加这项运动，不仅可以使下肢肌肉、韧带富有弹性、关节灵活，而且可使心肺系统得到全面锻炼，起到增进身体健康的良好作用。毽球运动不仅是锻炼身体的手段，也是一种优美的艺术表演。它的基本技术包括准备姿势、起球、发球、移步等。

（一）准备姿势

准备姿势是运动员在场上接球时身体的一种等待状态。保持良好的姿势，是身体能随时在瞬间由静变动，由被动状态变主动状态的关键。准备姿势一般分为左右开立站姿和前后开立站姿两种。

1. 左右开立站姿

（1）动作方法：①两脚左右开立，略比肩宽，两膝略屈，脚跟略提起；②两臂自然垂直于体侧，两脚保持略动状态。

（2）技术要点：①屈膝提踵，上体前倾；②两脚保持略动。

（3）错误纠正：直腿、上体直立、脚跟提得过高为常见的动作错误。因此，应在做动作时屈膝，使膝关节得到缓冲，同时注意上体要前倾，脚跟略提，两脚要始终保持略动状态。

（4）伤害预防：充分做好准备活动，提高肌肉温度，避免肌肉拉伤。

2. 前后开立站姿

前后开立站姿能使运动员从静止状态快速转向前后的移动状态，较多地应用在比赛的接发球过程中。

（1）动作方法：①两脚前后开立，呈前后开位站姿；②两臂自然垂直于体侧，两脚保持略动状态；③上体略前倾，重心落于两脚之间，两眼注视来球。

（2）技术要点：①防守时注意后脚脚跟离地，身体重心要向前移随时保持静中带动的状态；②屈膝提踵，上体前倾；③两脚略动便于步伐的转换。

（3）错误纠正：同“左右开立站姿”。

（4）伤害预防：同“左右开立站姿”。

（二）起球

起球是指球从脚面弹起到最高点的过程。根据起球时接触点的不同，起球技术可分为脚内侧起球、脚外侧起球、脚背起球、腿部起球、胸部起球和头部起球。下面主要介绍前 4 种起球技术。

1. 脚内侧起球

（1）动作方法：①起球前，两脚自然开立，踢球脚在后，两膝略屈，两臂放松，自然下垂于体侧；②起球时，身体重心移到支撑腿上，踢球腿大腿带动小腿，由后向前上方摆动，在摆动过程中，逐渐形成髋关节外张、膝关节弯曲、踝关节内翻的基本姿势；③击球的一刹那，脚部击球面端平，击球部位应在脚内侧的中部，击球点一般在支撑腿膝关节前约 40 厘米处。

（2）技术要点：①在接发球时，队员要积极移动，调整好人与球之间的位置，做到一次起球到位；②在组织进攻时，要通过积极移动和第一次调整球的机会，处理好人与球之间、传球队员与进攻队员之间的位置关系；③在防守快速球、大力量球时，要提高出脚速度；④起球全过程应注意柔和、协调，大腿和小腿应完成向前上方的送球动作；⑤注意膝关节向外张，大腿向外转动并略上摆，髋和膝关节放松，小腿向上摆，脚放平，用内足弓部位踢球。

（3）错误纠正：踢毽时用大腿或小腿发力击球为常见的动作错误。因此，应在做动作时用踝关节发力。

（4）伤害预防：要充分做好准备活动，以免对踝关节或膝关节造成扭伤或挫伤。

2. 脚外侧起球

（1）动作方法：①起球前，两脚自然开立，两膝略屈，做好准备姿势；②起球时，身体重心移动到支撑腿上，击球腿的髋、膝关节内扣，踝关节外翻，使脚外侧尽量与地面平行；③击球是利用小腿外翻快速上抬的动作完成的，脚接触球的部位一般在脚外侧面的中部或中后部，击球的高度一般不超过膝关节；④当来球较高并快速向体侧后方飞行时，触球腿的大腿可外传，迅速沿地面向后摆，伸腿插入球下，踝关节自然勾起向外翻转，脚指向体侧，脚的外侧面约呈水平，身体保持前倾，利用小腿快速屈膝上抬的动作，向体前上方击球。

（2）技术要点：①当来球平且快，落在身体两侧或从体侧、肩上向后场飞行时，一定要略侧身，向体侧甩踢小腿，勾脚尖，用脚外侧踢球；②要想获得较低的托球点，必须使支撑脚做适当的弯曲；③身体重心应放在支撑脚上，击球点离地面 15 ~ 20 厘米。

（3）错误纠正：直腿、踝关节外翻、小腿外翻做匀速运动为常见的动作错误，因此，应在做动作时屈膝、膝关节内扣、小腿外翻的速度一定要快，同时当来球较高并快速向体侧后方飞行伸直腿插入球下时，一定要注意踝关节要勾起并外翻，身体保持前倾，切记绷脚，身体正直。

（4）伤害预防：要充分做好准备活动，以免对踝关节或膝关节造成扭伤或挫伤。

3. 脚背起球

（1）动作方法：①起球时，一脚支撑身体，另一脚主动插入球下，脚背与地面基本呈水平状态，当球快落到脚背上时，利用适度的伸膝和踝关节背屈的协调用力的勾踢动作，把球向上踢起；②击球部位在脚的跖趾（脚面上接近脚趾的部分）关节处，击球点在离地面 10 ~ 15 厘米的高度，击出球的方向、弧度和落点，可通过脚背面的变化和踝关节背屈勾踢的程度来调整。

（2）技术要点：①脚背踢球，一般用正脚背，要注意绷脚尖和抖动脚踝发力击球；②击球点离地面 10 ~ 15 厘米。

（3）错误纠正：勾脚尖或用大、小腿发力击球是常见的动作错误。因此，应在做动作时绷脚尖、抖动脚踝发力击球，同时注意抖动脚踝发力击球的速度不要过快或过慢，以免影响踢球的质量。

（4）伤害预防：要充分做好准备活动，防止在抖动或接球的过程中扭伤脚背以及踝关节。

4. 腿部起球

（1）动作方法：①（以右腿为例，左腿支撑身体）当来球飞近大腿时，重心移到支撑腿上，击球腿自然屈膝，大腿带动小腿由后向前上方快速抬起，用大腿的前 1/3 处击球，抬腿力量的大小应根据起球的速度和落点加以控制；②击球后，击球腿立即放下，准备衔接下一个动作；③腿接触球时与地面保持一定的角度，形成良好的反射角，击球后腿立即放下，准备衔接下一个动作。

（2）技术要点：左腿支撑身体，右腿屈膝，大腿带动小腿上提，膝关节略低于髋，用大腿的前半部分（主要由膝关节发力）起球。

（3）错误纠正：直腿、小腿主动发力击球为常见的动作错误。因此，应在做动作时自然屈膝，大腿带动小腿，发力击球，同时注意要用大腿的前半段击球，以便达到击球目的。

（4）伤害预防：充分做好腿部和髋部的准备活动，以免扭伤髋关节，拉伤腿部肌肉。

（三）发球

发球是比赛的开始，又是一项进攻技术。发球的时候可采用盯人、找空、压后、吊前等手段发出各种战术球，以达到破坏对方、组织进攻或直接得分的目的。根据发球时身体与球网的关系，以击球接触角的位置不同，发球技术可以分为脚内侧发球、脚正背发球、脚外侧发球。

（四）移步

移步是利用脚步动作，根据来球的距离远近、球速快慢，采用各种不同的步伐，使身体接近球的落点，以便能及时准备好触击球。

四、毽球基本战术

毽球基本战术是在比赛中，根据毽球的运动规律、彼此的具体情况和比赛场上的变化，安排具体阵容，合理地运用技术，充分发挥已队之长，限制对方正常发挥，进行有组织、有目的、有预见性的克敌制胜的行动。毽球比赛战术分为进攻战术和防守战术。进攻战术是将高于网上沿的毽子直接攻入对方场地区的一种击球动作。进攻战术根据阵容配置可分为："一二"配备、"二一"配备和"三三"配备。防守战术是比赛争取得分的关键技术，也是缓解对方进攻的最好方法，从而为反击得分创造有利条件。防守战术根据阵容配置可分为："弧形防""一拦二防""二拦一防"和"拦—堵—防"。

第七节　跑　酷

一、跑酷概述

跑酷是一项不借助任何工具和外力通过各种自由的动作穿越任何障碍物或到达指定目的地的极限运动。跑酷起源于法国，它融中国功夫、街舞、体操、音乐等于一体，深受人们的喜爱，是一项极具观赏性的时

跑酷

尚运动。跑酷最初由越战中的法国士兵们发起，2002 年在英国开始盛行，后来大卫·贝利（David Belle）把它发扬光大。

跑酷即 Parkour，直译为“到处跑”，是“超越障碍训练场”的意思，“Parkour”一词来自法文的“leParcours”。跑酷的中文名称除了跑酷外，还有“位移术”“城市疾走”等。它把整个城市当作一个大训练场，任何围墙、屋顶都是可以攀爬、穿越的对象，特别是废弃的房屋，更适合飞檐走壁似的跳升、飞跃和速降。

二、跑酷基本技术

（一）跑酷技术介绍

1. 跑酷的基本素质

（1）身体协调性。如果天生身体协调性好，玩起跑酷起步是非常快的；但如果天生身体协调性不好，那就有点“麻烦”了，一定要花大功夫好好练练身体协调性。

（2）力量。力量是不可或缺的东西，可以说，如果力量跟不上，跑酷永远只能停留在某个台阶而不能进步。肩部、臂部、背部、腹部力量，还有下肢的力量，要全面练习。

（3）弹跳。弹跳对跑酷有很大帮助。

（4）勇气。每个人都有恐惧心理，但往往是越紧张，身体越放不开，越容易受伤。除了自己战胜心魔之外，还要到类似室内训练馆的地方练习，因为这种地方备有垫子，在练习前空翻、后空翻、墙壁翻转时，不容易受伤。找到自信后，就可以出去实战了。

2. 跑酷的基本动作

（1）走栏杆：平衡练习，练习身体的协调性，在高处或者狭隘的地方可以站不稳。

（2）猫爬：比走栏杆更保险的单线穿越法，姿势很重要，身体应该尽量与栏杆平行，控制平衡点在两手握住栏杆处。

（3）基本落地：从低往高练，前脚掌着地，尽量声音小。

（4）立定跳远：跳得越远可以过的障碍越多，别让距离成为一道阻碍。

（5）侧手反抓栏杆：在高处过栏杆准备下跳前的保险式。

（6）倒立：锻炼手臂力量和腰部力量以及协调性。

（7）精确跳远：慢慢从大目标练到小目标，不可操之过急，不然很危险，同时是基本落地的升华式，要求脚部有良好的定力。

（8）反弹墙：锻炼单腿的着力再弹力的方法。

（9）蹬壁跳远：跑墙的第一式，一只脚接触墙面发力。

（10）钻栏杆：要求有很好的准确性，不管是头或者脚先过，如果半路动作变形都会导致腰或者面撞到栏杆。

（11）蹬壁上墙：又称徒手上墙，是踩墙和猫扑的结合式。

（12）夹墙：是对高不高、低不低的物体的一种快速攀爬方式。一步跨上，另一条腿在下方起杠杆作用，起支撑身体保持平衡作用。

（13）单脚跳远：跑起来后许多动作都是一脚发力做跳跃或者攀爬，锻炼单脚发力。

（14）二级翻越：蹬壁上墙和撑身体的快速结合式。

（15）鱼跃滚翻：多用在高处跳下或者前翻时缓冲对腿部压力过大，用来泄力的一个招式。

（16）懒人跳：最简单的过栏杆方法。

（17）单手跨栏：单手跨栏的好处就是过栏杆后可以一点儿都没有多余动作直接快速接着跑。

（18）猩猩跳：最基本过面型障碍法。

（19）“股墩”跳：腿部先过障碍，然后用手在身后支撑身体，目前分为两种动作：一种是双手支撑身体后把腿抬高再落地，这样视觉上很不错；还有一种就是过障碍后再用双手前拨障碍，腿与地面呈弓形，由双手发出的力再落地远一点。

（20）单脚上墙：目前最难也是最危险的动作，对新人应该不做考核，因为练不好可能导致小腿骨卡在物体棱上。

（21）猫扑：上墙或者上物体的前式，把自己固定在障碍物下好接下一个动作。

（22）猫反扑：弹墙＋转身＋猫扑的结合式，不过根据距离情况，一般用得比较少。

（23）侧手反抓墙：与侧手反抓栏杆不同，栏杆可以用手握住，比较牢，这个只是一个面，用手掌面或者中间起老茧的地方在面上转摩擦固定身体保持平衡。

（24）助跑猫扑：长距离单脚起跳猫扑，需注意的是，要用前脚掌先与墙面保持距离以免腿、膝盖先着力撞上墙面。

（25）栏杆转：技能，手法很重要，两手应该从不同的面握栏杆。

（26）蹬墙猫扑：蹬墙和猫扑的结合式。

（27）单杆飞抓：经常玩单杠的应该比较容易掌握，靠的是甩出去的力带动身体。

（28）双猩猩跳：猩猩跳的升华版，腾空后腿应尽量放高。

（29）大飞侧滚翻：泄力技能。

（30）远猩猩跳：起跳点不能离障碍太近，否则没有冲劲。

（31）转墙：下手处起固定作用，上手起拨动作。

（32）猩猩跳接“股墩”跳：猩猩跳和“股墩”跳，瞬间迅速收腹肌把下身放在前面。

（33）侧空翻：靠前甩出的脚发力把身体带动甩过去。

（34）猩猩跳接猫扑：这招有点儿空中换招的感觉，身体协调性不好的空中变换不了动作，容易导致头部撞上物体。

（35）高处侧空翻：同侧空翻，注意高度和转速。

（36）猩猩跳飞台：鱼跃腾空接猩猩跳。

（37）高处后空翻：低处是以腰为轴心后翻，高处是以头为轴心后翻。

（38）顺风旗：握力、腕力、臂力、腰力、大腿肌肉的锻炼。

（二）如何练习跑酷

参加跑酷不仅需要良好的体能、超越常人的力量，而且需要有很强的灵活能力、优秀的跳跃能力，更需要更快的速度和坚强的意志。作为新手，我们应做好基础训练，这样才能在跑酷的世界中继续攀升。下面介绍一些基础训练。

1. 核心力量训练

（1）仰卧起坐。这个动作有助于锻炼上腹部和下腹部的肌肉。平躺，双脚平放，双膝并拢，屈膝，双手置于脑后。在起身仰卧起坐的同时，（依靠腹部力量）抬高双膝，最大限度地用头碰双膝，再慢慢放下。如身体条件允许，可尝试双脚完全离开地面。25个为一组，最初练习时可完成一组或两组，每组间可休息几分钟。最终达到一组100个仰卧起坐。

（2）俯卧两头起。这个动作有助于上背部和下背部肌肉的锻炼。俯卧在地面上，双腿并拢，双手置于脑后。上半身和小腿同时上抬，坚持至少2秒再恢复。持续练习，直到能坚持20秒。

（3）仰卧侧起。这个动作有助于腰腹两侧肌肉的锻炼。做这个练习时最好有一个助手来帮你固定住你的髋部、双腿和脚。首先身体呈右侧卧，双腿并拢，双膝微屈，髋部着地。双手置于脑后，依靠腰侧力量尽最大能力抬起身体，然后恢复原位。20个为一组，左右两侧各一组。

（4）仰卧直立举腿。这个动作有助于腹部特别是下腹部肌肉的锻炼。平躺，双腿放平。手掌向下，置于臀部下方以做支撑。双腿同时缓缓上举至45°，再慢慢放下，脚跟不要接触地面，重复30次。

2. 灵活度训练

（1）站立前踢腿。这个动作有助于锻炼臀大肌、髋部和大腿后侧，以及两侧的外展肌群和内收肌群。第一步，左手扶住墙或树等固定物。保持站立，踢右腿，越高越好。右腿回落时，顺势后踢臀部。以较快的速度连续做前踢、后踢，重复20次，然后换左腿。第二步，左腿支撑，右腿做侧踢，再放下，重复20次，然后换左腿。

（2）仰卧剪刀式踢腿。这个动作有助于锻炼臀肌、髋部和大腿后侧，以及两侧的外展肌群和内收肌群。平躺，举起双腿。借助手臂力量，托起上半身，保持直立，以头部、肩膀和上臂支撑身体，双手托住腰部。右腿保持上举，垂直于地面，同时放下左腿，尽量接触地面。接着换腿，快速地抬起左腿并放下右腿。重复此动作 90 秒。每 15 秒将动作改为双腿在空中做交叉动作，双腿交替置于另一腿上方。

（3）髋部绕环。这个动作有助于增强髋部及大腿的灵活度及柔韧度。站立，双腿分开与肩同宽或略宽于肩，双手扶髋。髋部有节律地做画圈运动，直到髋部、臀部、大腿后侧、内外侧的肌肉都感到拉伸为止。一个方向转 15 次。

3. 柔韧性训练

（1）鹰式仰卧牵拉。这个动作有助于提高两侧肌肉、腰部、臀部、大腿后肌和股四头肌的柔韧性。脸贴着垫子躺在上面，两腿并在一起，两只胳膊平举与肩同高，掌心向下，使身体成“T”形。把左脚向右伸，尽可能地接近右手，让左侧的臀部提起对它进行拉伸，回到中间用左腿踢向右侧。连续 10 次，做两组。转过身重复刚才的动作，用右腿尽可能地接近左手，然后用左脚接近右手。连续 10 次，做两组。

（2）站立拉伸股四头肌。这个动作有助于放松股四头肌。从站立的姿势开始，把重心集中在左腿，用右手抓着右脚背向后弯曲，慢慢地把脚拉向臀部，直到大腿的前侧有拉伸的感觉。保持右膝盖与地面垂直，使左膝盖微微弯曲。如果需要支撑可以把住一把椅子或一面墙。坚持 15 秒，之后还原，换另外一侧，重复刚才的动作。

（3）站立拉伸腓肠肌。这个动作有助于放松腓肠肌。从站立的姿势开始，左腿向前跨一大步，左膝弯曲，右腿蹬直，保持膝盖向下用力（如果需要可以调整站位，直到右腿的腓肠肌有拉伸的感觉）。保持两脚尖朝前，坚持 15 秒。然后换另外一侧，动作相同。每条腿重复 2 ~ 3 次。

（4）坐姿拉伸腹股沟。这个动作有助于拉伸腰部外侧，大腿外侧，背的上、下侧和颈部。坐姿，脚心相对，两手握住脚踝。用前臂向下压膝盖，以增强对腹股沟的拉伸。坚持 15 秒，休息 15 ~ 20 秒。重复 3 次。

4. 速度性训练

（1）单腿全蹲起。这个动作有助于锻炼腿部力量，以及股四头肌的柔韧性。首先正常站立，用右手扳右脚，使右脚处于它所能达到的最高点。然后慢慢地弯曲左腿，直到弯曲到所能弯曲的最低点，再站起来。这样每条腿重复做 10 次，共 3 组。

（2）小腿提踵练习。这个动作有助于加固和拉伸小腿。首先，双脚站在台阶边缘，保持脚跟悬空（也可以举一些东西来帮助增加平衡性），保持脚跟与台阶水平状态，然后尽量向上提踵，控制提起和下落的速度。重复做 3 次。

（3）踝关节跳。这个动作有助于增强踝关节周围的小肌肉群，提高脚步频率。站立在能让身体完全放松、快速和轻便跳跃的空间。让踝关节在移动的时候充分运动起来，如每次跳起，脚趾先着地，再过渡到脚后跟，尽量用踝关节来推动身体。然后，快速移动。

保持快速跳起，慢慢着地。

（4）纵跳。这个动作有助于练习腿部力量。开始于一个蹲的姿势，然后迅速上摆胳膊的同时尽量向上跳。着地后膝盖保持半蹲，然后快速向上跳。这样重复做 10 次。

（5）半屈腿蛙跳。这个动作有助于增加步幅长度，增加股四头肌和腿部力量。首先保持站立姿势，手臂弯曲上、下摆动时，腿用力向前移动，尽最大的力，跳得越高越远，也就越好。着地时屈膝准备继续跳。这样重复 10 次，分两组做。

（6）台阶跳。这个动作有助于练习腿部力量和脚的速度。站在一个箱子前，或者类似于楼梯的一个台阶、一个长椅、一个稳定的平台，双脚同时向上跳到平台的边缘，然后双脚同时跳下。这样快速地重复做 3 组，每组 10 次。

（7）侧向交叉跑。这个动作有助于练习髋关节的柔韧性，增大髋关节的移动范围。向一侧快速移动，两脚交叉向同一方向快速移动 100 步。确保后面的脚在移动时是所能做到的最快速度。反方向重复做相同的距离，快速地移动。这样算完成一趟。

第十二章　武术与技击

学习目标：

1. 掌握 24 式太极拳和八段锦的技术。

2. 了解散打、女子防身术、跆拳道的基本技术以及练习方法。

3. 培养学生吃苦耐劳的精神和顽强勇敢的意志。

第一节　太极拳

一、太极拳概述

太极拳是一种武术项目，也是体育运动和健身项目，在我国有着悠久的历史。太极拳是依据《易经》阴阳之理、中医经络学、道家导引术、吐纳术等综合创造出的一套有阴阳性质，符合人体结构、大自然运转规律的拳术。太极拳是我国乃至世界人民的宝贵文化遗产。

太极拳早期曾称为“长拳”“绵拳”“十三势”“软手”。其起源众说纷纭：有说为唐代许宣平、李道子所传，也有说为元末明初武当山道士张三丰所创，以及清朝陈王廷和杨露禅、王宗岳等说法。戚继光的 32 式长拳理论、王宗岳的太极拳论、张三丰的道家理论等都在太极拳中有所体现，而太极拳的定名、成型、传播靠的是杨露禅。可见太极拳并非一人、一时、一地所创，而是前人不断总结、整理、创新、发展而来的。

太极拳发展数百年来，代代有传人，绵延不绝，名手辈出。中华人民共和国成立以后，新编了 24 式太极拳、48 式太极拳，修订了杨式拳架、88 式太极拳，相继又编制了杨式太极拳竞赛套路、陈式太极拳竞赛套路、吴式太极拳竞赛套路、孙式太极拳竞赛套路、武式太极拳竞赛套路及 42 式太极拳竞赛套路。各派太极拳虽然在动作、套路、风格等方面都各成一体，但它们之间仍然保持着一些基本相同的技术方法和运动特点。

经常练习太极拳，对于中枢神经系统、血液循环系统、呼吸系统等均有良好的作用。太极拳具有健身作用和促进疾病康复的功效，成为国际医疗体育项目。太极拳运动越来越受到世界各国人民的喜爱。太极拳作为我国特有的民族传统体育项目，已经引起很多国际朋友的兴趣，成为世界人民共同的文化遗产。

二、24 式太极拳

1. 起势（图 12-1）

24 式太极拳

图 12-1

（1）身体自然直立，两脚开立，与肩同宽，脚尖向前。两臂自然下垂，两手放在大腿外侧。目平视前方。

（2）两臂慢慢向前平举，两手高与肩平，与肩同宽，手心向下。

（3）上体保持正直，两腿屈膝下蹲。同时，两掌轻轻下按，两肘下垂与两膝相对。目平视前方。

2. 左右野马分鬃（图 12-2）

图 12-2

（1）上体微向右转，身体重心移至右腿上。同时右臂收在胸前平屈，手心向下，左手经体前向右下画弧放在右手下，手心向上，两手呈抱球状；左脚收到右脚内侧，脚尖点地。目视右手。

（2）上体微向左转，左脚向左前方迈出，右腿自然伸直，成左弓步。同时上体继续向左转，左右手随转体分别向左上右下分开；左手高与眼平（手心斜向上），肘微屈；右手落在右胯旁，肘微屈，手心向下，指尖向前。目视左手。

（3）上体后坐，左脚尖微向外撇（45° ~ 60°），随后脚掌踏实，左腿慢慢前弓，身体左转，身体重心再移至左腿。同时左手翻转向下，左臂收在胸前平屈，右手向左上画弧放在左手下，两手心相对呈抱球状；右脚随即收到左脚内侧，脚尖点地。眼看左手。

（4）右腿向右前方迈出，成右弓步。同时上体右转，左右手随转体分别慢慢向左下右上分开，右手高与眼平（手心斜向上），肘微屈。左手落在左胯旁，肘也微屈，手心向下，指尖向前。目视右手。

（5）动作同（3），只是左右相反。

（6）动作同（4），只是左右相反。

3. 白鹤亮翅（图 12–3）

图 12–3

（1）上体微向左转，左手翻掌向下，左臂平屈胸前，右手向左上画弧，手心转向上，与左手呈抱球状。目视左手。

（2）右脚跟进半步，上体后坐，身体重心移至右腿上，上体先向右转，面向右前方，眼看右手。然后左脚稍向前移，脚尖点地，成左虚步，同时上体再微向左转，面向前方，两手随转体慢慢向右上左下分开。目视右手。

4. 左右搂膝拗步（图 12–4）

（1）右手从体前下落，由下向后上方画弧至右肩外侧，肘微屈，手与耳同高，手心斜向上；左手由左下向上、向右下方画弧至右胸前，手心斜向下。同时上体先微向左再向右转；左脚收至右脚内侧，脚尖点地。目视右手。

（2）上体左转，左脚向前（偏左）迈出成左弓步。同时右手屈回由耳侧向前推出，高与鼻尖平，左手向下由左膝前搂过落于左胯旁，指尖向前。目视右手手指。

（3）右腿慢慢屈膝，上体后坐，身体重心移至右腿，左脚尖翘起微向外撇，随后脚掌慢慢踏实，左腿前弓，身体左转，身体重心移至左腿，右脚收到左脚内侧，脚尖点地。同时左手向外翻掌由左后向上画弧至左肩外侧，肘微屈，手与耳同高，手心斜向上，右手随转体向上、向左下画弧落于左胸前，手心斜向上。目视左手。

（4）动作同（2），只是左右相反。

（5）动作同（3），只是左右相反。

（6）动作同（2）。

图 12-4

5. 手挥琵琶（图 12-5）

右脚跟进半步，上体后坐，身体重心转至右腿上，上体半面向右转，左脚略提起稍向前移，变成左虚步，脚跟着地，脚尖翘起，膝部微屈。同时左手由左下向上挑举，高与鼻尖平，掌心向右，臂微屈；右手收回放在左臂肘部里侧，掌心向左。目视左手食指。

图 12-5

6. 左右倒卷肱（图 12-6）

（1）上体右转，右手翻掌，手心向上经起时不要直向上挑，要由左向上、向前，微带弧形。右脚跟上，眼的视线随着向右转体先向右看，再转向前方目视左手。

（2）右臂屈肘折向前，右手由耳侧向前推出，手心向前，左臂屈肘后撤，手心向上，撤至左肋外侧。同时左腿轻轻提起向后（偏左）退一步，脚掌先着地，然后全脚慢慢踏实，身体重心移到左腿上，成右虚步，右脚随转体以脚掌为轴扭正。目视右手。

（3）上体微向左转，同时左手随转体向后上方画弧平举，手心向上，右手随即翻掌，掌心向上。眼随转体先向左看，再转向前方目视右手。

（4）动作同（2），只是左右相反。

（5）动作同（3），只是左右相反。

（6）动作同（2）。

（7）动作同（3）。

（8）动作同（2），只是左右相反。

图 12-6

7. 左揽雀尾（图 12-7）

（1）上体微向右转，同时右手随转体向后上方画弧平举，手心向上；左手手心向下。目视左手。

（2）身体继续右转，左手下落逐渐翻掌经腹前画弧至右肋前，手心向上。右臂屈肘，手心转向下，收至右胸前，两手相对呈抱球状。同时左脚收到右脚内侧，脚尖点地。目视右手。

（3）上体微向左转，左脚向左前方迈出，上体继续向左转，成左弓步。同时左臂向左前方掤出，高与肩平，手心向后；右手下落放于右胯旁，手心向下，指尖向前。目视左前臂。

（4）身体微向左转，左手随即前伸翻掌向下，右手翻掌向上，经腹前向上、向前伸至左前臂下方。然后两手下捋，右手手心向上，高与肩齐，左臂平屈于胸前，手心向后。同时身体重心移至右腿。目视右手。

（5）上体微向左转，右臂屈肘折回，右手附于左手腕里侧；上体继续向左转，双手同时向前慢慢挤出，左手心向后，右手心向前。同时重心前移成左弓步。目视左手腕部。

（6）右手经左腕上方向前、向右伸出，高与左手齐，手心向下，两手左右分开，宽与肩同。然后右腿屈膝，上体慢慢后坐，身体重心移至右腿上，左脚尖翘起。同时两手屈肘回收至腹前，手心均向前下方。目视前方。

（7）接着身体重心慢慢前移，同时两手向前、向上按出，掌心向前，左腿成左弓步。目视前方。

图 12–7

8. 右揽雀尾（图 12–8）

（1）上体后坐并向右转，身体重心移至右腿，左脚尖里扣；右手向右平行画弧至右侧，然后由右下经腹前向左上画弧至左肋前，手心向上；左臂平屈胸前，左手掌向下与右手呈抱球状。同时身体重心再移至左腿上，右脚收至左脚内侧，脚尖点地。眼看左手。

（2）动作同“左揽雀尾”（3），只是左右相反。

（3）动作同“左揽雀尾”（4），只是左右相反。

（4）动作同“左揽雀尾”（5），只是左右相反。

（5）动作同“左揽雀尾”（6），只是左右相反。

（6）动作同“左揽雀尾”（7），只是左右相反。

图 12-8

9. 单鞭（图 12-9）

图 12-9

（1）上体后坐，身体重心逐渐移至左脚上，右脚尖里扣。同时上体左转，两手（左高右低）向左弧形运转，直至左臂平举，手心向左，右手经腹前运至左肋前，手心向后上方。目视左手。

（2）身体重心渐渐移至右腿上，上体右转，左脚向右脚靠拢，脚尖点地。同时右手向右上方画弧，至右侧方时变勾手，臂与肩平；左手向下经腹前向右上画弧停于右肩前，手心向里。目视左手。

（3）上体微向左转，左脚向左前侧方迈出，右脚跟后蹬，成左弓步；在身体重心移向左腿的同时，左掌随上体的继续左转慢慢翻转向前推出，手心向前，手指与眼齐平，臂微屈。目视左手。

10. 云手（图 12–10）

图 12–10

（1）身体重心移至右腿上，身体渐向右转，左脚尖里扣；左手经腹前向右上画弧至右肩前，手心斜向后，同时右手变掌，手心向右前。目视左手。

（2）上体慢慢左转，身体重心随之逐渐左移；左手由脸前向左侧运转，手心渐渐转向左方；右手由右下经腹前向左上画弧，至左肩前，手心斜向后。同时右脚靠近左脚，成小开立步（两脚距离约 15 厘米）。目视右手。

（3）上体再向右转，同时左手经腹前向右上画弧至右肩前，手心斜向后；右手向右侧运转，手心翻转向右；随之左腿向左横跨一步。目视左手。

（4）动作同（2）。

（5）动作同（3）。

（6）动作同（2）。

11. 单鞭（图 12–11）

（1）上体向右转，右手随之向右运转，至右侧方时变成勾手；左手经腹前向右上画弧至右肩前，手心向内；身体重心落在右腿上，左脚尖点地。目视左手。

（2）上体微向左转，左脚向左前侧方迈出，右脚跟后蹬，成左弓步；在身体重心移向左腿的同时，上体继续左转，左掌慢慢翻转向前推出，呈“单鞭”式。

12. 高探马（图 12–12）

（1）右脚跟进半步，身体重心逐渐后移至右腿上；右勾手变成掌，两手心翻转向上，肘微屈。同时身体微向右转，左脚跟渐渐离地。目视左前方。

（2）上体微向左转，面向前方；右掌经右耳旁向前推出，手心向前，手指与眼同高：左手收至左侧腰前，手心向上。同时左脚微向前移，脚尖点地，成左虚步。目视右手。

图 12–11

图 12–12

13. 右蹬脚（图 12–13）

（1）左手手心向上，前伸至右手腕背面，两手相互交叉，随即向两侧分开并向下画弧，手心斜向下。同时左脚提起向左前侧方迈步（脚尖略外撇）；身体重心前移，右腿自然蹬直，成左弓步。目视前方。

图 12–13

（2）两手由外圈向里圈画弧，两手交叉合抱于胸前，右手在外，手心均向后。接着两臂左右画弧分开平举，肘部微屈，手心均向外。同时右腿屈膝提起，右脚向右前方慢慢蹬出。目视右手。

14. 双峰贯耳（图 12–14）

（1）右腿收回，屈膝平举，左手由后向上、向前下落至体前，两手心均翻转向上，两手同时向下画弧分落于右膝盖两侧。目视前方。

（2）右脚向右前方落下，身体重心渐渐前移，成右弓步，面向右前方。同时两手下落，慢慢变拳，分别从两侧向上、向前画弧至面部前方，呈钳形状，两拳相对，高与耳齐，拳眼都斜向内下（两拳中间距离 10 ~ 20 厘米）。目视右拳。

图 12–14

15. 转身左蹬脚（图 12–15）

（1）左腿屈膝后坐，身体重心移至左腿，上体左转，右脚尖里扣。同时两拳变掌，由上向左右画弧分开平举，手心向前。目视左手。

（2）身体重心再移至右腿，左脚收到右脚内侧，脚尖点地。同时两手由外圈向里圈画弧合抱于胸前，左手在外，手心均向后。目视左方。

（3）两臂左右画弧分开平举，肘部微屈，手心均向外。同时左腿屈膝提起，左脚向左前方慢慢蹬出。目视左手。

图 12–15

16. 左下势独立（图 12–16）

（1）左腿收回平屈，上体右转；右掌变成勾手，左掌向上、向右画弧下落，立于右肩前，掌心斜向后。目视右手。

（2）右腿慢慢屈膝下蹲，左腿由内向左侧（偏后）伸出，成左仆步；左手下落（掌心向外）向左下顺左腿内侧向前穿出。目视左手。

（3）身体重心前移，左脚脚尖向外撇，上体微向左转并向前起身。同时左臂继续向前伸出（立掌），掌心向右；右勾手下落，勾尖向后。目视左手。

（4）右腿慢慢提起平屈，成左独立式。同时右勾手变掌，并由后下方顺右腿外侧向前弧形摆出，屈臂立于右腿上方，肘与膝相对，手心向左；左手落于左胯旁，手心向下，指尖向前。目视右手。

图 12–16

17. 右下势独立（图 12–17）

（1）右脚下落于左脚前，脚掌着地，然后左脚前掌为轴脚跟转动，身体随之左转。

同时左手向后平举变成勾手，右掌随着转体向左侧划弧，立于左肩前，掌心斜向后。目视左手。

（2）动作同“左下势独立”（2），只是左右相反。

（3）动作同“左下势独立”（3），只是左右相反。

（4）动作同“左下势独立”（4），只是左右相反。

图 12-17

18. 左右穿梭（图 12-18）

（1）身体微向左转，左脚向前落地，脚尖外撇，右脚跟离地，两腿屈膝成半坐盘式。同时两手在左胸前成抱球状（左上右下）。然后右脚收到左脚的内侧，脚尖点地。目视左前臂。

（2）身体右转，右脚向右前方迈出，成右弓步。同时右手由脸前向上举并翻掌停在右额前，手心斜向上；左手先向左下再经体前向前推出，高与鼻尖平，手心向前。目视左手。

（3）身体重心略向后移，右脚尖稍向外撇，随即身体重心再移至右腿，左脚跟进，停于右脚内侧，脚尖点地；同时两手在右胸前呈抱球状（右上左下）。目视右前臂。

（4）动作同（2），只是左右相反。

图 12-18

19. 海底针（图 12-19）

右脚向前跟进半步，身体重心移至右腿，左脚稍向前移，脚尖点地，成左虚步，同时身体稍向右转，右手下落经体前向后、向上提至肩上耳旁，再随身体左转，由右耳旁斜向前下方插出，掌心向左，指尖斜向下。与此同时，左手向前、向下画弧落于左胯旁，手心向下，指尖向前。目视前下方。

20. 闪通臂（图 12-20）

上体稍向右转，左脚向前迈出成左弓步。同时右手由体前上提，屈臂上举，停于右额前上方，掌心翻转斜向上，拇指朝下；左手上起经胸前向前推出，高与鼻尖平，手心向前。目视左手。

图 12-19

图 12-20

21. 转身搬拦捶（图 12-21）

（1）上体后坐，身体重心移至右腿上，左脚尖里扣，身体向右后转，然后身体重心再移至左腿上。与此同时，右脚收回后即向前迈出，脚尖外撇；右手随着转体向右、向下（变拳）经腹前画弧至左肋旁，右拳经胸前向前翻转撇出，拳心向上；左手落于左胯旁，掌心向下，指尖向前。目视右拳。

（2）身体重心移至右腿上，左脚向前迈一步；左手上起经左侧向前上画弧拦出，掌心向前下方。同时右拳向右画弧收到右腰旁，拳心向上。目视左手。

（3）左腿前弓成左弓步，同时右拳向前打出，拳眼向上，高与胸平，左手附于右前臂里侧。目视右拳。

图 12-21

22. 如封似闭（图 12-22）

（1）左手由右腕下向前伸出，右拳变掌，两手手心逐渐翻转向上并慢慢分开回收。

同时身体后坐，左脚尖翘起，身体重心移至右腿。目视前方。

（2）两手在胸前翻掌，向下经腹前再向上、向前推出，腕部与肩平，手心向前。同时左腿前弓成左弓步。目视前方。

图 12-22

23. 十字手（图 12-23）

（1）屈膝后坐，身体重心移向右腿，左脚尖里扣，向右转体；右手随着转体动作向右平摆画弧，与左手成两臂侧平举，掌心向前，肘部微屈。同时右脚尖随着转体稍向外撇，成右侧弓步。目视右手。

（2）身体重心慢慢移至左腿，右脚尖里扣，随即向左收回，两脚距离与肩同宽，两腿逐渐蹬直，成开立步，同时两手向下经腹前向上画弧交叉合抱于胸前，两臂撑圆，腕高与肩平，右手在外，成十字手，手心均向后。目视前方。

图 12-23

24. 收势（图 12-24）

两手向外翻掌，手心向下，两臂慢慢下落，停于身体两侧。目视前方。

图 12-24

太极拳的思想理念

太极拳是以我国传统儒、道哲学中的太极、阴阳辩证理念为核心思想，集颐养性情、强身健体、技击对抗等多种功能为一体，结合易学的阴阳五行之变化、中医经络学、古代的导引术和吐纳术形成的一种内外兼修、柔和、缓慢、轻灵、刚柔相济的传统拳术。

第二节　健身气功——八段锦

一、八段锦概述

健身气功是以自身形体活动、呼吸吐纳、心理调节相结合为主要运动形式的民族传统体育项目。健身气功——八段锦的功法特点是柔和缓慢，圆活连贯；松紧结合，动静相兼；神与形合，气寓其中。其习练要领是松静自然、准确灵活、练养相兼、循序渐进。

二、八段锦基本手形与基本步形

（一）基本手形

拳（即握固）：拇指抵掐无名指指根节内侧，其余四指屈拢收于掌心（图 12–25）。

掌一：五指微屈，稍分开，掌心微含（图 12–26）。

掌二：拇指和食指竖直分开呈八字状，其余三指第一、第二指节屈收，掌心微含（图 12–27）。

爪：五指并拢，拇指第一指节，其余四指第一、第二指节屈收扣紧，手腕伸直（图 12–28）。

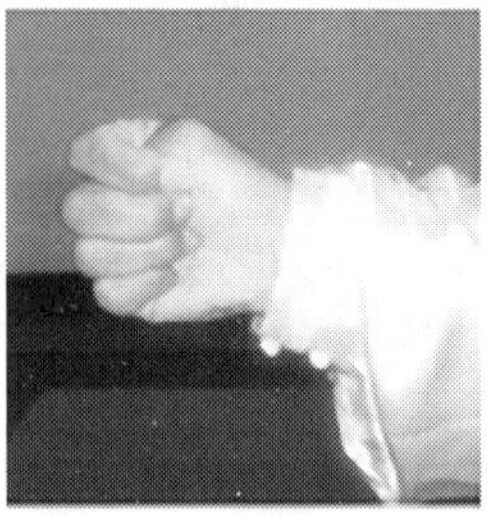

图 12–25

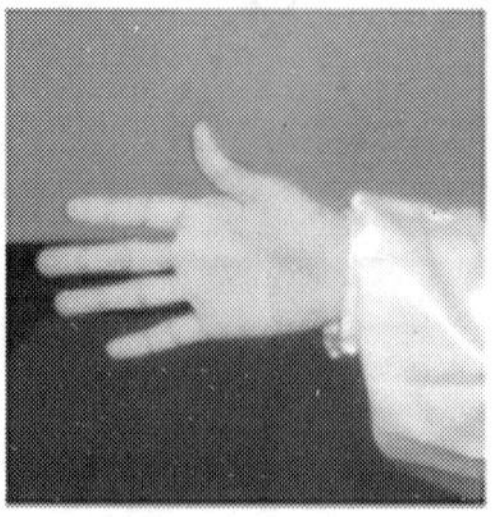

图 12–26

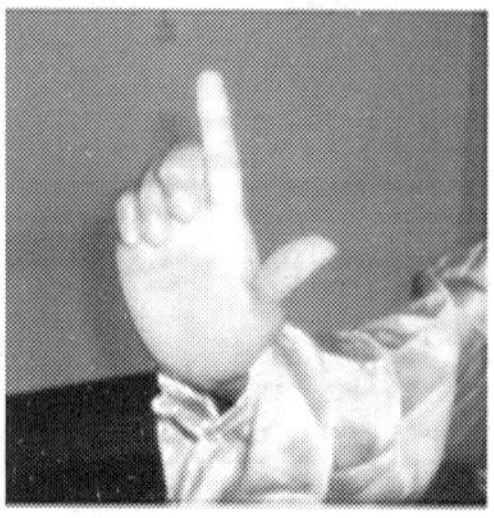

图 12–27

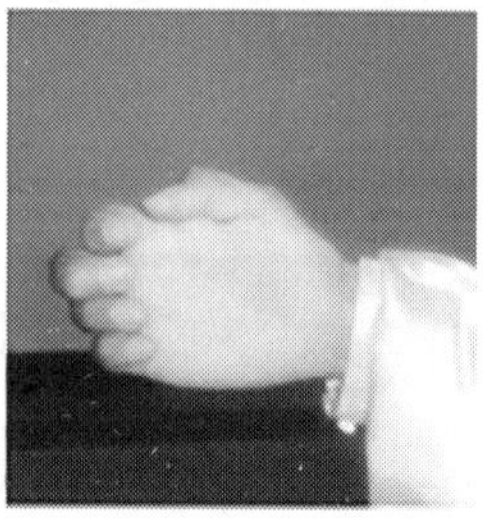

图 12–28

（二）基本步形

马步：开步站立，两脚间距为本人脚长的 2 ~ 3 倍，屈膝半蹲，大腿略高于水平；两臂自然垂于体侧；目视前方（图 12–29）。

并步：两脚并步站立；脚尖向前；两臂自然垂于体侧；身体中正，目视前方（图 12–30）。

开立步：左脚向左侧开步，脚尖朝前，约与肩同宽；两臂自然垂于体侧；目视前方（图 12–31）。

图 12–29

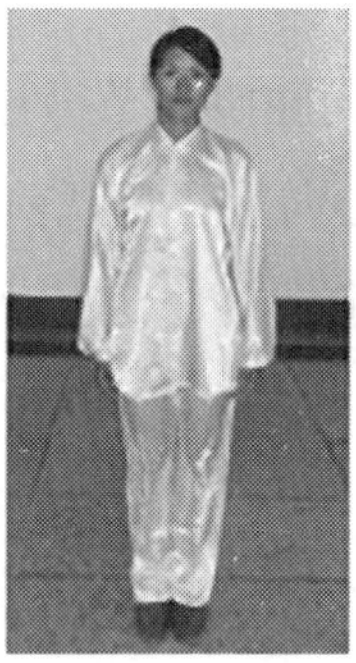

图 12–30

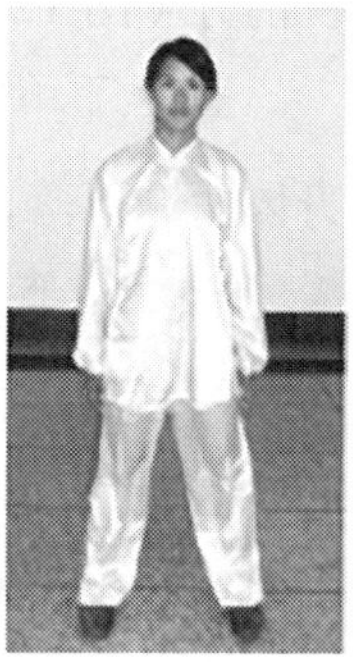

图 12–31

三、八段锦动作图解

预备势

动作①：两脚并步站立；两臂自然垂于体侧；身体中正，目视前方（图 12–32）。

动作②：随着松腰沉髋，身体重心移至右腿；左脚向左侧开步，脚尖朝前，约与肩同宽；目视前方（图 12–33）。

动作③：两臂内旋，两掌分别向两侧摆起，约与髋同高，掌心向后；目视前方（图 12–34）。

八段锦

动作④：上动不停，两腿膝关节稍屈；同时，两臂外旋，向前合抱于腹前呈圆弧形，与脐同高，掌心向内，两掌指间距约 10 厘米；目视前方（图 12–35）。

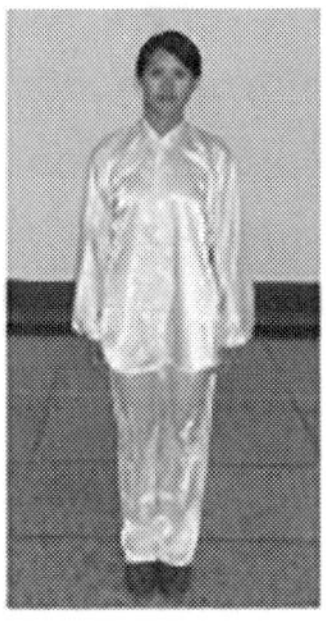

图 12–32

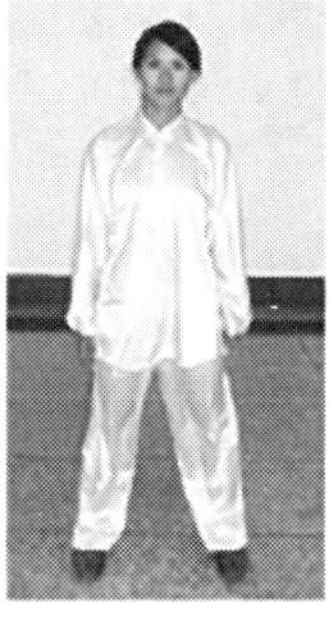

图 12–33

图 12–34

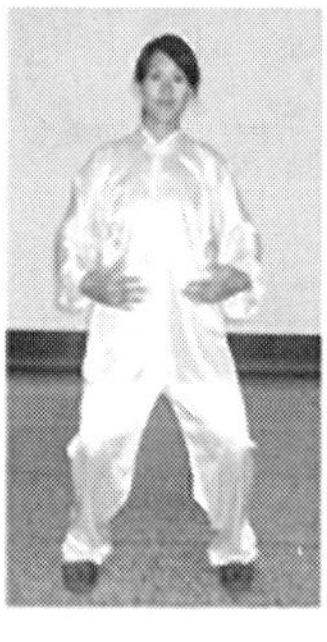

图 12–35

第 1 式　两手托天理三焦

动作①：接上式。两臂外旋微下落，两掌五指分开在腹前交叉，掌心向上；目视前方（图 12-36）。

动作②：上动不停，两腿徐缓挺膝伸直；同时，两掌上托至胸前，随之两臂内旋向上托起，掌心向上；抬头，目视两掌（图 12-37）。

动作③：上动不停，两臂继续上托，肘关节伸直；同时，下颌内收，动作略停；目视前方（图 12-38）。

动作④：身体重心缓缓下降；两腿膝关节微屈；同时，十指慢慢分开，两臂分别向身体两侧下落，两掌捧于腹前，掌心向上；目视前方（图 12-39）。

注：本式动作上托、下落为 1 遍，共做 6 遍。

第 2 式　左右开弓似射雕

动作①：接上式。身体重心右移；左脚向左侧开步站立，两腿膝关节自然伸直；同时，两掌向上交叉于胸前，左掌在外，右掌在内，两掌心向内；目视前方（图 12-40）。

动作②：两腿慢慢屈膝半蹲成马步；同时，右手呈爪，向右拉至肩前；左手呈八字掌，左臂内旋向左侧推出，与肩同高，坐腕，掌心向左，食指指尖向上，如拉弓射箭之势；动作略停；目视左掌方向（图 12-41）。

动作③：身体重心向右移；同时，右手五指伸开成掌，向上、向右画弧，与肩同高，指尖向上，掌心斜向前；左手指伸开成掌，掌心斜向后；目视右掌（图 12-42）。

动作④：上动不停，重心继续右移；左脚回收成并步站立；同时，两掌同时向两侧下落，捧于腹前，指尖相对，掌心向上；目视前方（图 12-43）。

图 12-36

图 12-37

图 12-38

图 12-39

图 12-40

图 12-41

图 12-42

图 12-43

动作⑤至动作⑧：动作要领同动作①至动作④，唯左右相反（图 12-44 至图 12-47）。

图 12-44

图 12-45

图 12-46

图 12-47

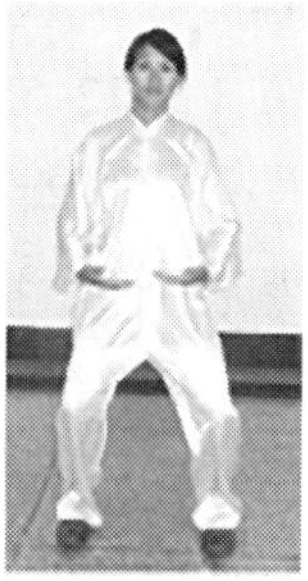
图 12-48

注：本式一左一右为 1 遍，共做 3 遍。第 3 遍最后一步时，身体重心继续向左移；右脚收回成开步站立，与肩同宽，膝关节微屈；同时，两掌分别由两侧下落，捧于腹前，指尖相对，掌心向上；目视前方（图 12-48）。

第 3 式　调理脾胃须单举

动作①：接上式。两腿慢慢伸直；同时，左掌上托，左臂外旋上穿经面前，随之手臂内旋上举至头左上方，肘关节微屈，力达掌根，掌心向上，掌指向右；同时，右掌微上托，随之手臂内旋下按至右髋旁，肘关节微屈，力达掌根，掌心向下，掌指向前，动作略停；目视前方（图 12-49）。

动作②：松腰沉髋，身体重心慢慢下降；两腿膝关节微屈；同时，左臂屈肘外旋，左掌经面前下落于腹前，掌心向上；右臂外旋向上捧于腹前，两掌指尖相对，相距约 10 厘米，掌心向上；目视前方（图 12-50）。

动作③、④：动作要领同动作①、②，唯左右相反（图 12-51、图 12-52）。

注：本式一左一右为 1 遍，共做 3 遍。做完 3 遍后，两腿膝关节微屈；同时，两臂屈肘，两掌下按于两髋旁，掌心向下，指尖向前；目视前方（图 12-53）。

图 12-49

图 12-50

图 12-51

图 12-52

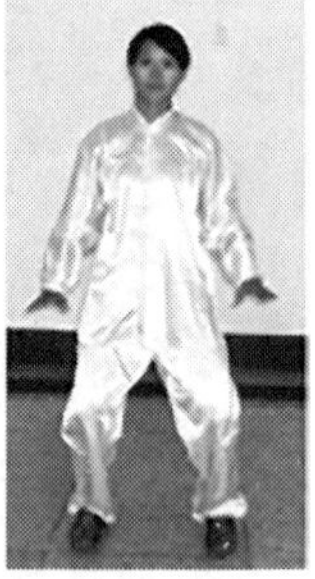
图 12-53

第 4 式　五劳七伤往后瞧

动作①：接上式。两腿慢慢伸直；同时两臂伸直，掌心向后，掌指向下，目视前方（图 12-54）；然后上动不停，两臂充分外旋，掌心向外；头左后转，动作略停；目视左斜后方（图 12-55）。

动作②：松腰沉髋，身体重心慢慢下降；两腿膝关节微屈；同时，两臂内旋按于髋旁，掌心向下，指尖向前；目视前方（图 12-56）。

动作③：动作要领同动作①，唯左右相反（图 12-57、图 12-58）。

动作④：动作要领同动作②，唯左右相反（图 12-59）。

注：本式一左一右为 1 遍，共做 3 遍。做完 3 遍后，两腿膝关节微屈；同时，两掌捧于腹前，指尖相对，掌心向上；目视前方（图 12-60）。

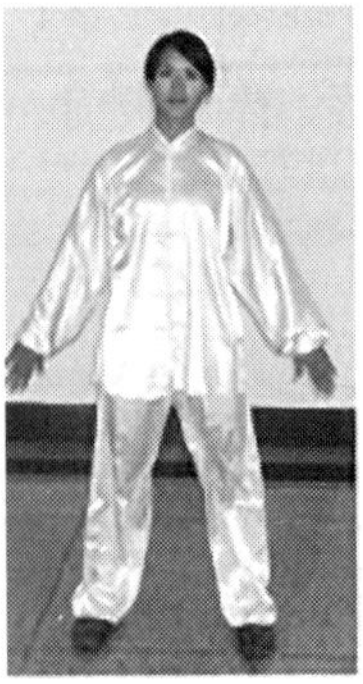
图 12-54

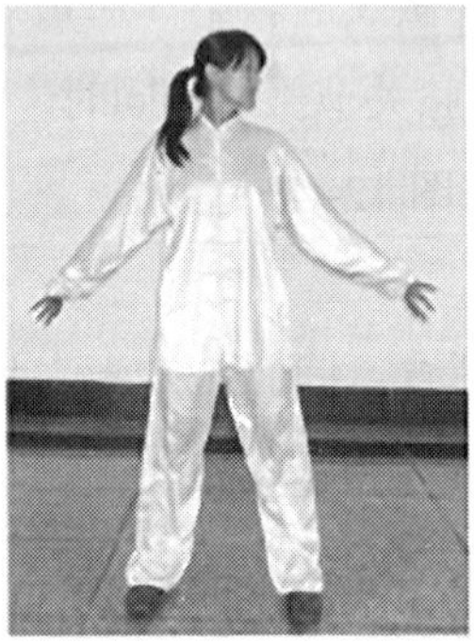
图 12-55

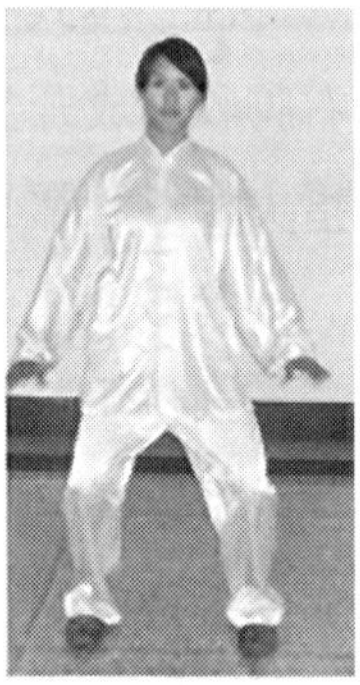
图 12-56

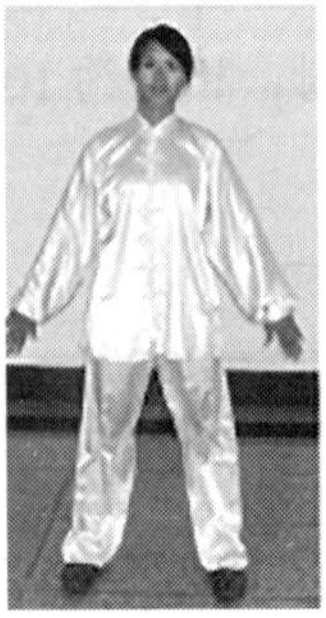
图 12-57

图 12-58

图 12-59

图 12-60

第 5 式　摇头摆尾去心火

动作①：接上式。身体重心向左移；右脚向右开大步站立，两腿膝关节自然伸直；同时，两掌上托与胸同高时，两臂内旋，两掌继续上托至头上方，肘关节微屈，掌心向上，指尖相对；目视前方（图 12–61）。

动作②：上动不停，两腿慢慢屈膝下蹲成马步；同时，两臂向两侧下落，两掌扶于膝关节上方，肘关节微屈，小手指侧向前；目视前方（图 12–62）。

动作③：身体重心向上稍升起，然后向右移；上体向右倾，目视左斜前，随之俯身，低头看右脚内侧（图 12–63）。

动作④：上动不停，身体重心向左移；同时上体由右边向前、向左旋转；目视左脚（图 12–64）。

图 12–61

图 12–62

图 12–63

图 12–64

动作⑤：身体重心右移摆尾成马步；同时，头向后摇由右向左约 270°，上体立起，随之下颌微收；目视前方（图 12–65）。

动作⑥至动作⑧：动作要领同动作③至动作⑤，唯左右相反（图 12–66 至图 12–68）。

图 12–65

图 12–66

图 12–67

图 12–68

注：本式一左一右为 1 遍，共做 3 遍。做完 3 遍后，身体重心左移，右脚回收成开立步，与肩同宽；同时，两掌向外经两侧向上举，掌心相对；目视前方（图 12–69）。随后松腰沉髋，身体重心慢慢下降，两腿膝关节微屈；同时屈肘两掌经面前下按至腹前，掌心向下，指尖相对；目视前方（图 12–70）。

图 12-69

图 12-70

第 6 式　两手攀足固肾腰

动作①：接上式。两腿慢慢伸直站立；同时两掌指尖向前，两臂向前、向上举起，肘关节伸直，掌心向前；目视前方（图 12-71）。

动作②：两臂外旋至掌心相对，屈肘下按于胸前，掌心向下，指尖相对；目视前方（图图 12-72）。

动作③：上动不停，两臂外旋两掌掌心向上，随之两掌掌指顺腋下向后插；目视前方（图 12-73）。

图 12-71

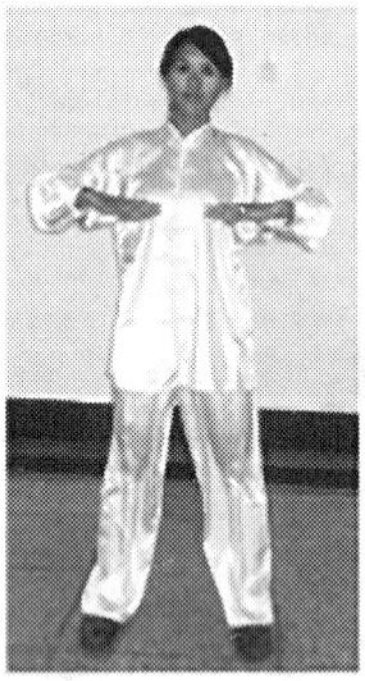

图 12-72

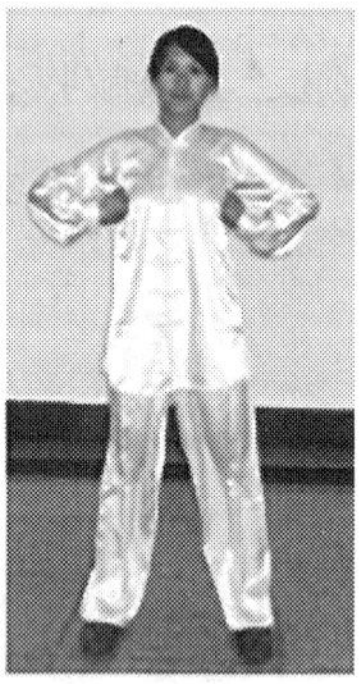

图 12-73

动作④：随后两掌掌心向内沿脊柱两侧向下摩运至臀部；随之上体前俯，两掌继续沿腿后方向下摩运，经脚两侧置于脚面；抬头，动作略停；目视前下方（图 12-74）。

动作⑤：两掌沿着地面前伸，随之用手臂带动上体起立，两臂伸直上举，掌心向前；目视前方（图 12-75）。

注：本式一上一下为 1 遍，共做 6 遍。做完 6 遍后，松腰沉髋，重心慢慢下降；两腿膝关节微屈，两掌向前下按至腹前，掌心向下，指尖向前；目视前方（图 12-76）。

图 12-74

图 12-75

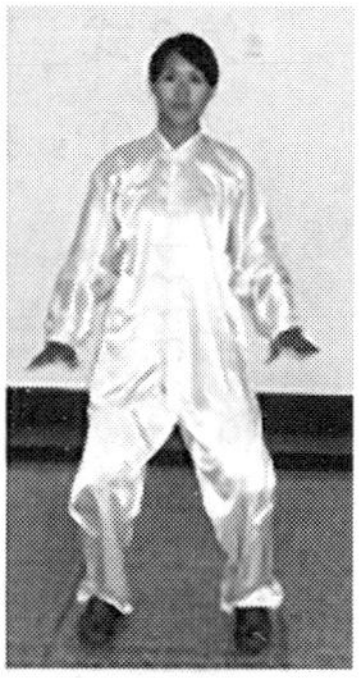

图 12-76

第 7 式　攒拳怒目增气力

动作①：接上式。身体重心右移，左脚向左开步然后两腿慢慢屈膝半蹲成马步；同时，两掌握固，抱于腰侧，拳眼朝上；目视前方（图 12-77）。

动作②：左拳慢慢用力向前冲出，与肩同高，拳眼朝上；瞪目，看左拳冲出方向（图 12-78）。

动作③：左臂内旋，左拳变掌，虎口朝下；目视左掌（图 12-79）。左臂外旋，肘关节微屈，左臂向左缠绕，变掌心向上后握固；目视左拳（图 12-80）。

动作④：屈肘，回收左拳至腰侧，拳眼朝上；目视前方（图 12-81）。

图 12-77

图 12-78

图 12-79

图 12-80

图 12-81

动作⑤至动作⑦：动作要领同动作②至动作④，唯左右相反（图 12-82 至图 12-85）。

注：本式一左一右为 1 遍，共做 3 遍。做完 3 遍后，身体重心右移，左脚回收成并步站立；同时，两拳变掌，自然垂直于体侧；目视前方（图 12-86）。

图 12-82

图 12-83

图 12-84

图 12-85

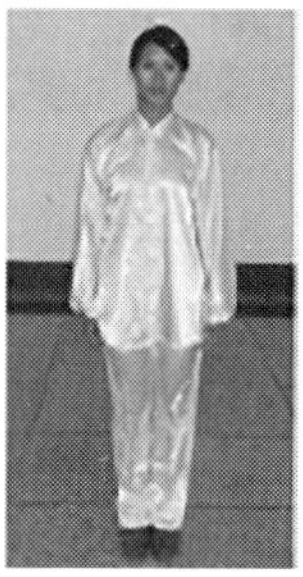

图 12-86

第 8 式　背后七颠百病消

动作①：接上式。两脚跟提起；头上顶，动作略停；目视前方（图 12-87、图 12-88）。

动作②：两脚跟下落时先下落到脚掌中间，然后两脚跟下落轻震地面；目视前方（图 12-89）。

注：本式一起一落为 1 遍，共做 7 遍。

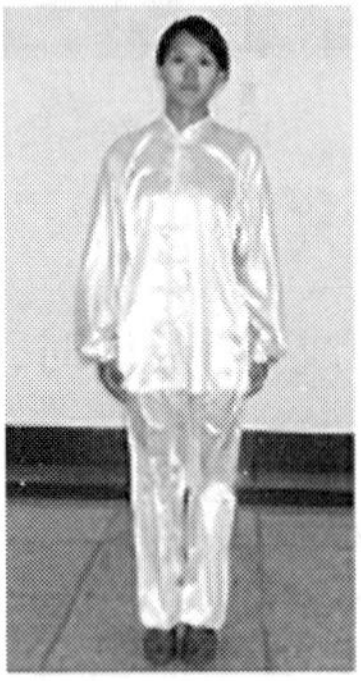

图 12-87

图 12-88

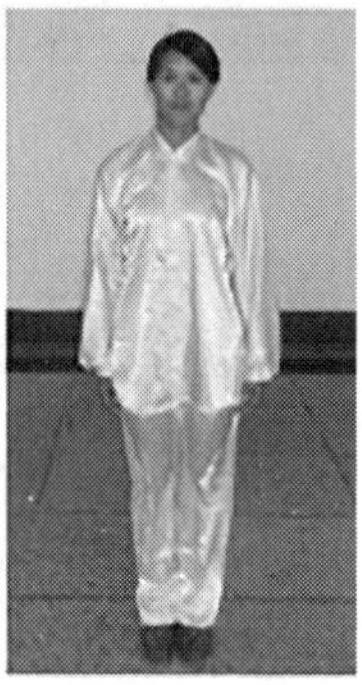

图 12-89

收 势

动作①：接上式。两臂内旋，向两侧摆起，与髋同高，掌心向后；目视前方（图 12-90）。

动作②：两臂屈肘，两掌相叠置于丹田处（男性左手在内，女性右手在内）；目视前方（图 12-91）。

动作③：两臂自然下落，两掌轻贴于腿外侧；目视前方（图 12-92）。

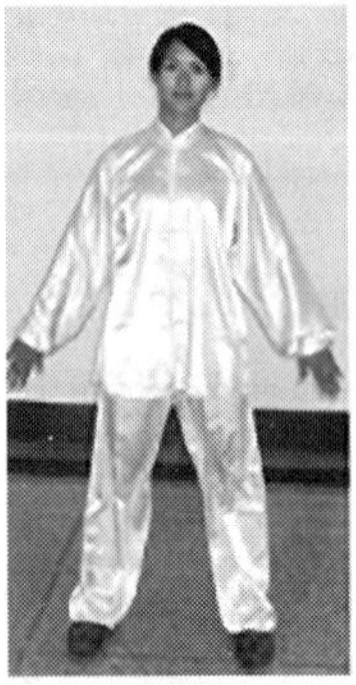

图 12-90

图 12-91

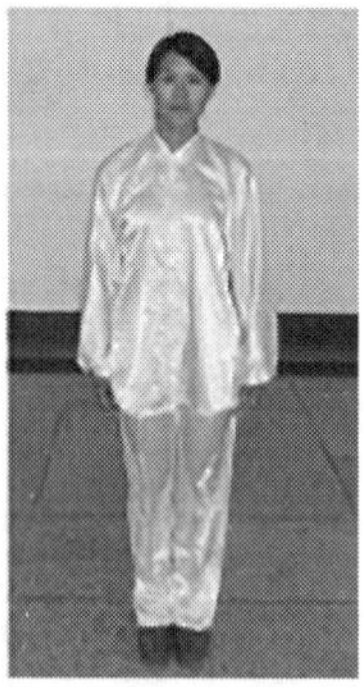

图 12-92

第三节　散　打

一、散打概述

散打也叫散手，古时称为“角力”“白打”“拖手”“相搏”“手搏”“技击”等。散打以踢、打、摔、拿四大技法为主要进攻手段，还有防守、步法等重要技术，特点是远踢、近打、贴身摔，它既讲究功法，又能锻炼人的意志力和反应能力，它不仅可以用来防身抗暴，还能强身健体。

二、预备姿势

预备姿势是为完成进攻和防守所采用的最有利的姿势，因人而异，但应具有身体重心稳固、暴露给对方的面积较小、利于防守和起动、便于发力、利于进攻等优点。

动作要领：两脚前后分开，前脚跟与后脚尖之间为一脚半距离，前脚与后脚间横向距离稍宽于肩，前脚尖略向内侧转，后脚尖朝斜前脚跟稍离地面，两臂自然弯曲，左、右臂之间夹角约为90°，左拳置于体前略低于眼睛，拳面斜朝前，拳眼斜朝上，右拳置于右肋前，拳面略高于下颚，肘部与身体相距约一拳距离，以左肩左腹部侧向着对方，含胸收腹，上体稍前倾，头略低，下颚微收，咬牙闭嘴，目视前方（图12–93至图12–95）。

图12–93

图12–94

图12–95

三、基本步法

散打步法是为保持与对手间的距离，实施进攻与防守动作或破坏对手进攻与防守意图而进行的专门的脚步移动方法。散打步法很多，如滑步、垫步等。

（一）滑步

基本步法

1. 前滑步（图 12-96）

预备姿势，后脚蹬地，前脚向前移动，落地时以前脚掌先落地，后脚快速前移，落地后与预备姿势相同。后滑步与前滑步方向相反。

2. 左滑步

预备姿势，后脚蹬地，前脚向左平移，后脚也随之向左移动，动作完成后与预备姿势相同。右滑步与左滑步方向相反。

注意事项：移动中，上体重心不能起伏太大，脚步移动的跨度稍小，步法轻盈。

图 12-96

（二）垫步

1. 前垫步

预备姿势，前脚蹬地，后脚前移，在前脚内侧落地的同时前脚前移，落步后仍成预备姿势。

2. 后垫步

预备姿势，后脚蹬地，前脚后移，在前脚内侧落地的同时后脚后移，落步后仍成预备姿势。

注意事项：变换要快，两腿不可交叉，垫步时重心平稳，双脚贴近地面滑行。

四、基本拳法

（一）直拳（图 12-97 至图 12-99）

基本拳法

左直拳：预备姿势站立，左脚在前，右脚在后，左脚跟稍外旋，重心移至左脚，上体略左转，同时，左臂顺肩伸肘，使拳面向前直线冲击，力达拳面，拳心朝下，右拳至下颚处，目视前方，然后左拳压肘收回，成基本姿势。右直拳反之。

要点：使蹬地、扭胯、拧腰之力传达拳面，整个动作要协调完整，重心不可过多前倾，击拳前不可出现先收拳再击的预兆，也不可在冲拳时将右臂后拉，结合步法的击法应做到拳到脚到。

图 12−97

图 12−98

图 12−99

（二）摆拳（图 12—100 至图 12—103）

右摆拳：预备姿势站立，左脚蹬地，身体重心移向右脚，右脚跟略离地外转，并蹍转脚掌，上体左转同时右臂内旋，抬肘与肩平，使拳由右向左横击高于肩平，然后恢复基本姿势。左摆拳反之。

要点：摆拳时身体不可向左倾斜，要边击拳边抬肘，击打后重心偏右脚，右脚的蹍转力不可忽视，要含胸收腹，不可低头。右摆拳击打前左臂不可后拉，重心落在右脚上，但上体不可过于前倾。

图 12−100

图 12−101

图 12−102

图 12−103

（三）勾拳（图 12—104、图 12—105）

右勾拳：预备姿势站立，左脚蹬地，重心移向右脚，右脚跟略外转，脚掌蹍地，上体右转略下沉后，右膝及上体瞬间挺伸并向左转体，同时，右臂外旋由下向上击拳，拳面朝上，拳心朝左内，力达拳面，左拳仍置下颚前，目视右拳，然后恢复基本姿势。左勾拳反之。

要点：右臂外旋与击打不同时，不可外旋后再击打，上体不可过于前倾，屈臂的角度大小根据对方的远近距离及击打的部位而定，上体向右转下沉再蹬地，挺伸与左转瞬间要协调自然，不可断裂或过程太长。

图 12–104

图 12–105

五、基本腿法

腿法是散打技术中最重要的技法之一，在比赛中使用率最高，腿较手长，可发挥一寸长、一寸强的作用，腿较粗壮有力，攻之威力大，防之有效，腿的攻击面大，容易得手。腿攻击对方下身，比较隐蔽，因此拳家常说：手是两扇门，全凭腿打人；三分拳七分腿等，可见腿在散打中的地位。腿法在散打中很重要，拳谚道："练拳不遛腿，到老冒失鬼。"散打中有四大击法，踢、打、摔、拿。踢就是腿法，腿法在散打比赛中得分最多，据统计，其占总得分的 63.5%。

基本腿法

（一）正蹬（图 12–106 至图 12–109）

右蹬腿：预备姿势站立，身体重心移至左腿，左腿略屈，右腿屈膝上抬，含胸，收腹，下腿贴近胸部脚尖勾起，脚底朝前下，随即右腿由屈而伸向前上方蹬出，力达脚跟，当脚触击目标时伸胯并使脚尖猛向前下方压踩，使力达全脚掌，动作完成后，腿自然下落在体前，目视前脚部，还原成基本姿势。左蹬腿反之。

要点：支撑腿可微屈保持平衡，上体不可过分后仰，屈膝上抬与右伸蹬要连贯。

图 12–106

图 12–107

图 12–108

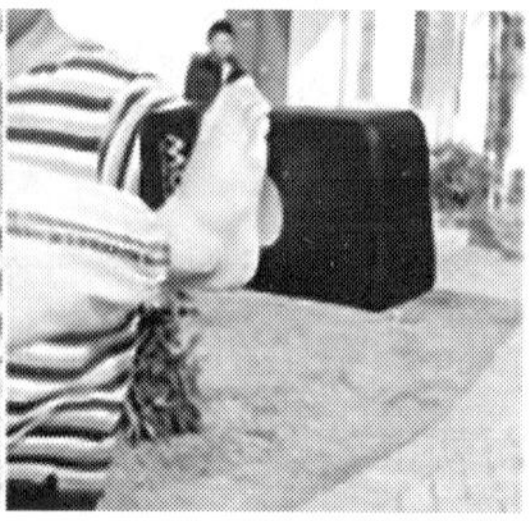
图 12–109

（二）侧踹（图 12—110 至图 12—113）

右侧踹腿：预备姿势站立，重心移至左腿，膝略屈，脚尖外展，右腿屈膝上，抬膝高于腰，脚尖勾起，脚底朝外侧下，随即小腿外翻，脚底朝向攻击点挺膝踹出，力达脚底，同时左腿挺直，上体向左腿侧倾，目视脚面，然后踹出，腿下落，还原成基本姿势。右侧踹腿反之。

图 12-110

图 12-111

图 12-112

图 12-113

要点：提膝时上体略向支撑腿侧转，脚内侧与地面近于平行，踹出时身体向支撑腿侧倾的斜度随攻击点的高度变化，越高倾斜度越大，支撑腿应用脚前掌为轴蹍地，使脚跟内收。

（三）鞭腿（图 12—114 至图 12—117）

右鞭腿：预备姿势站立，重心移至左腿，膝略屈，左腿屈膝上抬，高过腰，同时膝略内收，小腿略外翻，踝部放松，随即挺膝，使小腿从外向上、向前、向内弧形弹击，并使脚面绷平使力达脚面或胫骨处，目视脚部，然后侧弹腿，下落还原成基本姿势。左鞭腿反之。

要点：弹腿的膝部发力要借助拧腰转胯之力，加大力度，弹腿时支撑腿膝伸直并以脚掌为轴，蹍地，脚跟内收，上体不可过于倾斜。

图 12-114

图 12-115

图 12-116

图 12-117

六、基本摔法

（一）抱腿别腿摔（图 12—118 至图 12—122）

图 12—118

图 12—119

图 12—120

图 12—121

图 12—122

在格斗中，向对方支撑腿后上左步，顺势将对方左腿抱住，上体右转，用左腿别对方右腿，同时用胸下压对方左腿，将对方摔倒在地。

要领：抱腿准确有力，转体协调，顺势压腿。

（二）双腿抱膝摔（图 12—123 至图 12—125）

在格斗中，先左脚向前滑步，同时用左直拳虚晃，右直拳重击对方脸部，对方受击必上体后仰，露出下盘空当，抓住时机，右脚向前上步至对方裆部，两手从外向内环抱对方膝窝，同时上体前倾，右肩前顶，合力将对方摔倒。

要领：左右直拳连击要具有威胁，使其上体后仰，露出下盘，上步及时，抱腿顶肩干脆利索，整套动作要连贯。

图 12-123

图 12-124

图 12-125

（三）拉臂过背摔（图 12—126 至图 12—129）

在格斗中，对方以右摆拳攻击我头部，我速左转身并以双手抓住其手腕，紧接着我向前方上右脚，身体向左转 90°，将对方右臂紧贴于我右肩上，然后两手向前拉，臀部向后上方顶，全身发力，将其背起摔于体前。

要领：双手抓臂及时，上右步迅速，背摔前，对方与我贴紧，发劲时，双手向下拉与臀部向后顶要相合。整套动作要协调。

图 12-126

图 12-127

图 12-128

图 12-129

（四）插裆扛摔（图 12—130 至图 12—133）

格斗中，对方进左步并用右摆拳击我头部，我迅速用左臂由里向外向上格挡，并顺势展指抓住其腕，我速用右直拳击对方面部，紧接着上右脚于对方两脚中间，同时右手向前、向下插入对方裆下，接着左手抓其踝部向后拉，右臂抱其裆向上提，右肩扛其腹，上体抬起，将对方摔于身后。

要领：挡抓及时，封其面要突然、有力，上步与插裆要迅速到位，左手拉右手提与肩扛上提要协调。

图 12-130

图 12-131

图 12-132

图 12-133

七、散打比赛规则简介

散打的胜利有两种情况：一是优势胜利，二是分数获胜。

（一）优势胜利

（1）实力相差悬殊时，为保护运动员，场上裁判员经裁判长同意后可宣告占优势的一方获胜。

（2）一方运动员受重击倒地，在 10 秒内不能重新比赛，或 10 秒内站起后明显丧失比赛能力，另一方运动员即取得优势胜利。

（3）在一场比赛中如果一方运动员被三次强制读秒，到最后一次读秒完毕，场上裁判员即可宣布另一方获胜。

（4）在比赛中，一方运动员出现伤病，经现场医务监督诊断，若不宜继续进行比赛，场上裁判员可宣布另一方获胜。

（5）当一方犯规被取消比赛资格时，对方运动员获胜。

（6）因对方弃权获胜。

（二）分数获胜

在非优势胜利的情况下，比赛中得分多少将决定运动员的胜负。运动员得分由两部分组成：一是技术得分，主要由 3 名边线裁判员进行记录；二是当对方技术犯规或侵人犯规受罚时，自己将获得 1 分或 2 分，犯规的判罚由场上裁判员执行，记分员进行记录。运动员要想获得技术得分，就必须使用一定的招法进行进攻，单纯的防守是不能得分的，但防守动作的有效使用可以使对方不得分。规则对可得分的部位也有严格要求，仅指有效攻击对方的头部、躯干、大腿和小腿，其中膝法只能攻击腰带以上躯干部位。在比赛中，攻击对手的拳套和手臂是不能得分的。规则规定了禁击的三个部位：后脑、颈部和裆部。这三个部位是人体的薄弱之处，如果受到攻击，很容易造成伤害事故。

八、散打竞赛裁判法

（一）得分标准

1. 得 3 分标准

（1）用主动倒地的动作致使对方倒地，而自己迅速站立者，得 3 分。（2）用转身后摆腿击中对方躯干部位而自己站立者，得 3 分。

2. 得 2 分标准

（1）一方倒地（两脚以外任何部位接触台面），站立者得 2 分。（2）用腿法击中对方躯干部位。（3）被强制读秒一次，对方得 2 分。（4）受警告一次，对方得 2 分。

3. 得 1 分标准

（1）用手法击中对方得分部位。（2）用腿法击中对方头部、大腿和小腿。（3）运动员消极 8 秒，被指定进攻后，8 秒内仍不进攻，对方得 1 分。（4）主动倒地超过 3 秒不起立，对方得 1 分。（5）受劝告一次，对方得 1 分。

4. 不得分

（1）方法不清楚，效果不明显。（2）双方倒地或下台。（3）双方互打互踢。（4）用方法主动倒地，对方不得分。（5）抱缠时击中对方。

（二）犯规判定

规则规定的犯规有两大类：第一类是侵人犯规，侵人犯规极容易给对手造成伤害，因此场上裁判员对侵人犯规的处罚极严厉，甚至当有些运动员有侵人犯规的倾向时，场上裁判员就会给予提醒，这叫作必要提示。第二类是技术犯规，主要指一些不符合规则要求会对比赛造成一定影响的行为。

（三）侵人犯规

（1）在场上裁判员口令“开始”前或“停”后进攻对方。

（2）击打对方禁击部位。

（3）用头、肘和反关节动作进攻对方。

（4）用膝攻击对方头部。

（5）使用迫使对方头部先着地的摔法或有意砸压对方。

（6）用腿法攻击倒地一方的头部。

（7）用牙咬对方。

（四）技术犯规

（1）消极搂抱对方。（2）消极逃跑躲避对方攻击。（3）用手抓住围绳进攻对方或不正当地利用围绳或立柱。（4）处于不利状况时要求暂停。（5）比赛中对裁判员有不礼貌的行为、语言或有其他不服从裁判员的行为。（6）有意拖延比赛时间。（7）上场不戴或吐落护齿，有意松脱护具。（8）教练员及助手严重违反规则。

对犯规的处罚措施主要有三种：劝告、警告和取消比赛资格。技术犯规一般给予劝告，对手得 1 分。没有造成严重后果的侵人犯规，一般给予警告，对手得 2 分。

运动员故意伤人或者虽然不是故意的犯规却使对方不能比赛时，就要被取消当场的比赛资格，并视情况给予禁赛处分。这种处分一般是比较谨慎的，场上裁判员不能独立执行，只能由裁判长进行确定。

第四节　女子防身术

一、女子防身术概述

女子防身术就是女性用于抗暴御侮的搏击术。女子防身术的最大特点是实用。无招无式无规则，无时间无特定环境，一切以杀敌、伤敌或逃跑为最终目的。一句话可以概括为——“使用自己最强大的武器打击敌人最薄弱的部位”，使用所有可以使用的手段，对敌人实现最大程度的伤害，没有任何武术框架，没有任何搏斗约束，随意使用身体的各个器官，随意使用各种道具等，正所谓：法无定法。女性有与男性不同的生理特点，女性自卫防身有其特殊的环境和条件特点，所以要依这些特点而创立适宜女性特点的防身术。

二、女子实用防身术

（一）被按压在身下的防身术

女性倒地后成仰卧姿势，被歹徒按压。这时歹徒可能站着，可能跪着，可能坐着，也可能趴着，可能骑在女性身上，也可能卧靠在旁边，仅以上身压着仰卧者；可能抓领，可能抓肩，可能搂脖，也可能掐喉。但是不管处于上述哪种情况，都要尽可能地采取攻其要害、一招制敌的抬腿蹬击裆部方法。这时可能采取的直接攻击的方法有以下几种。

（1）如对方是分跨于仰卧者身体站立，而俯身抓、掐、压制仰卧者，仰卧者可抬腿蹬击其裆部。要领是要抬起腰、臀，用将身体送出去的力量猛蹬（图 12–134、图 12–135）。

（2）如对方手肘抬起，露出腋下，可用掌夹、风眼捶、勾手等猛击其腋窝。

（3）直接戳击对方眼睛和戳击对方咽喉，有意想不到的效果，因为这时距离很近（图 12–136）。

（4）如果手臂未被压住，对方的手臂又未形成阻隔（多在抱胸、腰时），可用肘尖横击其太阳穴。要点是要用上腰腹之力、旋臂之力（图 12–137）。

（5）如歹徒强行亲吻仰卧者，可抓住机会咬掉其鼻尖或舌尖。但要注意的是，被咬伤后的歹徒可能更丧心病狂。因此，要在狠咬之后，趁其负痛一时失智的机会，迅速逃脱。

（6）以头锋撞其鼻梁，抬头要猛（图 12–138）。

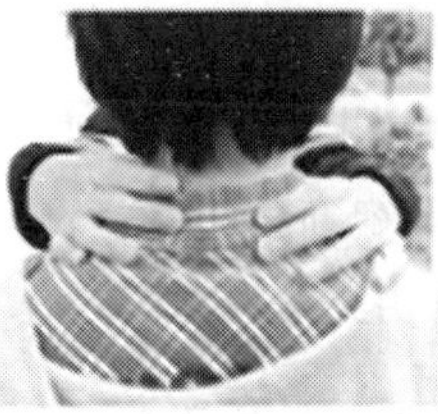
图 12–134

图 12–135

图 12–136

图 12–137

图 12–138

（二）被歹徒抱时的防身术

1. 正面被对手抱腰

正面被对手抱腰，但手臂未同时被抱住，是以肘部攻击对方太阳穴的最好时机。一旦歹徒双手抱住你的腰，他的头部就全部暴露而失去防护了（图 12–139）。正面被抱腰时因为手臂未被抱住，所以这时也可以采用叉眼、戳喉等方法（图 12–140）。如果只求解脱，可采用折手指技法（图 12–141）。

图 12–139

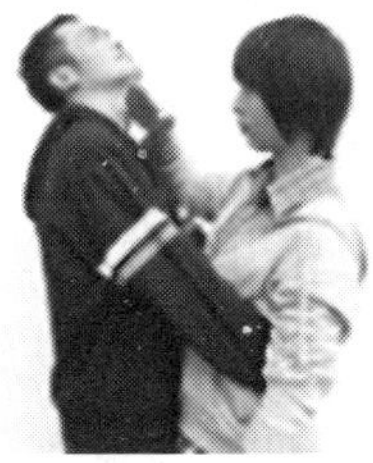
图 12–140

图 12–141

2. 后腰被抱

后腰被抱时，可以脚跟猛跺其脚面（图 12–142）。被抱者可伸手抓、握、提对方的睾丸，俗称“仙人摘桃”，因对方注意力在上部，很有隐蔽性，成功可能性很大（图 12–143）。需要注意的是，反手掏出，务必要准确。如果歹徒抱住的是腰际，那么歹徒必然弯腰，头较低，这时可猛仰头以后脑击其面部。

图 12-142

图 12-143

（三）头发被抓扯时的防身术

当女性被人从正前方抓住头发往前拖扯之时，切勿与抓扯者的抓扯力相抗，以免头皮受伤。抓扯者拖带一般朝上向下前方，女性的头不能抬起，头、眼也朝着这个方向。外行抓扯人一般是身内拖带，因此裆部要害部位便全部暴露，并正处于被抓扯者面对的方向。这时，应趁被抓扯俯身向前蹿而站立不稳之机，借着抓拉之力，借着惯性，将膝头高提，以提膝的打法猛撞歹徒裆部。尤其要注意的是：很多人抓扯别人头发都有抓住前后推拉的习惯。在他推时，应顺其力后仰或后退，以免受伤；在他拉时，则借其力冲过去提膝攻击。千万不要和歹徒硬抗是关键。当女子侧立被人拖扯头发时，可顺其力侧身弯腰靠近对方，顺势发撩掌击其裆部，然后以手抓握其睾丸。歹徒有时会揪住女性头发拖着往前走，这时女性是在歹徒的背侧位置，头已过其肘前，身在其肩后。这时，应以手掌自歹徒后裆猛地插入，使用掏裆法，握紧其睾丸后提。一手掏裆时，另一手抓抱其腰胯配合发力。头发被抓时抱住对方，可用一手掌心向上，四指直插进软肋（肋骨下），扣住肋骨往上扯，对方痛极自然会松手；或双手叠压于对方抓发之手背部，上体前倾弯腰下压或击打对方肘部曲池穴等，对手也会松手。

（四）被歹徒按压时的防身术

被歹徒按压时，如手未被按压，可张开手掌，以掌根猛击歹徒鼻梁。轻者鼻血长流，重则可致昏厥。这一掌在武术中叫迎面掌。迎面掌到位后，张开的五指以指甲贴其面抓下，武术中这一招叫“迎面贴金”，又叫“洗脸炮”。轻则抓破眼睑，泪流不止，眼睛睁不开，重则伤及眼球。这一招虽不致命，但使用方便，乘歹徒一时丧失施暴能力，自卫者可及时逃脱。以一指或二指叉眼的方法在武术中叫“单放”“双放”或“二龙戏珠”。在被歹徒按压时，因为距离极近，歹徒又不防范，使用单指叉眼、双指叉眼的技法则是非常有效的。事实上，只要能叉中歹徒眼睛，并不拘泥于用单指还是双指，用五指亦可，用双手双指亦可。前提是要视使用的熟练程度和当时两手自如情况而定。歹徒对女性施以暴力或以暴力相威胁，只是为了达到某种目的。一般情况下，歹徒并不会直接伤害女性的性命，也不会有除目的之外的其他暴力伤害，更不会有歹徒非要女性端起拳头，跟他比个武功高下不可。所以，广大女性注意了，能逃就逃，一边反抗一边呼叫。

第五节　跆拳道

一、跆拳道概述

跆拳道是源于朝鲜半岛的古老而又新颖的利用手脚技术和身体能力进行自身修炼和搏击格斗的一种东方武技，分为大众跆拳道和竞技跆拳道；按级别分为“十级、三品、九段”。跆拳道练习中要以“礼义廉耻，忍耐克己，百折不屈”为宗旨，其以腿法为主，拳脚并用；动作追求速度、力量和效果，以击破为测试功力的手段；强调呼吸，发声扬威；以刚制刚，方法简练；具有礼始礼终、内外兼修的运动特点；具有防身健身、修身养性、娱乐观赏等多方面的作用；可以培养人顽强勇敢、吃苦耐劳的精神，磨炼人坚韧不拔、积极向上的品质。

跆拳道精神

礼义廉耻，忍耐克己，百折不屈。

跆拳道宣誓是：誓国以忠，誓亲以孝，誓友以信，临战不退，杀身有责。

二、跆拳道基本技术

（一）跆拳道实战的基本站姿

标准实战姿势：左脚在前称为左势；右脚在前称为右势。以左势为例（图 12–144），双脚自然地前后开立约与肩同宽，前脚掌斜向右前微内扣约 45°，后脚掌斜向右前内扣 30° ~ 60°，后脚跟抬起，膝盖微屈，保持弹性和灵活。身体自然直立，侧面对敌，左肩向前与身体正中面呈 30° ~ 45° 角，前手低、后手高，呈防御状态。

跆拳道基本技术

（二）跆拳道的基本手形、手法与步形、步法

1. 跆拳道的基本手形、手法

（1）拳：四指节节回屈并拢握紧，拇指内屈紧贴食指和中指的第二关节处，拳面要平（图 12–145）。

（2）冲拳：以腰部旋转带动手臂旋转出拳，放松手臂和拳头，在击中目标的一刹那，

突然加速用力握紧拳头以拳面击中目标，力达拳面（图 12–146）。

图 12–144

图 12–145

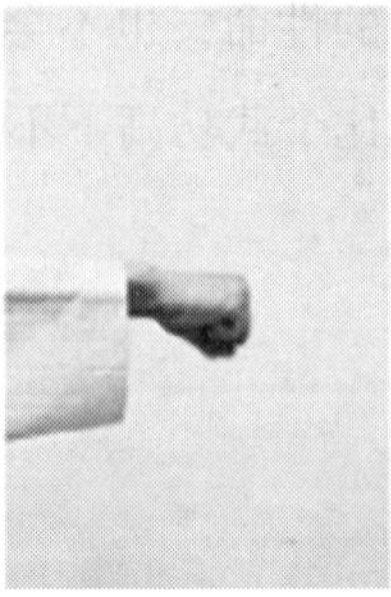

图 12–146

（3）手刀：四指并拢微屈，拇指屈曲贴紧食指，小指的外侧沿形成手刀，拇指的内侧形成刀背。可砍击或截击，可攻击对方的颈部（图 12–147）。

（4）贯手：手形和手刀相似，中指和食指微屈，基本保持四指尖齐平，拇指向掌内贴紧。戳击对方的主要器官（图 12–148）。

（5）二指贯手：伸展食指和中指呈“V”字形，拇指压紧无名指和小指第二指关节处。主要攻击对方的眼睛（图 12–149）。

图 12–147

图 12–148

图 12–149

2. 跆拳道的基本步形、步法

（1）步形。

①并步：两脚并拢，身体直立，两脚内侧贴紧并拢（图 12–150）。

②开立步：两脚左右开立与肩同宽，两脚尖稍微外展，两臂下垂于体侧，两手轻握拳，身态自然（图 12–151）。

③马步：两脚左右平行开立约 3 倍于脚长，挺胸立腰，上体正直；两膝关节微屈下蹲，重心在两脚之间（图 12–152）。

④弓步：两脚前后开立约 3 倍于脚长，前腿屈膝，后腿伸直，后脚尖与前脚的延长线呈 30°；前腿膝关节和脚面垂直，重心中间偏于前脚（图 12–153）。

⑤前行步：亦称行走步、高前屈立。两脚前后开立姿态和平时向前走路时相似，前后脚相距大约一拳头，重心在两脚之间（图 12–154）。

⑥三七步：亦称后屈立。两脚前后相距一步约两脚半，后脚尖外展约 90°，后膝弯曲，前膝微屈，脚尖朝前，重心前后腿三七分（图 12–155）。

图 12–150

图 12–151

图 12–152

图 12–153

图 12–154

图 12–155

⑦虚步：亦称猫足步。两脚前后开立约一脚半，后腿尖外展大约 90°，前脚脚尖点地，脚跟抬起，两膝关节微内扣，重心在后腿（图 12–156）。

⑧独立步：亦称鹤立步。一腿直膝站立，脚尖外展约 90°；另一腿屈膝上提，脚贴于支撑腿内侧或膝窝处（图 12–157）。

⑨交叉步：亦称十字步。两腿交叉，两小腿贴紧。交叉步有两种形式：一种是一脚向另一脚后面插步，脚掌着地，两腿膝关节交叉，称后交叉步；另一种是一脚向另一脚前面插步，脚掌着地，两腿膝关节交叉，称前交叉步（图 12–158）。

图 12–156

图 12–157

图 12–158

（2）步法。

①前滑步与后撤步：前脚先动，向前小距离迈步，后脚迅速跟进，注意是有力而有弹性地跟进，而非被前脚拖进。后撤步反之。

②前垫步与后垫步：前垫步和前滑步相反，后脚先动，向前有力而有弹性地垫向前脚，同时前脚迅速向前小距离迈步，感觉就像后脚撞击前脚有弹性地前进。后垫步反之。

③前进步和后退步：前进步，顾名思义，属于大距离前进的步伐。前脚后拉半步，后腿迅速越过前脚，交叉大跨步前进（原理：前脚之所以后拉半步，是为了保持重心，否则后腿交叉大跨步向前进时，容易使重心过于前冲，因此前脚在后拉瞬间，重心稍微后移，利于身体前后平衡）。后退步反之。

④侧闪步：和前滑步类似，区别在于侧闪步是向左右移动。向左移则左脚先动，向右移则右脚先动。此步伐用于左右闪躲，可配合攻击。

（三）跆拳道的基本腿法

1. 前踢（图 12–159 至图 12–163）

图 12–159

图 12–160

图 12–161

图 12–162

图 12–163

【动作过程】（1）左势站立，重心移至左腿。（2）提起右大腿同时髋部略向左转，膝盖朝前，脚面稍绷直，双手握拳自然垂放在身体两侧。（3）继续将髋关节前送，右大腿向前抬提，当大腿抬至水平或稍高时，向前弹出小腿，用脚面击打目标。（4）直接向右转髋使右小腿折叠快收回原位，右腿落下成为右势，然后后撤右腿，还原为左势准备姿势。

【动作要领】（1）提起右腿时，两大腿内侧之间的距离应尽量小，即右腿尽量直线出腿。（2）为保持重心，躯干可稍向后倾，尽量将髋部向前送出，若是高前踢，髋部则要尽量向上、向前送。（3）击打时脚面绷直。（4）小腿弹出后，在弹直的一刹那，要有一个制动的过程，使脚产生鞭打的效果。（5）脚尖的方向向前上方。（6）用前踢主要攻击对方的面部、下颚。

2. 横踢（图 12–164 至图 12–168）

图 12–164

图 12–165

图 12–166

图 12–167

图 12–168

【动作过程】（1）左势站立，重心移至左腿。（2）提起右大腿同时髋部略向左转，膝盖朝前，大小腿折叠，脚面绷直。（3）继续将右大腿向前提高，左脚向外侧转动，右腿快速鞭打踢出小腿，膝盖朝向左侧。（4）用脚面击打对方胸腹部和面部及两肋部（或是所有被护具包围的部位，下同）。（5）击打后，右脚自然落下成右势，然后后撤右脚，还原成左势准备姿势。

【动作要领】（1）横踢和前踢类似，区别在于横踢腿的膝盖方向在击打的一刹那，是瞬间转髋朝向对方的腹部，而前踢腿的膝盖方向是向前上方。（2）提起右腿时，两大腿内侧之间的距离应尽量小，即右腿直线出击。（3）为保持重心，躯干稍向左后倾以配合快速转髋。（4）击打时脚面绷直，但踝关节要放松。（5）腿弹出后，在弹直的一刹那，要有一个制动的过程，使脚产生鞭打的效果。（6）提膝应尽量随着转髋同时进行，不能完全转髋后再提膝，这样会造成膝盖过早偏向左侧。（7）左脚应积极配合髋部的转动，转动时可稍有一点踮起。（8）用横踢主要攻击对方胸腹部和面部及两肋部。

3. 前横踢（图 12–169 至图 12–171）

图 12–169

图 12–170

图 12–171

【动作过程】（1）右势站立，左脚向前站立，将身体重心移至左腿。（2）提起右腿，向前送髋，大小腿稍折叠。（3）绷紧脚面，右膝内向，快速弹出小腿。（4）右脚自然落下，两脚同时后撤一步，还原成右势准备姿势。

【动作要领】（1）前横踢与横踢相似，由于用前腿击打，距离对方近，动作较隐蔽，很难使对方察觉，缺点是击打力度小。（2）后脚一定要配合积极向前移动。（3）右腿的小腿要快速弹出，尽量增加鞭打力量。（4）在击打的一刹那，膝盖方向朝向对方的腹部。（5）小腿弹出后，在弹直的一刹那，要有一个制动的过程，使脚产生鞭打的效果。（6）用前横踢主要攻击对方的胸腹部、面部和两肋部。

4. 旋风踢（图 12–172 至图 12–177）

【动作过程】（1）右势站立，以右前脚掌为轴脚后跟外旋，重心移至右腿。（2）身体左后转约 360°，左腿也随着向后转动。（3）身体稍后仰，左腿下落的同时右脚蹬地使用右腿横踢技术。（4）击打后，两脚自然落下成右势。

【动作要领】（1）旋风踢主要在中远距离时使用。（2）提起左腿向后转动时，左腿围绕着右腿转动，两大腿内侧之间的距离不应过大。（3）为保持重心，躯干应稍向后倾。（4）击打时右脚脚面稍绷直，但踝关节要放松。（5）右小腿弹出后，在弹直的一刹那，要有一个制动的过程，使脚产生鞭打的效果。（6）右脚应积极配合身体的转动，以右脚前掌为轴转动。（7）用横踢主要攻击对方胸腹部和面部及两肋部。

图 12-172

图 12-173

图 12-174

图 12-175

图 12-176

图 12-177

5. 双飞踢（图 12-178 至图 12-184）

【动作过程】（1）右势站立，重心移至右腿。（2）提起左大腿使用横踢，然后在左脚未落下时，立即提右腿使用横踢，也就是连续使用两个横踢。（3）击打后，两脚自然落下，还原成右势准备姿势。

【动作要领】（1）一般来说，在中远距离时是使用双飞踢的较好时机，双飞踢中的第一个横踢常常是为了找到合适的距离或破坏对方的进攻，以利于第二个横踢。（2）击打第一个横踢时，身体可稍后倾，以利于第二个横踢。（3）两腿交换之间，髋部要快速扭转。（4）用双飞踢主要攻击对方的胸腹部、面部和两肋部。

图 12-178

图 12-179

图 12-180

图 12-181

图 12-182

图 12-183

图 12-184

6. 后踢（图 12-185 至图 12-189）

【动作过程】（1）右势站立，重心移至右腿。（2）以右脚尖为轴，右脚跟外旋，身体向左后方转动，同时提起左大腿，使大小腿几乎折叠，脚尖勾起，头部稍向左后方转动。（3）左腿向后平伸后蹬，在蹬直前膝盖稍外翻（向左侧）。（4）左脚跟部位击打对方腹部和胸部。（5）击打后，左脚自然落下成左势，然后后撤左脚，还原成右势准备姿势。

图 12-185

图 12-186

图 12-187

图 12-188

图 12-189

【动作要领】（1）身体左后方向转动时，要同时快速提起左膝。（2）身体转到背朝对方时要制动，同时左脚后蹬，此时身体不应再有转动，膝盖此时的方向应与右腿膝盖方向一致。（3）在提起左腿时，两大腿内侧之间的距离尽量小，即左腿“擦”着右腿起腿。（4）身体转动时，头部配合同向转动。（5）为保持重心，躯干在向下弯曲的同时可稍挺胸。（6）动作熟练时，转身与后蹬应是同时进行的。（7）最后练习后踢击头

（高后踢）。（8）右脚应积极配合髋部的转动，调整好身体重心。（9）由于对方进攻常常是侧向，后踢的方向应在正前方稍偏向左侧。（10）用后踢主要攻击对方的胸腹部、头部和两肋部。

7. 下劈（图 12-190 至图 12-194）

图 12-190

图 12-191

图 12-192

图 12-193

图 12-194

【动作过程】（1）右势站立，重心先移至右腿。（2）提起左大腿，同时略转髋向右并向上送髋，使左腿膝盖与胸部尽量贴近，身体重心向上。（3）左脚高举过头，左腿伸直贴紧上体，上体保持正直或稍前俯，重心向上。（4）左脚脚面稍绷直，左腿快速下压（如刀劈木块一样），用脚掌或脚后跟下砸对方的头部，身体重心前移至左腿上，身体要稍后仰来控制重心。（5）击打后，左脚自然落下成左势，然后后撤左脚，还原成右势准备姿势。

【动作要领】（1）劈腿与中国武术中的正踢腿相似，区别在于劈腿稍有一点儿转髋，并且提腿向上时，要向上积极送髋，大小腿之间也可以有一定的弯曲度。（2）在下劈时，身体重心向前移。（3）上提左腿时，左脚脚面不需要绷直，应自然放松，而下劈腿时要稍绷直。（4）也可直接用前腿（右腿）使用劈腿，左脚进行跟步（即随着身体重心向前移动而向前跳动）。（5）右脚应积极配合身体的向前移动，调整好身体重心。（6）在练习时，也多采用如武术的外摆腿和里合腿的劈腿方法，只是在下落时是向前方劈下，分别称为外摆劈腿（由内向外摆）和内摆劈腿（由外向内摆）。（7）用劈腿主要攻击对方面部。

8. 侧踢（图 12–195 至图 12–198）

图 12–195

图 12–196

图 12–197

图 12–198

【动作过程】（1）右势站立，将重心移至右腿，同时以右脚前掌为轴脚跟内旋。（2）直线提起左大腿，弯曲小腿同时向右转髋，身体左侧侧对对方。（3）膝盖方向朝内，勾脚面，展髋，走直线平蹬出左腿，用脚掌外侧攻击对方。（4）左腿自然落下，并撤回原位。

【动作要领】（1）侧踢同中国散手中的侧踹。（2）也可用前腿（右腿）直接侧踢对方。（3）右脚一定要配合积极向前移动。（4）用侧踢主要攻击对方两肋部、胸腹部。

9. 后旋踢（图 12–199 至图 12–203）

图 12–199

图 12–200

图 12–201

图 12–202

图 12–203

【动作过程】（1）右势站立，以右脚尖为轴，右脚跟外旋，重心移至右腿。（2）身体向左后方转动，同时提起左大腿向斜后方向 40° 左右蹬伸，头部向左后方转动。（3）身体继续旋转，左腿借旋转的力，向后画一个半圆形的水平弧线，快速屈膝用脚掌击打对方头部。（4）击打后，身体重心依然在右腿上，左脚自然落下，还原成右势准备姿势。

【动作要领】（1）左腿并不是抡圆了去画弧，在开始时有一个向斜后方向蹬伸的动作。（2）身体向左后方向转动时，同时要快速提起左腿。（3）身体转动时，头部配合同向转动。（4）小腿在开始时要自然放松，在接触对方头部前再瞬时绷紧脚面，用脚掌呈水平弧线鞭打。（5）动作熟练时，转身与后蹬接摆应是同时进行的。（6）右脚应积极配合髋部的转动，在完成整个动作之前，重心一直落在右脚掌前半部分。（7）用后旋踢主要攻击对方的面部。

三、跆拳道品势

品势太极一章

跆拳道品势（又称为“型”）是指练习者以技击为主要内容，通过攻守进退的动作编排，以强身健体、锻炼意志为目的一种练习形式。其分为初级品势太极一章至太极八章；高级品势又分为：高丽型、金刚型、太白型、平原型、十进型、地跆型、天拳型、汉水型、一如型。跆拳道品势的特点：动作简练，招式工整；左右对称，阴阳合宜；以气促力，刚柔相济；归原还位，礼始礼终。跆拳道品势的作用：锻炼意志，培养品德；身心双修，增强体质；掌握技击，防身克敌；交流技艺，丰富生活。品势太极一章的一套动作是对八卦中“乾”的运用。“乾”指天、父（阳），象征万物的根源，意味着初始。品势太极一章所走路线成“王”字形（图 12–204）。

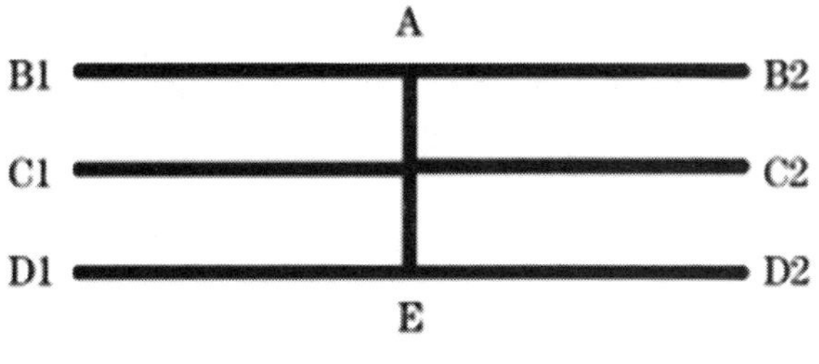

图 12–204

动作 1：立正站在演武线的中间 A 的位置（图 12–205）；左脚横跨一步，双手掌心向上经腹前至下颚，同时配合吸气，重心慢慢提起，再握拳匀速向下发力配合呼气至腹前，拳心斜向躯干（图 12–206）。

动作 2：身体向左转 90° 面向 B2 方向，同时成左行走步，左臂经右肩下格挡，右手握拳于腰间，拳心向上（图 12–207）。

图 12–205

图 12–206

图 12–207

动作 3：向前上步成右行走步，右直拳顺攻中段，与胸同高，拳打中线，左手握拳于腰间，拳心向上（图 12–208）。

动作 4：以左腿为轴身体向右后转 180° 面向 B1 方向，成右行走步，右拳经左肩下格挡，左手握拳于腰间，拳心向上（图 12–209）。

动作 5：向前上步成左行走步，左直拳顺攻中段，右手握拳于腰间，拳心向上（图 12–210）。

动作 6：以右腿为轴，身体向左转 90° 面向 E 方向，左拳经右肩成弓步下格挡，右手握拳于腰间，拳心向上（图 12–211）。

图 12–208

图 12–209

图 12–210

图 12–211

动作 7：下肢不动，右直拳逆攻中段，拳打中线，左拳收回于腰间，拳心向上（图 12–212）。

动作 8：右脚向 C1 方向横跨一步成右行走步，左拳向内中位格挡，与肩同高，右手握拳于腰间，掌心向上（图 12–213）。

动作 9：向前上步成左行走步，右直拳逆攻中段，左拳收回于腰间，拳心向上（图 12–214）。

动作 10：以右腿为轴，身体向左转面向 C2 方向，成左行走步，右手向内中位格挡，与肩同高，左手握拳于腰间，掌心向上（图 12–215）。

图 12–212

图 12–213

图 12–214

图 12–215

动作 11：向前上步成右行走步，左直拳逆攻中段，右拳收回于腰间，掌心向上（图 12–216）。

动作 12：以左腿为轴，身体向右转 90° 面向 E 方向，右拳经左肩成弓步下格挡，左手握拳于腰间，掌心向上（图 12–217）。

动作 13：下肢不动，左直拳逆攻中段，右拳收回于腰间，拳心向上（图 12–218）。

动作 14：左腿向前方上步，双手臂在胸前十字交叉，左手在外，右手在内，身体左转面向 D2 方向，成左行走步，接左臂上格挡，手腕在额头上方，右拳于腰间，掌心向上（图 12–219）。

图 12–216

图 12–217

图 12–218

图 12–219

动作 15：左腿不动，左拳收回在腹前，右腿前踢攻击上段，屈腿落步成右行走步，同时右直拳顺攻中段（图 12–220 至图 12–222）。

图 12-220

图 12-221

图 12-222

动作 16: 以左脚为轴，身体向后转 180° 面向 D1 方向，双手在胸前十字交叉，右手在外，左手在内，成右行走步，右臂上格挡，左拳于腰间，拳心向上（图 12-223）。

动作 17：右脚不动，左腿前踢攻击上段，右拳收回在腹前，屈腿落步成左行走步，同时左直拳顺攻中段（图 12-224 至图 12-226）。

图 12-223

图 12-224

图 12-225

图 12-226

动作 18: 以右脚为轴，身体向右转 90° 面向 A 方向，成左弓步，同时左拳经右肩下格挡，右手握拳于腰间，掌心向上（图 12-227）。

动作 19：左脚不动，右脚向前一步成右弓步，同时右直拳顺攻中段，并配合发声“嘿耶！”（图 12-228）。

背面　正面

图 12-227

背面　正面

图 12-228

动作 20：以右脚为轴，身体向左后转 180°，双手握拳由下颚还原成准备式，左脚并步，立正（图 12-229、图 12-230）。

图 12-229

图 12-230

思政课堂

中华优秀传统文化源远流长、博大精深，是中华文明的智慧结晶。党的二十大报告提出：“传承中华优秀传统文化，满足人民日益增长的精神文化需求。”太极拳和八段锦都属于我国优秀传统文化，大学生通过学习和传播中华优秀传统文化，可增强民族自豪感和文化自信。

参考文献

［1］体育课程教材研发中心．体育与健康课程教材研究 [M]. 北京：人民出版社，2009.

［2］王润平．体育锻炼与心理健康 [M]. 桂林：广西师范大学出版社，2005.

［3］邓树勋，陈小蓉．现代大学体育理论教程 [M]. 广州：广东高等教育出版社，2006.

［4］杨文轩．当代大学体育 [M]. 北京：人民体育出版社，2005.

［5］陈瑜．体育与健康教育教程（南方版）[M]. 长春：吉林大学出版社，2010.

［6］邹继豪，孙麒麟．体育与健康教育教程（修订版）[M]. 沈阳：辽宁大学出版社，2007.

［7］邓树勋，陈小容．现代大学体育理论教程 [M]. 广州：广东高等教育出版社，2006.

［8］何志林．现代足球 [M]. 北京：人民体育出版社，2006.

［9］刘良刚．足球竞赛规则（2007/2008）[M]. 北京：人民体育出版社，2007.

［10］朱征宇，陈卓源．排球 [M]. 广州：中山大学出版社，2003.

［11］李毅钧．排球基础教程 [M]. 北京：中国科学文化出版社，2003.

［12］汪晓赞，杨燕国，孔琳，等．新征程上我国儿童青少年体育健康促进的挑战与路径审视——基于对党的二十大精神的学习与思考 [J]. 天津体育学院学报，2023，38（1）：9–16.

［13］中国乒乓球协会．乒乓球竞赛规则 [M]. 北京：人民体育出版社，2007.

［14］孙卫星．现代网球技术教学法 [M]. 北京：北京体育大学出版社，2007.

［15］杨忠令．现代网球教程 [M]. 杭州：浙江大学出版社，2001.

［16］杨宁．网球 [M]. 北京：北京体育大学出版社，2003.

［17］中国网球协会．网球竞赛规则 [M]. 北京：人民体育出版社，2009.

［18］周文胜，闫美怡．网球基础与实战技巧 [M]. 成都：成都时代出版社，2009.

［19］易勤，赵俊浩，王忠，等．大学体育教程新编 [M]. 武汉：武汉大学出版社，2008.

［20］林志超．大学体育标准教程 [M]. 北京：北京体育大学出版社，2007.

［21］形体健美与健美操编委会．形体健美与健美操（修订版）[M]. 北京：高等教育出版社，2001.

［22］艾杨格．艾杨格瑜伽 [M]. 天津：天津科学院出版社，2010.

［23］赵彦．祖本瑜伽大全 [M]. 北京：华文出版社，2010.

［24］钱永健．拓展 [M]. 北京：高等教育出版社，2008.

［25］毛振明．学校心理拓展训练 [M] 北京：北京体育大学出版社，2005.